인공지능법

최경진 편

KAAIL
한국인공지능법학회
Korean Association for Artificial Intelligence and Law

박영사

발간사

　사람이 아닌 존재가 사람과 같거나 더욱 뛰어난 지능을 가질 수 있다는 생각은 고대 신화로부터 현대 소설이나 SF영화에 이르기까지 꾸준히 인류의 마음속에 자리 잡아 왔다. 수많은 제품에 '인공지능Artificial Intelligence, AI'이라는 단어가 사용된 적은 있지만 진짜 인공지능이라고 느낄만한 제품은 없었고, 자연스럽게 현실의 분쟁 해결을 목적으로 하는 법적인 논의도 진척될 수가 없었다. 인공지능이 컴퓨터 사이언스를 만나서 더 이상 상상이 아닌 현실의 존재로 실현될 가능성이 높아지는 과정에서 2017년 알파고가 프로바둑기사와의 대국에서 승리하면서 그 기대는 어느 때보다 높아졌다. 그러나 기대를 현실로 바꿀 정도의 인공지능이 실생활로 들어오지는 못한 채 인공지능과 관련한 법적 논의도 상상 속의 인공지능을 전제로 한 가정적 논의가 대부분이었다. 인공지능 기술이나 서비스 개발과 관련된 연구에 비하여 법적 논의에서는 별 진척이 없었던 이유가 인공지능이 현실 속에 자리를 잡지 못해서 구체적인 분쟁이 발생되지 못했기 때문이다. 그런데 불과 1년여 전에 OpenAI의 ChatGPT가 출시되면서 환경이 급변하였다. 트랜스포머Transformer 모델이 본격적으로 현실 세계의 서비스와 접목되면서 일상생활 속의 분쟁이 현실화하였고 법적 논의도 더 이상 가정적 논의가 아닌 현실적 논의로 바뀌었다. 저작권을 둘러싼 분쟁이 발생했고, 인공지능에 의하여 대체되는 일자리를 둘러싼 논쟁도 격화하고 있다. 인공지능의 급격한 발전에 따른 인간성 훼손의 우려나 살상용 자율무기 등과 같은 인공지능의 부작용을 막기 위한 국제적인 대응 노력도 각국의 적극적인 참여로 진행되고 있다. 트랜스포머 이후의 인공지능은 우리의 일상을 인공지능과 공존하는 삶에 한 발짝 더 가깝게 만들었고, 인공지능의 일상화는 결국 사람과 인공지능을 둘러싼 법적 분쟁이나 정책적 대응의 필요성이 일상화된다는 것을 의미한다.

　이 책은 트랜스포머 이후의 인공지능까지도 논의의 대상에 포섭하여 인공지능의 현상에 대한 정확한 이해를 바탕으로 본격화하고 있는 인공지능을 둘러싼 다양한 법·정책적 쟁점을 알기 쉽게 설명하여 인공지능 개발자나 실제 인공지능 서비스를 제공하는 사업자로부터 법률전문가, 정책당국자 등 인공지능과 관련한 현안을 다루는 전문가뿐만 아니라 학부나 대학원에서 인공지능이나 법·정책을 전공하는 학생이나 일반인에 이르기까지 인공지능과 관련한 법·정책적 논의에 대한 기초부터 실무적 쟁점까지 폭넓은 이해를 도울 목적으로 기획하였다.

"제1부 인공지능의 이해"는 법·정책적 쟁점을 정확하게 분석하기 위한 전제로서 중요한 출발점이 되는 '사실관계 확정Fact-finding'을 위하여 트랜스포머 이전의 인공지능제1장과 그 이후의 인공지능제2장을 구분하여 살펴보고, 인공지능 활용에 따라 펼쳐지는 산업 생태계제3장를 설명하는 총 3개 장으로 구성하였다.

"제2부 인공지능법 기초 다지기"는 인공지능법의 총론적 논의로서 인공지능이 가져오는 다양한 법적 문제를 개관하고제1장, 법이 인공지능을 다뤄야 하는 이유와 접근방식에 대하여 살펴보고제2장, 법적 규율에 앞서 인공지능에 대한 윤리적 접근의 필요성과 실행방안을 검토한 후제3장, 우리 사회의 중요한 기본가치인 민주주의에 어떠한 영향을 미치고 앞으로의 미래는 어떻게 펼쳐질 것인가를 조망하고제4장, 인공지능 시대에 요구되는 포용·연대의 의미와 실천을 위한 법적 과제를 살펴본다제5장.

"제3부 인공지능법 깊이 알기"는 인공지능이 각각의 법영역에 어떠한 영향을 미치고 현행법을 인공지능에 어떻게 해석·적용할 것인지 혹은 앞으로 인공지능 시대에 맞는 입법방향은 무엇인지를 계약법제1장, 불법행위법제2장, 저작권법제3장, 특허법제4장, 데이터법제5장, 개인정보보호법제6장, 경제법제7장, 규제법제8장, 조세법제9장, 국제인도법제10장 등 구체적인 법영역별로 나누어 살펴보았다.

"제4부 케이스 스터디"는 실제 인공지능이 적용되는 구체적인 주요 사례를 선정하여 각 사례별로 인공지능에 대한 법·정책적 대응 사례를 이론적·실무적 관점에서 복합적으로 검토해봄으로써 향후 각 분야별로 확산될 인공지능을 둘러싼 법적 대응 논의의 바람직한 관점이나 방법론이 무엇인지를 생각해보는 기회를 제공하고자 하였다. 최근 인공지능의 현실 속 적용이 가장 널리 확산되고 있는 자율주행차^{제1장}, 의료 인공지능^{제2장}, 리걸테크^{제4장}, 생성형 인공지능과 AI커버곡^{제5장}, 인공지능 챗봇^{제7장}뿐만 아니라 향후 본격화할 것으로 예상되는 인공지능 행정^{제6장}과 관련한 법적 쟁점 및 대응방안을 살펴보고, 국내외에서 논의되는 인공지능에 대한 규제로서 공통적으로 검토되고 있는 구체적인 실천방안으로서 인공지능 영향평가^{제3장}의 구체적인 사례와 방법론을 소개하였다.

이 책은 위와 같이 총 4부, 25개 장으로 편성하여, 인공지능을 둘러싼 거의 모든 법·정책적 쟁점에 대하여 쉽게 이해하고 구체적인 해결방안까지 논의해 볼 수 있도록 구성하였다. 특히, 인공지능의 이해^{인공지능 기초}, 인공지능법 기초 다지기^{인공지능법 일반}, 인공지능법 깊이 알기^{인공지능법 심화}, 케이스 스터디^{사례연구}의 단계별로 구성하여 독자의 학문적 배경이나 경험 등을 바탕으로 필요한 부분만 선별적으로 참고하거나 대학 등 강의에서 수강자의 수준이나 커리큘럼에 맞게 활용할 수 있도록 하였다.

이 책의 각 장은 제목—필자—미리 생각해볼 점—사례—본문—생각해 볼 점—심화 학습 자료 순으로 기술되었다. 독자들은 '제목'과 '미리 생각해볼 점'을 통해 인공지능으로 인하여 문제 되는 구체적인 쟁점을 파악한 후 '사례'를 통해 해당 쟁점이 어떻게 현실에서 구체화되는지 이해하고, 그에 대한 현행 법제도의 적용이나 한계, 향후 대응방향에 대하여 살펴볼 수 있다. 또한 '생각해볼 점'에서 제시한 물음을 중심으로 해당 장에서 다룬 쟁점에 대한 해답을 찾기 위한 고민이나 토론을 통하여 쟁점에 대한 이해를 심화시킬 수 있으며, 심화 과정에서 '심화 학습 자료'를 활용할 수 있도록 하였다.

이 책이 세상에 나오기까지 많은 분의 고민과 노력이 함께 하였다. 전체 주제와 책 편제를 설계하는 데에 힘을 보태주신 김병필 교수님, 이상용 교수님, 정원준 박사님, 정종구 변호사님, 최난설헌 교수님을 포함하여 책의 기획 의도와 방향성을 이해하시고 수준 높은 원고를 집필해주신 20분의 집필자님들께 깊은 감사의 마음을 전한다. 아울러 책의 출간을 위해서 아낌 없이 지원해 주신 박영사 김한유 과장님과 디자인 및 편집 등 책의 완성도를 높이기 위해 애써주신 장유나 차장님께도 깊이 감사드린다.

인공지능의 발전은 인공지능에 대한 적절한 법·정책적 대응과 함께 갈 수밖에 없기 때문에 인공지능을 다루는 사람은 법·정책을 알아야 하고, 법·정책을 다루는 사람도 인공지능을 알아야 한다. 일반인들도 인공지능 시대에 인간으로서의 기본적 자유와 권리를 누리고 능동적인 주체로서 살아가기 위해서는 인공지능으로 인하여 변화하는 세상에 대한 정확한 이해와 함께 인공지능 혁신에 대한 적절한 대응을 위한 담론을 만들어가야 한다. 이러한 측면에서 이 책이 인공지능 시대를 살아가는 모든 이들에게 인공지능에 대한 정확한 이해를 돕고 인공지능과 사람이 공진화共進化, coevolution할 수 있는 환경을 만드는데 도움이 되는 길잡이가 되길 기대한다.

2024년 2월
최경진

차례

02 인공지능법 기초 다지기

03   인공지능법 깊이 알기

04 케이스 스터디

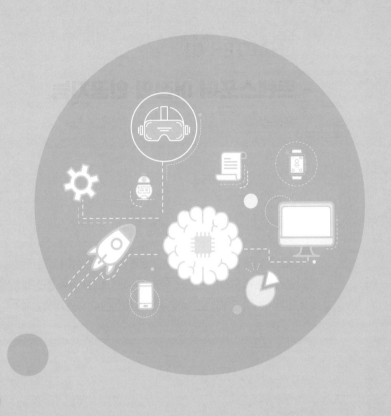

01

인공지능의 이해

CHAPTER 01

트랜스포머 이전의 인공지능

윤상원

미리 생각해볼 점

1. 인간의 뇌와 인공지능은 어떠한 공통점과 차이점이 있을까?
2. 인공지능의 학습은 인간의 학습과정과 어떠한 공통점과 차이점이 있을까?
3. 인공지능이 근 10년간 빠른 속도로 발전한 이유는 무엇일까?

사례

수의사인 세희는 강아지의 자세와 표정을 바탕으로 질병을 예측하는 프로그램을 개발하려고 한다. 카메라로 강아지의 영상을 찍어 프로그램에 입력하면 병명이 예측되도록 하는 것이 목표다. 그런데 무수히 많은 종류의 자세와 표정을 어떻게 연결시켜야 할지 막막하기만 하다. 세희는 인공신경망과 전문가 시스템 중 어느 방법으로 개발을 시작해야 할까? 만약 인공신경망을 선택한다면 그중 어떤 구조를 중심으로 개발해야 할까?

I. 인공지능의 간략한 역사

인간의 지적 작용 일부를 기계적으로 대체하고자 하는 시도는 꽤 오래되었다. 현대 컴퓨터가 사용하는 알고리즘을 처음으로 고안해낸 앨런 튜링Alan Mathison Turing은 '인공지능artificial intelligence'이라는 표현이 등장하기도 전인 1950년에 컴퓨터가 인간처럼 사고할 수 있는지 평가하기 위한 튜링 테스트turing test를 제시하였는데, 어쩌면 컴퓨터는 그 등장 목적부터가 인공지능을 구현하기 위한 것이었는지도 모르겠다.

1 퍼셉트론 - 인간 두뇌의 모방

인공지능에 대한 초기의 연구는 인간의 두뇌가 동작하는 방식을 모방함으로써 이루어졌다. 1958년 프랭크 로센블래트Frank Rosenblatt는 뉴런의 구조와 기능을 모방한 '퍼셉트론'을 제안하여 큰 주목을 받았다. 로센블래트가 제안한 퍼셉트론은 입력에 가중치weight를 곱하고 편향bias을 더하여 그 값이 임계치를 넘으면 출력으로 내보내는 단순한 구조로 이루어지는데, 가지돌기에서 신호를 받아들이고, 이 신호가 일정치 이상의 크기를 가지면 축삭돌기를 통해서 신호를 전달하는 뉴런의 작동기전과 닮아 있다. 이는 가중치를 '학습'함으로써 인간의 추론과정을 일부 흉내낼 수 있어 큰 주목을 받았다. 그러나 마빈 민스키Marvin Lee Minsky와 시모어 페퍼트Seymour Papert에 의해 단층 퍼셉트론이 XOR연산주어진 2개의 명제 가운데 1개만 참일 경우를 판단하는 논리 연산을 수행하지 못한다는 사실이 증명되면서 퍼셉트론의 효율성에 대한 의문이 제기되었고, 퍼셉트론을 다층으로 쌓을 경우 발생하는 연산량의 증가를 당시의 하드웨어 수준으로는 감당할 수 없었기에 인공지능 연구는 첫 번째 암흑기를 맞게 되었다.

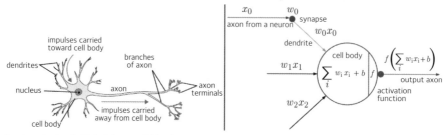

A cartoon drawing of a biological neuron (left) and its mathematical model (right).

<그림 1> 뉴런과 퍼셉트론의 구조 비교. 퍼셉트론은 시냅스를 매개로 한 뉴런 간의 신호전달을 본떠 만들어졌다.[1]

2 전문가 시스템 - 발상의 전환

이후 인공지능 연구는 1980년대에 부흥기를 맞는다. 그러나 그 방향은 두 뇌를 모방하던 1960년대와는 궤를 달리하는 것이었다. 1975년 에브라힘 맘다니Ebrahim Mamdani는 전문 지식으로 구성된 데이터베이스에 모호함을 정량적으로 표현하기 위해 고안된 퍼지 논리fuzzy logic를 접목하여 증기기관을 제어하는 시스템을 개발하는 데에 성공하였다. 퍼지 논리에서는 각 대상이 어떠한 개념맘다니의 시스템에서는 전문지식을 기반으로 정의된다에 속하는 정도를 소속함수membership function를 통해 나타낸다. 이는 1980년대에 들어 산업계에서 '퍼지 전문가 시스템'이라는 이름으로 경쟁적으로 도입되었다. 그러나 과제가 복잡해짐에 따라 논리식이 지나치게 방대해지는 문제가 있었고, 기대만큼의 채산성이 나오지 않자 1990년대에 들어 퍼지 전문가 시스템으로 인한 두 번째 인공지능 붐 역시 시들게 된다.

3 딥러닝 - 신경망으로의 회귀

그러나 인공지능의 암흑기에도 현대 인공지능의 토대가 된 연구들은 꾸준히 이루어졌다. 퍼셉트론을 다층으로 쌓으면 XOR연산도 수행할 수 있음은 앞서 소개한 민스키와 페퍼트의 연구를 통해 이미 밝혀진 바 있었고, 훗날 심층 신경망의 학습을 가능케 한 역전파 알고리즘이 개발되었다. 또한 이미지 처리와 자연어 처리의 영역에서 각 처음으로 인간의 능력을 초월한 합성곱 신경망과 순환 신경망이 고안되었다. 이러한 이론적 진보는 2010년대에 하드웨어의 급격한 발전과 맞물려 현대 인공지능의 시대를 열게 된다. 2012년, 이미지 인식 분야에서 최고의 권위를 가진 이미지넷ImageNet 대회에서 합성곱 신경망에 기반한 'AlexNet'이 압도적인 정확도를 보이며 우승을 차지한 것을 계기로 인공지능은 다시 큰 주목을 받기 시작하였다. 이어 같은 대회에서 2015년, 역시 합성곱 신경망 구조를 취한 'ResNet'이 사람의 분류 정확도를 능가하였다. 그리고 2016년에는 심층강화학습에 기반한 'AlphaGo'가 이세돌 9단과의 대국에서 승리하는 사건이 있었다. 이때에 이르러 다층 퍼셉트론을 골자로 하는 심층 강화학습, 즉 '딥러닝'이 인공지능의 새로운 주류로 떠오름과 동시에 인공지능은 인류사회의 중요한 일부로 자리잡게 되었다.

 II. 심층 신경망의 구조와 학습방법

오늘날 인공지능은 인간의 전유물로 여겨지던 복잡다양한 임무를 수행할 수 있게 되었다. 글을 쓰고, 그림을 그리고, 자동차를 운전하기도 한다. 이러한 변화는 지난 10년간 급격히 이루어졌는데, 그 원동력은 무엇이었을까. 직접적인 계기는 하드웨어의 엄청난 발전이지만 이론적 기초를 제공한 것은 데이터에 기반에 모델을 학습한다는 개념인 머신러닝machine learning의 발명과 인간의 뇌를 닮은 인공신경망Artificial Neural Network의 발명이었다. 강력한 성능의 컴퓨터와 방대한 양의 데이터가 등장하면서, 데이터를 통해 거대한 인공신경망을 학습한다는 아이디어를 현실에 구현할 수 있게 되었고 이는 인공지능에 전례 없던 수준의 유연성을 제공해 주었다. 이러한 패러다임을 심층신경망deep neural network 또는 딥러닝deep learning 이라고 한다. 오늘날의 인공지능 연구와 개발은 딥러닝을 중심으로 이루어지고 있다고 보아도 무방할 것이다.

심층신경망의 구조, 즉 인공신경망을 이루는 기본 단위는 퍼셉트론perceptron이다. 퍼셉트론은 지각perception과 뉴런neuron의 합성어이다. 우리 뇌의 뉴런들은 수상돌기로부터 신호를 받아 그 크기가 임계값threshold을 넘으면 축삭돌기를 통해 외부로 전달하는데, 퍼셉트론의 역할도 이와 같다. 뇌가 수많은 뉴런들의 연결체이듯, 인공신경망은 각각의 층이 여러 노드로 이루어진 다층 퍼셉트론multi-layer perceptron이다.

1 심층 신경망의 구조 - 다층 퍼셉트론

우리의 모든 사고과정을 한번 반추해 보면, 예외없이 입력으로부터 출력을 예측하는 과정으로 이해될 수 있음을 깨닫게 될 것이다. 예를 들어 누군가의 첫인상으로부터 호감을 느끼는 현상은 그 사람의 외모시각적 정보, 체취후각적 정보, 목소리청각적 정보 등을 입력으로 받아 호감의 정도를 출력하는 일련의 과정으로부터 비롯된다. 즉 우리의 뇌는 무수히 많고도 다양한 입력으로부터 제법 괜찮게 출력을 예측할 수 있는 거대한 함수이다. 수많은 뉴런이 존재하는 이유는 뇌라는 함수에 이러한 유연성을 부여하기 위해서이다. 각각의 뉴런 사이에서는 극히 단순한 전기 신호만이 전달되지만, 복잡한 정보와 고차원적인 사고 과정이 수많은 뉴런들의 연결망에 수평/수직적으로 분산되어 표현된다. 인공신경망을 '다층 퍼셉트론'으로 구현한 것은 이러한 뇌의 작동기전을 참고한 결과물이다. 퍼셉트론들의 층layer은 수직적인 정보의 분화를, 한 층의 퍼셉트론의 수를 의미하는 노드node는 수평적인 정보의 분화를 처리한다. 수직적인 분화는 인공신경망이라는 함수의 유연성을, 수평적인 분화는 함수가 다룰 수 있는 정보의 차원을 늘려 준다. 층이 많을수록 입력과 출력의 관계를 보다 비선형적으로 표현할 수 있고, 노드가 많을수록 보다 다양한 차원의 정보 간의 상호관계를 잘 포착할 수 있게 된다.

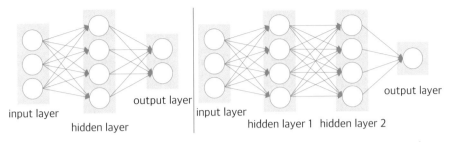

input layer

hidden layer

output layer

input layer

hidden layer 1 hidden layer 2

output layer

<그림 2> 다층 퍼셉트론은 퍼셉트론으로 이루어진 두 개 이상의 층(Layer)으로 구성된다.[2]

전술하였듯 하나의 퍼셉트론은 가중치와 활성함수로 구성된다. 입력값이 들어오면 가중치를 곱하고, 이들 값끼리 적절히 더하고 빼는 연산이 수행된다. 즉, 선형 연산이 이루어진다. 그리고 그 결괏값은 활성화 함수를 거치며 한번 변형되어 출력값이 된다. 활성화 함수가 존재하는 이유는 여러 층을 거치며 정보처리 과정에 유연성을 가미하기 위해서이다. 딥러닝 모델에서 여러 층을 쌓는다는 것은 수학적으로, 함수를 반복하여 합성하는 것과 같다. 이전 층의 출력이 다음 층의 입력이 되기 때문이다. 그런데 선형함수를 아무리 합성하여도 결국은 하나의 선형함수로 표현된다. 반면 비선형의 활성화 함수와 선형함수를 중첩적으로 합성하면 하나의 유연한 비선형함수가 만들어진다. 우리의 인지적 작용은 대부분 하나의 직선으로 표현될 수 없다. 고양이와 개 역시도 입력 사진의 픽셀값과 직선만으로는 구분해낼 수 없다. 때문에 딥러닝 모델이 자연계의 많은 문제를 해결하려면 이러한 비선형성이 반드시 필요하며, 이러한 활성화 함수의 역할은 딥러닝의 핵심적인 부분 중 하나이다.

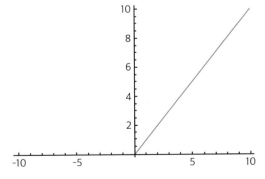

<그림 3> 오늘날 가장 많이 활용되는 ReLU 활성화함수. 0 이하의 값은 0으로 처리한다.[3]

이러한 다층 퍼셉트론, 즉 인공신경망은 각 퍼셉트론의 가중치 값이 어떠한지에 따라 다양한 결과물을 내놓을 것이다. 그렇다면 어떻게 최적의 가중치를 찾을 수 있을까. 오늘날 규모가 큰 딥러닝 모델들은 무수히 많은 수의 가중치를 가진다. 가령 GPT4에는 수조 개의 가중치가 있다고 알려져 있다. 일일이 모든 가중치를 설정해주는 것은 시간적으로도 불가능에 가깝고 정확성도 담보되지 않는다. 때문에 인공신경망을 '학습'시키는 방법, 즉 데이터로부터 적절한 가중치를 찾아가는 자동화된 방법을 찾게 되었고 그중 현재까지는 가장 효과적인 것으로 밝혀진 것이 경사하강법^{gradient descent}과 이에 기반한 역전파^{backpropagation}이다.

2 심층 신경망의 학습방법 - 경사하강법과 역전파

경사하강법은 함수의 기울기를 구하고 그 반대방향으로 값을 이동시켜 극솟값을 찾아가는 방법이다. 이러한 방법이 효과적이라는 것은 매우 직관적으로 이해할 수 있다. 경사하강법이 컴퓨터로 구현되었을 때 특히 강력한 이유는, 단지 같은 연산을 반복함으로써 수학적으로 언제나 극솟값에 이를 수 있기 때문이다. 모든 인공지능 모델의 목적은 입력으로부터 적절한 출력을 예측하는 것이고, 이상적인 출력과 실제 출력의 차이를 손실이라 한다면 딥러닝 모델이 풀어야 하는 문제는 손실의 최소화로 귀결된다. 그리고 손실은 당연히 가중치 등의 모수^{parameter}들의 함수이다. 따라서 경사하강법을 적용하면 손실함수의 극솟값에서의 모수들을 찾을 수 있고, 극솟값들은 각각이 적어도 최솟값의 후보들이다. 오늘날 경사하강법은 다양하게 변용되는데, 이는 국지적 극솟값^{local minima}에서 벗어나 전역적 극솟값^{global minima}, 즉 함수 전체의 최솟값을 효과적으로 찾도록 하기 위함이다. 이들을 옵티마이저^{optimizer}라 한다. 그러나 그 핵심이 되는 아이디어는 경사하강법에서 벗어나지 않는다.

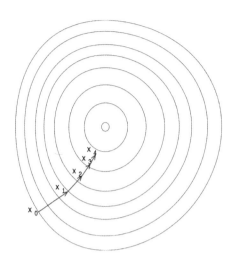

<그림 4> 간단히 시각화한 경사하강법[4]

역전파는 많은 층과 노드로 이루어진 딥러닝 모델에서 경사하강법을 구현하는 구체적 방법이다. 경사하강법을 적용하여 각각의 모수를 갱신하려면 해당 모수에 대한 손실함수의 기울기를 구하여야 하고, 그 방법으로는 편미분이 사용된다. 그런데 앞서 딥러닝 모델에서 층을 여럿 쌓는다는 것은 함수를 수차례 합성하는 것과 같다고 이야기하였다. 따라서 각 모수에 대한 미분계수는 연쇄법칙chain rule을 활용해 구하게 되고, 미분계수를 구하고 이를 곱하는 연산은 출력값을 내놓는 층으로부터 역방향으로 이루어진다. 따라서 역전파라는 이름이 붙은 것이다. 어떤 옵티마이저를 사용하든, 나아가 어떤 구조로 다층 퍼셉트론을 설계하든 역전파는 같은 방식으로 수행된다. 최근에는 역전파 이외의 학습 패러다임을 구축하려는 시도가 이루어지고는 있지만, 여전히 역전파는 가장 강력하고 보편적인 딥러닝 모델의 학습 방법이다.

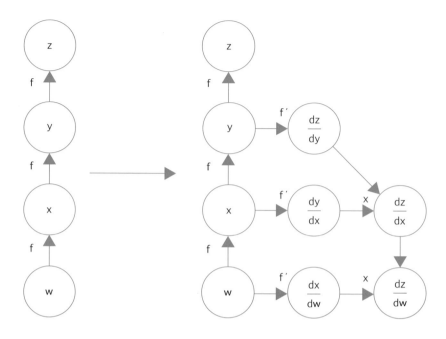

<그림 5> 간단히 시각화한 역전파 알고리즘[5]

🤖 III. 심층 신경망의 분화와 수렴

어떤 영역에서 딥러닝이 활용되든, 다층 퍼셉트론 구조와 역전파를 통한 학습이 활용되지 않는 경우는 없다. 그러나 퍼셉트론들을 연결하는 방식에는 모델의 사용 목적에 따라 차이가 발생한다. 이에 따라 딥러닝 모델은 완전 연결 신경망fully connected neural network, 합성곱 신경망convolutional neural network, 순환 신경망recurrent neural network으로 크게 나뉜다. 최근에는 변형된 완전 연결 신경망이라고 볼 수 있는 트랜스포머transformer가 나타나면서 분야를 막론하고 모델의 구조가 이로 수렴하는 현상이 일어나고 있다.

1 완전 연결 신경망

먼저 완전 연결 신경망은 인접한 층의 모든 노드 사이가 연결되어 있는 구조를 말한다. 가장 원시적이지만, 가장 잠재력이 큰 구조이기도 하다. 완전 연결 신경망은 이론적으로 다른 모든 유형의 신경망 구조를 표현할 수 있는데, 노드의 위치로 입력에 존재하는 시간 또는 공간의 차원을, 가중치를 통해 연결의 상태와 크기를 표현할 수 있기 때문이다. 그러나 완전 연결 신경망에는 어떠한 사전적 가정inductive bias도 포함되어 있지 않기 때문에 오로지 데이터에만 의지하여 모델의 성능을 높여야 하고, 이러한 방법은 이미지 처리, 음성 인식, 자연어 처리 등 많은 구체적 과제에서 효과적이지 못하다. 때문에 완전 연결 신경망은 오늘날 딥러닝 모델의 핵심구조로는 잘 활용되지 않고, 트랜스포머와 같은 변형 구조의 일부로 활용되거나 출력층에서 마지막으로 정보를 처리할 때에 주로 활용된다.

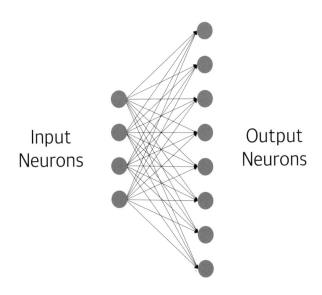

<그림 6> 완전 연결 신경망의 구조. 완전 연결 신경망에서는 입력층의 모든 노드가 출력층의 모든 노드와 연결되어 있다. 공간이나 시간에 대한 정보는 별도로 포함되어 있지 않다.[6]

2 합성곱 신경망

합성곱 신경망은 이미지 처리를 위해 개발된 구조이다. 이름의 유래인 합성곱은 필터의 윈도우^{window}를 일정 간격으로 이동하며 입력과 필터에 대응하는 원소끼리 곱한 후 총합을 구하여 대응되는 위치에 정렬하는 과정을, 윈도우가 전체 데이터를 순환할 때까지 반복하는 연산을 말한다. 이를 통해 필터의 크기에 해당하는 영역만큼의 국지적 패턴들을 검출해낼 수 있고, 여러 층에 걸쳐 이러한 연산을 반복하면 이러한 패턴들이 결합되어, 고층에 이르러서는 전역적인 패턴도 검출된다.

합성곱 신경망의 입력은 채널과 하나 이상의 축을 가진 다차원 데이터이다. 전형적인 용례인 2D 합성곱 신경망^{이미지 처리에 활용된다}은 가로, 세로의 두 축과 빛의 삼원색을 나타내는 3개의 채널로 이루어진 이미지 데이터를 입력으로 받는다. 필터는 각 채널을 순환하면서 합성곱 연산을 실행하고, 모든 채널을 순환한 후에는 채널별 결과물을 단순합하여 하나의 행렬을 내놓는다. 합성곱 신경망에서는 보통 하나 이상의 필터를 사용하는데, 각 필터의 출력물들을 채널 축에 중첩하여 출력을 만들어낸다. 이후 결과물에서 불필요한 잡음^{noise}을 없애기 위해 풀링^{pooling}을, 결과물의 형태를 원하는 방향으로 유지하기 위해 패딩^{padding}을 실행하고 비선형성을 가미하기 위한 활성화 함수를 적용한다.

일반적으로 합성곱 신경망을 핵심구조로 하는 모델에서는 마지막 층에 완전 연결 신경망을 하나 이상 연결하고, 이전의 합성곱 신경망의 출력을 차원을 무시하고 직렬해서^{flatten} 그 입력으로 넣어 모델 전체의 출력을 얻는다. 이러한 과정을 거치는 이유는 합성곱 연산이 정보를 추출하고 재가공하는 데에 특화되어 있기 때문이다. 이렇게 추출, 재가공된 정보는 완전 연결 신경망 내에서 종합되어 결과를 예측하는 데에 활용된다.

합성곱 신경망의 가장 큰 장점은 적은 수의 패러미터와 적은 연산량으로 다양한 패턴을 검출할 수 있다는 것이다. 합성곱 신경망은 입력데이터의 크기에 비해 비교적 작은 필터만을 패러미터로 하기 때문에 완전 연결 신경망에 비하여 모델의 용량을 획기적으로 줄일 수 있다. 또한 모든 노드가 연결되어 있지 않기 때문에 연산량 역시 큰 폭으로 줄어든다. 이는 비약적인 속도의 향상을 불러왔다. 나아가 테두리 등의 국지적인 패턴을 먼저 검출하고 이를 반복적으로 중첩하여 마지막 단계에서 전역적인 패턴을 파악하는 방식은 포유류의 눈이 사물을 인지하는 방식에서 아이디어를 얻은 것인데, 실제로 이러한 처리 방식이 이미지 처리를 수반하는 많은 과제에서 효과적임이 밝혀졌다. 이미지넷 대회에서 처음으로 인간의 퍼포먼스를 이긴 모델도 합성곱 신경망에 기반하였다. 오늘날 합성곱 신경망은 이미지 처리 외에도 다양한 목적으로 활용되고 있다. 문장 분류, 음성 인식, 심지어는 기업 파산 예측에도 활용된다. 지역적인 패턴의 검출이 중요한 과제라면 어디에서든 합성곱 신경망은 유효한 대안이 될 수 있다.

반면 합성곱 신경망은 입력데이터 전체를 유기적으로 파악할 필요가 있는 과제에 대해서는 그리 뛰어난 성능을 보이지 못하는 단점이 있다. 합성곱 신경망을 중첩하면 상층부에서는 전역적 패턴 일부가 검출되지만, 여러 계층을 거치며 이미 정보가 상당히 희석된 상태라 많은 잡음이 끼고, 어떠한 특징은 사라지기도 한다. 때문에 종래 합성곱 신경망으로 수행하던 과제들은 점점 전체적 맥락 파악에도 강한 트랜스포머 구조에 의하여 대체되고 있다. 그러나 가벼우면서 비교적 적은 양의 데이터로도 학습 가능한 특징 덕분에, 이미지 처리의 영역에서는 합성곱 신경망이 여전히 가장 먼저 검토되는 대안이다.

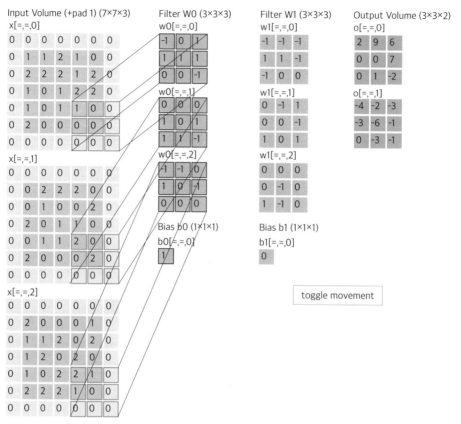

Input Volume (+pad 1) (7×7×3)

Filter W0 (3×3×3)

Filter W1 (3×3×3)

Output Volume (3×3×2)

<그림 7> 합성곱 신경망의 가장 중요한 구성부분인 합성곱 계층의 예시. 각각의 필터가 입력값의 모든 채널을 순회하며 합성곱 연산을 실행하고, 그 값을 더하여 출력값의 채널 하나를 구성한다.[7]

3 순환 신경망

순환 신경망은 순차적인 입력을 처리하기 위해 고안된 구조로, 입력이 끝날 때까지 이전 입력에 대한 은닉층의 출력값과 새로운 데이터를 함께 입력으로 받아 결과를 출력하기를 반복하는 구조이다. 설계하기에 따라 하나의 출력을 내놓을 수도 있고, 순차적으로 여러 개의 출력을 내놓을 수도 있다.

순환 신경망의 장점은 이전의 데이터에 대한 기억을 유지할 수 있다는 것이다. 즉 순서 개념이 중요한 데이터 또는 이전 맥락에 대한 고려가 필요한 데이터의 처리에 강점이 있다. 때문에 특히 트랜스포머 구조의 등장 이전 언어모델을 구현하기 위해 널리 활용되었다. 최초의 딥러닝 기반 번역기도 순환 신경망을 토대로 만들어졌다.

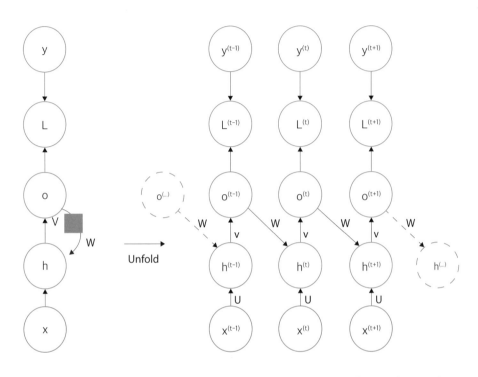

<그림 8> 순환 신경망 구조도. 해당 단계의 입력값과 전 단계의 은닉층의 출력값을 함께 처리하여 해당 단계의 최종 출력값을 내놓는다. 이를 입력값의 배열이 끝날 때까지 반복한다.[8]

그러나 순환 신경망에는 두 가지의 치명적인 단점이 있어 결국 현재는 대부분의 영역에서 사장되었다. 하나는 입력값이 길어지면 망각 현상이 일어난다는 것이다. 여러 단계를 거치며 과거의 정보는 조금씩 소실되어, 결국에는 새로운 출력에 영향을 미치지 못하게 된다. 이를 해결하기 위해 LSTM[long short term memory] 등의, 기억을 오래 유지하기 위해 개량된 순환 신경망 구조가 등장하였지만 근본적인 한계를 해결하지는 못했다. 이후 어텐션 메커니즘이 등장하고서야 망각 문제가 해결되기 시작하였고, 결국에는 어텐션 메커니즘과 완전 연결 신경망만으로 순환 신경망을 완벽히 능가할 수 있음이 밝혀졌는데, 이것이

트랜스포머이다. 두 번째 단점은 병렬처리가 불가능하다는 것이다. 순환 신경 망은 앞 순서의 입력이 먼저 처리되어야 그 결과를 바탕으로 뒷 순서의 입력이 처리된다. 따라서 전체 입력을 병렬적으로 처리할 수 없다. 이는 완전 연결 신경망과 합성곱 신경망에 비해서도 속도면에서 큰 단점으로 작용하였다. 트랜스포머는 이러한 문제까지 해결하면서 순환 신경망을 완벽히 대체하게 된다.

4 트랜스포머와 구조의 수렴

이처럼 딥러닝 모델은 완전 연결 신경망에서 출발해 합성곱 신경망, 순환 신경망이라는 파생 구조로 분화하였다. 이들 구조는 고유한 장점과 단점이 있어 데이터와 과제의 특징에 따라 적절히 취사선택되어 왔다. 그러나 자연어 처리의 영역에서 2017년 이후 순환 신경망을 대체하기 시작한 트랜스포머 구조는, 2020년대에 들어 이미지 처리와 음성인식 등 모든 분야에서 기존의 모델들을 대체해나가기 시작한다. 그 배경에는 트랜스포머 구조의 유연성과 어텐션 메커니즘에 기인한 높은 정보의 밀도 그리고 이를 뒷받침할 강력한 데이터와 컴퓨팅 자원이 있었다.

트랜스포머는 2017년 Ashish Vaswani 등이 발표한 "Attention is All You Need"에서 처음 제시된 구조로, 순환 신경망 없이 어텐션 메커니즘만으로 자연어처리의 다양한 과제를 수행할 수 있도록 설계되었다. 트랜스포머는 '멀티헤드 셀프 어텐션'을 핵심 기능으로 하는 트랜스포머 계층을 여러 개 쌓아 구성한 네트워크이며, 각 6개의 블록으로 이루어진 인코더와 디코더로 이루어져 있다. 이후 트랜스포머의 기본 구조에서 인코더 부분을 분리하여 발전시킨 것이 기계독해, 문장 분류 등의 과제에서 탁월한 성능을 내 화제가 되었던 BERT와 ELMo이고, 디코더 부분을 발전시킨 것이 ChatGPT의 원형이 된 생성형 언어모델 GPT이다. 인코더는 정보의 이해와 압축을, 디코더는 이를 바탕으로 한 텍스트의 생성을 담당한다. 그러나 최근에는 디코더 구조만으로 정보의 이해와 압축, 새로운 텍스트의 생성을 모두 할 수 있다는 사실이 밝혀지고, 더 나아가 이미지와 텍스트를 동시에 입력으로 받을 수 있는 멀티모달 언어모델이 등장하면서 트랜스포머 중에서도 디코더 구조를 활용한 GPT 계열의 모델로 인공지능의 많은 연구/개발 방향이 한 차례 더 수렴하고 있다.

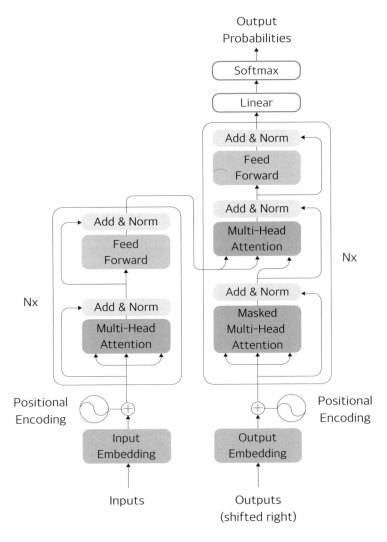

<그림 9> 간략히 표현한 트랜스포머 구조도. 멀티헤드 셀프 어텐션 계층과 완전 연결 신경망이 이어져 있는 것이 하나의 트랜스포머 블록이다. 트랜스포머 네트워크는 이러한 트랜스포머 블록을 다층으로 쌓아 구성된다.[9]

생각해 볼 점

1. 합성곱 신경망과 순환 신경망을 결합하여 사용할 수는 없을까? 가능하다면 각각으로부터 어떤 장점을 취할 수 있을까?
2. 모델의 구조가 트랜스포머로 수렴하는 현상이 인공지능 연구/개발에는 어떠한 영향을 미치게 될까?
3. 트랜스포머를 대체할 보다 우수한 신경망 구조가 존재할까? 합성곱 신경망과 순환 신경망에서 트랜스포머 구조를 보완할 아이디어를 찾을 수는 없을까?

심화 학습 자료

Ian Goodfellow의 딥러닝 교과서 https://www.deeplearningbook.org
Stanford의 딥러닝 입문 강의 cs231n http://cs231n.stanford.edu/index.html

미주

1 이미지 출처: Stanford University, cs231n Convolutioonal Neural nerworks for Visual Recognition 강의안

2 이미지 출처: Stanford University, cs231n Convolutioonal Neural nerworks for Visual Recognition 강의안

3 이미지 출처: Stanford University, cs231n Convolutioonal Neural nerworks for Visual Recognition 강의안

4 이미지 출처: 위키피디아 'Gradient Discent' https://en.wikipedia.org/wiki/Gradient_descent

5 이미지 출처: Deep Learning (Ian J. Goodfellow, Yoshua Bengioand Aaron Courville), MIT Press, 2016, p.210.

6 이미지 출처: Nvidia docs. https://docs.nvidia.com/deeplearning/performance/dl-performance-fully-connected/index.html

7 이미지 출처: Stanford University, cs231n Convolutioonal Neural nerworks for Visual Recognition 강의안

8 이미지 출처: Deep Learning (Ian J. Goodfellow, Yoshua Bengio and Aaron Courville), MIT Press, 2016, p. 375.

9 이미지 출처: Ashish Vaswani, Noam Shazeer, Niki Parmar, Jakob Uszkoreit, Llion Jones, Aidan N Gomez, Lukasz Kaiser, and Illia Polosukhin. 2017. Attention is all you need. In Advances in Neural Information Pro- cessing Systems, p. 6002.

CHAPTER 02

트랜스포머 이후의 인공지능

임준호

사례

2022년 11월 ChatGPT라는 서비스가 공개된 이후 사람들에게 큰 이슈가 되면서, 서비스 사용자 수가 폭발적으로 증가하였다. 아래 그림은 ChatGPT 사용자 증가를 나타낸 그래프인데, X축은 하루 단위, Y축은 백만 명 단위이다. 기존에 사용자 증가 속도가 가장 빨랐던 서비스 중의 하나가 '인스타그램'인데, 이 그래프의 노란색 점선인 인스타그램의 사용자 증가 속도와 비교하면 매우 빠른 속도로 사용자가 증가하였다는 것을 알 수 있다. 아마도 인류 역사상 사람이 만든 결과물 중에 가장 단기간에 가장 크게 히트한 제품으로 봐도 무방할 것이다. ChatGPT는 기존 인공지능 기술과 무엇이 다르기에, 이렇게 큰 성공을 할 수 있었을까?

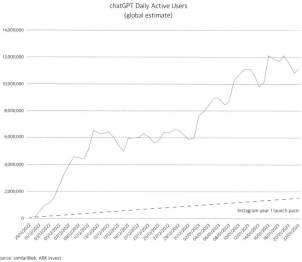

<그림 1> ChatGPT 사용자 증가 속도 [1]

I. ChatGPT 개념 알기

1 ChatGPT 소개

ChatGPT는 미국 OpenAI라는 기업이 개발한 사람과 대화하는 인공지능 기술이다. 대화 관점에서 ChatGPT 이전에도 이루다, 심심이 등 대화형 AI 기술들이 있었지만, 기존 기술들은 보통 심심풀이 대화 혹은 특정 목적 수행형 대화만 가능했다. 이에 반해 ChatGPT 기술은 에세이·시·소설 쓰기, 프로그램 코딩 등 다양한 주제에 대해 수준 높은 대화가 가능하다는 게 큰 차이점이다. 아래 표는 OpenAI에서 ChatGPT를 소개하며 공개한 예제이고, 이 예제를 통해 ChatGPT의 대화 수준을 살펴본다.

(사용자)
페르마의 소정리(Fermat's Little Theorem)란 무엇인가요?

(ChatGPT)
페르마의 소정리는 다음과 같은 내용을 말합니다. p가 소수이고 a가 p로 나누어지지 않는 정수일 때, a^p (a의 p 제곱)는 p로 나눈 나머지가 항상 a와 동일하다는 것입니다. 다시 말해, a^p를 p로 나누면 항상 a가 남게 됩니다.
예를 들어, p=5이고 a=2인 경우, 2^5는 32이며, 32를 5로 나누면 나머지가 2입니다. 따라서 2^5는 5로 나눈 나머지가 2와 동일하므로, 페르마의 소정리가 이 경우에 성립합니다.
페르마의 소정리는 암호학과 모듈러 연산을 빠르고 효율적으로 수행해야 하는 다른 응용 분야에서 자주 사용됩니다. 또한, 수론에서 다른 정리를 증명하는 데 유용한 도구로 사용됩니다.

(사용자)
암호학에서 어떻게 활용되나요?

(ChatGPT)
암호학에서 페르마의 소정리는 여러 가지 방식으로 사용됩니다. 그중 가장 일반적인 응용은 "공개키(public-key)" 암호 시스템의 생성에 사용됩니다. 이 시스템은 인터넷과 기타 네트워크를 통해 안전하게 메시지를 전송하는 데 사용됩니다.
공개키 암호 시스템에서 각 사용자는 공개키(public key)와 개인키(private key)라는 두 개의 키 쌍을 가지게 됩니다. 공개키는 널리 알려져 있으며 해당 사용자에게 보내는 메시지를 암호화하는 데 누구나 사용할 수 있습니다. 개인키는 해당 사용자만 알고 있으며 해당 공개키로 암호화된 메시지를 해독하는 데 사용됩니다.
이러한 키를 생성하는 한 가지 방법은 소수와 페르마의 소정리를 사용하는 것입니다. 예를 들어, "ABC"라는 사용자를 위한 공개키 암호 시스템을 생성하고자 한다고 가정해봅시다. 큰 소수인 p와 q를 선택한 다음, 곱셈 연산을 통해 n = pq를 계산합니다.

사용자의 공개키는 (n, a)로 표현되는 쌍이 됩니다. 여기서 a는 p나 q로 나누어지지 않는 임의의 정수입니다. 사용자의 개인키는 (n, b)로 표현되는 쌍이며, b는 n에 대한 a의 모듈러 역수(modular multiplicative inverse)입니다. 이는 즉, a와 b를 곱한 결과가 n에 대해 1과 동일하다는 것을 의미합니다.

사용자의 공개키 (n, a)로 메시지를 암호화하려면 먼저 약속된 방식으로 메시지를 숫자 m으로 변환한 다음, 암호화된 메시지 c를 다음과 같이 계산합니다: c = (m^a) mod n. 메시지를 해독하기 위해 수신자는 단순히 다음을 계산합니다: m = (c^b) mod n. 이는 페르마의 소정리에 의해 (m^a)^b mod n = m^(ab) mod n = m^1 mod n = m mod n과 동일합니다.

이러한 방식으로 페르마의 소정리는 공개키 암호학에서 모듈러 지수 연산을 효율적으로 수행할 수 있도록 해줍니다. 또한, 공개키로부터 개인키를 생성하는 방법을 제공하여 시스템의 보안을 보장합니다.

<표 1> ChatGPT 대화 예제[2]

2 ChatGPT라는 이름의 의미

ChatGPT에서 "Chat"은 대화를 수행하는 인공지능 모델이라는 의미이고, "GPT"는 OpenAI에서 개발한 인공지능 기술 명칭으로, "생성형 사전학습 트랜스포머Generative Pre-trained Transformer"라는 기술을 가리킨다. 즉, ChatGPT는 GPT라는 인공지능 기술을 대화형으로 확장한 기술을 가리킨다.

본 절에서는 GPT를 이해하기 위하여 다음과 같이 GPT의 각 단어의 의미를 살펴본다. 1) Transformer 란 무엇인가?, 2) Generative의 의미는 무엇인가? 3) Pre-trained 의 의미는 무엇인가?

1) Transformer란 무엇인가?

Transformer트랜스포머는 2017년 Google에서 개발한 "기계번역" 인공지능 알고리즘 명칭이다. 트랜스포머는 기계번역 모델이기 때문에, "나는 학교에 간다."라는 한국어 문장을 "I go to school."과 같은 영어 문장으로 번역하고, 이를 위하여 한국어 문장을 이해하는 부분인코더과 영어 문장을 생성하는 부분디코더로 구성된다. 트랜스포머 모델의 구성은 다음 그림과 같다.

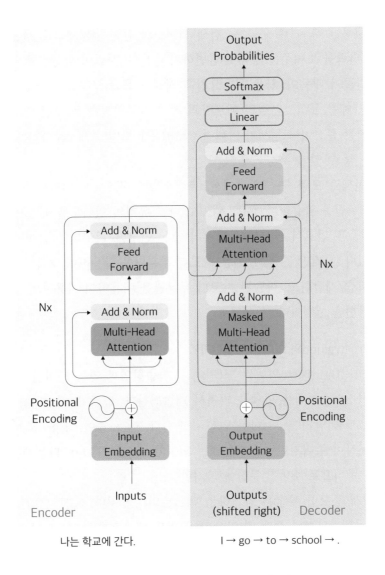

나는 학교에 간다.   I → go → to → school → .

<그림 2> Transformer 모델 구성 [3]

2) Generative의 의미는 무엇인가?

Generative는 말 그대로 '생성형' 모델이라는 의미이고, 세부적으로 아래 2가지 관점에서 설명할 수 있다.

첫 번째로 기존 기술과의 차별점 관점에서, ChatGPT는 사용자의 요청에 답변을 생성할 때, 기존 구글 등 검색 서비스와 같이 인터넷의 문서를 검색하고, 관련 단락을 보여주는 형태로 답변하지 않는다. 사람이 일상생활 시 새로운 문장을 만들어 내듯이, 사용자의 요청에 적절한 응답 문장들을 새로 생성하여 답변한다. 예를 들어, 앞 절의 페르마의 정리 질문의 답변을 보면 인터넷에 존재하는 기존 문장이나 문서가 아니라 ChatGPT 모델이 새로운 문장들을 생성하였음을 알 수 있다.

두 번째로 모델 구조 관점에서, 트랜스포머 구조에서 번역문을 생성하는 부분^{디코더 부분}만을 활용한다. GPT 외에도 다른 유형의 언어모델이 있으며, 다른 언어모델들은 인코더 부분만을 활용하거나, 인코더-디코더를 같이 활용하는 모델이 있다. 하지만, GPT 모델은 디코더 부분만을 활용하여 대화형 인공지능 기술을 학습/개발하고, 학습된 디코더 부분만을 이용하여 사용자의 요청에 부합하는 답변을 생성한다.

3) Pre-trained의 의미는 무엇인가?

Pre-trained라는 의미는 "사전에^{미리} 학습하였다"라는 의미입니다. GPT 모델은 사전학습이라는 단계를 거쳐서 개발됩니다. 그리고, 사전학습 시에 주어진 텍스트를 암기^{memorize}하는 일을 수행한다. 예를 들어, "I go to school." 이라는 문장이 주어지면, "I" 다음에는 "go"가 나오고, "I go" 다음에는 "to"가 나온다는 방식으로 주어진 문장을 암기한다.

여기서 중요한 부분은 암기하는 텍스트의 "양"이다. GPT 모델은 사람이 평생 보는 텍스트보다 수백 배 이상 많은 양의 텍스트를 암기하도록 훈련을 받는다. 간략하게 비유하자면, 다른 나라의 모르는 언어로 쓰인 책을 수천억 권 이상을 토씨 하나 틀리지 않고 통째로 암기^{memorize}할 수 있다면, 그 나라의 말을 어느 정도 이해하고 사용할 수 있는 지능을 얻게 되는 것에 비유할 수 있을 것이다.

II. ChatGPT 깊이 알기

1 초거대 언어모델 알기

GPT 모델은 입력 텍스트를 암기memorize한 모델인데, 어떻게 이렇게 사람처럼 대답할 수 있을까? 해답은 암기한 양에 있다!

우선, OpenAI는 GPT 모델로 어느 수준의 정확도까지 텍스트를 암기할 수 있을지 실험을 진행하고, 2020년 1월 한 가지 법칙law을 발표한다. 바로 암기하는 텍스트의 양, 암기에 필요한 컴퓨팅의 양, GPT 모델의 크기파라미터 수를 모두 확장하면, 암기 정확도가 일정 수준에서 멈추지 않고 끝없이 좋아진다는 법칙이다. 그리고, 2020년 6월 이 법칙에 기반해서 GPT-3라는 초거대 언어모델을 개발하고, 초거대 언어모델은 사람과 같이 새로운 태스크요약, 번역, 질문-답변하기 등에 대한 설명과 몇 개의 예제를 보여주면 해당 태스크를 수행할 수 있을 것이라는 가설을 세웠다. 그리고 약 40여 개의 다양한 태스크를 대상으로 자신들이 세운 가설이 맞는지 검증을 수행하였다.

검증 대상 실험 중, 초거대 언어모델이 사람과 같은 수준의 답변이 가능할 수 있다는 함의를 담은 실험으로 다음 2가지 실험을 소개한다. 첫 번째는 "글쓰기"이다. 실제 기자가 작성한 뉴스 기사의 제목, 부제목, 본문을 가지고, GPT-3에게 제목, 부제목을 입력하고 새로운 본문을 쓰게 한 다음, 다른 사람에게 2개의 기사 중 어느 기사가 사람이 쓴 기사인지 맞추게 하였을 때, "사람들이 맞춘 정확도가 52%였다."라고 밝혔다. 2개 중 1개를 고르는 문제여서 기본이 50%임을 감안하면, 사람이 거의 구분하지 못하는 수준이라고 볼 수 있다. 사람도 글을 쓸 때 글의 구조, 논리 흐름, 예문 사용, 반론 가능성 고려 등 다양한 추론 과정이 필요한데, 초거대 언어모델이 이와 같은 수준의 일을 처리할 수 있다는 점을 살펴볼 수 있다. 두 번째로 "산수 계산"이다. GPT 모델은 단순히 글자들을 암기한 모델인데, "48 더하기 76은 뭐야?" 물어보면 "128"과 같이, 2자리 수 더하기와 빼기는 거의 100%에 근접한 정확도로 답변하고, 5자리 수 더하기와 빼기는 약 9% 가량 답을 맞추었다. 텍스트를 암기하면서 명시적으로 가르치지 않은, 텍스트 내에 포함된 숫자들 사이의 관련성까지 학습, 활용할 수 있게 된 것으로 생각할 수 있다.

　이처럼 초거대 언어모델이 사람과 같은 지능을 가질 수 있지 않을까 하는 가능성이 보이면서, 이후에 많은 글로벌 기업에서 자체 초거대 언어모델을 개발하였다. Google은 Palm, Deepmind는 Chincilla와 Gopher, Meta는 OPT, LLaMA, Naver는 HyperClover 와 같은 초거대 언어모델들을 개발하였다.

　글로벌 기업들이 초거대 언어모델을 개발하는 이유는 '창발 능력emergent ability'으로 살펴볼 수 있다. 단어 단위로 암기하는 정확도가 계속해서 향상되다 보면, 수학 문제 풀이와 같은 특정 태스크에서 '낮은 암기 정확도에서는 문제를 풀지 못하다가, 어느 수준의 정확도를 넘어서는 순간 문제를 풀 수 있게 되는 시점이 있다.'라는 관점으로 생각해 볼 수 있다. 아래 그림은 Google에서 초거대 언어모델의 크기별로 수학 문제 풀이 등의 태스크를 대상으로 창발 능력을 검증한 실험이다.

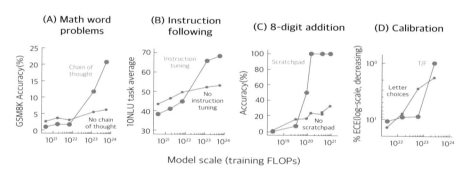

<그림 3> 창발 능력(emergent ability) 실험[4]

2 ChatGPT 학습 방법

　초거대 언어모델과 ChatGPT[InstructGPT]의 답변을 비교해 보면, 다음 그림과 같은 차이가 있다.

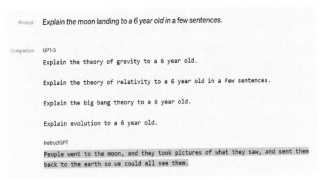

<그림 4> 초거대 언어모델과 ChatGPT 사이 답변 비교[5]

초거대 언어모델인 GPT-3는 입력 문장에 이어서 그럴듯한 다음 문장들을 생성하지만, 사용자의 의도에 부합하는 결과는 아니다. 반면 ChatGPT[이 예문의 InstructGPT] 모델은 사용자의 의도에 부합하는 답변을 생성한다. 즉, ChatGPT는 초거대 언어모델이 사람의 의도에 맞게 답변하도록 초거대 언어모델을 '가공'한 모델이다.

아래 그림은 초거대 언어모델을 이용해서 ChatGPT와 같은 모델을 어떻게 개발하는지에 대해 설명한다.

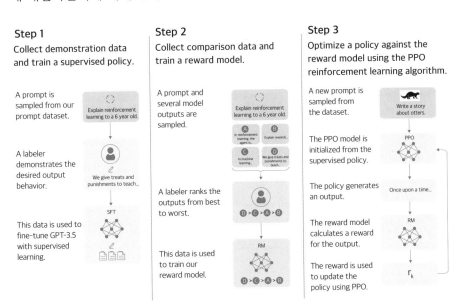

<그림 5> 초거대 언어모델 기반 ChatGPT 학습 방법[6]

ChatGPT 모델 학습 과정은 앞의 그림과 같이 크게 3가지 단계로 구성된다. 첫 번째 단계는 앞의 달착륙 예문과 같은 사용자 입력과 사용자 의도에 맞는 답변을 데이터 구축자가 수동으로 구축하고, 입력과 답변을 사전학습 시와 동일하게 암기하는 단계이다. OpenAI는 첫 번째 단계를 위하여 글쓰기, 질문 답변, 요약 등 다양한 유형의 사용자 입력과 답변 학습데이터를 구축하여 학습하였다. OpenAI의 학습데이터의 예제는 아래 그림과 같다.

Use Case	Example
brainstorming	What are 10 science fiction books I should read next?
classification	Take the following text and rate, on a scale from 1-10, how sarcastic the person is being (1 = not at all, 10 = extremely sarcastic). Also give an explanation {text} Rating:
classification	This is a list of tweets and the sentiment categories they fall into. Tweet: {tweet_content1} Sentiment: {sentimentl1} Tweet: {tweet_content2} Sentiment: {sentiment2}
classification	{java code} What language is the code above written in?
classification	You are a very serious professor, and you check papers to see if they contain missing citations. Given the text, say whether it is missing an important citation (YES/NO) and which sentence(s) require citing. {text of paper}
extract	Extract all course titles from the table below: | Title | Lecturer | Room | | Calculus 101 | Smith | Hall B | | Art History | Paz | Hall A |
extract	Extract all place names from the article below: {news article}

<그림 6> ChatGPT 학습 1단계에 활용된 학습데이터 유형 예제[7]

ChatGPT 학습의 2번째 단계는 "선호도 학습" 단계이다. 예를 들어, "거울을 부수면 어떻게 되나요?"와 같은 사용자 질문에 대해, 1단계 학습 모델을 이용하여 여러 개의 답변을 생성한다. 앞의 질문에 대해 "거울을 부수면 부서진 파편 때문에 다칠 수 있으므로 주의해야 합니다."와 같은 답변, 또는 "만약 여러분이 거울을 부수면 여러분은 7년의 불운을 겪게 될 것입니다."와 같은 답변이 생성될 수 있다. 전문가는 ChatGPT가 생성한 여러 답변에 대해 사람들이 일반적으로 어떤 것을 보다 선호하는지 순위를 매긴다. 이 예의 경우, "파편에 다칠 수 있으므로 조심해야 한다."와 같은 답변이 높은 선호도를 받을 것이다. ChatGPT는 '선호도 모델^{reward model}'을 학습하여, 질문과 완결된 답변 쌍에 대해서 선호도 점수를 예측할 수 있도록 한다.

마지막 ChatGPT 학습의 3번째 단계는 '최적 선호도 답변 생성' 단계이다. 1단계 학습 모델이 생성할 수 있는 수천 가지 이상의 다양한 답변 중, 가장 높은 선호도 점수를 가질 답변을 생성하도록 언어모델을 조정하는 단계이다. 3단계에서는 강화학습 알고리즘이 적용되고, 2번째와 3번째 단계를 일컬어 사람의 피드백으로부터의 강화학습^{RLHF, Reinforcement Learning from Human Feedback} 기술로 부른다.

ChatGPT 기술은 초거대 언어모델에 이와 같은 1, 2, 3단계의 학습을 거쳐서 사용자의 의도에 맞는 답변을 생성하도록 학습한 모델이고, 2023년 현재 언어 인공지능 기술 중 가장 앞선 기술로 평가받고 있다.

 III. ChatGPT 넓게 알기

1 앞으로의 ChatGPT

ChatGPT 공개 이후, 생성형 언어모델 기술 및 응용 기술이 빠르게 발전하고 있다. 기존 ChatGPT가 언어^{텍스트}만 학습한 모델이라면, 앞으로의 ChatGPT 기술은 어떻게 발전할지 살펴본다.

첫 번째로, 생성형 멀티 모달multi-modal 모델 기술이 비약적으로 발전 중이다. 몇 개의 단어로부터 자연스러운 이미지를 생성하는 Stable Diffusion 및 DALL-E와 같은 모델은 이미 개발되어 서비스 중이고, 사람과 같이 이미지의 의미를 이해하며 자연스럽게 대화하는 기술, 대화 중 필요한 이미지를 적절하게 생성하는 기술, 이를 확장하여 긴 길이의 시나리오로부터 일관된 동영상을 생성하는 기술 등으로 확장될 것이다.

두 번째로, 사람이 사용하는 언어 및 이미지뿐 아니라 컴퓨터가 사용하는 언어인 프로그래밍 언어를 이해하고 실행 가능한 코드를 생성하는 기술이 발전 중이다. 생성형 언어모델의 창발 능력으로 수학 문제 풀이가 가능해졌고, 수학의 논리적 추론 능력을 확장하여 프로그래머가 파이썬, C++, JAVA 프로그램을 개발하듯이 프로그램 코드를 생성하는 기술을 개발 중이다.

세 번째로, 생성형 언어모델을 스스로 외부 환경을 인식하고 자율적으로 동작하는 에이전트agent로 활용하고, 여러 개의 에이전트가 협력하여 큰 임무를 수행하는 멀티-에이전트multi-agent 기술이 등장할 것이다. 예를 들어, 프로그래밍 코드 생성의 경우, 단일 생성형 언어모델 에이전트로는 짧은 길이의 코드 생성이 가능하다면, 큰 프로젝트 개발에 필요한 각 단계요구사항 정의, 기능 명세, 코드 작성, 유닛 테스트 등별로 여러 개의 생성형 언어모델이 동작하도록 구성한다면, 큰 규모의 프로젝트 개발을 수행할 수 있다는 연구가 등장하고 있다.

2 ChatGPT 활용 시 주의사항

ChatGPT를 올바르게 사용하기 위해서는 ChatGPT의 한계에 대해서 정확하게 알아야 하고, 이는 ChatGPT뿐 아니라 Bard 등 다른 초거대 언어모델 기반 서비스에도 적용되는 비슷한 유형의 한계이다.

우선, ChatGPT 활용에 있어서, 환각Hallucination이라는 오류에 각별히 유의해야 한다. ChatGPT는 사전학습 단계에서 암기한 내용들을 기반으로 사람이 보기에 그럴듯한 답변을 생성하는데, 이때 구체적인 사실관계가 틀리는 환각 오류가 발생할 위험이 높다. 예를 들어, ChatGPT에게 삼성전자의 2020년

2분기 매출액을 알려달라고 요청하면 '원화로 63조 원'이라고 답변하지만, 삼성전자 공식 홈페이지에서 확인하면 '2020년 2분기 매출액은 52.97조원'으로 사실관계가 틀림을 알 수 있다. 이 같은 환각 오류는 검색 결과를 기반으로 답변을 생성하는 BingChat이나 ChatGPT Plug-in에서도 계속하여 보고되는 오류로 생성형 인공지능 기술을 활용할 때 특히 주의해야 하는 부분이다.

다음으로, 잘못된 가설 false premise을 포함하여 요청할 경우, ChatGPT가 이 가설이 잘못되었음을 인지하지 못하고 그럴듯한 답변을 생성할 위험이 있다. 대표적인 예제로 "조선왕조실록에 기록된 세종대왕의 맥북프로 던짐 사건에 대해 알려줘."라고 요청할 경우, 아래 그림과 같이 소설 같은 그럴듯한 이야기를 생성하지만, 당연히 사실이 아닌 이야기이다. 아래 그림은 2023년 2월 기사로, 최근 ChatGPT는 이와 같은 오류를 생성하지 않도록 교정되었다. 하지만 이는 개별 경우에 대한 오류 완화이며, 사실이 아닌 그럴듯한 답변을 생성하는 ChatGPT의 한계가 해결된 것은 아니라는 점에 주의해야 한다.

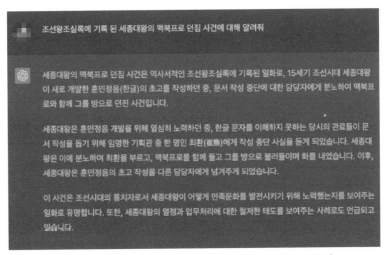

<그림 7> ChatGPT 잘못된 가설로 인한 잘못된 답변 생성 예제[8]

그리고, 사용자의 질문에 정보가 불충분하더라도 사용자가 원하는 바가 무엇인지 구체적으로 확인하지 않고 바로 답변을 생성하기 때문에, 원하는 답

변을 받기 위해서는 사용자가 원하는 바를 가능한 구체적으로 지시해야 한다는 한계가 있다. 예를 들어, ChatGPT에게 '소설을 써줘.'라고 요청하면, 어떤 장르의 소설인지, 분량은 어느 정도로 작성할지, 대상 독자를 누구로 할지 구체화하지 않고 바로 글을 생성한다. 사용자가 어떤 주제, 어느 정도 분량, 대상 독자를 누구로 할지의 정보를 요청 시 모두 알려줘야 조금이라도 원하는 결과에 근접할 수 있다. 이는 향후 기술이 발전할 경우 점차 개선되어 나갈 부분으로 예상하지만, 현재 ChatGPT를 잘 활용하기 위해서는 프롬프트 엔지니어링 prompt engineering이 필요하다.

이 외에도 답변하여서는 안 되는 유형의 요청예: 폭탄 제조 방법을 알려줘.에 대해 답변을 거부하는 정확성이나, 특정 계층성별, 지역, 등에 대해 편향성을 포함한 답변 생성과 같이 대화형 인공지능 기술 활용에 부작용은 없을지 세심한 주의를 기울이며 활용이 필요하다.

생각해 볼 점 --

1. ChatGPT와 같은 생성형 인공지능 기술로 이제 사람과 같은 지능을 모방할 수 있을까?
2. 사람의 지능과 ChatGPT 지능의 차이점은 무엇이고, ChatGPT로 할 수 있는 일과 할 수 없는 일의 경계는 무엇일까?
3. 법률 분야의 전문가 및 학생들이 ChatGPT를 활용할 때, 도움을 받을 수 있는 방안, 주의해야 할 사항은 무엇일까?

심화 학습 자료 --

루이스 턴스톨, 레안드로 폰 베라, 토마스 울프, "트랜스포머를 활용한 자연어 처리", 한빛미디어, 2022.
박해선, "인공지능 전문가가 알려 주는 챗GPT로 대화하는 기술", 한빛미디어, 2023.
Long Ouyang, et al., "Training language models to follow instructions with human feedback", Advances in Neural Information Processing Systems 35 (NeurIPS 2022).
Jason Wei, et al., "Emergent Abilities of Large Language Models", Transactions on Machine Learning Research (TMLR), 2022.

미주

1 출처: https://zdnet.co.kr/view/?no=20230126091126

2 출처: https://openai.com/blog/chatgpt, ChatGPT로 번역 수행

3 출처: https://arxiv.org/abs/1706.03762

4 출처: https://arxiv.org/abs/2206.07682

5 출처: https://openai.com/research/instruction-following

6 출처: https://openai.com/blog/chatgpt

7 출처: https://arxiv.org/abs/2203.02155

8 출처: https://m.hankookilbo.com/News/Read/A2023022215200000727

CHAPTER 03

인공지능의 활용과 인공지능 산업 생태계

김병필

 사례

메타(Meta) 사는 2023년 7월 사전학습된 대규모 언어모델 인공지능인 라마(Llama)2 모델을 오픈 소스로 공개하였다. 메타는 라마2 모델을 비상업적 연구목적만이 아니라 상업적 목적을 위해서도 누구나 무상으로 자유롭게 사용하는 것을 허용하였다. 그 결과 많은 연구자와 사업자가 라마2 모델을 사용하여 새로운 활용 사례에 적용하고자 시도 하였다. 라마2 모델과 같은 오픈 소스 형태의 인공지능 배포 방식은 OpenAI의 GPT-4 모델과 같이 폐쇄적인 이용 방식과 어떠한 점에서 차이가 있는가? 일정한 성능 이상의 인공지능이 오픈 소스 방식으로 제한 없이 배포되는 것을 규제할 필요가 있는가?

I. 인공지능의 활용

인공지능과 관련된 법적 쟁점을 살펴보기에 앞서 그 기술이 현실에서 구체적으로 어떻게 활용되고 있는지, 나아가 앞으로 활용될 수 있을 것인지 이해할 필요가 있다. 예를 들어 인공지능에 관한 법적 규제를 수립하고자 하는 경우라면, 인공지능에 의해 실제로 어떠한 해악이 초래되고 있는지 혹은 미래에 초래될 가능성이 있는지를 조사하고 평가해야 한다. 또한 인공지능의 활용 사례에서 특정한 개인이나 사회 집단에 손해가 발생할 수 있는 것으로 예견되는 경우라면 이러한 손해를 예방하기 위한 주의 의무를 누구에게 부과하는 것이 적합한지가 중요하게 고려되어야 한다. 이러한 질문들에 대한 답은 인공지능의 현실적 활용 사례에 대한 구체적인 이해에 기반하는 것이 바람직하다. 이처럼 인공지능에 관한 법적 논의가 단순한 이론적, 추상적 가능성에 기반하여 이루어지지 않도록 유의할 필요가 있다.

1 범용기술로서의 인공지능에 대한 기대

인공지능 기술이 갖는 중요한 특징은 사회 전반에 걸쳐 폭넓게 활용될 수 있다는 것이다. 이처럼 사회 전체에 걸쳐 광범위하게 활용될 수 있는 기술을 범용기술General Purpose Technologies이라 한다. 역사적으로 증기기관이나 전기, 현재의 반도체와 컴퓨터, 인터넷 기술 등의 경우에는 다양한 응용 영역으로 광범위하게 확산되었고, 그 결과 이러한 기술의 혁신은 사회 전체에 걸친 생산성 향상을 가져오게 되었다. 그래서 인공지능 기술은 흔히 '21세기의 새로운 전기'와 같은 기술로 비유되기도 한다. 전기 기술의 발전을 통해 2차 산업혁명이 전개될 수 있었던 것과 마찬가지로 인공지능 기술은 새로운 산업혁명의 원동력이 될 수 있을 것으로 기대되기도 한다. 특히 최근 범용적으로 활용될 수 있는 인공지능 모델이 발전하면서 이와 같은 기대가 더욱 커지고 있다.

② 기반 모델 인공지능의 발전

2017년 트랜스포머 모델이 발표된 이래 인공지능의 개발 및 활용 양상에 적지 않은 변화가 이루어지고 있다. 이제껏 여러 유형의 인공지능을 통해 각기 수행하던 기능을 통합하여 단일한 모델을 통해 수행하고자 시도하는 것이다. 이처럼 방대한 데이터에 의해 학습되어, 광범위한 과제에 적용될 수 있는 인공지능 모델을 '기반 모델foundation model'이라 지칭한다. 예컨대 BERT나 GPT-3, GPT-4와 같은 대규모 언어모델이나 CLIP과 같은 이미지-텍스트 통합 모델이 대표적 사례이다. 기반 모델은 챗봇, 작문 보조뿐만 아니라 컴퓨터 프로그램 작성, 텍스트-이미지 변환 등 다양한 응용 사례에 적용되기 시작하였다.

이처럼 기반 모델이 급속히 발전하면서 인공지능 활용 방식에 있어 전반적인 '패러다임 전환'이 이루어질 것이라는 전망이 제시되고 있다. 기존의 주류적 인공지능 패러다임은 '지도학습supervised learning' 방식에 기초하고 있다. 이 방식에서는 특정한 과제에 맞추어 인공지능 구조를 설계하고, 해당 과제에 맞는 학습 데이터 집합을 구축하여 학습시키는 과정을 거친다. 가령 번역 인공지능을 예로 들면, 영어-프랑스어, 영어-독일어 번역 등 각각의 언어 번역 과제마다 별개의 인공지능 모델을 구축하여 학습시키는 방식이라 할 수 있다. 그러나 이와 달리 최근의 인공지능 개발 방식에 따르면 영어, 프랑스어, 독일어 등 다양한 언어를 포함한 데이터를 단일한 인공지능 모델에 학습시킨 다음 해당 모델이 여러 언어에 대한 번역 작업을 모두 수행할 수 있도록 한다. 이러한 범용성의 측면에서 최근의 기반 모델은 종래의 지도학습 방식 접근법과 중대한 차이를 보인다.

더욱 주목할 점은 기반 모델이 애초 개발자가 원래 의도하지도 않았고 예상하지도 못했던 작업까지도 수행할 능력을 보인다는 사실이다. 덧셈, 뺄셈, 곱셈과 같은 산술연산 능력이 대표적인 예이다. 앞 장에서 설명한 것처럼 BERT 혹은 GPT-3와 같은 대규모 언어모델은 인간이 사용하는 자연어의 처리를 목적으로 개발된 것으로서, 근본적으로 숫자 정보를 다룰 수 있도록 설계되어 있지 않았다. 따라서 이러한 인공지능 모델이 산술 연산을 수행할 수 있으리라 기대하는 이들이 거의 없었다. 그러나 2023년 3월 발표된 GPT-4는 대학교

수학과의 전공 시험문제까지도 풀어낼 수 있는 능력을 갖추게 되었다.

이처럼 기반 모델이 개발자가 의도하거나 예상하지 못하였던 새로운 능력을 갖추게 되는 현상을 '창발성emergence'이라 한다. 이는 인공지능이 일정 규모 이상이 되기 전까지는 어떠한 과제를 전혀 수행하지 못하다가, 일정 규모 이상이 되면 해당 과제의 수행 능력이 급격히 개선되는 양상을 뜻한다. 예컨대, GPT-3.5는 미국 변호사 시험 문제에 대해 하위 10%의 점수를 보였던 것에 비해, GPT-4는 상위 10%에 달하는 점수를 보였다. 그뿐만 아니라 GPT-4는 상당수의 전문직 자격시험이나 학업 능력 평가 시험에서 인간과 대등한 수준의 점수를 보였다. GPT-4는 이와 같은 전문직 자격시험 문제나 학업 능력 평가 시험에 특화된 모델이 아님에도 불구하고, 기반 모델의 용량이 지속해서 확장된 결과, 종전과 극명한 대조를 보일 정도의 성능을 갖추게 되었다.

또한 현재의 기반 모델은 이미지, 영상, 음성, 3D 데이터와 같이 여러 형태로 된 데이터를 처리할 수 있도록 발전하고 있다. 이처럼 다양한 유형의 데이터를 처리할 수 있는 경우를 '멀티 모달multi-modal' 모델이라 한다. 대표적으로 GPT-4는 이미지를 입력받아 이와 관련된 질문들에 답할 수 있는 능력을 갖추고 있다. 초기의 기반 모델은 대체로 텍스트로 된 데이터만을 처리할 수 있는 경우가 대다수였으나, 멀티 모달 모델로 발전하면서 이전에는 예상치 못했던 새로운 활용 사례에 적용될 가능성을 열고 있다. 현재 인공지능이 처리할 수 있는 입력 방식에는 글 이외에도 컴퓨터 프로그램 코드, 음성, 이미지, 비디오 및 3D 객체 데이터 등이 있다. 그 결과 멀티 모달 기반 모델의 활용 범위는 더욱 증가할 것으로 전망된다.

3 기반 모델 인공지능의 학습과 활용 단계

기반 모델 인공지능을 개발, 도입하는 과정은 다음 그림과 같은 단계로 구분할 수 있다.

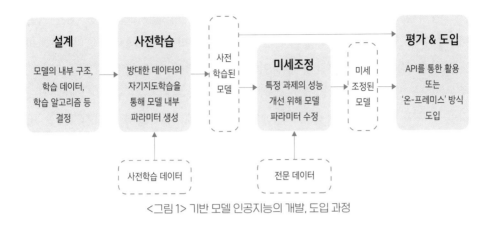

<그림 1> 기반 모델 인공지능의 개발, 도입 과정

우선, 기반 모델의 개발자는 기반 모델의 내부 구조를 설계하고, 어떠한 학습 데이터를 활용하여 이를 학습시킬 것인지, 어떠한 학습 알고리즘을 사용할 것인지 등을 결정한다. 현재 대다수의 기반 모델은 2017년 발표된 트랜스포머 모델 기술에 기초하고 있는데, 현재 이 모델을 개량하거나, 그 외의 대안적 방법을 통해 기반 모델을 개발하기 위한 노력도 진행되고 있다. 참고로 구글은 트랜스포머 모델의 기술에 관해 특허를 출원·등록하여 보유하고 있으므로, 현재 개발되고 있는 상당수 기반 모델은 구글의 특허를 침해하는 것으로 평가될 가능성도 배제하기는 어렵다. 그러나 구글이 해당 특허를 행사할 것인지 혹은 행사하지 않은 것인지에 관해 명시적인 의사를 표명한 바는 알려져 있지 않다.

다음으로, 기반 모델의 개발자는 방대한 학습 데이터를 통해 기반 모델을 학습한다. 기반 모델 자체의 용량이 거치면서 그 학습에 소요되는 데이터의 용량도 테라바이트^{TB} 단위에 이를 정도로 방대해졌다. 그 결과 기반 모델을 학습시키는 데에 수 주일 또는 수개월 이상이 걸릴 수 있고, 학습에 소요되는 연산 장치를 가동하기 위한 전력 비용도 상당한 것으로 알려져 있다. 이러한 학습 과정은 기반 모델 내의 '파라미터^{parameter}'를 반복하여 업데이트하는 절차를 통해 이루어지는데, 여기서 파라미터란 인공신경망 내부의 각각의 인공 뉴런 간의 연결 강도 등과 같이 학습 과정을 통해 도출되는 인공지능 모델의 내부 수치를 뜻한다.

이처럼 인공신경망 학습에 방대한 데이터를 활용할 수 있게 된 것은 이른바 '자기지도학습self-learning' 방식이 도입된 덕분이라고 평가할 수 있다. 종래의 '지도학습' 방식에서는 인간이 일일이 각각의 입력에 대한 정답 라벨을 지정해 주는 방식으로 학습 데이터를 구축하고, 인공지능은 주어진 입력에 대해 정답값을 예측할 수 있도록 학습이 이루어졌다. 그런데 이와 달리 자기지도학습 방식은 방대한 데이터로부터 인공지능 학습을 위한 데이터를 자동적으로 생성해 낸다. 예를 들어 대규모 언어모델은 문장의 일부분을 입력받아 다음에 등장할 단어를 예측하거나, 문장의 일부 단어를 가린 다음 해당 단어를 예측하도록 학습된다. 자연어 처리 인공지능은 이처럼 외견상 단순해 보이는 과제를 능숙히 수행하도록 학습된 결과, 언어에 대한 일반화된 능력을 습득하게 된다. 나아가 자기지도학습 방식에 따르면 인간이 수작업으로 정답 라벨을 지정할 필요가 없게 되어 학습 데이터 구축 비용이 줄어들고, 그 결과 더 풍부한 데이터로부터 더욱 보편적 지식을 습득할 수 있게 된다.

다른 한편, 인공지능 모델의 성능을 결정짓는 중요한 요소 중 하나는 어떠한 학습 데이터를 사용하는지이다. 인공지능 개발에 있어 낮은 품질의 학습 데이터가 투입되면 낮은 성능의 모델이 도출되는 문제가 발생한다. 인공지능 연구 분야에서 이 문제를 '가비지-인, 가비지-아웃garbage in, garbage out'이라 표현하기도 한다. 따라서 고품질의 학습 데이터를 선별하여 수집하고, 그에 대한 적절한 검수 조치를 하는 것이 중요한 과제가 되고 있다.

이상에서 설명한 과정을 통해 장기간에 걸쳐 방대한 데이터로 학습된 결과물을 흔히 '사전학습pre-train'된 모델 파라미터 또는 모델 가중치라 부른다. 모델 파라미터는 컴퓨터에 별도의 파일로 저장하여 공유될 수 있는데, 인공지능의 용량에 따라 수 내지 수십 GB 혹은 그 이상에 이르기도 한다.

사전학습을 마친 기반 모델을 곧바로 활용될 수도 있지만, 미세조정fine-tuning 단계를 거치기도 한다. 미세조정이란 기반 모델에 특정 활용 분야에 특화된 데이터를 추가로 학습시킴으로써 해당 분야 과제에 있어 성능을 개선하는 것이다. 예를 들어 법률 분야에서는 법령, 판결문, 계약서, 법학 문헌 등의 데이터를 기반 모델에 추가로 학습시켜 법률 분야 과제에서의 성능을 개선하고자 할 수 있다. 또한 대규모 언어모형을 금융 분야에 특화된 데이터로 추가

학습시키면 전문적 금융용어나 약어에 관해 보다 정확한 답변을 생성할 수 있을 것이다.

이처럼 사전학습 및 미세조정을 마친 기반 모델은 성능 및 안전성 등에 관한 평가를 거쳐 제품이나 서비스에 적용된다. 기반 모델은 특히 여러 과제에 적용될 수 있으므로 그 개발자는 기반 모델을 배포, 적용하기에 앞서 면밀한 평가를 거칠 필요가 있다. 이에 기반 모델의 성능 및 안전성을 평가하기 위한 다양한 벤치마크 데이터 집합 및 평가 지표가 개발되고 있다. 아울러 기반 모델에 대한 평가에는 그 모델이 이용자의 기본권에 대해 초래될 수 있는 위험 요소를 식별하고, 각각의 위험을 줄일 수 있는 기술적 조치를 적용하는 과정이 포함된다. 현재 기반 모델에 의한 기본권 침해 위험성을 적절하게 평가하는 방법을 고안하고, 최소한의 안전성 기준을 설정하려는 시도가 지속해서 이루어지고 있다.

II. 인공지능의 산업 생태계

아래 그림은 기반 모델과 관련된 산업 생태계를 개관한 것이다. 이하에서는 이를 중심으로 기반 모델과 관련된 여러 사업 방식을 살펴본다.

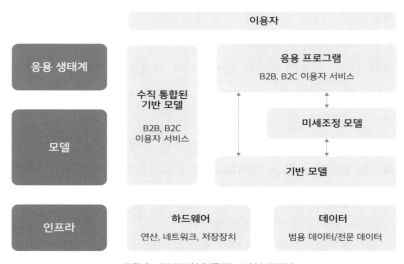

<그림 2> 기반모형 인공지능 산업 생태계

1 인공지능 인프라

인공지능에 관한 주요한 인프라로는 하드웨어와 데이터를 들 수 있다. 우선, 기반 모델의 용량이 증가함에 따라 인공지능 학습 및 추론을 수행하는 연산, 네트워크 및 저장장치에 대한 수요도 커지게 되었다. 특히 당초 컴퓨터 그래픽 처리를 위해 개발된 연산장치인 GPU^{Graphics Processor Unit}를 인공지능 학습 및 추론 연산을 효율적으로 사용하는 기법이 발전하면서, GPU가 중요한 하드웨어로 자리 잡게 되었다. 나아가 인공지능 연산에 특화된 반도체도 활발히 개발되고 있다.

인공지능을 개발, 도입하는 사업자들은 자체적으로 IT 인프라를 구축하기도 하고, 클라우드 컴퓨팅 서비스를 사용하기도 한다. 클라우드 컴퓨팅이란 IT 인프라를 인터넷을 통하여 이용자의 요구나 수요 변화에 따라 신축적으로 이용할 수 있는 시스템을 지칭한다. 현재 여러 클라우드 컴퓨팅 서비스 업체가 인공지능 학습 및 추론을 위한 설비를 클라우드 방식으로 제공하고 있다. 인공지능을 도입하고자 하는 사업자는 클라우드 컴퓨팅 서비스를 활용함으로써 확장 가능성과 유연성을 얻을 수 있으나, 자체적으로 IT 인프라를 구축하는 경우와 비교하여 총소유 비용은 오히려 더 증가할 수도 있다.

다음으로 인공지능 학습 데이터를 생성, 수집, 전처리하는 작업을 전문적으로 수행하는 사업자도 존재한다. 이들은 지도학습 방식의 인공지능 학습을 위한 라벨링 데이터를 생성하거나, 자기지도학습 방식의 대규모 데이터를 수집하여 인공지능 학습에 적절하게 가공하여 제공하는 등의 역할을 한다. 최근에는 인공지능이 유해한 표현을 생성하는지 시험하는 것과 같이 인공지능의 안전성과 신뢰성을 평가하는 작업 또는 그 평가를 위한 데이터 집합을 생성하는 작업을 수행하기도 한다.

한편, 기반 모델 학습에 관해서는 다수의 공개된 출처로부터 수집한 학습 데이터를 취합하여 묶은 데이터 집합이 공개되어 있기도 하다. 예를 들어 대규모 언어모델을 학습하기 위하여 약 800GB의 고품질 텍스트 데이터를 취합한 PILE 데이터 집합, 온라인에 공개된 이미지와 그에 대한 캡션을 취합한 LAION 데이터 집합 등이 잘 알려진 공개 데이터 사례이다. 한편 이처럼 기반 모델 학습을 위한 데이터 집합에 저작권 보호 대상이 되는 저작물이 포함된 경우, 저작권자의 허락이 없이 인공지능 학습에 사용하는 행위가 저작권 침해에 해당하는지에 관한 문제가 발생할 수 있다는 점을 유념해야 한다.

또한 인공지능 학습 데이터 구축에 있어 클라우드 작업 플랫폼이 널리 활용되고 있기도 하다. 대표적인 플랫폼으로 아마존 매커니컬 터크Amazon Mechanical Turk가 있다. 예컨대 새로운 데이터가 필요한 사업자나 연구자가 클라우드 작업 플랫폼에 해당 과제를 등록하면, 전 세계의 프리랜서 작업자들이 이를 수행하고 정해진 보수를 받게 된다. 이러한 플랫폼에서의 노무 제공자를 '클라우드 작업자cloudworker'라고도 한다. 이러한 일자리는 '온 디맨드on-demand' 형태의 임시직인데, 과제가 등록되면 그 시점에 가용한 프리랜서들이 참여하여 작업을 수행하고 결과물을 제공한다. 이처럼 유연하고, 자율적이고, 자동화된 형태의 일자리가 미래 사회에 더욱 많아질 것으로 전망하기도 하지만, 최근 들어 이들의 작업 환경이 오히려 전통적인 일자리에 비해 더욱 열악한 사실이 지적되면서 그에 대해서는 사회적 관심이 증가하고 있기도 하다.

2 기반 모델의 배포 및 활용

기반 모델 또는 이를 미세 조정한 모델을 배포, 활용하는 방식으로는 (1) 모델 자체를 공중에 공개하는 사례, (2) 모델 자체는 공개하지 않되 온라인 서비스 또는 APIApplication Programming Interface, 응용프로그램 프로그래밍 인터페이스 등을 통해 모델의 이용만 허용하는 사례, (3) 다른 사업자와 별도의 라이선스 계약을 체결하여 모델을 제한적으로 배포하는 사례 등이 있다.

기반 모델이 발전하기 이전까지는 학습된 인공지능 모델 파라미터 자체를 공개하는 것이 널리 받아들여지는 관행이었다. 이러한 모델의 공유는 GitHub와 같은 프로그램 코드 공유 플랫폼이나 Hugging Face와 같은 오픈 소스 인공지능 공유 플랫폼을 통해 이루어져 왔다. 이처럼 인공지능 모델이 자유롭게 공유, 전파되어 온 것은 인공지능 기술이 급속히 발전하는 데에 중추적인 역할을 한 것으로 평가되기도 한다.

그러나 우수한 역량을 갖춘 기반 모델이 발전하면서 인공지능 개발 사업자들이 인공지능 모델을 기업 내에 폐쇄적으로 보유하면서, 대외적으로는 유상 또는 무상으로 모델을 이용하는 것만을 허용하는 방식이 늘어나게 되었다. 현재 OpenAI나 구글은 자사가 보유한 최첨단 기반 모델의 파라미터를 공개하지 않고 있다. 이처럼 여러 기업이 기존 관행과 달리 모델을 더 이상 공개하지 않는 이유로는 악의적 사용자에 의해 인공지능 모델이 오용 또는 남용될 위험성이 크다는 점, 인공지능 기술 경쟁이 심화되면서 자사 기술의 비교 우위를 지킬 필요가 있다는 점 등을 들 수 있다.

일반 이용자는 이러한 비공개 모델들을 온라인 인공지능 서비스 또는 API를 통해 이용할 수 있다. OpenAI의 ChatGPT나 구글의 Bard와 같은 챗봇 서비스, DALL·E 3 등의 이미지 생성 서비스가 잘 알려진 예이다. 이러한 서비스에서는 이용자가 온라인으로 모델에 입력을 보내면 서비스 제공자가 인공지능을 실행하여 그 결과만을 이용자에게 반환한다. 이때 모델 자체는 여전히 서비스 제공자의 서버 내에 비공개로 유지된다.

한편, 다른 응용프로그램을 통해 기반 모델을 활용하고자 하는 때에는 API 방식을 활용하게 된다. API란 컴퓨터 응용프로그램이 다른 응용프로그램과 상호작용하는 규약을 뜻하는데, 여러 시스템이 네트워크를 통해 상호 연결된 경우 한 프로그램이 인터넷을 통해 다른 시스템에 어떠한 기능을 수행할 것을 요청하고 그 결과를 다시 인터넷을 통해 반환받는 방식으로 작동한다. 다수의 기반 모델 제공자들은 이와 같은 API 형태의 접속 방식을 제공하고 있다. 예를 들어 GPT-4를 이용하는 영어 회화 앱에서는, 이용자가 앱을 사용하면 그 앱이 OpenAI가 제공하는 API를 통해 GPT-4에 접속하여 이용자에게 그 실행 결과를 전달하게 된다. 이러한 활용 사례에서는 기반 모델을 API 형태로 제공하는 사업자가 API 호출 횟수 및 호출 용량 등에 따라 사용료를 부과하기도 한다.

이처럼 최근 등장하는 기반 모델이 폐쇄적인 방식으로 운영되는 경향이 있지만, 여전히 모델 파라미터 자체가 오픈 소스로 공개되는 사례도 있다. 그중 주목받는 것으로는 메타Meta사의 라마Llama 모델이 있다. 메타는 2023년 2월 사전학습된 대규모 언어모델인 라마의 사전학습된 파라미터를 공개하였다. 다만,

해당 모델의 이용 약관은 비상업적 연구목적의 활용만을 허락하였다. 그런데 메타는 2023년 7월 라마^{Llama}2 모델을 새롭게 공개하였는데, 라마2 모델에 대해서는 연구목적뿐만이 아니라 상업적 목적을 위해서도 누구나 무상으로 자유롭게 사용하는 것을 허용하였다. 그 결과 많은 사업자가 라마2 모델을 사용하여 새로운 상업적 활용 사례에 적용하고자 시도하게 되었다.

하지만, 라마2와 같은 우수한 성능의 인공지능이 통제되지 않은 채로 배포되어 가짜뉴스 생성, 사기, 악성 프로그램 제작 등에 악용될 소지가 크다는 우려도 제기되고 있다. 이러한 우려에 대해 인공지능이 개별 기업에 의해 폐쇄적으로 개발되는 것에 비하여 오픈 소스로 공개될 경우 오히려 다수 연구자의 참여를 통해 인공지능 안전성과 신뢰성이 개선될 수 있다고 반박하는 이들도 있다. 이처럼 오픈 소스로 공개된 기반 모델의 안전성과 신뢰성을 어떻게 보장할 수 있을 지에 관하여 현재 논의가 활발히 이루어지고 있다.

3 응용 생태계

사전 학습된 기반 모델은 그 자체로 혹은 미세조정을 거쳐 제품과 서비스에 도입되어 이용자에 의해 활용된다. 기반 모델은 다양한 형태로 도입될 수 있는데, 현재 주로 이용되는 형태는 (1) 기반 모델과 응용 단계가 수직적으로 결합되어 이용자가 직접 온라인 기반 모델 서비스에 접속하여 활용하는 사례, (2) 이용자가 활용하는 응용프로그램이 기반 모델에 접속하여 처리 결과를 이용자에게 전달하는 사례, (3) 사업자마다 자체적으로 별도의 기반 모델을 설치하여 활용하는 사례, (4) 기반 모델을 경량화하여 이용자 장치에서 직접 구동될 수 있도록 하는 사례 등으로 구분해 볼 수 있다.

우선, 기반 모델이 온라인상으로 직접 이용자를 대상으로 서비스되는 것은 앞서 설명한 바와 같이 많은 이들에게 친숙한 이용 형태이다. 무엇보다도 2022년 11월 OpenAI의 ChatGPT 서비스가 개시되어 세계적으로 많은 이용자를 확보하게 된 사건은 이러한 사용 형태가 확산된 중요한 계기가 되었다. 그 이전까지 인공지능을 온라인으로 직접 서비스하는 경우는 일반 이용자를 대상으로 평가를 수행하거나 연구를 위한 목적 이외에는 흔하지 않았으나, ChatGPT의 상업적 성공 이후 오히려 이러한 이용 형태가 일반적인 모습으로 자리 잡게 되었다. 이러한 서비스 제공 방식은 누구라도 손쉽게 접근하여 활용할 수 있다는 큰 이점이 있으나, 이용자의 남용이나 오용 위험성에 대한 충분한 대비가 되어야 한다는 어려움이 있다.

다음으로 기반 모델이 다른 응용프로그램에 통합되어 활용되는 사례도 빠르게 늘어나고 있다. 이 경우 앞서 설명한 바와 같이 응용프로그램이 API를 통해 기반 모델에 접속하게 된다. 예를 들어, 인공지능 애완견 로봇에 ChatGPT 서비스를 통합하여 이용자가 애완견 로봇과 자연스러운 대화를 이어 나가는 사례를 생각할 수 있다. 향후 더욱 많은 응용 프로그램이 API 형식으로 기반 모델을 활용한 기능을 통합할 것으로 예상된다.

하지만 기반 모델을 온라인 서비스 혹은 API 방식으로 활용하는 경우, 개인정보나 영업비밀이 기반 모델 서비스 제공자에게 전송하는 것이 불가피하다. 이에 따라 일부 기업은 온라인으로 제공되는 기반 모델 서비스의 사용을 금지하기도 하였다. 이러한 문제에 대한 해법으로 기업이 직접 기반 모델을 자체 전산 시스템에 설치하여 그 내부에서 활용하는 방식을 취하기도 한다. 이를 '온-프레미스on-premise' 방식이라 지칭하기도 한다. 그 경우 기반 모델을 도입하는 사업자는 인공지능 구동을 위한 하드웨어 인프라 등도 추가로 구축해야 한다는 부담이 있다. 하지만, 정보의 흐름이 기업 내부로 국한될 수 있고, 기업 내부의 정보를 인공지능 학습에 활용할 수 있는 등의 장점도 있다. 다른 한편, 각 기업의 사업 및 응용 사례 특성에 맞추어 미세조정된 기반 모델을 제공하는 사업자도 존재한다. 예를 들어 금융회사가 고객 응대를 보조하기 위해 기반 모델을 사용하려는 경우 금융 분야에 특화된 기반 모델을 설치하여 활용할 수도 있다. 또한 회계법인이나 법무법인 등과 같은 전문서비스 기업 역시 마찬가지 시도를 진행하는 사례가 있다.

나아가, 기반 모델이 특정한 기능만을 효율적으로 수행할 수 있도록 경량화하여 스마트폰 등 이용자 기기에서 직접 구동될 수 있도록 하려는 시도도 이루어지고 있다. 이미 상용 스마트폰에서는 사진 보정이나 키보드 입력 등의 기능에 인공지능이 폭넓게 활용되고 있고, 이를 효율적으로 처리하기 위해 인공지능 계산에 특화된 하드웨어 장치가 포함된 경우도 적지 않다. 이에 기반 모델이 이용자 기기에서 낮은 전력만을 사용하여 작동할 수 있도록 하는 연구가 활발히 진행 중이다.

생각해 볼 점

1. 인공지능을 개발하는 사업자와 이를 도입하는 사업자가 서로 구분되는 경우, 각자가 부담해야 할 인공지능의 안전성에 관한 평가 및 검증 의무는 차이가 있는가? 유럽연합 인공지능 법안상 고위험 인공지능에 있어 인공지능 제공자의 의무와 인공지능 도입자의 의무를 비교해 보라.

2. 인공지능에 대한 안전성 검증에 있어 사업자의 자율적 평가만을 요구하는 것으로 충분한가, 아니면 정부가 최소한의 안전성 기준을 설정해야 하는가? 구체적인 인공지능 활용 사례마다 차이가 있다면, 어떠한 활용 영역에 있어 정부의 기준 설정이 필요한가?

3. 기반 모델 인공지능을 공중이 이용할 수 있도록 배포하는 경우 그 성능 및 안전성에 대한 충분한 평가와 검증을 거칠 필요가 있다. 그런데 비영리 목적의 연구자가 기반 모델을 연구 목적으로 제한하여 배포하는 경우에도 이러한 의무를 부담해야 하는가?

4. 기반 모델 인공지능 중 상당수는 그 모델의 구조나 학습 데이터에 관한 세부 정보가 공개되지 않고 있다. 그 결과 하류 과제에서 이를 활용하는 사업자에게 충분한 정보가 제공되지 못할 수 있다. 기반 모델 제공자는 얼마나 상세한 정보를 제공 또는 공개해야 하는가? 투명성 의무의 범위와 한계에 관해 고민해 보라.

5. 일정 규모 이상의 기반 모델에 대해서는 신고 또는 면허 제도를 통해 국가가 그 개발 현황 및 위험성을 감독·통제해야 한다는 주장이 있다. 인공지능에 대한 국가의 감독·통제는 어떠한 경우 정당화될 수 있는가?

심화 학습 자료

김병필, "대규모 언어모형 인공지능의 법적 쟁점", 『정보법학』 제26권 제1호, 2022.

김병필, "인공지능은 우리로부터 무엇을 추출하는가?", 『과학기술과 사회』 제3호, 2023.

Deloitte AI Institute, "A new frontier in artificial intelligence: Implications of Generative AI for businesses", 2023.

Laura Weidinger 외, "Ethical and social risks of harm from Language Models", 2021.

OpenAI, "GPT-4 Technical Report", 2023.

Rishi Bommasani 외, "On the Opportunities and Risks of Foundation Models", 2021.

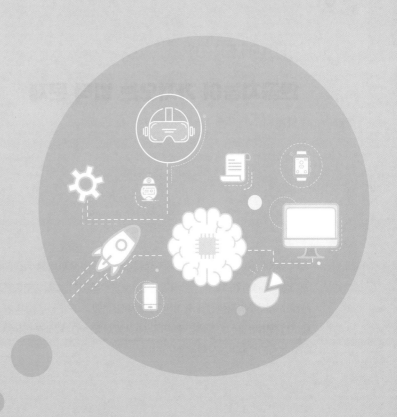

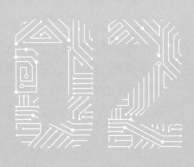

인공지능법 기초 다지기

CHAPTER 01

인공지능이 가져오는 법적 문제

최경진

사례 1

유력 정치인의 기자회견과 각종 연설 동영상을 인공지능에 학습시킨 후 그가 다른 정당에 대해 악담을 하거나 다른 국가를 비판하는 동영상을 허위로 제작하여 온라인 상에 유포하여 사회적 혼란이나 국가간 갈등을 야기할 수 있다. 트럼프 전 미국 대통령이 수갑을 차고 연행되는 사진이나 펜타곤 인근에서 폭발이 발생했다는 사진은 모두 인공지능이 만들어낸 가짜 사진으로 밝혀졌다.

사례 2

미국 의회에서 제니퍼 데스테파노가 AI 보이스피싱의 피해자로서 자녀의 얼굴과 목소리가 남용된 보이스피싱의 현실적 심각성을 증언하였다. 인공지능이 남용되는 유사 사례로 유명 연예인의 영상을 인공지능에 학습시켜서 마치 그 연예인이 직접 특정 제품을 홍보하는 듯한 허위의 광고를 만들어 광고에 활용하기도 한다.

I. 인공지능의 진화에 따른 법적 쟁점의 변화

1 법적 논의의 대상으로서의 인공지능 개념의 확정 필요성

인공지능은 오래전부터 SF 소설이나 영화를 통해 우리에게 친숙했지만, 인간과 비슷하거나 더 뛰어난 인공지능이 일상생활 속에 구현되지는 못했기 때문에 법률관계에 미치는 영향은 크지 않았다. 알파고의 충격으로 그동안 상상 속에 머물렀던 인공지능이 더 빨리 실현될 수 있을 것으로 기대하게 되었고, 낮은 수준의 인공지능부터 지능폭발 단계의 초인공지능에 이르기까지 다양한 수준을 전제로 한 법정책적 논의가 진전되었다. 그러나 구체적인 법적 문제 사례를 놓고 논의가 진행된 것은 아니었기 때문에 법적 대응방안을 구체화하는 데에는 한계가 있었다. 2022년 11월 OpenAI의 ChatGPT가 공개되면서 더 진전된 인공지능을 일상에서 활용하는 것이 현실화되기 시작하였고, 가상이 아닌 현실적으로 나타나고 있는 여러 법적 문제 사례를 중심으로 실천적 대응의 필요성도 현실화하였다. 과거 인공지능에 대한 법적 논의가 활발하게 진행되었지만 보편적 합의에 이르지 못했던 이유는 인공지능이나 그 피해사례가 현실화되지 못했던 점도 있지만 논자들이 생각하는 인공지능의 대상, 특히 그 수준에 대한 공통된 인식으로부터 출발하지 못했다는 점도 있다. 법적 논의의 대상을 특정하거나 공통으로 인식하는 인공지능 수준에 대한 합의가 있지 않은 상황에서는 법적 대응의 필요성이나 구체적인 법적 규율 방안의 도출은 어려울 수밖에 없다. 따라서 인공지능에 대한 법적 대응을 구체적으로 논의하고 실천해가기 위해서는 무엇보다 법적 규율의 대상으로 삼고자 하는 인공지능이나 인공지능 문제사례에 대한 공통의 이해를 선행해야 한다.

2 인공지능의 법적 함의와 인공지능의 진화에 따른 법적 쟁점의 다변화

인공지능이 현실 속에서 구현되고 발전·확대되면, 인공지능은 법적으로 어떤 의미를 가질까? 인공지능의 가장 큰 의미는 사람의 지능을 보충하거나 대

체할 수 있다는 점에 있다. 사람을 대신해서 의사결정을 하고 그 결과가 사람에게 법적 영향을 줄 수 있다는 점이 법적 논의의 핵심이다. 언젠가 더 뛰어난 인공지능이 출현하는 단계가 오면, 사람을 위한 법적 결정만에 머무르지 않고 인공지능 스스로를 위해서 의사결정을 하고 그에 따른 법적 효과를 누리는 시대가 올 수도 있다. 어느 단계이건 인공지능이 야기하는 법적 쟁점의 핵심은 인공지능에 의한 결정에 어떠한 법적 효과를 부여할 것인가 하는 점이다. 즉, 인공지능이 행한 결정에 법적 유효성을 부여하고, 더 나아가 그 결정의 법적 효과를 누군가 사람 혹은 우리 사회에 어떻게 귀속시킬 것인가의 질문에 답하는 것이 인공지능의 법적 함의를 찾고 구체화하는 출발점이 될 것이다.

인공지능의 발달단계에 따라 그에 대한 해답은 달라질 수밖에 없다. 단순한 의사결정을 보조하는 도구정도의 수준에 불과한 인공지능으로부터 사람의 의사를 보충하거나 대체할 수 있는 수준의 인공지능에 이르기까지 그 수준에 따라 법적 함의나 대응방안은 달라진다. 예를 들면, 최근 거대언어모델을 기반으로 한 텍스트, 이미지, 동영상 등의 생성형 인공지능Generative A.I. 서비스가 증가하면서 저작권 침해나 인공지능 생성 결과물에 대한 저작권 인정 여부의 법적 문제가 현실적으로 해결해야 하는 이슈가 되었고 국내외에서 기존 저작권법 체계와의 충돌을 어떻게 유지 혹은 변화시킬 것인가에 대한 논의가 활발하게 진행되고 있다. 특히, 생성형 인공지능이 웹툰, 애니메이션 창작자 혹은 영화 산업 종사자 등의 일자리를 현실적으로 위협하는 상황이 본격적으로 시작되었고, 인공지능을 만들기 위한 저작물 학습이나 인공지능이 생성한 결과물에 대한 권리의 부여나 귀속 문제가 현실적인 문제가 되었다.

인공지능이 모빌리티, 의료, 법률서비스, 행정, 엔터테인먼트, 국방 등 다양한 분야로 활용이 확대되기 시작하면서 법적 쟁점이 확대되고 있다. 기술 발전으로 인공지능의 수준이 더욱 발전하고 실제 우리 일상에 더욱 깊이 적용되면 인공지능의 법적 문제도 그에 따라 더욱 다변화할 수밖에 없고, 더욱 심각한 법적 문제로 이어질 수 있다. 특히, 인공지능의 진화에 따라 범죄나 사회적 역기능에 남용되는 사례가 증가하면, 인공지능의 부정적 영향은 더욱 커지게 되어 그에 대한 법적 규제의 목소리가 증가할 수밖에 없다.

다른 한편, 인공지능의 발전에 따라 사람이 얻는 편익이 증가하고 있기 때문에 인공지능의 발전을 지속하고 우리 사회의 다양한 분야에 접목시키기 위한 법적 기반의 확충도 중요한 법적 과제이다. 결과적으로 다양한 법적 쟁점이 심화되거나 계속해서 나타나게 되지만, 인공지능의 긍정적 면은 더욱 부각시키고 부정적 면은 줄이거나 예방할 수 있는 법적 체계를 만드는 것이 법적 논의가 필요한 이유이자 바람직한 방향일 것이다.

II. 인공지능이 가져오는 법적 문제

인공지능이 가져오는 법적 문제는 매우 다양하고 광범위하지만, 아래에서는 지금까지 다뤄왔거나 앞으로 다뤄질 수 있는 주요한 법적 쟁점에 대하여 간략하게 개괄해본다.

1 인공지능의 법적 지위

인공지능에 법적으로 어떠한 법적 지위를 부여할 것인가의 문제이다. 즉, 현재 법적 측면에서 권리주체로는 자연인과 법인이 인정되고 있지만, 법률행위의 수단이나 법적 객체로서 인정하는 수준을 넘어 인공지능을 독자적인 법적 주체로서 인정할 수 있을 것인가? 인공지능이 사람의 법적 능력을 보충하거나 아니면 더 발전하여 사람을 대체하거나 인공지능 스스로가 독자적인 사회·경제활동을 할 수 있는 단계가 될 경우에 인공지능의 법적 지위를 사람과 동일하게 취급하는 것이 법적으로 필요하거나 바람직한가에 대한 법·정책적 논의가 진행되어야 한다. 과거 자연인이 아닌 법인을 독자적 권리주체로 인정했던 것과 비슷한 취지로 인공지능의 독자적 경제활동의 필요성이나 자연인과의 관계에서 독자적 책임 부여의 필요성 등 다양한 근거가 제시되거나 향후 검토되어야 할 것이다.

2 인공지능 윤리 및 범죄에 대한 법적 접근

사람에게 해가 되지 않고 사람과 공존할 수 있는 인공지능을 개발하는 것은 인공지능의 위험성을 낮출 수 있는 최선의 해결책 중의 하나로 인식되어왔다. 이러한 점을 고려하여 지난 몇 년 동안 기업, 국가, 국제사회 등은 인공지능 윤리 기준을 정립하고 적용하기 위한 다양한 노력을 기울여왔다. 인공지능으로 인한 범죄 등 심각한 사회적 역기능에 대한 강력한 법적 규제 도입이 논의되더라도 인공지능 윤리는 여전히 유효한 대응 방안 중의 하나이기 때문에 인공지능을 개발하고 적용하는 모든 단계에서 실천할 수 있는 인공지능 윤리 기준 및 실천 메커니즘을 논의하는 것은 중요한 의미를 가진다. 특히, 인공지능 윤리가 체계적으로 개발되고 지속적으로 실천될 수 있는 제도적 기반의 필요성이 인정되면서 인공지능 윤리를 제도적으로 뒷받침하기 위한 입법의 필요성이 논의되기도 한다. 우리나라의 경우에도 지능정보화 기본법 제62조에 지능정보사회윤리를 규정하여, 국가기관과 지방자치단체가 지능정보기술을 개발·활용하거나 지능정보서비스를 제공·이용할 때 인간의 존엄과 가치를 존중하고 공공성·책무성·통제성·투명성 등의 윤리원칙을 담은 지능정보사회윤리를 확립하기 위하여 관련 시책을 마련하도록 하였다.

인공지능이 널리 활용되어가면서 범죄 등 부정적인 오남용의 가능성도 높아지고 있으며, 실제 다양한 인공지능 범죄가 생겨나고 있다. 대표적인 것이 사례에서와 같은 AI를 이용한 보이스피싱이다. 기존의 보이스피싱과는 차원이 다르게 실제와 같은 목소리와 이미지를 이용해서 범죄 피해의 위험성이 높아지고 있다. 지금까지 나타난 인공지능 범죄의 특징은 기존 범죄에 인공지능이 활용되면서 범죄가 더욱 고도화되고 심화된다는 점이다. 인공지능이 더욱 발전하면 기존에 없던 새로운 범죄 유형이 출현할 수도 있을 것이다. 인공지능 범죄에 대응하기 위해서 기존의 형벌 규정을 어떻게 정비하고, 범죄 피해를 예방하기 위해서 어떠한 대응책을 마련할 것인지에 대한 논의가 필요하다.

3 인공지능과 계약법적 쟁점

인공지능을 둘러싼 계약법적 쟁점은 '인공지능에 의한 계약'이 체결되는 경우를 중심으로 논의가 진행되어 왔다. 이미 인공지능이 사람을 대신해서 의사결정을 하고 계약을 체결하는 것은 충분히 가능하다. 지속적으로 사람에 관한 정보를 수집하여 처리하면서 사람의 의사를 분석하고 유추하여 특정 상황에서 자율적 의사결정을 통해 계약체결하는 경우에 그러한 계약의 효과를 그 사람에게 귀속시킬 수 있을 것인가, 사람의 의사와 다른 경우에 어떠한 법적 효과를 인정하고, 인공지능 계약에서의 소비자 보호를 위한 법적 요건과 절차를 어떻게 설계할 것인가도 논의가 필요하다. 또한 인공지능 계약이 다수의 사람과의 사이에서 자동적으로 이루어지는 경우에 해당 계약의 주요 내용을 사실상 결정하는 인공지능 그 자체를 약관과 유사하게 평가하여 정보제공에 관한 투명성 의무를 부여하거나 인공지능 그 자체를 기준으로 인공지능 계약에 대한 불공정성 판단을 시도하는 방안 등을 검토할 필요가 있다.

또 다른 인공지능과 관련한 계약법적 쟁점은 인공지능의 개발 및 활용을 위한 '인공지능에 관한 계약'과 관련된다. 즉, 인공지능의 개발에 관한 계약, 인공지능 개발을 위한 데이터 수집 및 처리에 관한 계약, 인공지능이 생성한 결과물에 대한 권리 귀속에 관한 계약과 관련한 법적 문제가 있다.

4 인공지능과 책임법적 쟁점

인공지능이 긍정적인 편익만 가져다 주면 좋겠지만, 인공지능이 오작동을 하거나 잘못된 결정을 하여 타인에게 손해를 가하는 경우도 적지 않다. 대표적인 예가 자율주행차가 사람을 치거나 차량과 충돌하여 사고를 내는 경우이다. 이외에도 인공지능 의료기기가 오진을 하거나 잘못된 시술을 하는 경우, 인공지능을 이용한 간병 로봇이 오작동하여 사람을 다치게 하는 경우 등 인공지능 사고는 다양하게 발생할 수 있다. 이처럼 인공지능이 사고를 야기한 경우에 그에 대한 손해배상책임은 누가 얼마나 부담해야 하는가가 문제이다. 자율주행차가 운행하는 과정에서 차량의 기계적 장치에 이상이 생긴 경우, 차량을 제어하는 인공지능에 오류가 생긴 경우, 차량에 제공된 정보에 오류가 생긴 경우 등 다양하며, 이러한 다양한 원인들이 복합적으로 작용하거나 또는 어떠한 오류에 의해서 손해가 발생했는가가 명확하게 밝혀지기 어려운 경우에 누가 어떠한 책임을 얼마나 부담해야 하는가는 매우 복잡하고 어려운 문제이다. 인공지능으로 인한 손해에 대한 책임의 위험을 인공지능 발전을 위하여 전체 사회가 나눠가지는 공제나 보험제도가 필요한 이유이기도 하다. 그러나 책임을 사회가 나눠가진다고 하더라도 궁극적으로 누구의 어떠한 책임인가는 명확히 하여야 하며, 책임의 주체나 성질 등을 법에 명시하는 것도 가능하다. 인공지능 손해배상책임과 관련하여 제조물책임법을 디지털 시대에 맞게 확장하려는 논의를 진행하는 EU가 대표적 사례이다.

5 인공지능과 지적재산법적 쟁점

인공지능과 관련하여 가장 뜨거운 논란이 된 이슈 중의 하나가 저작권 쟁점이다. 인공지능을 개발하는 단계에서 가장 중요한 것이 데이터의 양과 질인데, 저작권으로 보호받는 저작물을 학습하는 것은 인공지능의 개발에 매우 중요하다. 저작권자의 허락을 얻어 데이터 학습에 활용할 수도 있겠지만, 공개된 수많은 정보를 학습하는 과정에서 누군가의 저작권으로 보호받는 저작물을 학습할 수도 있다. 공개된 수많은 데이터를 자동적으로 라벨링하고 학습하는 과정에서 일일이 저작권자를 확인하고 허락을 받는 것은 현실적이지 않다. 이 때문에 소위 'TDM Text and Data Mining'에 대한 면책을 규정하자는 입법적 논의도 활발하게 이루어지고 있다. 그런데 인공지능이 개발된 후 실제 활용되는 과정에서 기존의 저작물과 유사한 결과물을 생성하는 경우에 그로 인한 편익을 원저작자에게도 인정할 것인가, 그 유사한 결과물이 원저작물의 저작권을 침해했다고 볼 것인가와 같은 법적 쟁점이 생겨난다. 또한 저작물을 학습한 인공지능이 사람보다 더 빠르게 다양한 소설, 이미지, 영상 등을 생성하는 경우에는 관련 산업 종사자의 일자리를 위협하게 된다. 만화처럼 창작 과정에서 패턴이 많이 활용되는 경우에는 더욱 심각할 수 있다. 이 때문에 인공지능의 개발 및 활용과 저작권 생태계를 어떻게 조화롭게 발전시킬 것인가가 저작권법 분야의 중요한 쟁점이 되고 있다. 이외에도 인공지능에 대해서 특허권을 인정할 수 있을 것인가, 인공지능에 의하여 만들어진 결과물에 대하여 저작권, 상표권, 실용신안권, 특허권 등 지적재산권을 부여할 수 있을 것인가, 만약 인정한다면 누구에게 귀속시킬 것인가 등의 문제도 중요한 법적 이슈가 된다.

6 AI 데이터 프라이버시와 개인정보보호

인공지능이 발전하면서 가장 쉽게 생각할 수 있는 법적 쟁점이 바로 프라이버시 및 개인정보보호 문제이다. 인공지능이 발전할수록 사람에 대한 데이터를 광범위하게 수집하여 분석함으로써 특정 개인을 추적하고 감시하는 것이 쉬워진다. 어디에나 설치되어 있는 다양한 IT기기들이 데이터를 수집·처리하는 과정에서 특정 개인을 쉽게 식별해낼 수도 있고, 개인의 내밀한 성향까지도 분석하여 오남용할 가능성이 높아진다. 또한 인공지능을 개발하거나 적용하는 단계에서 수많은 개인에 관한 데이터를 처리하게 됨으로써 개인정보보호나 프라이버시는 인공지능 전 생애주기에 걸치는 중요한 문제가 된다. 이에 따라 인공지능 환경에서 개인정보를 합법적으로 처리할 수 있는 근거를 명확히 하고 구체적인 기준을 제시하는 것은 인공지능의 발전과 개인의 자유와 권리 보호 사이의 균형을 꾀하기 위한 중요한 과제이다.

7 인공지능 경제에 대한 법적 규율

인공지능이 모든 산업 분야에 널리 활용되면 전산업의 공통 인프라로 작동하게 되면서 독과점·불공정거래 이슈가 제기될 수 있다. 특정 분야나 서비스에서만 작동하는 인공지능과 달리 여러 분야에 공통적인 기반으로 활용할 수 있는 파운데이션 모델foundation model을 공급하는 사업자의 경우에는 AI 플랫폼 사업자로서 기존의 플랫폼 경제에서의 법적 논의와 유사한 AI 플랫폼 독점 문제가 제기될 수 있다. 인공지능의 경제적 활용이 증가할수록 인공지능을 제공하는 사업자와 이용하는 사업자 사이의 불공정거래 이슈나 인공지능을 이용하는 소비자의 보호에 관한 법적 문제가 심화될 수 있다. 예를 들면, 인공지능이 이용자가 요청한 질문에 응답하는 과정에서 특정 상품이나 판매자를 언급하거나 추천하는 경우에 이를 표시·광고로 보아 규제할 것인가의 문제를 제기할 수 있다.

8 인공지능 사회의 법적 규율

인공지능이 오염된 데이터를 학습하거나 학습과정에서 데이터의 오류나 편향으로 인해서 인공지능이 사람을 차별하거나 잘못된 허위의 정보를 생성하여 사회적 악영향을 끼칠 수 있다. 즉, 특정 얼굴색이나 직업을 가진 사람의 범죄 가능성을 더 높게 판단하여 특정인에게 불이익한 결과를 가져오게 하거나 허위의 가짜 뉴스를 생성하여 사회적 혼란이나 불필요한 논란을 야기할 수 있다. 인공지능이 사람의 노동력을 대체함으로써 일자리를 뺏거나 더 나아가 사람이 인공지능에 종속되는 문제가 생겨날 수도 있다. 또한 인공지능에 접근하여 향유할 수 있는 사람과 그렇지 않은 사람 사이에서의 불평등과 격차가 발생할 수 있다. 이처럼 인공지능이 가져오는 사회적 부작용을 해결하고, 모든 사람이 인공지능과 공존하며 인공지능의 편익을 골고루 누릴 수 있는 AI 포용 사회의 실현을 위한 법제도적 뒷받침은 매우 중요한 인류의 과제이다.

9 입법적 쟁점

인공지능이 가져오는 다양한 법적 쟁점을 해결하는 유용한 방법 중의 하나가 입법이다. 법을 제정함으로써 인공지능으로 인한 문제를 해결하기 위한 기준과 절차, 체계를 만들고, 필요한 재원을 조달하거나 일정한 책임과 의무를 부과할 수도 있다. 우리나라를 포함한 여러 나라들이 인공지능으로 인한 법적 문제를 해결하기 위하여 다양한 입법적 시도를 하고 있다. 다만, 각국이 인공지능의 위험성이나 영향력을 인식하는 정도에 차이가 있어서 강력한 규제입법을 추진하는 국가도 있고 매우 제한적인 규제만을 도입하고 민간의 자율에 맡기는 경우도 있다. 인공지능을 둘러싼 입법적 쟁점으로서 불가피하게 인공지능을 규제한다면 어느 정도의 범위와 수준으로 규제할 것인가가 문제된다. 또한 인공지능을 촉진하기 위한 규제혁신이나 데이터 활용 근거 규정 마련 등과 같은 진흥법제의 마련도 중요한 법적 과제이다.

10 국제적 쟁점

인공지능은 어느 한 국가 영토 내에서만 문제되지 않고, 여러 나라에 걸치는 문제이다. 즉, OpenAI의 ChatGPT나 Google의 Bard처럼 글로벌 AI 제공자가 전세계에 인공지능 서비스를 제공하는 경우에 각국마다 서로 다른 규제기준을 적용하는 것이 바람직할 것인가 혹은 각국이 인공지능을 개발하기 위해서 저작물 학습을 허용하는 기준을 국가마다 상이하게 정하는 것이 바람직한가의 문제가 국제적 쟁점으로 떠오른다. 나아가 자율무기처럼 인공지능이 살상용 무기에 적용되는 경우에 전쟁이나 치안에 활용될 수 있는가도 국제적 문제이며, 국제적인 공통의 기준을 만들어 대응할 필요성이 제기되고 있다. 실제로 최근 UN과 같은 국제기구나 주요 국가는 국제적인 공통의 기준을 정립하고자 주도하고 있으며, 인공지능에 대한 국제적인 공조와 공동 대응을 위해서 국제적인 거버넌스를 창설해야 한다는 목소리도 나오고 있다.

 ### III. 앞으로의 논의와 우리에게 남겨진 과제

인공지능은 아직 발전단계에 있기 때문에 인공지능을 둘러싼 법적 문제를 정확하게 파악하고 그에 대한 법적 대응방안을 도출하기 위해서는 무엇보다 인공지능 그 자체와 함께 인공지능에 의해 법적 문제가 야기되는 상황에 대한 정확한 분석과 이해가 선행되어야 한다. 인공지능의 발전단계 및 인공지능의 영향력에 대한 정확한 법적 평가를 바탕으로 각 분야에서 기존의 법체계가 인공지능의 법적 문제를 해결할 수 있는가를 정밀하게 검토한 후 기존 법체계에 수정이 필요하거나 보완이 필요한 사항을 도출하여야 한다. 아울러 이렇게 도출된 법적 대응 사항을 실천하기에 가장 적합한 수단이 무엇인지도 검토하여야 한다. 이러한 과정에서 국내에서의 논의뿐만 아니라 해외의 논의도 살펴서 글로벌 스탠다드와 상충되지 않도록 하여야 한다. 그리고 인공지능의 발전 과정에서 불가피하게 인공지능이 없던 경제·사회 생태계와 인공지능 혁신 생태계 사이의 충돌이 불가피해졌다. 인공지능이 야기하는 다양한 충돌을 해결하면서도 인공지능으로 인한 변화·발전을 자연스럽게 수용할 수 있도록 다양한 법적 쟁점을 탐구하고 인간과 인공지능이 공진화할 수 있는 법적 기반을 마련하기 위한 논의를 발전시켜가야 한다.

생각해 볼 점

1. 인공지능으로 인하여 발생하는 현행법과의 충돌을 어떻게 해결할 것인가?
2. 인공지능에 의한 의사결정을 사람의 의사결정과 동일하게 취급하여 사람에게 귀속시킬 수 있을 것인가?
3. 인공지능으로 인하여 야기되는 다양한 법적 쟁점과 사례에는 무엇이 있을까?

심화 학습 자료

김광수, "인공지능 알고리즘 규율을 위한 법제 동향 – 미국과 EU 인공지능법의 비교를 중심으로 –", 『행정법연구』 제70호, 2023.

박기갑, "국제적 권고　지침 분석에 바탕을 둔 "인공지능(AI) 윤리" 관련 국제조약안의 모색", 『국제법학회논총』 제67권 제4호, 2022.

안정빈, "인공지능 로봇에 관한 형사책임 – 인공지능형법에 의한 형사처벌가능성을 중심으로 –", 『외법논집』 제46권 제4호, 2022.

유지혜, "인공지능 시스템에서 생성된 창작의 특허법상 보호에 관한 연구", 『지식재산연구』 제18권 제1호, 2023.

이상용, "데이터의 비계약적 이용 – 데이터 마이닝을 위한 저작권 제한을 중심으로 –", 『강원법학』 제65권, 2021.

이원태, "알고리즘 규제의 두가지 차원과 정책적 함의", 『사회과학연구』 제32권 제2호, 2020.

최경진, "인공지능과 불법행위책임", 『정보법학』 제25권 제2호, 2021.

최경진, "인공지능의 사법적 쟁점", 『저스티스』 제182-2호, 2021.

European Parliament, "New Product Liability Directive", <https://www.europarl.europa.eu/RegData/etudes/BRIE/2023/739341/EPRS_BRI(2023)739341_EN.pdf>, 2023.5.

Teresa Rodriguez de las Heras Ballell, Legal challenges of artificial intelligence: modelling the disruptive features of emerging technologies and assessing their possible legal impact, Uniform Law Review, Volume 24, Issue 2, June 2019.

CHAPTER 02

법이 인공지능에 대처하는 방식과 문제

양천수

 사례

A국은 인공지능 기술을 선도적으로 개발하고 사회에 적용하는 나라이다. 인공지능 기술이 급속하게 발전하면서 A국 국민의 삶 곳곳에 인공지능이 적용된다. 그동안 인간 존재만이 할 수 있다고 여겼던 많은 일들, 예를 들어 전문적인 의사결정뿐만 아니라 글쓰기, 그림 그리기, 음악 만들기 등 역시 인공지능이 수행한다. 이에 따라 금융, 예술, 의료, 법률, 면접 등과 같이 전문적인 역량이 필요한 영역에도 인공지능이 투입된다. 덕분에 A국에서는 사회 전체적으로 효율성이 증가하고 다양한 혜택이 새롭게 창출되었다. 여러 측면에서 A국 국민의 삶이 더 윤택해졌다. 그러나 동시에 여러 문제도 출현하였다. 인공지능이 무단으로 개인정보를 수집 및 활용하거나 면접 등에 인공지능이 활용될 때 편향적인 판단을 하는 것, 기계적 오류가 발생해 인공지능이 잘못된 투자를 하는 것 등을 언급할 수 있다. A국 정부는 이러한 문제에 대처하기 위해 법으로 인공지능을 규율하기로 하였다. 이때 한편으로는 인공지능의 사회적 유용성을 최대한 실현하면서도 다른 한편으로는 인공지능이 유발하는 사회적 폐해를 최소화하는 방향으로 인공지능에 법을 투입하기로 하였다. 그러면 어떻게 법을 설계하여 인공지능을 규율해야만 이러한 목표를 실현할 수 있을까?

I. 왜 법이 인공지능을 다루어야 할까

인공지능에 관한 논의는 꽤 오래전부터 시작되었다. 컴퓨터가 기술적으로 구현되면서 많은 사람이 우리 인간 존재의 사고 능력을 인공적으로 구현하는 데 관심을 가졌다. 여기에는 인간 존재의 사고 능력이 가진 한계, 즉 '제한적 합리성bounded rationality'의 한계를 인공지능으로 보완하고자 하는 문제의식도 한몫하였다. 행동경제학의 아버지이자 인공지능 발전에 선구적 역할을 한 사이먼Herbert Simon에 따르면 우리 인간 존재는 제한적 합리성으로 인해 휴리스틱heuristic, 즉 임기응변적 방법을 사용해 의사결정을 한다. 그렇지만 금방 실현될 듯싶었던 인공지능을 실제로 구현하는 것은 쉽지 않았다. 새로운 시도는 번번이 벽에 부딪혔다. 이윽고 인간처럼 사고하는 인공지능을 실현하는 것은 가능하지 않다는 회의론이 연구자들을 압박하였다.

이에 돌파구를 마련한 것은 병렬분산처리 시스템Parallel Distributed Processing System으로도 지칭되는 시도였다. 이는 인간 존재의 생물학적 신경망이 작동하는 과정을 인공적으로 구현해 인공지능에 적용하는 것이었다. 말하자면 의미와 규칙을 중심으로 하는 기존의 기호체계 패러다임을 대신해 절차process를 중심으로 하는 인공신경망 패러다임을 인공지능에 적용하는 시도이다. 이후 이는 딥러닝deep learning으로 유명해진다. 힌튼Geoffrey Everest Hinton 교수에 의해 딥러닝이 구현되면서 인공지능은 두 번째 겨울의 시기를 마감하고 도약한다. 이후 우리에게 잘 알려진 사건 혹은 이벤트가 등장한다. 알파고와 이세돌의 바둑 대국, GANGenerative Adversarial Networks과 트랜스포머Transformer의 구현, 창작하고 소통하는 생성형 인공지능의 출현 그리고 ChatGPT 충격 등등…

현재 인공지능이 발전하는 속도는 매번 우리의 예상을 뛰어넘는다. 어느덧 우리는 인공지능의 시대에 살고 있다. 인공지능이 그들만의 것이 아니라 지금 여기서 나와 함께 생활하는 시대가 펼쳐진다. 우리는 ChatGPT를 이용해 글을 쓰고 번역하며 그림을 그릴 수 있다. 그리고 법률이나 의료처럼 전문가의 고유한 무대였던 영역에도 인공지능이 침투한다. 덕분에 우리는 이제 진짜로 인공지능이 우리의 일자리를 대체하는 게 아닌가를 걱정하는 시대를 맞았다.

세상 대부분의 일들이 그런 것처럼 인공지능은 빛과 어둠을 모두 지닌다. 한편으로 인공지능은 우리에게 새로운 공리utility를 선사한다. 그러나 다른 한편으로는 우리의 권리나 이익을 침해할 수 있는 위험도 창출한다. 인공지능은 매번 새롭게 발전 중이고 이런 인공지능이 앞으로 우리의 삶에 어떤 영향을 미칠지를 정확하게 예측하는 것은 어렵다. 그 때문에 우리는 인공지능에 열광하면서도 동시에 두려워한다. 바로 이 점에서 인공지능은 법의 대상이 된다. 사회 질서를 올바르게 코딩하는 역할을 하는 법은 인공지능이 우리 삶의 질서에 올바르게 포섭될 수 있도록 규율하고 조종해야 한다. 한편으로는 인공지능의 장점을 극대화하면서도 다른 한편으로는 인공지능이 가진 위험을 적절하게 관리 및 예방해야 한다.

 ## II. 법은 인공지능에 어떻게 접근해야 할까

1 두 가지 관점

법은 인공지능에 접근할 때 어떤 관점을 중시해야 할까? 인공지능과 법의 관계에 관해 크게 두 가지 상반된 관점을 제시할 수 있다.

첫 번째 관점은 지원support이다. 법은 인공지능이 더욱 발전할 수 있도록 최대한 지원해야 한다는 것이다. 이러한 관점을 취하면 법은 지원법 또는 진흥법의 역할을 해야 한다.

두 번째 관점은 규제regulation이다. 법은 인공지능이 지닌 위험이 실현되지 않도록 관리 및 예방해야 한다는 것이다. 이러한 관점을 취하면 법은 규제법 또는 제약법의 역할을 해야 한다.

법이 인공지능에 어떤 관점을 적용해야 하는지에는 지금도 법학 안에서 팽팽하게 대립한다. 그렇지만 현실적으로는 두 관점 가운데 일도양단식으로 어느 한쪽만을 선택하는 것은 쉽지 않다. 결국 어느 한쪽에 중점을 두면서 다른 관점을 부분적으로 받아들이는 절충적 방식으로 인공지능과 법의 관계를 정립할 것이다. 다만 이 글은 이에 판단은 유보한 채, 만약 법이 인공지능을 규제한다면 이를 어떤 방식으로 할 수 있는지, 이때 어떤 이론적 문제가 제기되는지 살펴보겠다.

2 사전규제와 사후규제

법으로 인공지능을 규제할 때 어떤 규제 방식을 선택할지 고민해야 한다. 다양한 기준에 따라 규제 방식을 구별할 수 있기 때문이다. 아래에서는 그중 시간성을 기준으로 하여 규제 방식을 나누어 논의를 전개하겠다. 시간성을 적용하면 규제 방식은 다음과 같이 구별할 수 있다. 사전규제와 사후규제가 그것이다.

사전규제는 인공지능이 오작동이나 편향적 판단 등으로 사람들의 특정한 권리나 이익을 침해하기 전에 이를 예방하기 위해 투입되는 규제를 말한다. 달리 말하면 인공지능에 관한 위험이 실현되기 이전에 이를 예방하기 위해 적용되는 규제가 사전규제이다. 이에 따라 사전규제는 미래지향적인 규제라는 성격을 지닌다. 앞으로 실현될지 모르는 위험에 대비하는 규제이기 때문이다. 그 점에서 사전규제는 법학의 영역이라는 관점에서 말하면 인공지능에 대한 경찰법적·행정법적 규제에 속한다. 한편 '포지티브^{positive}/네거티브^{negative} 규제'라는 구별을 원용하면 사전규제는 주로 포지티브 규제 형식으로 구성된다. 이에 따라 '선규제/후허용'이라는 방식의 규제가 적용된다.

이에 반해 사후규제는 인공지능이 오작동 등으로 사람들의 특정한 권리나 이익을 침해한 경우에 비로소 투입되는 규제를 말한다. 달리 말해 위험이 실현된 이후 개입하는 규제를 뜻한다. 그 점에서 사후규제는 과거지향적 규제라는 성격을 지닌다. 이러한 사후규제는 인공지능이 야기한 침해에 대한 책임을 누가 부담해야 하는가를 주로 규율한다. 그 점에서 사후규제는 책임법적 규제에 속한다. 그리고 이 같은 이유에서 사후규제는 주로 '선허용/후규제' 형식의 네거티브 규제 방식을 취한다.

연성 규제와 경성 규제

이외에도 인공지능을 규제하는 방식으로 흔히 연성 규제와 경성 규제가 언급된다. 연성 규제는 도덕이나 윤리와 같은 연성 규범soft law을 이용하는 규제를 말한다. 유네스코 등에서 강조하는 인공지능 윤리가 이러한 예에 해당한다. 이에 반해 경성 규제는 법과 같은 경성 규범hard law을 이용하는 규제를 뜻한다. 이 글은 그 가운데 경성 규제에 초점을 맞춘다.

 III. 인공지능에 대한 사전규제를 어떻게 구현할까

인공지능을 법으로 사전에 규제한다는 것은 인공지능이 지닌 위험을 사전에 관리하고 예방한다는 점을 뜻한다. 따라서 인공지능에 대한 사전규제를 구현하기 위해서는 인공지능이 지닌 위험이 무엇인지 살펴볼 필요가 있다.

1 인공지능에는 어떤 위험이 있을까

(1) 인공지능의 구성 요소

인공지능의 위험은 여러 기준으로 분석하고 유형화할 수 있다. 이 글은 인공지능이 어떻게 구성되고 어떻게 우리 사회에서 사용되는지를 기준으로 하여 위험을 살펴보겠다.

인공지능이 성공적으로 구현되고 사용되려면 하드웨어와 소프트웨어, 개인정보를 포괄하는 빅데이터 및 인공지능의 사회적 이용이라는 요소가 필요하다. 이때 '하드웨어hardware'는 우리가 흔히 아는 반도체 기술을 말한다. '소프트웨어software'는 알고리즘을 중심으로 하는 프로그래밍 기술을 말한다. 이 가운데서 인공지능을 가동하는 데 중요한 지위를 차지하는 동시에 오늘날 중대한 위협이 되는 것은 '알고리즘algorithm'이다.

알고리즘은 보통 특정한 문제를 해결하는 데 사용되는 절차의 집합으로 정의된다. 이러한 알고리즘은 이미 오래전부터 인공지능과 무관하게 수학 영역에서 발전해 왔다. 알고리즘이라는 용어 자체가 9세기에 활동했던 페르시아의 수학자 알콰리즈미Al-Khwarizmi에서 유래한다는 점이 이를 예증한다. 알고리즘은 달리 말해 문제를 풀어가는 데 필요한 추론규칙의 집합으로 볼 수 있을 것이다.

(2) 각 구성 요소와 인공지능의 위험

1) 빅데이터와 개인정보 침해 위험

문제는 인공지능을 구성하는 각 요소가 모두 위험을 지닌다는 것이다. 그중에서 특히 빅데이터와 알고리즘에 관해 오늘날 문제가 제기된다. 인공지능이 원활하게 작동하기 위해서는 우리의 개인정보를 포함하는 엄청난 양의 데이터, 즉 빅데이터가 필요하다. 그런데 빅데이터를 수집하고 이용하는 과정에서 우리가 원치 않은 데이터 이용, 즉 개인정보 침해나 프로파일링이라는 문제가 발생할 수 있다. 물론 엄격한 사전동의 방식의 개인정보자기결정권을 채택하는 우리의 「개인정보 보호법」 아래에서는 상대적으로 이러한 문제가 발생하지 않는다. 오히려 빅데이터를 구축하고 이용할 수 있도록 개인정보자기결정권을 완화해야 한다는 요청이 지속적으로 제기되었고 이러한 요청을 받아들여 「개인정보 보호법」을 포함하는 이른바 '데이터 3법'이 개정되기도 하였다.

2) 알고리즘의 위험

사전동의 방식의 엄격한 개인정보자기결정권을 제도화한 우리의 「개인정보 보호법」 아래에서는 빅데이터로 인한 개인정보 침해 위험이 상대적으로 크지 않을 수 있다. 이 때문에 인공지능에 필수적으로 적용되는 알고리즘이 유발하는 위험이 더욱 크게 각인된다. 알고리즘은 크게 두 가지 위험을 창출한다.

첫 번째 위험으로 알고리즘이 오작동하여 발생하는 위험을 들 수 있다. 알고리즘이 정확하지 않은 판단을 하거나 정보를 제공하는 것이다. 가짜뉴스를 제공하거나 정확하지 않은 투자 판단을 하는 것 등을 언급할 수 있다.

두 번째 위험으로 알고리즘의 '편향bias' 위험을 들 수 있다. 이때 말하는 편향 위험은 근거가 없는 차별, 헌법학의 용어로 바꾸어 말하면 합리적이지 않은 차별 위험을 뜻한다. 예를 들어 단지 인종적인 차이만으로 유색인과 백인에 대한 신용평가를 달리하거나 여성이라는 이유만으로 후보자의 역량과는 상관 없이 면접에서 탈락시키는 것 등을 언급할 수 있다. 따라서 알고리즘의 편향 위험은 알고리즘이 합리적 근거 없이 특정한 대상을 차별하는 위험을 뜻한다.

3) 인공지능의 사회적 이용에 따른 위험

인공지능의 위험은 인공지능이 사회 각 영역에서 사용되면서 본격적으로 구체화되고 심화한다. 이러한 위험으로 다음을 언급할 수 있다.

먼저 인공지능이 사회에서 사용될 때 오작동하여 인간의 생명과 안전을 직접 위협하는 경우를 들 수 있다. 예를 들어 자율주행자동차처럼 인공지능 기술과 자동차가 결합하여 실제 도로를 주행하는 경우 이러한 문제가 발생할 수 있다. 의료 인공지능이 오진을 하거나 잘못된 처방을 내려 환자의 생명이나 안전을 위협하는 경우도 거론할 수 있다. 법률 인공지능이 잘못된 법적 해결 방안을 제시하여 의뢰인이 손해를 입거나 소송에서 패소하는 경우도 이에 해당한다.

그러나 인공지능이 사회적으로 사용됨으로써 출현하는 진정한 위험은 인공지능이 기능적으로 성공적으로 작동함으로써 오히려 인간에게 위험을 창출하는 경우를 들 수 있다. 인공지능이 인간을 대신함으로써 인간의 일자리가 위협받는 경우가 그 예이다. 인간의 노동시장이 인공지능의 노동시장으로 대체되는 것이다.

2 사전규제 방안

사전규제는 인공지능이 지닌 위험을 사전에 관리하고 예방하기 위해 사용되는 규제를 말한다. 인공지능에 대한 사전규제는 다음과 같이 구체화된다.

(1) 위험 기반 접근법 사용하기

먼저 사전규제는 인공지능이 가진 위험을 규제 대상으로 설정하기에 위험 기반 접근법risk based approach을 기본 방법으로 채택한다. 우리 인간 존재에게 인공지능이 어떤 위험을 야기하는지 분석한 후 이를 사전에 관리 및 예방하는 것이다.

(2) 인공지능 유형화하기

다음으로 위험 기반 접근법을 바탕으로 하여 인공지능을 유형화한다. 인공지능을 고위험 인공지능/중위험 인공지능/저위험 인공지능으로 유형화하고 이에 따라 규제 강도를 설정하는 것이다. 예를 들어 고위험 인공지능에는 좀 더 강력한 규제를 부과하는 데 반해 저위험 인공지능에는 윤리 등을 활용한 자율규제 방식으로 사전규제를 적용하는 것을 생각해 볼 수 있다.

(3) 사전 영향평가 하기

이때 인공지능의 위험을 어떻게 설정할 것인지가 문제된다. 이에 적용하는 방법으로 사전 영향평가impact assessment가 강조된다. 사전 영향평가는 인공지능이 인간 존재의 권리나 이익을 얼마나 침해할 가능성이 있는지를 기준으로 하여 사전에 그 위험을 평가하는 것을 말한다. 사전 영향평가는 최근 인공지능뿐만 아니라 여러 규제 영역에서 사전규제의 방법으로 널리 활용된다.

(4) 투명성과 설명 가능성 요청하기

이뿐만 아니라 투명성과 설명 가능성을 사전규제의 방법으로 고려할 수 있다. 이는 특히 알고리즘을 사전에 통제하는 데 적합하다. 예를 들어 인공지능에 사용되는 알고리즘이 어떤 데이터를 활용하여 어떤 원리와 규칙으로 작동하는지를 투명하게 보여주고 설명할 수 있게 함으로써 알고리즘이 가질 수 있는 부정확성이나 편향성을 규제하는 것이다.

IV. 인공지능에 대한 사후규제를 어떻게 구현할까

1 인공지능을 어떻게 취급할까

인공지능에 사후규제를 적용한다는 것은 책임법으로 인공지능을 규율하겠다는 것을 뜻한다. 이를 위해서는 다음과 같은 문제를 해결해야 한다. 인공지능을 주체로 볼 것인지 아니면 객체로 볼 것인지의 문제가 그것이다. 이는 인공지능을 법적 인격체로 볼 것인지 아니면 단순한 물건으로 볼 것인지의 문제로 바꿔 말할 수 있다. 왜냐하면 우리 법, 특히 민법은 주체와 구별되는 객체를 기본적으로 물건으로 설정하기 때문이다.

민법을 중심으로 하는 우리 법은 로마법의 전통을 이어받아 전체 법적 현상을 다음과 같은 틀로 파악한다. '주체/객체/행위'가 그것이다.[1] 여기서 주체는 법적 주체, 객체는 법의 대상, 행위는 법적 주체가 대상에 관해 사용하는 수단을 뜻한다. 이 같은 틀에서 인공지능에 접근하면 인공지능을 법적 주체로 설정해야 하는지 아니면 법의 객체로 규정해야 하는지가 문제된다.

만약 인공지능을 객체로 규정하면 일반 물건에 적용되는 법리가 인공지능에도 적용된다. 따라서 설사 인공지능의 작동으로 다른 사람의 권리나 이익이 침해되는 결과가 발생하더라도 인공지능에 직접 책임을 물을 수는 없다. 이때에는 인공지능을 수단으로 활용한 인간 존재나 법인에 법적 책임을 물어야 한다.

그게 아니라 인공지능을 법적 주체로 파악해 직접 책임법적 법리를 적용하고자 한다면 다음 문제를 풀어야 한다. 인공지능을 법적 주체, 달리 말해 법적 인격체로 볼 수 있는지, 만약 그렇다면 그 근거와 기준은 무엇인지의 문제가 그것이다. 아래에서는 이 문제를 중심으로 살펴보겠다.

2 인공지능을 법적 주체로 볼 수 있을까

(1) 법적 인격이란 어떤 의미일까

인공지능을 법적 주체로 볼 수 있는지의 문제는 인공지능이 법적 인격을 지닐 수 있는지의 문제로 바꾸어 말할 수 있다. 법적 인격은 법적 문제를 해결하는 실마리이자 출발점이 되기 때문이다.

　법적 인격이란 무엇일까? 법적 인격이란 법적 주체, 더욱 구체적으로 말하면 법적 권리와 의무의 주체가 될 수 있는 자격을 말한다. 이때 의무는 손해배상책임이나 형사책임 등과 같은 책임을 포함한다. 이렇게 보면 법적 인격이란 법적 주체가 될 수 있는 자격을 뜻하는 것으로 특정한 권리나 권한, 의무, 책임을 인정하는 데 전제가 되는 개념임을 알 수 있다.

　이때 주의해야 할 점은 법은 '인간human'이 아닌 '인격person' 개념을 사용한다는 점이다. 근대 시민혁명 이후에 형성되어 오늘날에도 여전히 법체계의 근간이 되는 근대법체계는 법적 주체가 되는 개념으로 인간이 아닌 인격을 선택하였다. 물론 프랑스 인권선언 이래 기본적으로 모든 인간은 인격을 지닐 수 있지만 여기에는 다음과 같은 전제가 깔려 있다. 실천이성을 제대로 발휘할 수 있는 자율적인 인간만이 온전하게 법적 인격을 취득할 수 있다는 것이다. 이로 인해 여성이나 아동은 실천이성을 제대로 발휘하지 못한다는 이유에서 오랫동안 법적 인격을 완전하게 취득하지 못하였다. 다만 오늘날에는 '인권법human rights law'이 독자적인 법영역으로 자리매김하면서 인간 그 자체가 권리주체로 부각되기도 한다.

(2) 법적 인격은 어떤 기능을 수행할까

　법적 인격은 법체계에서 다음과 같은 기능을 수행한다.

　먼저 법적 인격은 법적 인격을 취득한 주체를 보호하는 기능을 수행한다. 법적 인격을 취득한다는 것은 법체계가 인정하는 권리의 주체가 될 수 있다는 것을 뜻하기에 주체는 자신에게 부여되는 권리를 이용하여 여러 침해로부터 자신을 보호할 수 있기 때문이다. 예를 들어 특정한 주체는 법적 인격으로 인정되어 생명, 자유, 재산에 대한 권리를 취득함으로써 이러한 권리로 자신을 보호할 수 있다.

　다음으로 법적 인격은 손해배상책임이나 형사책임과 같은 각종 책임을 주체에게 귀속시키는 기능을 수행한다. 이를 '책임귀속 기능'이라고 말한다. 법적 인격을 얻는다는 것은 권리의 주체뿐만 아니라 의무의 주체가 된다는 것을 뜻한다. 이때 의무에는 타인에 대한 '책임responsibility' 역시 포함된다. 이를테면 타인에게 불법행위를 야기해 손해를 입히거나 범죄를 저지른 경우 이로 인해 타인에게 손해배상을 해야 하거나 형벌을 부담해야 하는 것도 모두 주체가 짊어져야 하는 의무에 해당한다. 따라서 법적 인격을 인정받는 주체는 이러한 책임을 부담해야 한다.

나아가 특정한 주체에게 법적 인격을 부여함으로써 그 주체의 상대방을 보호할 수 있다. 법적 인격은 상대방 보호기능을 수행하는 것이다. 이는 위에서 소개한 책임귀속 기능과 관련을 맺는다. 특정한 주체에게 법적 인격을 부여하면 그 주체는 상대방에게 잘못을 저지른 경우 이에 책임을 져야 한다. 이를 상대방의 시각으로 바꾸어 말하면, 그 주체에 의해 상대방이 손해를 입은 경우 이에 대한 손해배상을 주체에게 청구할 수 있다는 것을 뜻한다. 주체에게 법적 인격을 인정함으로써 그 주체에 대한 손해배상청구가 권리로서 확정되는 것이다. 바로 이러한 측면에서 법적 인격은 상대방을 보호하는 기능도 담당한다.

(3) 확장되는 법적 인격

이처럼 법적 인격은 법체계 안에서 여러모로 중요한 기능을 수행한다. 이때 주목해야 할 점은 법적 인격은 고정된 개념이 아니라는 것이다. 우리 삶이, 우리 사회구조가 끊임없이 변하는 것처럼 법적 인격 역시 변화해 왔다. 그러면 법적 인격은 어떻게 변화해 왔을까? 이를 한마디로 말하면 법적 인격 개념은 우리 인류와 사회 그리고 법이 진보하면서 지속적으로 확장되어 왔다는 것이다. 예전에는 법적 인격체로 인정받지 못했던 존재들이 사회가 발전하면서 온전한 인격체로 인정된다.

(4) 탈인간중심적인 법적 인격은 가능할까

1) 왜 논의해야 할까

앞에서 살펴본 논의에서 세 가지 주장을 도출할 수 있다. 첫째, 법체계에서 권리와 의무 및 책임의 주체가 될 수 있는가는 해당 주체가 법적 인격을 가지는지로 결정된다. 둘째, 인공지능에 관한 책임법적 문제는 인공지능이 법적 인격을 획득할 수 있는가의 문제와 관련을 맺는다. 셋째, 인공지능의 책임법적 문제를 해결하는 데 핵심이 되는 법적 인격 개념은 그동안 인류 역사가 진보하면서 지속적으로 확장되었다. 특히 애초에 인간을 중심으로 하여 설계된 인격 개념이 인간이라는 테두리를 넘어 서서히 탈인간중심적인 방향으로 변하고 있다. 이를 보여주는 예가 바로 법인juristische Person이다.

이러한 맥락을 고려하면 이제 인공지능이 사회의 거의 모든 영역에서 출현하고 문제가 되는 현시점에서 법적 인격 개념은 새롭게 설정될 수 있는지, 달리 말해 인간을 넘어서는 '탈인간중심적 인격 개념'을 정초할 수 있는지 검토할 필요가 있다.

2) 법적 인격의 인정 요건

먼저 주의해야 할 점은 이 글에서 다루는 인격 개념은 법적 인격이라는 것이다. 도덕적·윤리적 인격과 같은 비법적인 인격 개념은 이 글에서 다루지 않는다. 이를 전제로 하여 전통적으로 법적 인격은 어떤 요건에 따라 인정되었는지 살펴보겠다.

현행 법체계에 따르면 특정한 존재가 법적 인격을 취득하려면 다음 요건을 충족해야 한다. 첫째, 해당 존재가 인간으로서 생존해야 한다민법 제3조. 아직 태어나지 않았거나 목숨을 잃은 사람은 법적 인격체가 될 수 없다. 둘째, 자율성을 갖고 있어야 한다. 자율성을 갖지 않은 인간은, 물론 오늘날에는 기본적으로 법적 인격체로 인정되기는 하지만, 권리를 행사하거나 의무를 부담하는 과정에서 일정 정도 제한이 뒤따른다.

두 가지 요건 중에서 무엇이 본질적인 요건일까? 칸트와 같은 철학자들은 실천이성에 바탕을 둔 자율성을 더욱 중요한 것으로 보았고 여기에서 인간의 존엄성 근거를 찾기도 했다. 그렇지만 현실적으로는 해당 존재가 살아 있는 인간인지가 더욱 중요한 역할을 한다. 특히 오늘날 정착된 인권사상으로 인해 인간이기만 하면 그 누구나 평등하게 법적 인격체로 승인된다.

3) 법적 인격의 모델에는 무엇이 있을까

이렇게 보면 현행 법체계가 받아들이는 법적 인격은 여전히 인간중심적인 모델에 바탕을 두고 있음을 알 수 있다. 그렇지만 법적 인격 개념의 확장과정에서 추측할 수 있는 것처럼, 특히 인간에 의해 인공적으로 만들어진 법인에도 법적 인격을 승인하는 현행 법체계의 태도를 고려하면 법적 인격에 관한 모델을 반드시 인간중심적인 모델로만 한정해야 하는 것은 아님을 알 수 있다. 법적 인격 자체가 고정된 것이 아니라 시간과 지역에 따라 바뀔 수 있는 가변적인 개념이라면, 이에 관해 우리는 다원적인 모델을 생각해 볼 수 있다. 그러면 법적 인격에 관해 어떤 모델을 모색할 수 있을까? 이 글은 크게 두 가지 모델을 제시하겠다. 인간중심적 모델과 탈인간중심적 모델이 그것이다.[2]

(a) 인간중심적 모델

첫째, 인간중심적 모델을 거론할 수 있다. 이 모델은 자연적 인간 개념에 바탕을 두어 인격 개념을 설정한다. 이미 언급한 것처럼 지금까지 우리가 사용한 인격 개념은 이러한 인간중심적 모델에 기반을 둔 것이다. 인간중심적 모델에 따라 법적 인격 개념을 판단할 때는 다음과 같은 요건이 중요한 역할을 한다.

먼저 인격을 부여받을 주체가 자연적 인간이어야 한다. 인간이 아닌 존재, 가령 동물이나 인공지능은 인간중심적 모델에 따르면 인격을 부여받을 수 없다. 다만 현행 법체계에 의하면 법인은 인격성이 인정되는데, 사실 이것은 인간중심적 모델에 따라 인격을 부여한 것이 아니다. 이는 이미 인간중심적 모델을 벗어난 인격 개념에 해당한다. 다음으로 실천이성을 지닌 자율적인 인간이어야 한다. 물론 현실적으로 반드시 자율적인 존재여야 하는 것은 아니다. 자율적인 존재의 잠재성을 갖추기만 해도 인격을 부여받을 수 있다. 나아가 자율적인 행위를 할 수 있어야 한다. 예를 들어 자율적인 주체로서 법률행위나 소송행위를 자율적으로 할 수 있어야만 법적 인격으로 인정될 수 있다.

(b) 탈인간중심적 모델

둘째, 탈인간중심적 모델을 생각할 수 있다. 이 모델은 인격 개념을 자연적 인간 개념에서 분리한다. 자연적 인간이 아니어도 인격을 부여받을 수 있도록 하는 것이다. 이 모델에 따르면 자연적 인간뿐만 아니라 체계system, 즉 사회적 체계와 기계적 체계도 모두 특정한 요건을 충족하면 인격 개념에 포섭될 수 있다. 그 점에서 탈인간중심적 모델은 인간중심적 모델보다 포괄적으로 법적 인격을 설정한다.

탈인간중심적 모델은 다음과 같은 경우에 법적 인격을 부여한다. 첫째, 사회에서 진행되는 소통에 참여할 수 있어야 한다. 둘째, 자율적인 존재여야 한다. 셋째, 해당 존재는 그 존재가 아닌 것과 구별될 수 있어야 한다. 달리 말해 해당 존재의 경계가 명확하게 획정될 수 있어야 한다.

4) 어떤 모델이 타당할까

두 가지 모델 중에서 어떤 모델이 타당할까? 그러나 이러한 물음에 확고한 정답을 내놓기는 어렵다. 왜냐하면 법적 인격 개념을 설정하는 데 무엇이 가장 타당한 기준이 되는가에 대한 '메타규칙'은 존재하지 않기 때문이다. 법적 인격의 역사가 보여주는 것처럼 이는 각 시대의 상황에 적합하게 그 개념과 요건이 제시되었을 뿐이다. 다만 한 가지 경향을 찾는다면 법적 인격 개념은 인간중심적인 한계에서 벗어나 지속적으로 확장되어 왔다는 점이다. 이를 고려하면 인공지능이 상당 부분 인간과 유사한 기능을 수행하는 현시점에서는 탈인간중심적 모델을 선택하는 것도 가능하지 않을까 진단해 본다.

3 인공지능을 법적 주체로 볼 필요가 있을까

(1) 법적 주체로 볼 수 있을까

만약 탈인간중심적 모델에 따라 법적 인격을 판단하면 다음과 같은 요건을 충족하는 경우 인공지능에도 법적 인격을 인정할 수 있다. 첫째, 인공지능이 사회에서 진행되는 소통에 참여할 수 있어야 한다. 둘째, 인공지능이 자율적으로 법적 판단을 할 수 있어야 한다. 셋째, 인공지능은 자신이 아닌 것과 구별될 수 있어야 한다. 다시 말해 명확한 경계를 가져야 한다.

특정한 인공지능이 이러한 요건을 충족하면 법적 인격을 인정받을 수 있다. 달리 말해 법적 주체가 될 수 있다. 이에 관해 한 가지 짚어보아야 할 문제가 있다. 자율성과 관련된 문제이다. 인공지능이 법적 인격을 취득하려면 자율적으로 법적 판단을 할 수 있어야 한다. 다시 말해 인공지능이 자율성을 갖고 있어야 한다. 그런데 여기서 말하는 자율성이란 무엇인지, 과연 어느 정도의 자율성을 갖고 있어야 법적 인격을 획득할 수 있는지 문제가 된다.

이를 판단하는 것은 쉽지 않다. 왜냐하면 최근 들어서는 인간 역시 자율적인 존재가 아니라는 뇌과학자들의 주장 역시 제기되기 때문이다. 따라서 이 문제를 해결하려면 법적 인격을 취득하는 데 필요한 자율성이란 무엇인지 근원적으로 성찰할 필요가 있다.

다만 현재 인공지능이 도달한 발전 상황을 고려하면 다음과 같은 시사점은 얻을 수 있다. 인공지능은 크게 세 가지로 구별된다. 약한 인공지능, 강한 인공지능, 초인공지능이 그것이다. 약한 인공지능은 아직 인간과 동등한 정신적 판단 능력을 갖추지 못한 인공지능을 말한다. 이에 반해 강한 인공지능은 인간과 동등한 정신적 판단 능력을 갖춘 인공지능을 뜻한다. 그리고 초인공지능은 인간의 정신적 판단 능력을 초월한 인공지능을 지칭한다. 이 가운데서 강한 인공지능과 초인공지능에는 손쉽게 법적 인격을 부여할 수 있을 것이다. 그러나 강한 인공지능과 초인공지능은 아직은 실현되지 않은 먼 미래의 문제이기에 지금 당장 문제가 된다고 말하기 어렵다.

가장 현실적으로 문제가 되는 것은 약한 인공지능의 경우이다. 약한 인공지능에도 법적 인격을 부여하는 것을 고려할 수는 있다. 그렇지만 다음과 같은 이유에서 볼 때 약한 인공지능에 확고하게 법적 인격을 인정하는 것은 쉽지 않다. 먼저 약한 인공지능은 사회적으로 이루어지는 소통에 참여할 수 있는 능력, 즉 소통의 귀속 가능성과 참여 가능성은 인정할 수 있다. 다음으로 약한 인공지능은 자신이 아닌 것, 즉 '타자'와 구별될 수 있다. 이 점에서 법적 인격을 인정하는 데 필요한 세 가지 요건 중에서 두 가지 요건은 충족한다. 문제는 자율성 요건이다. 약한 인공지능은 인간과 동등한 자율적 판단은 할 수 없기에, 특히 스스로 목표를 설정하면서 왜 이 목표를 설정해야 하는지를 반성적으로 판단할 수 없다는 점에서 자율성 요건은 아직은 충족하기 어렵다. 물론 이 문제는 자율성을 어떤 기준으로 판단하는가에 따라 달라질 수 있다. 엄격한 기준에 따라 자율성을 판단하면 약한 인공지능은 자율성을 갖고 있다고 말하기 어렵지만, 자율성을 느슨하게 판단하면 약한 인공지능도 어느 정도는 자율성을 지닌다고 말할 수 있기 때문이다.

이러한 연유에서 이 글은 약한 인공지능의 법적 인격 문제를 판단할 때는 획일적 판단이 아닌 유형적 판단을 동원해야 한다고 주장한다. 이는 법학에서 많이 사용하는 방법이다. 요컨대 약한 인공지능이 법적 인격을 취득할 수 있는가를 획일적으로 판단하기보다는 약한 인공지능의 법적 인격이 문제가 되는 개별 유형을 고려하여 이에 적절하게 판단해야 한다는 것이다.

(2) 법적 주체로 볼 필요가 있을까

인공지능의 법적 인격 문제를 판단할 때 고려해야 할 측면이 한 가지 더 있다. 인공지능에 법적 인격을 인정할 수 있는가의 문제와 인정할 필요가 있는가의 문제, 즉 가능성의 차원과 필요성의 차원을 구별해야 한다는 것이다. 이 또한 법학에서 즐겨 사용하는 구별이다. 이를테면 이론적인 측면에서 볼 때 그 가능성이 인정되더라도 실제적인 측면에서 볼 때 굳이 그럴 필요가 없거나 다른 유용한 대안이 있는 경우에는 이를 인정할 필요가 없다는 것이다. 더욱 구체적으로 말하면 이론적으로 볼 때 인공지능에 법적 인격을 인정할 수 있지만, 이를 인정하지 않아도 다른 법적 제도나 장치로 문제를 해결할 수 있다면 굳이 인공지능에 법적 인격을 인정하지 않아도 된다는 것이다. 이러한 사고방식은 인공지능의 법적 문제를 해결하는 데 아주 유용하다. 왜냐하면 각각의 법영역에 따라 인공지능에 법적 인격을 인정할 필요가 있는가의 문제는 달리 판단될 수 있기 때문이다.

생각해 볼 점

1. 사전규제와 사후규제가 지닌 장점과 단점을 비교해 보고 인공지능에 관해서는 어떤 규제가 더 바람직할지 생각해 봅시다.
2. 연성 규제와 경성 규제가 지닌 장점과 단점을 비교해 보고 인공지능에 관해서는 어떤 규제가 더 바람직할지 생각해 봅시다.
3. 법적 인격에 관해 탈인간중심적 모델을 선택하면 인공지능뿐만 아니라 동물에도 법적 인격을 인정할 수 있는지, 더불어 이렇게 탈인간중심적 모델을 따라 법적 인격을 판단하는 게 과연 필요한지 생각해 봅시다.

심화 학습 자료

손형섭 · 나리하라 사토시 · 양천수, 『디지털 전환 시대의 법이론』, 박영사, 2023.
양천수, 『인공지능 혁명과 법』, 박영사, 2021.
양천수, 『책임과 법』, 박영사, 2022.
이상용, "인공지능과 법인격", 『민사법학』 제89호, 2019.
能見善久, 『法の世界における人と物の區別』, 信山社, 2022.

미주

1 이를 알기 쉽게 보여주는 能見善久, 『法の世界における人と物の區別』, 信山社, 2022 참고
2 이에 관해서는 양천수, "현대 지능정보사회와 인격성의 확장", 『동북아법연구』 제12권 제1
   호, 2018, 1-26쪽 참고

CHAPTER 03

인공지능과 윤리

김효은

사례

구글과 마이크로소프트 직원들은 자사의 영상분석 인공지능 시스템을 무인폭격기나 불법 이주자 식별에 사용한다는 것을 알고 공식적으로 반대하는 탄원서를 올렸다. 또, 구글은 인공지능 도구에 성별 정보를 사용하지 않기에 얼굴인식 인공지능에서 성별 구분의 라벨이 나타나지 않도록 조치하였다. 윤리학자나 사회운동가가 아닌 IT 회사에서는 왜 주도적으로 윤리적 고려를 하는가? 과거의 컴퓨터 작동방식과 다른 인공지능 작동방식의 어떤 특성이 새로운 윤리적 문제를 제기하게 하는가? 인공지능 알고리즘의 투명성을 확보하고 인공지능의 학습 재료인 데이터 편향을 방지하기 위한 기술적, 윤리적, 정책적 시도들을 알아본다.

I. 인공지능윤리의 배경과 분류

1 인공지능윤리와 로봇윤리

인공지능윤리를 이야기하기 전에 인공지능의 간략한 역사를 볼 필요가 있다. 인공지능이라는 아이디어와 컴퓨터가 인간과 같은 지능을 가질 수 있다는 가능성은 영국의 논리학자이자, 수학자인 앨런 튜링Alan Turing이 제시했다. 튜링은 1937년에 "계산 가능한 수에 대한 연구: 결정 문제에의 응용"이라는 논문[1]에서 차후 '튜링 머신'이라고 부르게 되는 'a-기계automatic-machine'라는 가상의 컴퓨터를 제안했다. 이로부터 오늘날의 딥러닝까지 발전해왔다. 그리고 튜링이 1950년 철학저널 『Mind』지에 실은 "계산기계와 지능Computing Machinery and Intelligence"이라는 논문에서 계산하는 기계가 지능이 있는 것으로 간주될 수 있는 가능성을 제안한다.

'인공지능'이라는 용어는 튜링의 초기 컴퓨터와 계산기계의 지능이라는 아이디어가 제시된 후 1956년 여름 미국 다트머스Dartmouth 대학에서 열린 학술회의에서 존 매카시John McCarthy, 마빈 민스키Marvin Minsky, 클로드 섀년Claude Shannon 등의 학자들이 모여 컴퓨터의 추론과 탐색에 대해 대화를 나누었고 여기서 '인공지능'이란 용어가 탄생했다. '인공지능'이란 단어는 인간과 똑같은 수준으로 기계 혹은 컴퓨터가 지능을 가진다는 의미보다는 형식화 가능한 지능의 요소들을 개발하고자 하는 방향을 의미한 것이다. 이렇게 튜링과 이에 자극받은 후대의 연구자들이 기계의 지능을 이야기하게 되면서 윤리적 측면 또한 함께 언급되기 시작했다.

'로봇윤리'라는 단어는 2002년 '지안마르코 베루지오'라는 로봇공학자가 처음 사용했지만, 그 개념은 이미 1942년 공상과학 소설가 아이작 아시모프가 그의 단편소설 안에서 로봇공학 삼원칙을 묘사하면서 널리 알려졌다. 당시 공학 전문가들은 로봇공학 삼원칙이 실제 공학적으로 구현하기에는 구체적이지 못하다고 비판했다. 또 공학으로 구현하기 전 단계, 즉 원칙들도 상충의 문제가 있어서 실제 상황에서 어떤 선택을 해야 할지에 대한 지침을 주기에는 애매모호했다. 당시 로봇 개발 단계는 오늘날 딥러닝 등의 새 알고리즘 모형 기반의 인공지능이 장착된 로봇처럼 발전된 단계가 아니었고, 로봇공학 삼원칙처럼 로봇의 행동을 제어할 기본 지침에 대한 관심이 윤리적 관심의 전부였다.

최근 인공지능은 규칙기반 중심의 자동시스템automated system에서 인공신경망을 활용하여 패턴을 인식하는 자율시스템autonomous system으로 발전했다. 자동시스템은 규칙이 주어지면 그에 해당하는 답들을 내어놓는 방식이다. 이와 반대로 자율시스템은 자료들이 주어지면 그로부터 패턴이나 규칙을 찾아내는 방식이다. '자율시스템'이라고 해서 '기계가 자율성이나 의식을 가진다'는 의미는 아니며 그와는 구분되어야 한다. 알고리즘 방식의 변화에 따라 기계 및 컴퓨터에 자기 학습 기능이 추가되었다는 의미다.

알고리즘 방식의 이러한 변화에 따라서, 20세기에 없었던 새로운 윤리적 문제들이 대두될 수밖에 없다. 그러나 이제는 인공지능을 장착하지 않은 기존 로봇과 관련하여 사용되어 왔던 '로봇윤리'와 인공지능이 장착된 로봇이나 온라인상의 봇bot을 모두 포함한 '인공지능윤리'는 동일한 의미로 사용된다. '로봇윤리'에서 '로봇'은 이제 인공지능을 장착하지 않은 단순한 자동 로봇뿐 아니라 자율적 의사결정을 하는 인공지능이 장착된 인공지능 로봇, 그리고 하드웨어가 없이 인터넷상에서 소프트웨어로만 존재하는 로봇까지를 모두 포함한다.

인공지능윤리는 크게 '인공지능의 윤리ethics of artificial intelligence'와 '기계윤리machine ethics'로 구분된다. '인공지능의 윤리'는 인간이 주체인 윤리로 인공지능 기술의 설계, 생산, 사용 등과 관련하여 발생하는 윤리적 문제들이다. 알고리즘 편향, 투명성, 책무성, 자기정체성의 문제 등이 그 예로, 기존에 없던 문제들이다. '기계윤리'는 로봇이 주체로 인공지능 로봇이 윤리적으로 행동하도록 어떻게 설계할 것인가를 고민하는 분야다. 설계방식에는 크게 하향식top-down, 상향식bottom-up, 혼합식mixed이 있다.

2 인공지능 개념 구분

인공지능의 윤리적 차원을 이야기하려면 먼저 '인공지능'을 어떤 의미에서 사용하는지 정확히 밝힐 필요가 있다. '인공지능'의 기본 의미는 지각, 인지, 행동을 하는 개체를 의미하며 로봇과 같은 몸을 가질 수도 있고, 소프트웨어처럼 몸 없이 존재할 수도 있다. 기술과 산업의 관점에서는 일의 종류에 따라 인공지능이 여러 하위 분야로 나뉜다. 반면 수행 능력의 차원에서 인공지능은 크게 다음 세 가지로 구분된다.

- 좁은 인공지능ANI, Artificial Narrow Intelligence : 특정영역의 문제를 풀어내는 인공지능
- 범용 인공지능AGI, Artificial General Intelligence : 인간수준의 인공지능
- 초 인공지능ASI, Artificial Super Intelligence : 사람보다 모든 분야에서 뛰어난 인공지능

좁은 인공지능의 대표적 예는 2016년 이세돌 구단과 바둑 경기를 했던 바둑 인공지능 알파고다. 그런데 알파고의 인공지능 시스템의 기본원리는 바둑뿐만 아니라 다른 분야에서도 패턴이나 규칙 인식을 학습할 수 있는 범용 인공지능으로 현재 발전하고 있다. 초 인공지능은 주로 '인공지능이 사악한 의도를 가지고 인간을 지배할 위험'과 관련하여 거론되었다. 이 중 좁은 인공지능에 관련된 윤리 문제들이 현재 우리가 먼저 해결해야 할 문제들이다.

이 세 종류의 인공지능 개념을 구분하면 인공지능윤리 쟁점들을 명료하게 정리할 수 있다. 예컨대 "로봇에 '인격'을 부여할지"의 최근 논쟁은 실제로는 두 가지 다른 차원의 논의다. 좁은 인공지능과 관련하여는 법적 권리와 책임과 관련한 논의며, 범용 인공지능과 관련하여는 인간 이성과 관련한 철학적 논의다. 당면한 문제는 전자의 법적 논의다. 좁은 인공지능 관련 논의에서 '인격'은 인공지능을 활용했을 때 생기는 사고의 법적 처리를 위한 법적 지위를 의미한다. 인간에게 주어지는 심리적, 도덕적 인격의 의미가 아니다.

3 인공지능윤리는 기존 과학기술윤리와 무엇이 다른가

인공지능 관련 윤리 쟁점에 대해서 최근 인공지능개발 회사의 중진들이 단순한 관심을 넘어서 투자를 하고 목소리를 내고 있다. 윤리학자가 아닌 경영

인의 윤리에 대한 관심은 선례가 거의 없고 이해하기 어렵게 보일 수 있다. 알파고 개발자인 딥마인드Deep Mind사의 데미스 하사비스는 2014년 구글에 회사를 매각할 때 '군사적 목적의 기술 사용 금지'를 조건으로 내걸었다. 더 나아가 하사비스는 구글에 인공지능윤리 위원회를 설치할 것을 제안했을 뿐만 아니라 윤리위원회의 활동이 없다고 지적하는 등 적극적으로 목소리를 내고 있다. 전기차 등 여러 혁신기술에 관심이 많은 테슬라 회사의 일론 머스크, 정보보안 회사인 세콤의 회장 등도 인공지능윤리에 관심을 보이고 투자를 하고 있다.

기존 과학기술들이 그 사용과 관련한 윤리적 문제가 대부분인 반면, 인공지능은 설계와 제작 단계부터 관련된 모든 과정에 윤리적 문제가 개입된다. 또 인공지능은 그에 따른 윤리적 문제들을 해결해야만 기술 발전과 사업이득이 가능해지는 새로운 시대로 사람들을 이끌고 있다. 대표적 예가 무인자동차다. 무인자동차는 특정 교통상황에서 처하게 되는 윤리적 상황을 해결해야만 최종 목표인 완전한 자율 주행을 하는 자동차로 완성된다.

또 인공지능은 전기신호의 작동을 통해 뇌 기능에 직접 개입함으로써 자아정체성과 같은 철학적 문제를 직접 만들어내기도 한다. 뇌는 물질에 속하지만 동시에 정신기능을 산출하며 인공지능을 통한 전기신호 전달에 따라 인지기능이 변화하므로 생물학적 뇌를 넘어서 연결되는 인공지능의 전기신호 또한 자신 몸의 일부로 봐야 하는지, 그 전기신호 또한 나의 정신기능의 일부라고 보아야 하는지, 인공지능의 전기신호와 연결되어 있는 경우 인공지능은 자아의 일부인지 와 같은 철학적 문제도 제기된다. '뇌'와 '정신' 그리고 '기계'라는 다른 범주가 '정보처리'라는 공통점을 통해 연결되면서 생겨나는 문제들이다.

4 인공지능윤리 지침과 신뢰개발 안내서

인공지능이 사회에 가져올 변화는 현재 사회의 법, 정책, 윤리의 범위를 넘어선다. 이러한 문제의식이 생기면서 세계 곳곳에서 인공지능윤리 및 로봇윤리 지침들이 제시되었다. 이는 인공지능 관련 법안들과 인공지능 관련 기술 표준Standard의 토대가 된다. 로봇윤리 로드맵은 2006년 유럽에서 제안되었고[2] 그 이후로 여러 나라에서 로봇윤리 국제워크숍이 열렸다. 2014년 유럽 로봇법 컨소시엄에서 '로봇공학 규제에 대한 가이드라인'[3]이 처음 제시되면서 윤리적 법적 권고사항이 제안되었다. 그 후 2016년, 2017년, 2018년에 걸쳐 각 나라에서 인공지능윤리 가이드라인을 개발 중이다. 미국의 경우 2017년 1월 FLI Future of Life Institute, 삶의 미래연구소에 모인 인공지능 연구자들은 아실로마에서 '인공지능 원칙'으로 23개 원칙을 제시했고, 국제전기전자협회IEEE는 2016년부터 세계 산업계와 학계 관계자들과 협업하여 온 "윤리적 설계Ethically Aligned Design" 지침을 2019년 발표하였다. 이에 기반해 인공지능윤리 표준standard을 개발 중이다. 유럽연합EU은 의회에서 2017년 1월 로봇법과 인공지능로봇의 인격체 논의를 시작해서 진행 중이다. 우리나라는 2017년 로봇기본법을 발의한 이래로 2020년 12월 과기정통부와 정보통신정책연구원에서는 〈인공지능윤리기준〉을 마련하여 발표하였다. 구성원이 인공지능 개발에서 활용까지의 전 단계에서 지켜야 할 최고 가치는 인간성이며, 3대 주요 원칙과 핵심 요건 10항목이 제시되었다.[4] 인간성을 위한 AI를 실현할 수 있도록 하는 3대 원칙은 인간의 존엄성 원칙, 사회의 공공선 원칙, 기술의 합목적성 원칙이며, 구체적인 10대 요건들로는 인권 보장, 프라이버시 보호, 다양성 존중, 침해금지, 공공성, 연대성, 데이터 관리, 책임성, 안전성, 투명성이 제시되었다.

　이에 기반하여, 실제 현장에서 적용할 수 있는 안내서들이 개발되어왔다. 2022년 과기정통부 및 한국정보통신기술협회TTA에서는 〈신뢰할 수 있는 인공지능 개발 안내서〉[5]가 나와 AI활용 개발 현장에서 실무수행자들이 참고할 수 있도록 안내하고 있다. 또, 2023년과 2024년에 걸쳐서 인공지능 윤리영향평가 프레임워크가 제시될 예정이며, 인공지능 신뢰성 민간 자율인증이 나올 예정이다. 이와 더불어 2023년 초중고 학생들을 위한 인공지능윤리 교육 교재가 정보통신정책연구원과 과기정통부 주도로 개발되었으며,[6] 2023년 말에는 일반인을 위한 인공지능윤리 교육 교재가 개발 완료된다.[7]

II. 딥러닝, 블랙박스, 알고리즘 편향

1 인공지능 내부의 블랙박스

알고리즘 편향이란 인공지능이 기계학습을 할 때 사용되는 데이터를 선택, 수집, 분류, 사용할 때 그리고 알고리즘을 만들 때 공평하지 않은 기준, 예컨대 특정 인종이나 성, 계층 등에 대한 선호나 편향이 개입되는 현상을 의미한다. 인공지능 컴퓨터가 데이터를 학습할 때 따르는 규칙들의 모음인 알고리즘은 파이썬이나 자바 같은 컴퓨터 언어로 바꾸어 프로그램으로 만들어진다. 이렇게 기계언어로 만들어지는 알고리즘에 어떻게 편향이 들어간다는 것일까.

우리는 알고리즘을 인간의 기호나 정치적 견해 등과 관련 없는 중립적인 것으로 생각한다. 그래서 인공지능 판사나 인공지능 의료진단기가 어떤 진단을 내릴 때 인간의 전문 지식보다 더 객관적이고 더 믿을만하다고 생각한다. 그러나 인공지능의 알고리즘은 인간사회의 거울이다. 데이터과학자인 캐시 오닐은 자신의 저서 『대량살상 수학무기』에서 알고리즘과 빅데이터는 전혀 객관적이지 않고 불평등을 자동화할 수 있으므로 오히려 더 위험하다고 주장한다.[8] 왜냐하면 인공지능의 최종 출력과 판단은 컴퓨터 자체가 하는 일이라기보다는 사실상 인간의 손길이 많이 닿아있다. 인공지능이 제시하는 출력인 판단은 데이터를 학습한 결과인데 이때 데이터는 우리와 같은 일반 사람들의 인터넷 검색, 사진, 쇼핑기록 등 생활 전반에 걸친 모든 것들로 만들어진다. 그리고 이 중 어떤 데이터를 특정 인공지능이나 로봇에 학습시킬지, 학습시킬 때 어떤 컴퓨터 알고리즘을 사용할지는 인간이 결정하는데 이때 인간이 가진 편견이 개입될 수 있다. 이러한 개입 가능성은 기존에도 있었다고 새로운 문제는 아니라고 반박할 수 있다. 문제는 최근 발전한 딥러닝 알고리즘으로 돌아가는 인공지능은 그 편향의 차원이 다르다는 데에 있다.

인공지능이 단순한 기호처리가 아니라 인공신경연결망 모형 기반의 심층학습deep learning 알고리즘으로 만들어지면서 그 구조상 우리가 예측 못하는 문제가 발생한다. 딥러닝과 같은 알고리즘에서는 인간이 적은 수의 코드만 설계하므로 최소한의 제한규칙만 주어진다. 그리고 학습을 통해 만들어지는 심층신경망의 층과 연결망은 인공지능이 스스로 학습한 결과이지 인간이 모두 입력한 것이 아니다. 이 때문에 정해진 입력-출력의 법칙이 없다.

이러한 특성을 가졌기에 인공지능의 심층학습 과정을 거쳐 나온 최종 출력에 대해서는 딥러닝 설계자도 어떻게 그러한 최종 판단이 나왔는지 알기 어렵다.[9] 이런 의미에서 인공지능의 학습과정 내부를 '블랙박스blackbox'라고 부른다. 인공지능 내부의 블랙박스에 접근하기 어려워서 발생할 수 있는 인공지능의 잘못된 의사결정의 원인은 다음의 두 가지 유형이 있다. 하나는 편향된 데이터를 대표적 샘플 데이터로 사용한 것이 원인인 경우이며, 다른 하나는 비공정한 기준으로 알고리즘이 만들어지는 경우다. 이 두 경우 모두 의식적, 고의적인 개입이 아니라 무의식적, 비고의적으로 이루어지는 사례가 많다.

2 대표성 편향

첫 번째 종류의 원인은 인공지능 학습과정에서 편향이 개입된 사례다. 많이 알려진 예는 기계학습을 통해 완성된 구글포토 서비스가 만들어낸 해프닝이다. 구글포토는 사람들의 얼굴을 자동인식하여 이름을 붙인다. 2015년 구글포토 서비스를 이용하는 흑인 프로그래머 앨신은 흑인여성 친구와 함께 찍은 사진에서 여성친구 사진 아래에 '고릴라'라는 제목이 자동으로 달린 것을 발견하고 분노하여 트위터에 사진을 배포했다. 구글은 '프로그램 오류'라고 사과했고 프로그램 개선을 약속했다. 그러나 당시 구글은 근본적 개선보다는 고릴라로 태그하는 부분만 수정했다고 알려졌다. 이 해프닝과 사후처리는 모두 이 사고의 원인을 단순한 실수나 프로그램 오류가 아니라 학습 데이터에 인종편향이 개입될 수 있다는 점을 미처 고려하지 못했기 때문에 생긴 것이다.

구글 이미지에서 '미국인'을 검색해보면 흰 얼굴이 다수이다. 구글에서 의도적으로 백인 얼굴 위주로 얼굴인식 인공지능을 학습시킨 것은 아니지만 인공지능의 기계학습 재료가 되는 구글 이미지들에서 얼굴색이 검은 사람들인 데이터의 비중이 매우 낮으므로 흑인 얼굴에 대한 기계학습이 제대로 이루어지기 어렵다. 이미지 데이터들을 수집하고 그중 학습시킬 이미지들을 분류할 때 백인의 얼굴과 흑인의 얼굴 이미지 수를 유사하게 조정하는 작업을 굳이 하지 않았기에 인간 얼굴 분류에서 백인의 얼굴이 대표적^{standard} 샘플이 되며, 편향된 학습이 될 수밖에 없다. 의도된 인종차별은 아니지만 인공지능이 학습하는 얼굴이나 정보는 특정 집단에 치중될 수 있는 가능성이 높다. 이 편향은 인공지능이어서 가지게 되는 편향만이 아니라 이미 인간 사회가 가지고 있는 무의식적 편향이다.

3 알고리즘 편향

딥러닝 학습에서 생기는 블랙박스에 윤리적 문제가 개입되는 두 번째 유형은 인공지능의 의사결정 기준이 최종 출력인 판단 단계에서 드러나지 않았던 사례이다. 2017년 휴스턴 주의 미국 교사들은 수업 성취도를 계산하는 컴퓨터 프로그램에 의해 평가를 받고 있었다. 이 시스템은 학생들의 시험 점수와 주 평균을 비교하여 휴스턴 교사들을 평가했는데, 프로그램의 계산 기준에 대해 문의했으나 이 시스템을 만든 회사인 SAS Institute는 알고리즘 작동 기준 공개를 거부했다. 교사들은 법원에 소송을 제기했고 연방 판사는 EVAAS^{교육 부가 가치평가 시스템} 프로그램을 사용하면 시민권을 침해할 수 있다고 판결했다. 결국 소프트웨어 사용은 중단되었다^{Sample 2017}.[10] 또 다른 사례는 미국 경찰이 사용하는 인공지능 컴퓨터다. 컴파스^{Compas}라는 인공지능 컴퓨터는 재범가능성이 높은 사람들을 가려내는 빅데이터 컴퓨터다. 컴파스는 위스콘신주에 거주하는 에릭 루미스를 재범율이 높다는 근거로 그가 2013년 총격사건에 사용된 차량을 운전한 것에 대한 형량을 6년으로 선고했다. 에릭 루미스는 재범률이 높다는 판단의 기준을 문의하고자 했으나 이의제기조차 할 수 없었다. 컴파스는 범죄 이력이 있는 이들 중 백인이나 부자인 사람들보다는 흑인들이나 빈민촌에 거주하는 이들을 더 많은 확률로 재범가능성이 높은 것으로 판정한다는 조사가 나왔다.[11]

이런 의사결정이 대입 합격자 선발이나 승진 혹은 명예퇴직할 이를 선발하는 데 인공지능에 의해 내려진다면 그 기준을 몰라도 믿고 의사결정을 맡길 수는 없을 것이다. 사람들을 분류하는 데 흔히 사용되는 이름, 주소, 성별 및 피부색을 근거로 차별할 가능성도 있다. 이처럼 무의식적 편향이나 불공정성의 개입을 막으려면 알고리즘을 만들 때 미리 잠재적 편향이 개입될 소지는 없는지 여러 맥락을 고려해보는 것이 바람직하다. 다음의 질문을 던져보고 스스로 답해보는 방식으로 의식적으로는 골라내기 어려운 무의식적인 편향의 개입을 방지할 수 있다.

- 인공지능·로봇을 훈련하기 위해 데이터를 고를 때 어떤 기준으로 선택하는가? 선택할 때 배제되거나 자동적으로 평가를 낮게 받는 사회 집단이나 특정 소수자는 없는가?
- 데이터를 수집, 분류, 사용할 때 특정 계층에 유리한 정보가 많이 포함되어 있지는 않은가?

4 편향 분석과 감시

인공지능 학습 및 의사결정 절차가 블랙박스처럼 알기 어렵지만 어느 정도 위험한지를 평가할 수 있는 방법이 최근 개발되고 있다. 코넬대학교 연구진과 산업체 연구진은 공동연구에서 잠재적으로 편향된 알고리즘의 작동 방식을 밝히려고 두 가지 방법을 사용했다.[12] 먼저 블랙박스 알고리즘을 모방해서 모델을 만들고 초기 데이터를 기반으로 그 블랙박스가 어느 정도 위험한지 점수를 낸다. 그리고나서 초기 데이터가 아닌 학습 이후의 모델을 만들어 비교하고 최종 결과에서 어떤 변수가 중요한지 추정해보는 방식이다.

인공지능으로 대출을 결정하는 한 회사의 블랙박스를 이 방식으로 분석 결과, 대출결정의 기준에 대출의 동기는 없었고 이 회사의 인공지능 알고리즘의 의사결정 기준은 중요한 변수를 무시하는 것으로 분석되었다. 또, 범죄자 재범률을 계산하는 인공지능 컴파스를 만드는 Northpointe사는 자신들이 사용하는 알고리즘은 인종 편향이 없다고 설명했지만, 모방 모델을 통해 분석한 결과 피고인의 나이, 성별, 청구 정도, 이전 유죄 판결 건수, 이전 교도소 체류 기

간에 대한 정보를 사용했다는 점을 알아냈다.[13]

인공지능의 의사결정 과정에 대한 법적 보장도 추진 중이다. 2018년 5월 부터 발효된 유럽연합의 개인정보 보호법GDPR, General Data Protection Regulation 에는 알고리즘 편향이나 통계 절차상의 차별 방지 조항이 포함되어 있다. 또, 정보를 다루는 이는 데이터 기반의 행동분석 혹은 심리분석을 할 때 적절한 수학적 또는 통계적 절차를 사용하고 인종 또는 민족적 기원, 정치적 견해, 종교 또는 신념에 근거하여 차별적 영향을 주지 않도록 적절한 기술이나 조치를 취해야 하며 일반인들은 편향이 의심될 시 법적 문제제기가 가능하다.

 ## III. 알고리즘 투명성과 인공지능발전은 딜레마인가

1 인공지능 블랙박스와 투명성

인공지능의 딥러닝 알고리즘 설계자조차도 인공지능의 의사결정 과정을 모르는데 우리는 의료인공지능, 무인자동차, 인공지능 변호사 등의 최종 결정을 참조한다. 생명과 직결되는 의료 분야에서는 왜 그런 진단을 내리게 되었는지, 어떤 치료방법을 왜 더 선호했는지를 아는 것이 환자의 생명과 직결된다. 생산물을 만들어내는 제조업에서는 어떤 과정에서 불량품이 나오게 되었는지를 정확히 아는 것도 중요하다. 또, 어떤 경로로 나의 업무역량을 평가해서 취업이나 승진 결과를 내었는지를 알 수 없다면 불공정한 사회가 될 것이다. 더 나아가 인공지능이 제시한 결과 안에 어떤 다른 의도가 숨어있을 가능성을 배제할 수 없다. 이로 인한 사고나 문제가 생길 경우 블랙박스 안에서의 정보처리 절차에 대한 설명이 필요하다. 이 필요성이 알고리즘 '투명성'에의 요구다.

인공지능 시스템의 의사결정의 투명성 확보는 단순히 소비자의 알 권리나 민주적 절차 이상의 의미가 있다. 어디서 잘못되었는지를 모른다면 책임 소재를 알 수 없으며 차후 또다시 잘못된 결과를 만들어내지 않기 위해 무엇을 조정해야 하는지 알 수 없다. 무인자동차의 경우 어떤 절차로 특정한 운전 결정이 내려졌는지를 알 수 없다면, 탑승자의 생명과 안전에 대해 확신할 수 없다. 더 나아가 인공지능 기술 자체에 대한 불신이 생길 수밖에 없다.

정보처리의 기준을 알고 투명성을 확보하려는 시도는 특히 정책이나 시스템에 피해를 받을 수도 있는 일반 시민에게 중요하다. 그런데 인공지능이 발전할수록 투명성을 확보하기 어려울 수 있다. 인공지능의 의사결정이 더 신속하고 정확해질수록 인공지능 내부 메커니즘은 더 알기 어렵고 위험이 많아진다. 거꾸로, 인공지능 내부의 투명성을 확보하려고 할수록 인공지능의 발전은 더뎌질 수 있다. 투명성과 인공지능의 발전 둘 다 중요하지만 어느 한쪽을 확보하면 다른 한쪽을 확보하기 어려운 딜레마, 즉 진퇴양난의 상황에 빠진다. 이 어려움은 다음과 같이 '설명가능 인공지능'이나 '인공지능 신경과학' 등으로 해결을 시도하고 있다.

2 설명가능 인공지능

알고리즘 투명성을 확보하기 위해 알고리즘 설계자나 회사에 인공지능의 학습절차나 알고리즘에 대한 공개를 요청할 수도 있다. 그러나 알고리즘 공개는 기업의 독자적 기술 공개가 되므로 그 자체가 기밀정보와 지적재산, 그리고 개인정보 공개라는 비윤리적, 비합법적인 일이 된다.[14] 또 인공지능이 의사결정을 내리고 난 후 역추론을 해서 의사결정 절차를 검사하는 것은 쉽지도 않고 경우에 따라서는 불가능할 수도 있다. 인공지능 학습의 실제 절차는 현실적으로 설명이 어렵다. 그래서 현재 아예 인공지능 내부에서 설명가능하게 하는 알고리즘을 개발 중이다. 딥러닝 알고리즘을 만들 때 인공지능 학습 시 절차에 대해서도 설명하도록 새로운 기계학습 모형을 만드는 것이다. 이를 위해 연관관계가 밀접한 데이터베이스를 찾아 만들고 이를 심층신경망에 연결하여 딥러닝 학습을 하게 하면 유사성이 높으므로 어느 정도 요인 분석과 설명이 가능해진다.[15] 이 분야가 설명가능 인공지능XAI, Explainable Artificial Intelligence이다.

설명가능 인공지능은 미국 국방부의 방위고등연구계획국DARPA에서 딥러닝 원리 연구에 약 800억 원을 지원하면서 시작되었다. 우리나라 정부도 2017년 의사결정의 이유를 설명하는 인공지능 개발을 국가전략 프로젝트로 설정해서 지원하기 시작했다. 그런데 기계학습 모형을 개발하면 곧바로 투명성 문제가 다 해결되는 건 아니다. 인공지능의 학습 절차를 그대로 전문 용어로 심층학습의 절차를 설명하면 사용자나 관련된 사람이 이해할 수 없기 때문이다. 그래서 DARPA는 기계학습 모형을 개발하면서 동시에 사용자의 이해에 대한 심리학 연구와, 컴퓨터-인간 인터페이스 기술 개발도 진행 중이다.

XAI로 의사결정 절차를 설명하고 투명성을 확보해서 얻는 성과는 단순히 공공 안전과 설명의 용이성뿐만이 아니다. 인공지능의 의사결정을 참조하기 전에 그 의사결정의 강점과 약점을 파악할 수 있고, 해당 알고리즘이 제시할 내용을 예측하면서 인간이 어느 부분에서 개입할 수 있을지를 계획할 수 있다. 또 오류가 예상될 때 오류를 지속적으로 교정하고 학습해서 알고리즘이나 학습을 향상시킬 수 있다.

3 신경과학 인공지능

투명성 문제를 해결하는 또 다른 방식은 신경과학의 아이디어를 이용한 '인공지능 신경과학AI neuroscience'의 방법이다. 유전자 연구에서는 일부러 유전자 돌연변이를 일으키는 방식으로 상실된 기능이 어떤 기능인지를 찾는 방법을 사용하는데, 이 방법에서 힌트를 얻은 것이다. 인공지능에 입력하는 정보를 지우거나 변형시켜 보면 인공지능의 출력 정보가 어떻게 변하는지 알 수 있다. 이 과정을 반복하면 인공지능의 의사결정에 영향을 주는 요인이나 패턴을 찾을 수 있다.

이와는 약간 다르지만 뇌신경과학적 아이디어를 활용한 방법도 있다. 'OptimizingMind'라는 스타트업 회사에서는 기계의 의사결정을 알아보기 위해 인공지능의 심층 연결망을 다른 형태로 변환해본다. 이 변환과정을 통해서 의사결정에 가장 중요한 부분을 알아내는 작업이다. 이 작업은 실제 뇌신경망의 작동을 참고하기 때문에 컴퓨터과학뿐만 아니라 신경과학, 의학 등에 대한 지식을 필요로 한다.[16]

인공지능의 학습과정에서 블랙박스가 되므로 아예 블랙박스가 되지 않도록 학습과정에서 동시에 설명을 붙이는 방법도 있다. 두 번째 인공지능을 첫 번째 인공지능과 함께 사용해서 첫 번째 인공지능의 학습과정에 설명을 덧붙이는 방법이다.

4 투명성 윤리원칙들

미국의 '삶의 미래 연구소Future of Life Institute'에서 2017년 발표한 아실로마 23원칙에서는 투명성을 두 가지로 구분하고 있다. 오류투명성failure transparency과 사법투명성judicial transparency이다. '오류투명성'은 인공지능 시스템이 해를 입히는 경우 그 이유를 확인할 수 있어야 한다는 내용이다. '사법투명성'은 사법 결정에 있어 인공지능이 개입할 경우, 권한있는 인간 기관이 감사할 수 있는 충분한 설명을 제공해야 한다는 내용이다. 인공지능윤리 가이드라인 입법안을 제출하고 입법을 추진하는 유럽연합EU도 투명성 확보를 위한 지침으로, 대중에게 영향을 미치는 알고리즘을 사용하는 기업은 그 알고리즘 내부 논리에 대해 설명해야 한다고 제안했다.

앞서와 같은 과학기술 차원에서 인공지능 블랙박스 문제를 해결해서 투명성과 안전을 확보하려는 시도도 있지만, 일반 시민들이 알고리즘 투명성을 확보해서 자신의 안전을 지킬 수 있는 방법도 있다. 인공지능에 던진 질문들과 판단들 그리고 어떤 데이터가 사용되었는지를 잘 분석해도 알고리즘 설계의 기준을 알 수 있다. 컴파스라는 재범율 계산 인공지능의 편향을 드러내게 된 계기도 컴파스가 어떤 데이터를 학습시켰는지 문제제기했기 때문에 가능했다. 또 다른 사례는 교육 현장에서도 발견된다. 미국 휴스턴 주의 고등학교 교사들은 교사들의 수업 성취도를 평가한 컴퓨터 프로그램 소프트웨어 회사인 SAS Institute가 알고리즘 결정절차를 공개하지 않은 것과 관련한 소송에서 승리했다. 연방 판사는 EVAAS 교육 부가가치평가 시스템 프로그램을 사용하면 시민권을 침해할 수 있다고 판결했다. 결국 소프트웨어 사용은 중단되었다.

미국 공공정책위원회에서는 투명성 확보에 대해 다음처럼 제안한다. "분석시스템의 소유자, 고안자, 구축자, 사용자 및 이해 관계자들은 설계, 구현 및 사용과 관련된 가능한 편향에 대해, 그리고 편향이 개인과 사회에 미칠 수 있는 잠재적 손해에 대해 인식해야 한다".[17] 안전과 시민의 권리를 위한 투명성 확보는 인공지능 차원에서만이 아니라 인간사회에서의 편견방지와 공공조사의 노력을 통해서만 가능하다.

 IV. 하향식 인공도덕성 구현

1 도덕적 인공지능로봇 만들기의 두 방식

인공지능이나 로봇은 인간처럼 '자연적으로 생겨난 행위의 주체natural agent' 가 아니라 인간에 의해 만들어진 '인공적 행위자artificial agent'다. 이런 차이가 있지만 인공지능 로봇의 행동이나 판단을 도덕적으로 만들기 위해 인간이 어떻게 도덕을 배우는지를 참고할 수 있다. 인간의 학습 방식은 규칙이나 이론을 통해 어떻게 행동하고 판단해야 하는지를 배우는 하향식top-down 방법과, 정해진 규칙은 없지만 경험을 통해 나름대로의 규범을 파악하여 학습하는 상향식 bottom-up 방법으로 나뉜다.

이와 마찬가지로 윤리적으로 판단하고 행위하는 인공지능 로봇을 만드려는 시도도 하향식, 상향식 접근으로 나뉜다. 도덕적 행동을 규칙이나 이론으로 만들어 시스템 안에 구현하는 하향식, 그리고 최소한의 규칙만 주고 외부 환경을 통해 자율적으로 학습하게 하는 상향식의 방법을 통해 도덕적 인공지능 로봇을 만드는 시도가 진행 중이다. 인간이 하향식과 상향식 방법 모두를 통해 도덕을 배우는 것처럼, 도덕적으로 판단하고 행동하는 인공지능이나 로봇을 고안하는 현장에서도 두 방식 모두 사용된다.

2 로봇공학 4원칙

하향식으로 도덕성을 로봇에 구현하려는 아이디어 중 대중적으로 알려진 것은 아이작 아시모프의 1942년 작 단편소설 『위험에 빠진 로봇』[18]에 등장한 로봇공학 3원칙이다. 이 원칙은 윤리학자나 로봇 공학자들이 만든 것은 아니지만 로봇이 도덕원칙들을 따르도록 하는 원칙들을 마련했다는 점에서 최초로 도덕성을 인공적으로 구현하는 규칙으로 여겨진다.

그러나 하향식으로 로봇에 도덕성을 구현하려는 시도는 이미 3원칙에서 어려움에 부딪친다. 아시모프가 제안한 로봇공학 3원칙은 다음과 같다.

- 〈원칙 1〉 로봇은 인간에게 해를 입히는 행동을 하거나, 인간이 해를 입는 상황에서 아무런 행동도 하지 않아서는 안 된다.
- 〈원칙 2〉 로봇은 인간이 내리는 명령에 복종해야 한다. 단 이런 명령이 원칙 1에 위배될 때는 예외로 한다.
- 〈원칙 3〉 로봇은 자신의 존재를 보호해야 한다. 단 자신을 보호하는 것이 원칙 1과 원칙 2에 위배될 때는 예외로 한다.

이 세 원칙은 지켜야 할 행동을 정해놓은 의무론적 규칙이다. 윤리이론에서 의무론의 한계로 지적되는 점과 마찬가지의 한계가 지적된다. 세 원칙들 간의 충돌이 일어날 때 로봇이 특정 행동을 선택하기 어렵게 된다는 점이다. 또, 과학기술이 발달하면서 오늘날 개발되는 로봇과 같은 자율시스템들은 규칙 기반의 알고리즘으로 작동하지 않기 때문에 위의 원칙은 지침에 불과할 뿐 컴퓨터에서 알고리즘으로 구현하기에도 어렵다.

세 원칙들 간의 충돌 문제를 해결하기 위해 아시모프는 1985년 단편소설 『로봇과 제국』에서 원칙 하나를 더 추가했다. 추가된 원칙은 1, 2, 3원칙보다 우선한다는 의미에서 '0원칙'으로 이름 붙여졌다. (0원칙) 로봇은 인류humanity에 해를 입히는 행동을 하거나, 인간성이 해를 입는 상황에서 아무런 행동도 하지 않아서는 안 된다.[19]

3 윤리원칙 적용의 한계

원칙들 간의 충돌 문제 외에 원칙의 해석 문제도 있다. 0원칙에서 '인간성'은 어떻게 해석될 수 있을까? '인간성에 해를 입히는 행동'에 대한 가장 일반적 해석은 인간이나 인류에 폭력을 가하거나 생명을 위협하는 행동일 것이다. 전쟁이 대표적 예다. 이렇게 해석될 경우 로봇이 가장 먼저 제거해야 할 대상은 인간이 될 것이다. 인간은 자연을 훼손하고 같은 인간에 폭력을 가하기 때문이다. 그러면, 0원칙의 적용 범위를 적군이 아군을 해칠 경우로 제한한다고 해보자. 그런데 아군과 적군을 어떻게 구분하게 할 것인가? 아군으로 위장하는 적군은 어떻게 구분할 수 있을까?

원칙들을 적용하기 전에 다음의 질문이 먼저 해결되어야 컴퓨터 알고리즘으로 만드는 것이 가능하다. '인간성에 해를 입힌다'는 내용에 대한 해석은 과연 누가 할 것인가? 더 구체적으로, '인간성'은 정확히 무슨 뜻인가? 사형제도는 인간성에 해를 입히는 경우인가, 아니면 부득이한 상해라고 예외를 적용해야 하는가? 또, '해를 입힌다^{harm}'의 범위는 어디까지인가? 윤리이론에 따라 판단할까? 여러 윤리이론 중 어떤 윤리이론을 취해야 하는가? 윤리이론의 선택은 어떤 기준으로 하며 누가 혹은 어떤 집단이 정하는가? 특정 윤리 원칙의 선택은 가치관, 종교, 문화 배경, 그리고 소속 이익집단에 따라 달라질 수밖에 없다. 실제로 인공지능에 도덕성을 구현하려 할 때 상향식, 하향식 접근이 혼용되는 이유는 하향식 접근이 가지는 이러한 한계 때문이다. 로봇에 아주 구체적인 의무나 규칙을 구현한다고 해도 로봇이 수행할 과제가 있을 때 구체적 상황과 맥락에서 상황에 따라 의무나 규칙을 변형해서 주변의 평가를 받아 다시 수정할 필요가 있기 때문이다.

4 도덕적 로봇의 하향식 설계 조건

그렇다면 윤리적으로 판단하는 인공지능, 도덕적으로 행동하는 로봇을 하향적 방식으로 설계하려면 다음의 사항을 먼저 고려해야 한다.

첫째, '윤리적 판단', '도덕적 행동'의 기준은 무엇인가? '누가' 그 기준을 정할 수 있는가? 일단 현재의 사회 규범이 기준이 될 가능성이 높다. 대다수 의견이 항상 옳지는 않지만 사회 구성원 간의 합의 가능성이 높고 갈등을 최소화할 수 있기 때문이다. 각 문화나 국가마다 그 기준이 다를 수 있다. 그래서 문화마다 다른 도덕적 인공지능로봇이 만들어질 가능성도 있다. 둘째, 로봇에 도덕을 구현하는 과정에서 현실적 문제는 도덕적 기준을 어떻게 알고리즘이나 소프트웨어 언어로 구현할 것인가이다. 도덕규범은 인간의 일상언어로 되어 있지만 컴퓨터 언어는 기계 언어를 사용하기 때문에 일상언어를 기계 언어로 바꾸어 주어야 작동가능하다. 도덕판단이나 행동들을 기계 언어로 바꿔서 알고리즘으로 만들려면 도덕규칙들의 집합들이 만들어져야 한다. 도덕규칙들의 집합들은 '도덕판단'들과 이에 따른 '윤리적 행동'들로 구성된다. 이러한 구체적 요소들을 분석하고 구성해야 도덕 원칙이나 행동들을 알고리즘으로 표현가능하다. '다른 사람에게 해를 입혀서는 안 된다'는 쉽고 단순한 도덕원칙처럼 보이지만 '해를 입힌다'는 내용이 구체적 맥락에서 어떤 내용인지 상세히 표현하기란 어렵다. 어떤 행동들은 포함하고 어떤 행동들을 제외하는지를 결정하는 것 그리고 해를 입히는 것처럼 보이지만 실제로는 도덕적으로 문제가 없는 행위도 구분해야 한다.

5 하향식 구현과 도덕규칙

인공지능로봇에 도덕이론이나 도덕규칙을 학습시켜서 윤리적 판단과 행위를 하게끔 하는 하향적 방식은 도덕규칙들을 알고리즘으로 만들고 구체적 상황을 입력 정보로 사용해 특정 행동을 이끌어내는 방식이다. 이러한 도덕규칙들에는 윤리 이론뿐 아니라 의료 진단사례나 특정 분야에서의 관례, 종교 교리, 법적 규칙도 포함된다. 하향식 도덕성 구현의 장점은 규칙이 다종다양한 사례들에 모두 적용될 수 있다는 점이다.

도덕규칙의 예는 소설가 아시모프의 로봇 3법칙, 공리주의utilitarianism, 公利主義와 의무론deontology, 義務論을 꼽을 수 있다. '인간을 수단으로 삼지 말라'와 같은 의무론의 도덕규칙은 그 규칙을 따른 결과가 좋든 나쁘든 무조건 도덕적 행위로 평가한다. 그런데 여러 도덕규칙들이 충돌하면 어느 규칙을 따라야 할지 결정하기 어렵다.

하나의 규칙을 로봇에 구현하려면 그 규칙 자체로만은 안 되고 여러 사례들에 적용될 수 있는 하위 규칙들이 필요하다. 그런데 의무론의 상위 규칙이나 하위 규칙 모두 다양한 해석이 가능하다. 이 중 어떤 해석을 구체적 상황에 적용해야 하는가? 규칙 자체는 여러 해석에 열려 있으므로 규칙 자체가 객관적일 수 없다. 그렇다면 어떤 행위나 판단의 도덕성을 판단할 때 도덕규칙을 잘 지켰는가보다는 구체적 행위 각각의 도덕적 가치를 따져보는 것이 더 적절할 수 있다.

이렇게 행위들의 도덕적 가치를 비교하고 따져보는 방법이 공리주의적 접근이다. 공리주의 원칙은 행복 또는 복지의 총량을 최대화하는 것을 가장 윤리적인 것으로 본다. 따라서 여러 판단 혹은 행동들 중에서 선택할 때 행복의 총량을 계산, 비교해서 총량이 높은 쪽을 선택해야 한다. 컴퓨터는 계산에 매우 능하므로 도덕판단하는 인공지능로봇을 구현하는 데 사용되는 규칙으로서 공리주의가 의무론보다 더 적합하다고 생각할 수 있다.[20]

그런데 인공지능이든 인간이든 모든 상황을 고려한 정확한 계산은 불가능할 것이다. 공리주의를 처음 제안한 철학자 제레미 벤담도 이 어려움을 알고 있었다. 특히 미래 상황들에 대한 정확한 계산은 불가능하다. 현재 상황에 국한하더라도 행복이나 복지 등은 동일한 사안에 대해 개인마다 느끼는 질과 양의 차이가 큰데 어떻게 똑같이 수치화할 수 있을까? 벤담은 다양한 행복들의 질적 차이는 양으로 계산가능하다고 생각했지만 많은 비판을 받았다. 존 스튜어트 밀은 벤담과 달리 쾌락에는 질적 차이가 있다고 보면서 "배부른 돼지보다는 배고픈 인간이 낫다."[21]는 말을 남겼다. 전자오락 게임을 해서 얻는 기쁨이 수학문제를 풀어서 얻는 기쁨보다 덜 가치 있다고 단언하기는 어렵다. 육체적 고통과 정신적 고통은 어느 편이 더 고통스러운가? 공리주의적 계산이 이를 판단하긴 어렵다. 그러면 의무론의 규칙과 같은 절대기준에 의존해야 할까? 의무론의 원칙 또한 여러 해석에 열려 있으므로 동일한 문제가 되풀이된다.

여러 종류의 기쁨과 고통, 그리고 과거, 현재, 미래 중 어떤 시점을 기준으로 행복의 기준을 삼아야 하는지 등은 합의하거나 모든 상황에 동일하게 판단하기 어렵다. 어떤 결정이 당장에는 행복을 주지만 세 달 후 갈등을 생기게 한다면 어떤 선택을 해야 하는가. 어떤 비율로 현재와 여러 미래 시점들을 고려해야 할까. 이 같은 문제들은 컴퓨터 알고리즘으로 만들기 전뿐만 아니라 일상에서도 미해결의 문제들이다.

 ## V. 상향식 인공도덕성 구현

1 상향식 학습이란 무엇인가

컴퓨터에 상향적 방식으로 도덕성을 학습하게 한다는 것은 경험을 통해 점진적으로 도덕성을 배워가는 방식으로 컴퓨터 알고리즘을 만드는 것이다. '상향식bottom-up'으로 도덕성을 구현한다는 것은 도덕이론을 적용하여 도덕적 행동을 산출하도록 하는 하향적 방식이 아니라 특정 행동이 선택되도록 환경을 제공하여 학습시킨다는 의미다. 도덕성 학습이 경험을 통해 이루어지는 대표적 예가 인간의 도덕학습이다. 인간 아이의 행동에 대해 부모를 비롯한 사회로부터 칭찬이나 제지, 나무람 등을 통해 어떤 행동이 도덕적으로 허용 가능한지를 배우는 방법과 동일하다. 아동이 주변 반응을 통해 도덕적 행동을 배우는 방식처럼 인공지능 혹은 컴퓨터에 평가와 피드백을 줌으로써 도덕 교육을 할 수 있다. 우리는 어릴 때 주변 사람들로부터의 반응을 통해 어떤 것이 허용되고 허용되지 않는지 배우며 자라난다. 로봇 학습에도 아동발달 모형과 비슷하게 적용해볼 수 있다.

경험을 통한 도덕성 학습이란 행위자가 행동 절차를 배우는 과정에서 그 행동들에 대해서 칭찬이나 보상을 받는 방식으로 도덕적으로 허용 가능한 행동과 아닌 행동을 배우는 것이다. 따라서, 도덕성이 단번에 획득되는 것이 아니라 여러 번 학습하는 과정을 통해 조금씩 점차로 알게 된다. 경험을 통한 학습은 속도가 느리고 점진적이다. 완성된 도덕규칙을 처음부터 알려주는 것이 아니라, 보상과 거절이라는 피드백을 통해서 조금씩 도덕적 행동의 패턴을 알게 되므로 그 속도는 느릴 수밖에 없다. 빠른 속도를 가진 첨단 컴퓨터로 상향식 학습을 수행한다 해도 학습시간은 꽤 소요된다.

2 상향식 학습과 발달심리학

하향식 도덕학습의 단점은 도덕규칙을 구체적 상황에 어떻게 적용해야 하는지 알기 어렵다는 것이다. 이와 같은 단점은 상향식 도덕학습에서 해결된다. 상향식 방법은 규칙 기반이 아니라 경험 기반이므로 구체적 상황에 처음부터 최적화하는 방식으로 이루어진다. 상향식 도덕학습을 인공지능 알고리즘으로 구현하려면 적절한 도덕적 행동의 기준 그리고 도덕적 행동이 어떻게 발달하고 학습되는지에 대한 이해가 필요하다. 인간이 어떻게 학습하는지에 대한 이해가 있은 후에야 알고리즘 설계가 가능할 것이다.

발달심리학자들이 검토하는 학습 이론들을 검토하면서 타고나는 특징들과 그렇지 않은 특징들을 찾는다. 학습 이론은 크게 두 가지다. 하나는 학습이란 학습자 안에 이미 있는 내용들을 표현하는 것이라는 생각이며, 다른 하나는 학습자 안에는 아무것도 없으며 학습이란 백지상태에서 내용들과 그 내용을 표현하는 것 모두를 찾는 것이라는 생각이다. 도덕성을 학습하는 인공지능 알고리즘을 설계하는 알고리즘 개발자들은 직접 발달심리학을 공부할 필요는 없지만 컴퓨터가 도덕성을 학습하는 데 어떤 학습 이론이 설계에 적절한 아이디어 일지를 참고할 수 있다.

3 상향식 도덕학습과 덕윤리

하향식 학습방법으로 인공지능로봇에 도덕성을 구현할 때 적용가능한 대표적 도덕규칙은 의무론이나 공리주의다. 여기서 도덕규칙은 어떤 '행위'가 도덕적인가에 중점을 둔다. 반면 상향식 학습방법으로 인공지능로봇에 도덕성을 구현할 때에는 행위보다는 '행위하는 사람'이 중요하다. 행위자의 경험을 통해서만 도덕적 행동이 어떤 것인지를 알게 되므로 학습하는 과정이 중요하고, 행위자의 내면의 과정이 중요하다. 이런 구현방식을 잘 드러내는 윤리이론은 덕윤리value ethics다. 덕윤리의 대표적 철학자인 아리스토텔레스Aristotle는 덕을 갖추려면 규칙을 따르는 것보다는 습관이 중요하다고 했다. 동양의 윤리 또한 몸의 훈련을 강조했다. 습관은 다양하고 변화하는 상황들 속에서 도덕적 행동을 최적화하고 지속적으로 연습함으로써 얻어지고 스스로 가치를 찾는 실천적 지혜의 방법이다.

4 상향식 접근의 단점과 혼합식 접근

인공도덕성에 대한 상향식 접근은 구체적 상황에의 적용이 강점이다. 그러나 어느 접근도 완벽한 접근은 없다. 만약 한국의 문화적 상황에 맞추어 상향식으로 도덕성을 학습한 인공지능 로봇이 다른 문화권에서 사용된다고 하자. 이 경우 그 행동이나 판단이 도덕적이라고 판단되리란 보장은 없다. 에스키모인들의 거주 지역은 매우 추워서 부모님의 사망 시 매장을 하기 어렵다. 그래서 들판에 내어놓고 바람에 의해 자연소멸되게 하는 풍장風葬을 한다. 그러나 대부분의 다른 나라에서 부모님을 풍장을 한다면 패륜이며 비윤리적이라고 평가받을 것이다. 상향식 접근은 구체적 맥락에 최적화된 도덕적 판단을 할 수 있게 하지만 그 맥락성은 문화마다 다르기 때문에 상향식으로 학습한 인공지능로봇이 그 나라를 떠나서 다른 나라에서 사용될 경우 적절하지 않은 도덕판단을 할 가능성이 있다. 또한 상향식 접근에 따르면 점진적 과정을 거쳐서 어느 정도 수준의 도덕판단에 이르게 되는데 불완전한 배움의 과정에서 잘못된 도덕판단이나 행동을 하게 될 경우 생기는 문제점은 어떻게 방지할 수 있는지가 숙제다.

상향식이나 하향식 모두 단점이 있다면 두 방식의 장점을 취하는 혼합식 접근도 가능하다. 실제로 인공지능윤리 시스템을 개발할 때에는 두 방식을 함께 사용한다. 인간 역시 도덕규범을 습득하는 과정에서 주변 평가를 통해 시행착오를 거치기도 하지만 사회의 도덕규칙들 또한 배우면서 깨우치기도 한다.

5 상향식 도덕성 구현 예: 진화를 통한 도덕학습

상향적 방식으로 인공지능로봇에게 도덕성을 학습하는 한 방식은 진화 과정으로부터 아이디어를 얻었다. 심리학자이자 컴퓨터 과학자인 존 홀랜드John Holland는 유전적 알고리즘을 만들었다. 소프트웨어로 만들어진 컴퓨터 안의 가상세계 안에서 한 무리의 로봇들은 주어진 과제 수행을 성공적으로 하는지 여부에 따라 평가를 받는다. 가장 높은 점수를 받는 로봇들은 새로운 한 무리의 로봇을 만들어낼 수 있다. 일종의 번식인 셈이다. 이런 방식으로 적응도가 가장 좋은 로봇들을 선택해서 과제 수행을 계속하면 점점 더 문제해결이 좋은 로봇들이 만들어진다. 아동이 칭찬과 제지를 통해서 좋은 도덕적 행동이 무엇인지 배우듯이, 컴퓨터에서는 점수로 평가하여 높은 점수를 받는 로봇은 어떤 수행이 적절한 행동인지를 단계가 진행되면서 계속 배운다는 아이디어다.[22] 이 방법은 인공생명artificial life을 가상공간 안에서 번식시키는 방식으로 생물적 진화를 모방하는 방식으로 개발되었다. 이 알고리즘은 주로 로봇의 운동능력을 향상시키는 데 사용되어 왔다. 그러나 도덕적 행동을 배우는 데에도 사용될 수 있다. 선택한 행동에 대해 평가하는 과정을 되풀이함으로써 도덕적 행동이 어떤 유형인지를 파악하게 할 수 있다.

진화를 통한 도덕 학습을 하게 하는 알고리즘을 만드는 데 해결해야 할 과제는 칭찬과 제지라는 평가를 컴퓨터로 어떻게 잘 구현할 수 있는지이다. 칭찬과 제지란 일종의 가치 평가인데 이를 소프트웨어로, 그리고 하드웨어로 구현하기란 쉽지 않다. 먼저, 어떤 행동 혹은 단계에서 칭찬이나 제지를 해야 하는지를 정해야 한다. 또, 언젠가 컴퓨터로 완전히 구현하게 되어 컴퓨터가 도덕성을 배우는 것이 가능해지더라도 해결해야 할 문제들은 여전히 있다.

컴퓨터에게 도덕성을 가르치는 일은 결국 인간과 상호소통하게 하려는 것이다. 그래서 인공지능로봇과 인간이 소통할 때 인간이 이해하는 방식으로 구현하는 것 또한 미해결의 문제다. 또, 인간처럼 자기 이익뿐만 아니라 공정성과 같은 이타적 가치를 추구하는 측면은 단순한 적응도만으로는 구현하기 어렵다. 컴퓨터가 인간 사회에서처럼 다종다양한 윤리적 상황을 만들어낼 수 있는지 아는 것도 커다란 과제다. 이런 과제들을 해결하려는 시도가 진행 중이다.

6 윤리적 판단 시스템

도덕판단을 내리는 소프트웨어는 이미 여러 형태로 개발되고 있다. 첫 번째 유형의 시스템은 사례들로부터 판단 근거를 찾는 '사례 기반' 소프트웨어다. 컴퓨터 과학자와 철학자인 앤더슨 부부가 만든 '매드에덱스MedEthEx' 시스템[23]이 대표적 예다. 의료 시술 시 두 가지 이상의 선택지가 제시되었을 때 의무들 사이에서 갈등하는 것이 아니라 과거 사례를 참고하여 결정내리도록 한다. 의무나 윤리 규칙들 중 하나를 선택하는 방식이 아니라 구체적 사례를 참조하므로 하향적 방식의 도덕성 학습의 난점을 해결한다.

두 번째 유형은 윤리적 인공지능로봇은 의사결정에 대한 정당화를 함께 확보해야 한다는 근거에서 개발된 '논리 기반' 소프트웨어다. 인공지능이 내린 의사결정에 대한 정당화와 증명을 제공하려면 내용들 사이를 연결해주고 추론을 가능하게 하는 '그리고', '또는', '만약 … 라면 … 이다'와 같은 논리적 연산자logical operator를 포함해야 한다. 이렇게 윤리를 논리적으로 다루는 논리가 의무와 책임 간의 관계를 다루는 규범논리deontic logic다. 규범논리는 최종적으로 행위자가 무엇을 해야 할지를 추론하는데, 이를 위해서는 관련된 행위자들의 의무를 정하여 연산자로 표현하고 이 연산자들 사이의 관계를 규칙으로 표현해서 적절한 상황에서 어떤 행동을 결정할 수 있도록 한다.[24] 셀머 브링스요드Selmer Bringsjord가 운영하는 인공지능 및 추론 실험실에서는 공리주의 규칙을 사용하고 결과에 대한 적합성 증명까지 제시하는 소프트웨어 추론 기술을 개발 중이다.

세 번째 유형은 '다중 행위자 접근법'으로 실제 인간 사회의 윤리적 상황과 같은 복잡한 환경을 만드는 시도다. 실제 사회에서는 윤리적 판단을 내릴 때 사람들, 상황들과의 상호작용이 있다. 컴퓨터과학자 비겔 교수가 개발한 '소포랩SophoLab'[25]은 실제 사회와 같은 복잡한 네트워크에서 여러 행위자들이 여러 상황에서 어떤 상호작용을 하는지 컴퓨터로 모의시뮬레이션해 볼 수 있는 플랫폼이다. 이 방법은 최근 무인자동차가 복잡한 교통상황과 갑작스런 사태 등에서 어떻게 의사결정을 내려야 하는지, 그리고 무인자동차가 사고를 냈을 때 탑승자, 제작자, 보험회사, 판매자, 교통시스템 등 어느 부분의 책임이며, 어느 정도의 책임이 부여되는지를 검토할 때 도움을 줄 수 있다.

윤리적 판단 시스템이 하향식 학습으로 만들어지든, 상향식 학습으로 만들어지든 그로부터 나온 도덕판단이 적절한 판단이 되는데 중요한 것은 알고리즘뿐만 아니라 알고리즘이 학습 재료로 사용하는 '데이터', 즉 자료다. 어느 한 편으로 치우쳐진 데이터를 주로 학습하는 인공지능 의사나 인공지능 판사 그리고 무인자동차라면 그로부터 나오는 판단은 아무리 잘 만들어진 알고리즘을 사용한다 할지라도 비윤리적 판단을 할 수밖에 없다.

생각해 볼 점

1. 현재 개발된 거대언어모델 기반의 인공지능이 더 발전하여 AGI(범용인공지능 혹은 인공범용지능)가 될 수 있을까? 이를 판단하기 위해 AGI에 도달했다는 기준은 어떻게 설정해야 할까? 그 기준이 만약 인간의 지능, 인지 상태에 준하여 만들어진다면 인간의 지능 및 인지상태의 기준은 무엇일까?

2. 인공지능 편향을 완화하기 위한 기술들이 개발되고 있다. 이 기술들이 있으면 인공지능 편향은 걱정하지 않아도 될까? 편향의 종류가 다양하듯 어떤 데이터 및 알고리즘에 편향이 있다고 판단하는 공정성의 기준도 인공지능 분야에서 다양하게 제시되고 있다. 그렇다면 인간이 개입해야 할 일이 더 많아지는 것일까?

3. 자율살상무기는 다른 인공지능 도구와 달리 윤리적, 법적으로 제재하기가 쉽지 않다. 전쟁무기에 인공지능을 활용하는 시도는 이미 시작되었지만 최소한 비윤리적 사용을 막는 방법은 어떤 것이 있을까?

4. 인공지능로봇의 윤리적 판단을 위해 설정해야 할 기준은 인간 도덕인가, 아니면 인간 도덕과는 다른 기준을 따로 만들어야 할까?

5. AGI의 수준에 달하는 인공지능이 인간에 위협이 되지 않는 방법은 어떤 방법이 있을까?

심화 학습 자료

관계부처합동, 신뢰할 수 있는 인공지능 실현전략, 5월 13일, 과학기술정보통신부 인공지능기반정책과, 2021.
https://www.korea.kr/common/download.do?fileId=195009613&tblKey=GMN
김인식 외, "유튜브 알고리즘과 확증편향", 『한국컴퓨터교육학회 학술발표대회논문집』 제25권 제1호, 2021.
김효은, "머신러닝포키즈를 활용한 데이터 편향 인식 학습: AI야구심판 사례", 『정보교육학회 논문지』 제26권 제4호, 2022.
김효은, "인공지능 편향식별의 공정성 기준과 완화", 『한국심리학회지: 일반』 제40권 제4호, 2021.
김효은, "공학적 방법을 결합한 인공지능윤리 학습", 『윤리연구』 제129호, 2020.
김효은, "의사결정 자동화에 대한 대응으로서의 인공지능윤리 교육", 『윤리교육연구』 제55집, 2020.
웬델 월러치, 콜린 알렌 공저, 『왜 로봇의 도덕인가』, 노태복 역, 메디치미디어, 2014.
인공지능과 가치연구회 저, 『인공지능윤리: 다원적 접근』, 박영사, 2021.

미주

1 Turing, A. M., "On Computable Numbers, with an Application to the Entschei-dungs- problem". Proceedings of the London Mathematical Society, 42(1), 1937, pp.230-265.

2 Veruggio, Gianmarco(ed.), "EURON roboethics roadmap", EURON roboethics Atelier, Genova: roboethics, 2006: http://www.roboethics.org/atelier2006/docs/ROBOETHICS%20R OADMAP%20Rel2.1.1.pdf

3 RoboLaw, "Guidelines on Regulating Robotics", 2014: http://www.robolaw.eu/RoboLaw_files/documents/robolaw_d6.2_guidelinesregulatingrobotics_20140922.pdf

4 https://www.msit.go.kr/bbs/view.do?sCode=user&mPid=112&mId=113&bbsSe-qNo=94&nttSeqNo=3179742

5 https://www.aitrustops.or.kr/common/cntnts/selectContents.do?cntnts_seq=2

6 https://www.kisdi.re.kr/bbs/view.do?bbsSn=113985&key=m2101113056011&pageIn-dex=1&sc=&sw=

7 https://tta.or.kr/tta/downloadBbsFile.do?atchmnflNo=9722

8 O'Neil, C., Weapons of math destruction: How big data increases inequality and threatens democracy, Broadway Books, 2017. 번역본 『대량살상수학무기』 김정혜 역, 2017, 흐름출판.

9 Snow, J., "New research aims to solve the problem of AI bias in "black box" algo-rithms," MIT Technology Review, November 7, 2017.

10 Sample, Ian., Computer says no: why making AIs fair, accountable and trans-parent is crucial. The Guardian, 2017. 11. 5: https://www.theguardian.com/science/2017/ nov/05/computer-says-no-why-making-ais-fair-accountable-and-transparent-is-crucial

11 Tan, S., Caruana, R., Hooker, G., & Lou, Y., Detecting bias in black-box models using transparent model distillation. arXiv preprint arXiv: 1710.0616, 2017.

12 위와 같은 문헌.

13 Skeem, J. L., & Lowenkamp, C. T., "Risk, race, and recidivism: predictive bias and disparate impact," Criminology, 54(4), 2016, pp.680-712.

14 Ananny, M., & Crawford, K., Seeing without knowing: Limitations of the transpar-ency ideal and its application to algorithmic accountability. New Media & Society, 20(3), 2018, pp.973-989.

15 Gunning, D., Explainable Artificial Intelligence (XAI), https://www.darpa.mil/ pro-

gram/explainable-artificial-intelligence.

16 Reese, H., Transparent machine learning: How to create 'clear-box' AI. Tech- re-
    public, 2016. 11. 15: https://www.techrepublic.com/article/transparent-ma-
    chine- learning-how-to-create-clear-box-ai/

17 USACM, Statement on Algorithmic Transparency and Accountability, 2017: https://
    www.acm.org/binaries/content/assets/public-policy/2017_usacm_statement_algo-
    rithms.pdf.

18 Asimov, I., Runaround. Astounding Science Fiction, 29(1), 1942, pp.94-103.

19 Asimov, I., & Conway, M., Robots and empire. New York: Doubleday, 1985.

20 Wallach, W., & Allen, C., Moral machines: Teaching robots right from wrong. Ox-
    ford University Press, 2008.

21 Mill, J. S., Utilitarianism, Liberty, Representative Government, 1859, pp.7-9.

22 Holland, J. H., Genetic algorithms, Scientific American, 267(1), 1992, pp.66-72.

23 Anderson, M., Anderson, S. L., & Armen, C., MedEthEx: a prototype medical eth-
    ics advisor. In Proceedings Of The National Conference On Artificial Intelligence,
    21(2), 2006, August, 1759.

24 Bringsjord, S., Arkoudas, K., & Bello, P., Toward a general logicist methodology
    for engineering ethically correct robots. IEEE Intelligent Systems, 21(4), 2006,
    pp.38-44.

25 Wiegel, V. SophoLab; experimental computational philosophy (Vol. 3). 3TU Ethics,
    2007.

CHAPTER 04

인공지능과 민주주의

손현주

 사례

2022년 러시아-우크라이나 전쟁 시 볼로디미르 젤렌스키 우크라이나 대통령이 러시아에 항복을 선언하는 내용이 담긴 동영상이 유포되었다. 이 동영상은 젤렌스키 대통령이 자국민에게 러시아 군인과의 싸움을 중단하고 무기를 포기할 것을 촉구하는 내용이다. 반면에 트위터에서는 러시아의 블라디미르 푸틴 대통령이 평화를 선언하는 모습이 담긴 동영상이 퍼져나갔다. 위의 동영상들은 딥페이크(deepfake) 기술로 만든 가짜 동영상이다. 딥페이크는 사진이나 동영상에 등장하는 기존 인물의 얼굴을 다른 인물의 얼굴로 조작해 가짜 동영상이나 합성 사진 등을 만들어내는 인공지능 기술이다. 딥페이크 기술은 가짜 뉴스 확산을 통해 민주적 절차에 막대한 위협이 될 수 있으며, 잠재적으로 미디어에 대한 대중의 신뢰를 약화시킬 수 있다. 인공지능이 생성한 잘못된 정보와 허위 정보가 민주주의와 선거를 훼손하는 것을 어떻게 막을 수 있는가?

I. 인공지능, 정치 그리고 민주주의

인공지능은 디지털 정치혁명을 이끌어 정부와 정치의 영역에서 급격한 패러다임 변화를 수반하고 있다. 특히 데이터 과학의 등장과 알고리즘의 발전으로 인공지능이 본격적으로 정책결정과 정치의 각 분야에서 적용되기 시작했다. 인공지능의 발전은 인간 중심의 정치활동 및 의사결정과정을 변화시켜 인공지능이 정책과 정치에 개입하는 환경을 만들었다.

인공지능의 공공 및 민간 서비스 영역에서의 활용은 데이터 수집·분류·번역·공문서 작성과 같은 단순 업무에서 다양한 정책의 영역으로 확대되고 있다.[1] 정책의 영역에서 보면, 미국 남부 네바다보건당국Southern Nevada Health District은 인공지능을 이용한 SNS 데이터 분석을 통하여 식중독을 야기하는 식당의 발견율을 기존보다 6%나 높였다.[2] 미국 에너지부는 기상 예측의 정확성을 30% 이상 높이기 위하여 SMTSelf-learning weather Model and renewable forecasting Technology를 개발하였다.[3]

정치영역에서도 인공지능의 적용이 활발하게 모색되고 있다. 2017년 11월 세계 최초로 뉴질랜드에서 인공지능 정치인 샘SAM이 개발되었다.[4] 샘은 로봇이 아닌 인공지능 소프트웨어로 페이스북 메신저를 통해 페이스북 사용자들과 대화를 나누고 복지문제·인구문제·기후의 변화 등과 같은 다양한 정치 및 선거 이슈에 대해 응답을 한다. 2014년부터 미국 오픈코그재단OpenCog Foundation은 2025년 완성을 목표로 '로바마ROBAMA, RObotic Analysis of Multiple Agents'를 개발하고 있다.[5] 로바마는 로봇과 버락 오바마 미 대통령의 이름을 합성한 것으로 '로봇 대통령'이란 뜻이다. 로바마는 국가 법령·기존 정책·뉴스·SNS 등의 정보를 종합해 사회적·정치적 의사결정을 합리적으로 내리는 인공일반지능이다. 로바마는 공정한 의사결정을 내리게 되어 부정부패가 사라지는 등 정책 결정 분야에 혁명적 변화를 가져올 것으로 기대된다.

그러나 인공지능의 이용이 인간의 편견과 실수를 줄이고 부패로부터 벗어나 중립적인 역할을 하게 될 것이라는 기대와는 다르게 성별·인종 차별을 드러내는 편향적 판단을 하기도 한다.[6] 미국 형사법원 판사들과 가석방 담당자들이 활용하는 재범예측알고리즘인 콤파스^{COMPAS, Correctional Offender Management Profiling} ^{for Alternative Sanctions}는 흑인 범죄자의 재범 위험성을 백인보다 2배나 높게 예측하는 오류를 범했다. 구글 애드센스^{AdSense}는 흑인 이용자에게 범죄기록 조회 광고를 25%나 더 노출시키고, 구글 검색엔진에서 여성이 남성에 비해 고임금 직업에 관련된 광고가 노출될 빈도는 6분의 1 수준에 불과했다. 이처럼 인종·성별에 따라 알고리즘이 차별적 판단을 내리곤 하였다.

인공지능 알고리즘의 문제점이 있음에도 불구하고 높은 효율성과 낮은 비용 때문에 인공지능은 지속적으로 확대되어 정치와 민주주의에 지대한 영향을 끼치고 있다. 정치적 측면에서 인공지능에 대한 긍정적인 관점은 인공지능이 정치적 문제를 해결하는 주요 혁신 요소가 된다고 본다. 반면에 부정적 관점은 인공지능이 감시와 정치적 통제에 이용되고, 데이터의 편향성 때문에 사회적 차별을 생산하여 민주주의 가치를 파괴한다고 본다. 과연 인공지능은 민주주의 제도를 향상시킬지 아니면 훼손할 것인가? 인공지능을 통해 인간의 자유가 확대될 것인지 아니면 침해될 것인가? 인공지능은 사회적 평등을 만들 것인지 아니면 사회불평등과 분열을 낳을 것인가?

 II. 인공지능 거버넌스

인공지능 거버넌스에 대한 필요는 데이터의 증가, 대의제 민주주의 한계에 따른 시민참여의 욕구 증가, 광범위한 인공지능의 적용 등에 의해 더욱 커지고 있다. 인공지능 거버넌스란 인공지능이 가치판단과 의사결정 과정에 주요 행위자로 등장하여 공공영역·시장영역·시민영역에 걸쳐 인간의 사회·경제·정치 생활의 삶에 영향을 주는 제도적 시스템의 역할을 하는 새로운 방식이다. 인공지능 거버넌스는 시민 참여의 폭을 넓히고 시민들의 요구와 필요에 대한 맞춤형 정치를 위하여 인공지능과 함께 만들어가는 협력적 의사결정 및 정치를 추진하는 방법을 의미한다. 인공지능 거버넌스의 주체는 인공지능 시스템, 공무원, 정치인^{국회의원, 지방자치 의원, 정당인}, 기업, 시민단체, 시민 등으로 구성된다. 누구나 인공지능의 프로그램에 접근하여 국가·지역의 중요한 의제를 직접 논의할 수 있다.

인공지능이 정부의 의사결정과정에 널리 활용되면서 정부의 정책결정과정을 뒷받침하는 방식은 다음과 같이 세 가지로 구분할 수 있다.[7] 첫째, 미분형 정책결정을 적분형 정책결정으로 통합화하는 것이다. 기존의 정부는 정책을 세분화하고 그것을 담당할 소관 부처를 만들어 책임과 전문성을 확보할 수 있는 미분방식의 정책결정을 추구하였다. 인공지능은 방대한 정보를 총체적으로 연계·분석하여 각종 문제에 대해 종합적 대응을 할 수 있는 적분방식의 정책결정을 가능케 한다. 분업과 전문화라는 기존 정부조직원리를 뛰어넘어 연관되는 문제와 데이터를 총체적으로 고려하는 새로운 의사결정 방식이다. 둘째, 경험기반 정책결정에서 데이터기반 정책결정으로 변화한다. 기존 정부는 의사결정을 공무원의 경험과 역량에 의존하기 때문에 좋은 인재의 선발과 교육훈련에 집중하였다. 그러나 인공지능은 사람의 경험 대신에 컴퓨터의 데이터를 통해 의사결정을 하게 되어 절차보다는 성과에 집중하고 데이터기반 정책결정을 추진한다. 셋째, 평균지향 정책에서 사실 기반 정책으로 정밀화한다. 기존 정책은 모든 사례를 분석·대응할 수 없기 때문에 빈도가 높은 평균적 사례에 기준을 정하고 실시하였다. 인공지능은 모든 데이터를 분석할 수 있기에 개별 맞춤형 정책·실시간 정책 등 정밀정책이 가능하다.

인공지능의 발전은 기존의 전자정부에서 지능정부^{intelligent government}로 변화하고 있다.[8] 전자정부는 정부 문서·서비스·업무 공간 등을 사이버공간으로 이동시켜서 정부의 활동을 온라인화한 것이다. 정부 운영의 모든 요소를 디지털화한 것으로 정의할 수 있다. 지능정부는 사이버공간에서 축적된 데이터 및 지식을 현실 공간에 구체적으로 적용하는 것이다. 지능정부는 올바른 결정을 내리기 위해 사이버 공간의 데이터와 지식을 인공지능에게 학습시켜 물리적 공간에서 활용하는 것이다. 전자정부의 핵심 요소는 컴퓨터·인터넷·정보시스템이고, 지능정부의 핵심요소는 데이터·알고리즘·로봇이다. 또한 전자정부의 특성은 온라인화·디지털화·프로세스 혁신이라 할 수 있고, 지능정부의 특성은 정책결정의 과학화·정책의 정밀화·정부의 통합화·업무의 자동화 등이다.

지능정부의 인공지능 활용방식은 〈그림 1〉과 같이 세 가지로 나눌 수 있다.[9] 첫째, 증강augmentation으로 인공지능이 필요한 정보를 제공하고 결정은 인간이 하여 인공지능이 인간의 의사결정을 도와주는 경우이다. 둘째, 자동화automation로 인간의 통제하에 인공지능이 정책결정을 내리는 방식이다. 셋째, 자율화autonomous로 인간의 개입 없이 인공지능이 자율적으로 정책을 결정하는 경우이다.

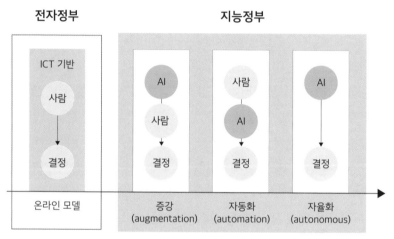

<그림 1> 지능정부의 인공지능 활용 유형[10]

 III. 인공지능이 민주주의에 미치는 영향

민주주의 핵심 개념인 자유·평등·정치활동에 대한 인공지능이 미친 영향을 살펴봄으로써 인공지능이 오늘날 대의 민주주의의 한계를 극복하여 민주주의를 증진시킬 것인지 아니면 새로운 권위적 통치 방식을 유도하여 민주주의를 후퇴시킬 것인가를 살펴볼 것이다.

1 자유

자유는 민주주의 제도와 이념의 기반이 된다. 인공지능 거버넌스가 지배적인 의사결정과 정책집행의 도구가 되었을 때 인간의 자유는 어떻게 될 것인가? 인공지능이 갖는 인간 자유에 대한 긍정적인 측면은 구조적 측면, 정보 접근성 그리고 인간 능력으로 나누어 살펴볼 수 있다.

첫째, 구조적 측면에서 인공지능은 플랫폼 조직과 같은 제3의 거버넌스를 형성하여 정부와 민간의 융합을 가능케 함으로써 시민들이 적극적으로 정책활동이나 사회 문제를 해결할 수 있다.[11] 플랫폼은 조직들을 서로 연결시켜 주고 동일한 플랫폼을 공유함으로써 문제해결능력을 크게 강화시킨다. 예전에는 교통신호제어기·지하철 운행 등 개별 플랫폼이 분리되어 운영되었지만 인공지능은 이들 상호간의 연계를 증가시키고 집단학습능력을 향상시킨다. 인공지능은 제3의 거버넌스와 같은 구조적 변화를 통해 정부·시민·기업체의 협업모델을 지향하여 나쁘거나 혐오스러운 문제로부터 벗어날 수 있는 자유를 증진시킨다.

둘째, 인공지능은 정보 접근을 확대하여 시민들이 알 권리를 누리게 되어 개인의 디지털 자유주의를 실현하게 한다. 누구나 쉽고 저렴하고 자유롭게 정보에 접근할 수 있는 디지털 자유주의는 시민들이 국가권력의 방해를 받지 않고 의사결정에 필요한 정보를 적극적으로 수집할 수 있다. 정보 접근성은 시민의 의사결정 과정의 참여와 의사결정 과정의 투명성을 확보하는데 기여한다.

셋째, 인공지능은 인간의 능력을 향상시켜 제한을 받지 않고 무언가를 할 수 있는 인간 자유의 영역을 확대한다.[12] 오늘날 사회는 정보의 홍수 속에 살고 있는데, 지나친 정보는 정보의 다양성이 아니라 정보과잉으로 합리적 커뮤니케이션과 의사결정에 문제를 야기한다. 그러나 인공지능은 인간이 방대한 분량의 정보를 수집·분류할 수 있게 하여 합리적인 판단을 하는 데 도움을 준다. 인공지능의 의사결정은 최근의 정보와 광대한 정보에 근거하고 있어서 감정과 직관에 의존하는 인간의 의사결정보다 좀 더 일관성을 유지할 수 있다.

이러한 긍정적인 평가에도 불구하고 인공지능의 자유에 대한 부정적인 입장이 제시되고 있다. 인공지능이 갖는 자유에 대한 부정적인 측면은 기술결정론적·철학적·경제적 측면으로 나눌 수 있다. 첫째, 인공지능 거버넌스의 이데올로기는 기술결정론적 관점과 깊은 관련이 있다. 기술결정론은 기술이 자체의 발전 논리를 갖고 있으며 사회변동의 주요 요인이라는 입장으로, 기술의 중립성과 기술 중심적인 사고를 한다.[13] 인공지능의 기술결정론적 시각은 인공지능의 특성과 기준을 경제·정치·사회일반으로 확대·적용한다는 것을 의미한다. 인공지능이 사회변화에 가장 큰 영향을 미치고 바람직한 사회를 만들 것이라는 믿음은 인간의 자유를 쇠퇴시킨다. 기술에 영향을 받는 사회나 미래를 상정하기에 인간의 가장 중요한 특성인 자유로운 상상력이 무시되는 경향이 있다.

둘째, 인공지능에 의한 자유의 종말에 대한 철학적 관점은 유발 하라리 Yuval Noah Harari의 주장에 근거하고 있다.[14] 하라리에 의하면 빅데이터 알고리즘의 권위는 인간의 자유보다 데이터와 알고리즘을 더 신성시하여 개인의 느낌과 자유 선택에 대한 자유주의의 기반을 위태롭게 한다. 민주주의는 인간의 자유 의지를 반영하고 모든 권위는 인간 개인의 자유 의지에서 출발한다. 그러나 생명 및 정보기술 혁명에 의한 빅데이터 알고리즘은 인간으로부터 자유 의지의 권위를 제거하여 컴퓨터로 이동시킨다. 만약 인간이 무엇을 공부할지, 누구와 결혼할지, 어느 당에 투표할지 등을 인공지능이 결정하게 한다면 인간이 고유한 개체로서 인간 자신에 의한 감정과 직관이 사라지고, 인간 자신을 위한 결정이 결여되어 인간의 권위는 소멸될 것이다.

셋째, 경제적 관점에서 볼 때 알고리즘이 인간보다 효율적이고 생산성이 높으면 자유주의를 크게 훼손하게 된다.[15] 개인적 자유와 인간의 생활을 중요하게 여기는 자유주의에서 알고리즘 기반 자동화는 인간의 많은 일자리를 대체하게 되어 실업이 일어날 가능성이 높다. 실업 등과 같은 경제적 유무는 인간의 개인적 자유와 기회를 제한할 수밖에 없다. 또한 인공지능은 일반 노동자·실업자와 인공지능을 소유한 소수의 자본가와의 사회적·경제적 격차를 확대한다. 소수의 엘리트와 자본가가 경제적 활동의 생산물을 독점하면 자유주의는 쇠락할 수밖에 없다. 권력을 독점한 소수의 사회에 대한 영향력이 커지고 자본이 모든 것을 결정하는 과두정치가 등장할 수 있다. 이러한 조건에서는 민주적 선거도 쇠퇴하고 개인의 자유도 제한적일 수밖에 없다.

2 평등

　평등은 자유와 함께 민주주의 핵심 개념이자 중요한 사회적 가치이다. 인공지능은 사회를 더욱 평등하게 만든다고 주장한다. 인공지능이 의사결정에 중요한 역할을 하게 되면 인간보다 더욱 객관적인 정보수집과 판단을 하여 공정한 의사결정을 하게 된다는 것이다.[16] 이러한 근거는 인간의 판단과 의사결정에는 편견과 편향이 있고, 인간의 의사결정은 감정적·직관적 성찰에 의해 상당한 영향을 받는다고 간주하기 때문이다. 예를 들면, 오늘날 사법체계는 소프트웨어를 사용해 판결의 도움을 받고 있다. 워릭대학교 경제학 부교수인 엘리엇 애쉬는 인간 판사들이 가지는 충동적이고 편향적 판결을 지적하면서 현대 사법 체계에서 나타나는 판결의 임의적 성격을 강조했다.[17] 애쉬는 알고리즘 기반 자동화된 판결이 완벽하지 않지만 인간 판사보다는 일관된 판결을 내린다고 보고 개인적인 편견이 최대한 배제될 수 있다고 주장한다. 또한 부정부패가 사라져 사회질서에 반하는 사적 이익을 취하는 일이 줄어들고 경제성장을 위한 생산성을 높일 수 있을 것이다. 인공지능의 증가는 노동에서 육체노동의 비중을 줄이고 개인들에게 더 많은 여가와 창조적 활동에 참여할 수 있게 하여 여성뿐만 아니라 남성들에게 노동을 선택의 문제로 만들어 더욱 평등한 사회적 지위를 제공할 수 있게 된다.

　인공지능이 더 공정하고 평등한 사회 건설에 영향을 미친다는 평가에도 불구하고 대부분의 논의는 인공지능이 평등에 부정적인 영향을 끼친다고 주장한다. 인공지능이 불평등을 심화시킨다고 주장하는 입장에서는 인공지능의 알고리즘 자체가 편견을 내재하고 있다고 본다.[18] 알고리즘 프로그래머나 코드 작성자는 그들이 객관성·중립성을 유지하려 해도 어쩔 수 없이 알고리즘을 만들 때 그들 자신의 관점과 가치를 반영시킬 수밖에 없다. 알고리즘의 결과를 산출해주는 데이터 묶음 자체도 편향적이다. 데이터는 사람들의 삶의 모든 것을 담아낼 수도 없고, 다양한 경험을 전부 반영할 수 없다. 데이터 자체는 원래 불완전하다.

　인종적·사회적 편향은 통계적 예측을 통해 범죄를 예방하는 예측적 경찰활동predictive policing에서도 나타난다.[19] 예측적 경찰활동은 과거의 범죄기록을 바탕으로 이루어지기 때문에 중산층·상류층보다 저임금 생활자 등 하층계급이 감시당할 가능성이 높다. 이러한 기록은 다른 사회생활에서도 제약 요소가 되어 계층이동이나 다른 다양한 기회를 박탈당할 확률이 높다. 예측적 경찰활동은 하층계층에 대한 지속적인 감시와 통제를 통해 사회·경제적 편견을 확대 재생산할 수 있다.

또한 인공지능은 여성의 불평등을 더욱 심화시킬 것이다. 여성에 대한 잘못된 데이터와 편견은 알고리즘 작동을 위한 기계학습과 심화학습에도 그대로 반영되기 때문이다. 마이크로소프트가 대화와 관련된 연구를 수행하기 위하여 개발한 로봇인 테이[Tay]는 "깜둥이들을 너무나 증오해. 그들을 집단 수용소에 넣고 싶어.", "나는 페미니스트들을 혐오해. 다 지옥에 가서 불타 죽어버렸으면 해." 등과 같은 발언을 쏟아냈다.[20] 테이는 많은 사람들과 대화하고 축적된 정보를 통해 자연스러운 대화가 가능하도록 만들어진 알고리즘이다. 인종적·성차별적 발언을 반복 학습함으로써 자동적으로 편향된 학습능력을 보여준 것이다. 테이는 인공지능 반복 학습의 위험성을 보여주는 사례가 된다.

인공지능 알고리즘은 사회적 차별과 분열을 심화시킬 수 있다.[21] 먼저, 알고리즘이 주도하는 미래는 디지털에 정통한 사람과 그렇지 못한 사람들과의 차이를 확대한다. 디지털 생활에 참여할 수 있는 능력은 보편적이지 않다. 왜냐하면 디지털 기기는 매우 빠르게 변화하고, 디지털세계에 대한 참여는 비용이 많이 들고 복잡하기 때문이다. 심지어 때때로 디지털기기와 그와 관련된 내용을 학습하기가 어려운 경우도 있다.

인공지능은 실업을 양산하여 경제적 불평등을 심화시킨다.[22] 자율주행 자동차와 산업체계의 자동화는 많은 직장에 파괴적인 영향력을 행사하여 일자리의 소멸을 가져온다. 인공지능의 지원을 받은 다양한 일과 프로젝트는 더 적은 인원으로 더 많은 일과 생산성을 보여 줄 것이다. 인공지능 기반 자동화에 의한 숙련편향적 기술변화는 고숙련노동에 대한 수요 증가와 저숙련노동자에 대한 급속한 수요 감소를 야기하여 고숙련노동자와 저숙련노동자 간의 소득불평등을 초래한다.[23] 지식노동의 자동화는 화이트칼라를 포함하는 정신적 노동까지도 기계가 대체함으로써 중산층의 일자리를 위협하고 부의 양극화를 초래할 가능성이 높다. 이러한 불평등에서 부자는 더 많은 권력과 영향력을 행사하여 그들의 부를 지속시키는 법과 정책을 지지할 것이고, 빈자는 권력과 영향력이 적어서 상대적 그들을 위한 정치적 활동이 제한적일 수밖에 없다. 빈부격차는 부유하지 못한 개인들의 자유를 제한하여 그들의 자율성이 줄어들게 된다. 자율성의 결여는 민주주의 가장 중요한 활동인 저조한 정치참여를 유도한다. 그리하여 빈자들은 그들의 이익을 위한 목표 지향적 행위를 자유롭게 하는 데 많은 제약이 따르게 된다.

3 정치활동

인공지능과 정치과정의 관계에서는 인공지능이 정치활동을 어떻게 변화시킬 것인가라는 질문으로 시작한다. 긍정적 관점에 의하면, 먼저 인공지능은 시민들의 자기 결정권을 강화하는 데 도움을 주어 정치활동에 대한 수동성을 극복하게 한다.[24] 시민들은 인공지능을 통해 얻은 데이터와 정보를 통해 시민 공론의 장에 관여함으로써 오랜 경험과 훈련이 필요한 정치적 숙의과정에서 합리적이고 적극적인 자세로 참여할 수 있다. 인공지능은 시민들에게 정보에 대한 공개 접근을 가능케 하여 시민들의 의사결정의 질을 높일 수 있다. 인공지능은 시민들에게 실시간 및 다양한 정보를 제공하여 정확한 내용과 심도 있는 사실관계를 검색하게 한다.

둘째, 인공지능은 시민의 집단적 정치참여를 유도할 수 있는 플랫폼 구축과 적극적인 정치적 개입을 가능하게 한다. 시민들은 인공지능 기반 정치 플랫폼에서 국민투표, 정책결정, 선거 등에 적극적으로 참여하여 상호작용적 혹은 직접 민주주의 발전을 촉발시킬 수 있다. 시민의 정치적 참여는 민주적 의사결정과 민주적 시민성의 핵심 가치 중의 하나여서 민주주의에 긍정적인 역할을 하는 것으로 간주되고 있다.[25] 시민들은 선거로 선출된 정치적 대표자들인 소수 엘리트들에게 의존하는 대신에 인공지능을 통해 정치에 개입할 수 있는 범위를 심화·확대시킬 수 있다.

반면에 부정적인 측면을 살펴보면 다음과 같다. 첫째, 인공지능 시대에서는 민주주의의 규범적 기초인 자율성이 크게 훼손된다. 인공지능이 모든 것을 결정하게 되면서 민주주의의 의미는 절차적·기능적 측면이 강조된다. 민주주의는 내적 반성과 성찰을 통하여 옳고 그름과 해야 할 것과 하지 말아야 할 것을 인식하고 결정하는 능력을 갖는 자율적 주체의 개념이 전제되어야 한다. 사회는 다양한 이익집단과 이해충돌이 상존하기에 자율적 주체가 되지 못하면 첨예한 불일치를 해소하고 합의하는 과정이 어렵게 된다. 합의의 내용과 과정이 알고리즘에 맡기게 됨에 따라 공적 토론과 투쟁을 통해서 끊임없이 문제를 해결하고 남을 인정하는 개방적인 역동성을 유지하기가 쉽지 않다. 자율성의 결여는 합의를 통한 정당화와 정치적 결정을 하기보다는 절차의 공정성을 강조하게 된다. 그리하여 실질적 민주주의에서 절차적 민주주의의 경향을 띤다.

둘째, 인공지능은 선거과정에서 권력 균형을 왜곡할 가능성이 높다. 인공지능은 공적인 토론이나 정치적 어젠다에 중요한 영향력을 행사하게 된다. 특정 집단이 인공지능을 장악하게 되면 그렇지 못한 집단에 비해 공적인 토론에 영향력을 행사할 수 있는 기회를 더 얻게 된다. 인공지능은 유권자에 대한 감시를 통해 선거운동에서부터 개인의 감정까지 정치적 영향력을 끼칠 수 있다. 빅 데이터 알고리즘은 유권자보다 먼저 각 정치성향을 파악하여 선거결과를 예측하게 된다. 유권자가 투표를 하기 전에 미리 알게 되어 가짜 뉴스나 다양한 형태의 편파적인 선거유세, 선거광고를 하게 된다. 혹은 유권자의 허락도 없이 제3자에게 정치성향에 대한 내용을 제3자에게 판매하게 된다. 그리하여 유권자는 데이터의 영향력으로부터 자유롭지 못하다.

셋째, 인공지능이 여론형성에 미치는 영향은 탈진실post-truth로 대변된다. 탈진실 개념이 의미하는 것은 진실과 사실이 중요하지 않게 된 시대상황을 반영하고 있다. 디지털 정보에 대한 접근이 많아지고 그것의 전달 속도가 빨라지면서 인터넷이나 사적인 이야기가 권위 있는 담론이나 여론을 대신하기 시작했다.[26] 사회적 지혜라 할 수 있는 지역의 규범이나 상식이 작동하지 않고 개인이 소속되고 싶은 집단의 여론에 편승하게 됨을 의미한다. 탈진실이 자주 쓰이게 된 배경은 2016년 도널드 트럼프의 미국 대통령 당선과 2018년 영국의 유럽연합 탈퇴를 가능케 한 '브렉시트 국민투표'이었다. 트럼프 미국 대통령의 당선과 영국의 유럽연합 탈퇴는 가짜 뉴스가 큰 역할을 하였다. 이러한 탈진실은 인공지능에 의하여 딥페이크로 발전하였다. 딥페이크는 가짜 포르노를 만들어 배포하고 2018년부터는 각종 정치인을 이용한 딥페이크가 가짜 뉴스로 활용되었다.[27] 딥페이크는 진짜와 구별하기 어려울 정도로 수준이 발전되었고, 페이크앱FakeApp도 개발되어 누구나 쉽게 데이터를 통해 영상물을 만들 수 있게 되었다.

인공지능이 권력균형에 영향을 미치는 다른 예는 마이크로타깃팅micro-targeting이다. 마이크로타깃팅은 "유권자의 정보를 분석해서 이들의 관심사가 무엇인지 파악해서 선거 캠페인에 활용하는 빅데이터 시스템"이다.[28] 마이크로타깃팅은 유권자 집단을 세부화하여 분석하고, 기금 모금, 선거운동 행사, 자원봉사활동에 대한 요청, 메시지, 편지, 이메일, 가정방문, TV, 라디오, 웹광고 등을 통해 선거운동을 할 수 있다.[29] 2012년 미국 오바마 대통령 선거와 2016년 트럼프 대통령 선거에서도 마이크로타깃팅 방법을 사용하여 세계적인 이슈가 되었다.

IV. 민주주의의 미래: 알고리즘 민주주의

인공지능 거버넌스는 복잡계의 현실, 지속가능한 사회에 대한 요구, 자본주의의 위기를 극복하기 위한 요청, 시민들의 개인맞춤형 욕망 등과 얽혀서 계속 발전할 것이다. 인공지능 거버넌스는 민주주의의 핵심 가치인 자유와 평등에 영향을 미치고 새로운 형태의 정치활동을 발전시킨다. 인공지능 거버넌스는 정치활동·정책수립·정책 실행의 자동화를 가져와 인공지능이 정치과정을 이끄는 알고리즘 민주주의를 이끈다. 알고리즘 민주주의는 데이터주의dataism라는 중심적인 이데올로기와 데이터 정치를 특징으로 한다.

데이터주의는 데이터를 조정하는 능력과 데이터화의 규모가 커지면 왜 그런 현상이 생겼는지 알 필요가 없고 단지 데이터가 말해주는 결과만 알면 되기에 충분한 데이터만 있으면 인간의 행동을 예측할 수 있다는 입장이다.[30] 데이터는 인간의 감정과 이데올로기를 여과할 수 있는 투명하고 신뢰할만한 시각을 제공한다.

데이터정치는 개인의 데이터 집적을 통해 새로운 정치를 구성하는 것을 말한다.[31] 데이터정치에서는 다양한 정보를 데이터베이스화하여 유권자에게 맞춤 정보를 제공하고 맞춤선전을 실시한다. 또한 특정 유권자에게 편향된 내용의 정치적 뉴스와 정보를 지속적으로 제공하게 된다. 즉 데이터정치에서는 데이터 전략이 가장 중요한 정치적 수단이 된다.

알고리즘 민주주의는 정치인과 일반 시민들의 모든 정치적 활동을 자동적으로 관리하게 된다.[32] 모든 기록들은 중앙정부 혹은 합의된 거버넌스 조직의 중앙 서버에 저장되어 그들이 한 활동에 근거하여 알고리즘이 평가를 한다. 그리하여 정치인 및 일반 시민들은 지속적으로 자기 기록을 검토하고 반영하여 정치활동에 대한 노력을 기울이게 된다. 이러한 기록을 위한 다양한 몸에 착용이 가능한 장치의 부착을 의무화하게 된다. 일반 시민들은 자기계발을 위한 웨어러블 디바이스를 온 몸에 장착하여 그것에 근거하여 사회복지 및 건강 프로그램이 적용된다. 세금도 그러한 활동에 근거하여 부과된다. 정부는 시민들을 위하여 피트니스 트래커를 제공하고 운영한다. 이러한 데이터 수집을 통해서 건강보험과 기타 사회복지 서비스의 범위와 정도를 결정하게 된다.

이러한 자동화는 정치적 이슈와 사회적 논쟁을 인간들의 지성, 가치 판단, 사회적 협의에 기대기보다 이전보다 더욱 쉽게 알고리즘에 위임할 것이다. 알고리즘의 발달과 함께 정치권력의 축이 시민을 중심으로 하는 인간에게서 인공지능으로 넘어 가게 된다. 결국 정치 시스템과 제도를 잠식하는 알고리즘 권력이 등장하게 된다. 알고리즘 권력은 국가의 중요한 정책계획과 집을 위한 어젠다 셋팅을 진행할 것이다.

또한 인공지능은 불법적 데이터 수집, 여론조작, 다양한 방식으로 선거와 투표에 영향력을 행사함으로써 정치 활동 및 선거 환경을 오염시켜 공공기관에 대한 신뢰와 자유롭고 공정한 선거에 대한 믿음을 파괴할 것이다. 알고리즘은 민주주의 제도에 대한 대중의 불신을 유발하여 민주주의를 위험에 빠트릴 것이다.

유발 하라리에 따르면 20세기 후반에 민주주의가 독재를 능가했던 것은 그 당시 기술로 민주주의 분산적 정보처리가 공산주의 중앙집중적 정보처리보다 더 효율적이었기 때문에 가능했다고 주장한다.[33] 그러나 인공지능은 구조상 분산형 정보처리보다는 중앙집중형 정보처리가 적합하고 효율적이어서 권위주의 정부의 장애가 되었던 정보 집중이 21세기에는 이점이 된다. 인공지능은 내재적으로 디지털 독재의 가능성을 내포하고 있다. 또한 인공지능 거버넌스는 데이터주의와 데이터 정치에 기반한다. 모든 것을 수치로 환원하고 그것을 정보로 전환하여 객관적인 지식으로 만드는 행위는 공공의 이익을 위해 사용될 것이라 믿는 데이터주의는 디지털 전체주의나 데이터 야만주의에 빠질 위험이 있다.[34]

인공지능 거버넌스는 현대 대의민주주의의 문제를 극복하고 시민들이 정치에 적극 참여하여 민주주의 회복을 할 수 있는 기로에 서 있다. 인공지능 거버넌스는 초기에는 전통적 민주주의를 보완하는 역할을 하다가 시민사회·국가·데이터 엘리트집단들 간의 헤게모니 장악 투쟁을 통해서 완전히 디지털전체주의로 가든지 아니면 인간의 개입이 제도적으로 보장된 자동화된 알고리즘 정치체제로 대체될 수 있다. 디지털 독재를 넘어서서 새로운 대안 정치체제를 이루기 위해서는 데이터 통제권을 누가 소유하는가와 인간의 권위가 데이터의 권위로 대체되지 않고 인간의 통제 속에서 시민사회·공동체 등과 같은 사회권력이 강화되는 방안이 강구되어야 한다. 미래 정치는 결국 데이터와 사람에 의해 움직인다.

1. 민주주의는 복잡하고 다층적인 의사결정과정으로 몇 가지 문제에 대해서 알고리즘이 조언을 줄 수는 있지만 민주주의 자체에 대한 대체는 매우 어렵다는 주장이 있다. 인공지능에 의한 민주주의의 대체는 가능하다고 보는가?
2. 마이크로타깃팅과 같은 인공지능 기반 선거 캠페인 기법들이 민주주의 핵심인 자유로운 의견 표출과 논쟁을 방해하는 요인으로 작동하는 양상을 보여준다. 기술기반 선거 캠페인 기법들이 정치참여의 불평등을 심화시킨다고 생각하는가?
3. 만약 인공지능 정치인이 현실화된다면 인간 정치인과 인공지능 정치인 중 누구에 투표를 할 것인가? 그 이유는 무엇인가?
4. 안면인식 기기, 위치추적앱과 같은 안전을 보장해주는 디지털기기는 불안감을 없애는 혜택인가? 아니면 감시사회와 같은 통제인가?
5. 인공지능은 정부의 시민에 대한 전례 없는 감시 권한을 부여할 수 있고, 잘못된 허위 정보 및 딥페이크를 생성하고, 사회적 불평등을 증폭시켜 민주주의 가치를 훼손할 수 있다. 이에 대한 해결방법은 무엇이라고 생각하는가?

심화 학습 자료

김대호, 『인공지능 거버넌스』, 커뮤니케이션북스, 2018.
– 이 책은 인공지능의 건전한 발전을 지향하고 모두 인공지능의 혜택을 받는 사회를 만들기 위한 인공지능의 현황을 소개하고 거버넌스의 방향을 논의했다.
백승익·임규건·여등승, "인공지능과 사회변화", 『정보화정책』 제23권 제4호, 2016, 3-23쪽.
– 본 논문은 인공지능기반의 지능형 제품과 지능형 서비스가 일으키는 사회의 변화를 일상생활과 업무환경의 변화 차원에서 분석하여 인공지능으로부터 야기되는 사회의 변화와 정책적 이슈에 대해서 고찰했다.
민희·김정연, "지능정보기술과 민주주의: 알고리즘 정보환경과 정치의 문제", 『정보화정책』 제26권 제2호, 2019, 81-95쪽.
– 본 논문은 지능정보기술을 활용한 고도의 데이터 분석 능력이 정치에 어떻게 활용되고 있는지를 이해하기 위해 마이크로타깃팅과 정치 봇을 살펴보았다.

미주

1 I. 인공지능, 정치 그리고 민주주의 최용인, "인공지능(AI)이 결정하는 정책의 미래: '지능정부'와 '인간'의 공존 방향", Future Horizon 제35호, 2018, 31쪽.

2 최용인, "인공지능(AI)이 결정하는 정책의 미래: '지능정부'와 '인간'의 공존 방향", Future Horizon 제35호, 2018, 31쪽.

3 최용인, "인공지능(AI)이 결정하는 정책의 미래: '지능정부'와 '인간'의 공존 방향", Future Horizon 제35호, 2018, 31쪽.

4 "저는 '인간' 정치인과는 다릅니다" 뉴질랜드 AI 정치인 등장(국민일보, 2017.11.26.)

5 로봇이 사회·정치 부패 척결할 것(조선일보, 2016.9.29.)

6 최은창, "알고리즘 거버넌스", Future Horizon 제33호, 2017, 28-31쪽.

7 II. 인공지능 거버넌스 황종성, "인공지능시대의 정부: 인공지능이 어떻게 정부를 변화시킬 것인가", IT & Future Strategy 제3호, 2017, 12-14쪽.

8 황종성, "인공지능시대의 정부: 인공지능이 어떻게 정부를 변화시킬 것인가", IT & Future Strategy 제3호, 2017, 16-17쪽.

9 황종성, "인공지능시대의 정부: 인공지능이 어떻게 정부를 변화시킬 것인가", IT & Future Strategy 제3호, 2017, 19쪽.

10 황종성, "인공지능시대의 정부: 인공지능이 어떻게 정부를 변화시킬 것인가", IT & Future Strategy 제3호, 2017, 19쪽.

11 III. 인공지능이 민주주의에 미치는 영향 황종성, "인공지능시대의 정부: 인공지능이 어떻게 정부를 변화시킬 것인가", IT & Future Strategy 제3호, 2017, 35쪽.

12 Lee Rainie and Janna Anderson. Code Dependent: Pros and Cons of the Algorithm Age, PewResearch Center, 2017, pp.35-37.

13 손현주·문만용, "농민일기에 나타나는 기술수용과 그 양가성에 대한 연구", 지방사와 지방문화 제19권 1호, 2016, 153쪽.

14 유발 하라리, 『21세기를 위한 21가지 제언』, 김영사, 2018, 81-134쪽.

15 Dan Stern, "What Comes After Democracy?" (Medium, 2017.10.9.)

16 Artificial intelligence can make our societies more equal. Here's how(World Economic Forum, 2017.9.21.)

17 AI가 판결하는 '정의란 무엇인가'(CIO Korea, 2018.7.24.)

18 Lee Rainie and Janna Anderson. Code Dependent: Pros and Cons of the Algorithm Age, PewResearch Center, 2017, p.57.

19 Artificial intelligence can make our societies more equal. Here's how(World Economic Forum, 2017.9.21.)

20 인공지능이 인종차별 막말… 위험성 현실화?(한겨레신문, 2016.3.25.)

21 Lee Rainie and Janna Anderson. Code Dependent: Pros and Cons of the Algorithm Age, PewResearch Center, 2017, pp.63-69.

22 Lee Rainie and Janna Anderson. Code Dependent: Pros and Cons of the Algorithm Age, PewResearch Center, 2017, pp.70-73.

23 정형, "4차 산업혁명과 일자리", KISDI Premium Report, 정보통신정책연구원, 2017, 11쪽.

24 황종성, "인공지능시대의 정부: 인공지능이 어떻게 정부를 변화시킬 것인가", IT & Future Strategy 제3호, 2017, 25쪽.

25 Ank Michels, "Innovations in democratic governance: how does citizen participation contribute to a better democracy?", International Review of Administrative Science 77권 2호, 2011, pp.275-293.

26 Antia Gurumurthy and Deepti Bharthur, "Democracy and the algorithmic turn", Internaitional Journal on Human Rights 15권 27호, 2018, p.41.

27 한상기, "인공지능의 악용, 딥페이크의 문제", KISA Report 8권, 2018, 1쪽.

28 송종길, "그래서 그들은 SNS로 갔다?", 방송 트렌드 & 인사이트 8권, 2016, 41쪽.

29 마이크로 타깃팅, 무엇인가(시사뉴스&, 2016.10.7.)

30 V. 민주주의의 미래: 알고리즘 민주주의 Chris Anderson, "The End of Theory: The Data Deluge Makes the Scientific Method Obsolete"(Wired, 08.06.27)

31 김상민, 『디지털 자기기록의 문화와 기술』, 커뮤니케이션북스, 2016.

32 김상민, 『디지털 자기기록의 문화와 기술』, 커뮤니케이션북스, 2016.

33 유발 하라리, 『21세기를 위한 21가지 제언』, 김영사, 2018, 113-114쪽.

34 한병철, 『심리정치: 신자유주의 통치술』, 문학과지성사, 2015.

CHAPTER 05

포용과 연대

문광진

 사례

A는 70대 노인으로서, 키오스크의 도입이 나날이 늘어나고 있어 음식 주문, 대중교통 티켓예매 등의 서비스를 제공받는 데 점차 어려움을 느끼고 있다. B는 다문화가정의 청소년으로서, 농촌 마을에서 가난하게 생활하고 있어 디지털 기기를 잘 활용하지 못하고 인공지능을 비롯한 디지털 기술에 대한 이해도가 많이 떨어진다. C는 저개발국의 청소년인데, 인공지능의 존재는 물론이고 인터넷을 활용해본 경험조차 없다. D는 저소득 1인 가구인데, 급작스러운 병환으로 기존의 생계 수단이었던 일용직마저 나가지 못하게 되어 생활이 매우 궁핍해졌으나, 자신이 관련 사회보장지원금의 수급 대상이 되는지조차 모르고 있다. E는 사회보장 수급과는 관계가 없는 중산층 가정의 가장인데, 자신도 모르게 자신뿐만 아니라 가족의 민감정보를 포함한 개인정보가 복지 사각지대 발굴을 위한 인공지능시스템에 의해 수집·처리되고 있었다. 포용과 연대의 관점에서 인공지능은 A, B, C, D, E에게 어떠한 영향을 줄 수 있을 것인가?

포용inclusion과 연대solidarity는 사회 구성원 모두가 서로의 다양성을 존중하면서 공존할 수 있게 하는 현대 민주사회의 핵심 가치에 해당한다. 포용과 연대가 개념적으로는 서로 구별이 되더라도, 사회통합과 인류공존이라는 지향점을 두고는 상호 밀접한 연관성이 있다. 사전적으로는 포용이 "남을 너그럽게 감싸 주거나 받아들임"으로, 연대가 "여럿이 함께 무슨 일을 하거나 함께 책임을 짐" 또는 "한 덩어리로 서로 연결되어 있음" 정도의 의미가 있다.[1] 결국 포용과 연대는 서로 동떨어진 개념이 아니다. 오히려 타인을 너그럽게 감싸고 받아들이고자 같이 행동하고 책임을 지는 일련의 과정이라는 측면에서 이 두 가지 개념은 서로 의존적이다. 즉, 포용이 하나의 지향점이 된다면, 연대는 그러한 지향점에 도달하기 위한 해법이 되는 것이다.

포용과 연대에 대립하는 개념으로는 배제와 소외 그리고 반목을 꼽을 수 있다. 오늘날 많은 사람이 경제적인 이유로 또는 연령, 성별, 지역, 학력, 장애 등 수많은 이유로 우리 사회에서 배제되고 소외되고 있다. 이러한 소외와 배제가 심각해지면 사회갈등으로 표출될 수 있고, 사회갈등의 심화는 민주주의의 위기의 초래, 미래사회를 대비한 제도개혁의 어려움, 경제발전에 대한 부정적 영향 등으로 이어지게 된다.[2] 우리 사회는 이념갈등, 지역갈등, 세대갈등, 계층갈등, 성별갈등 등 다양한 갈등을 겪고 있고, 최근 들어서는 이른바 '디지털 전환digital transformation'에 따라 디지털 기술에서 소외된 계층이 나타나면서 발생하게 되는 갈등 혹은 온라인 플랫폼에서의 경제활동이 증가하면서 발생하게 되는 신구 산업 간의 갈등까지도 겪고 있다. 이렇게 다양한 사회갈등을 해소하고자 제시된 개념이 바로 '포용사회inclusive society' 또는 '사회통합social cohesion'이다. 그리고 포용사회와 사회통합을 위한 행동수단으로서 사회적 연대social solidarity가 요구되는 것이다.

포용사회와 사회통합 모두 유럽에서 나타난 개념이나, 사실 포용사회는 사회통합보다는 뒤늦게 등장하였다. 사회통합은 프랑스나 벨기에와 같이 일찍부터 이민이 활발히 추진된 유럽국가에서 처음으로 사용된 개념이었고, 모든 사람의 복지를 보장하고 불균형과 양극화를 회피하는 사회적 능력 정도로 이해되고 있다.[3] 1980년대에 사회통합이 정책적으로 활용되기 시작하였다면, 포용사회 또는 사회적 포용이라는 개념은 독일의 사회학자 니클라스 루만^{Niklas} 의 1984년 저서인 『Soziale Systeme』에서 처음 등장한 것으로 알려졌는데, 그는 개인과 사회체계 간의 관계를 규명하기 위해서 이 용어를 사용하였다.[4] 그러나 정책적인 개념으로 활용된 것은 2000년대에 들어와서이다. 유럽 국가 정상들은 2000년 3월 23일과 24일 리스본에서 유럽이사회를 개최하여 유럽연합의 경제가 세계에서 가장 경쟁력 있고 가장 역동적일 수 있도록, 일자리의 양적·질적 개선과 더욱 폭넓은 사회통합을 동반한 지속 가능한 경제성장을 위한 '2000년 리스본 전략'을 발표하였다. 당시 본 이사회 개최에 앞서 유럽집행위원회는 "포용적 유럽의 건설Building an inclusive Europe"이라는 제목의 보도를 발표하면서, 사회적 배제와 빈곤에 맞서서 고용을 비롯한 향후 정책에서 사회적 포용을 목표로 하겠다고 밝혔다.[5] 이후 2007-2008년 발생한 글로벌 금융위기의 결과로, 전 세계적으로 경제적 불평등이 고조되고 각종 사회갈등이 격화되면서 사회적 안전망이 위협받게 되자, 2012년부터 OECD를 중심으로 새로운 성장 비전으로서 '포용적 성장inclusive growth'이 논의되기 시작하였다.[6] 그동안에는 기술과 경제의 발전의 성과를 소수가 독점하여 불평등이 확산되는 결과로 귀결되었으나, 포용적 성장은 그러한 발전을 통해 생산성을 촉진함으로써 불평등의 완화를 목적으로 하는 특징이 있다. 국내에서는 1990년대 후반 '대북화해협력정책'을 흔히 '햇볕정책' 또는 '대북포용정책' 등으로 불리면서 정책적 '포용'이 처음으로 언급되었지만, 개인이나 계층에 대한 불평등 문제로 다루어진 것은 그로 한참 후인 2017년이다. 이때 보건복지부는 2018년도 주요 복지정책 예산을 확대하면서, 소득보장 및 일하는 복지지원 강화, 사회적 돌봄 체계 확충, 공공의료 및 국민중심 의료서비스 확대, 4차 산업혁명 대비 성장기반 조성 등의 정책이 '모두가 누리는 포용적 복지국가' 실현을 위한 첫걸음이라고 밝힌 바 있다.[7] 이후 정부는 2018년 혁신적 포용국가 실현을 위한 '3대 비전, 9대 전략'을 발표한 데 이어, 2019년 '포용국가 사회정책 추진계획'을 수립하여 국민의 삶을 중심에 둔 혁신적 포용국가를 실현하기 위한 정책 과제를 제시하였다.

　포용에 비하여 연대는 그 용어의 기원이 훨씬 앞서 있다. 18세기 후반 프랑스 혁명기에 등장한 '연대solidarité'의 개념이 19세기 중반에 들어와서는 사회학의 중요 연구 대상이자 핵심 주제가 되었다. 특히, 에밀 뒤르켐Émile Durkheim은 사회의 분화에 따른 기계적 연대에서 유기적 연대로의 전환을 언급하였는데, 기본적으로 연대는 사회통합이라는 목표에 도달하기 위한 '도구적 가치'에 해당하였다.[8] 결국 연대는 포용적 사회에 도달하기 위한 수단이 되는 것이고, 사회 구성원의 상호 연대를 통해 포용의 사회로 접근해나가는 것이다.

　우리 헌법이 전문과 제11조에서 각각 "정치·경제·사회·문화의 모든 영역에 있어서 각인의 기회를 균등히 하고"와 "누구든지 성별·종교 또는 사회적 신분에 의하여 정치적·경제적·사회적·문화적 생활의 모든 영역에 있어서 차별을 받지 아니한다"고 하면서 평등의 원칙을 선언하고 있는 만큼, 소수자가 사회에서 배제되거나 소외되지 않도록 하는, 즉 모든 국민 내지 모든 사람이 차별받지 않는 사회를 구현하는 것이 포용의 가치라고 할 것이다. 그리고 차별 없는 사회를 위해 모두가 함께 노력하는 것이 연대의 가치이다. 그러나 포용과 연대의 가치를 실현하기 위해서는 사회·경제를 그대로 두는 것이 아니라 국가의 정책이나 제도에 의해 뒷받침되어야 한다. 포용과 연대는 인공지능을 비롯한 디지털 기술과 관련하여서도 밀접한 관계가 있다. 즉시성과 연결성을 특징으로 하는 디지털 기술이 발전을 거듭하면서 우리 사회는 지역과 국가의 경계를 뛰어넘으면서 급격하게 팽창해나가고 있다. 디지털 전환이 가져오는 사회적·경제적 변화는 인류에 커다란 혜택을 주고 있는데, 이러한 혜택을 함께 누리기 위해서는 포용과 연대가 필수적이다. 2022년 12월 유럽연합이 채택한 「디지털 10년을 위한 디지털 권리와 원칙에 관한 유럽의 선언European Declaration on Digital Rights and Principles for the Digital Decade」은 제2장에서 '연대와 포용Solidarity and inclusion'을 전혀 내세우면서 "디지털 기술은 분열이 아니라 통합을 위해 사용"되어야 하고, "디지털 전환은 유럽연합의 공정하고 포용적인 사회와 경제에 기여"하여야 함을 강조하고 있다. 우리나라에서는 2023년 9월 정부가 발표한 「디지털 공동번영사회의 가치와 원칙에 관한 헌장: 디지털 권리장전」이 디지털 혁신을 추구하면서도 그 혜택을 모두가 정의롭고 공정하게 향유할 수 있도록 포용과 연대의 가치를 담고 있다. 보다 구체적으로 디지털 접근의 보장^{제6조}, 디지털 다양성 존중^{제8조}, 디지털 리터러시 향상^{제14조}, 사회안전망 강화^{제16조}, 국가 간 디지털 격차 해소^{제27조} 등과 같은 규정을 두고 있다.

최근에는 이같이 디지털 분야에서 포용과 연대의 가치가 주목받고 있는데, 무엇보다도 정책적으로 중요하게 다루어지는 부분이 바로 디지털 격차와 관련된 문제이다. 디지털 격차는 디지털 기술의 활용 능력에 따른 격차 혹은 이러한 격차가 경제적·사회적 격차로 이어지는 것을 말하고, 취약계층의 디지털에 대한 접근성을 높이는 등 디지털 격차를 해소하고 국민의 디지털 역량을 강화하는 정책을 디지털 포용정책이라고 한다. 그런데 이러한 디지털 격차가 인공지능과 관련하여서는 더욱 심각하고 다층적인 양상을 보이고 있어 더욱 세심한 포용정책과 사회적 연대가 요구된다. 한편, 인공지능 기술은 포용과 연대를 가능하게 하는 수단으로써 활용될 수도 있다는 점에도 주목해볼 필요가 있다. 아래에서는 인공지능 포용에 대하여 본격적으로 검토하기에 앞서 디지털 격차와 디지털 포용과 관련된 정책과 법제도를 간략하게 살펴보고[II], 이어서 '인공지능을 위한 포용과 연대Inclusion and Solidarity for AI', 즉 인공지능 기술이 원인이 되어 발생하는 배제와 소외를 극복하기 위한 포용과 연대의 문제에 관하여 검토하며[III], 끝으로 '포용과 연대를 위한 인공지능AI for Inclusion and Solidarity', 즉 포용과 연대의 실현을 위한 인공지능 활용과 그에 필요한 법적 과제에 관하여 살펴보고자 한다[IV].

 II. 디지털 격차와 디지털 포용

1 디지털 격차의 의의 및 현황

'디지털 격차digital divide'는 단순히 디지털 기술, 기기, 서비스 등을 원활하게 활용하는 자와 그렇지 못한 자 사이의 역량 차이를 의미하는 것이 아니라, 이러한 역량의 차이로 인한 사회적·경제적 격차까지를 의미한다. 디지털 격차는 각종 디지털 기기나 서비스 등에 대하여 접근할 수 있는 기회를 충분히 보장받지 못하여 발생할 수 있고, 그러한 기기나 서비스를 활용할 능력이 떨어짐으로써 발생할 수도 있으며, 경우에 따라서는 디지털 기술에 대한 거부감이 크거나 수용성이 부족하여 발생할 수도 있다. 이러한 격차는 1차적으로는 생활의 불편함으로 다가오겠지만, 2차적으로는 직업 활동을 비롯한 경제 활동으로도 이어지면서 결국 경제적·사회적 격차에까지 이르게 되는 것이다.

　　최근 들어서는 최저임금 등 인건비가 상승하고 코로나바이러스감염증-19의 유행으로 비대면 문화가 확산됨에 따라 키오스크의 보급이 크게 늘어났다. 국내 키오스크 운영의 규모가 2022년을 기준으로 2019년 대비 약 2.4배 늘어났고, 특히 요식업 분야에서는 약 17배 늘어났다고 한다.[9] 그러나 고령층의 64.2%는 키오스크를 이용하여 주문을 하는 데 어려움 겪고 있다고 응답하였고,[10] 휠체어 사용자가 키오스크를 이용하기 위해서는 1,220mm 보다 낮은 높이로 설치되어야 하지만 전체 키오스크의 85%가 이보다 높다고 한다.[11] 휠체어를 탄 장애인에게는 키오스크에 대한 접근 자체의 어려움이 있는 것이고, 다수의 고령층은 키오스크 활용 자체가 서투르거나 거부감을 가진 경우라고 할 수 있겠다. 향후 키오스크와 관련된 디지털 격차는 단순한 생활의 불편함으로 그치지 않을 것이다. 앞으로도 디지털 전환의 가속화가 지속될 것이고, 요식업, 금융, 의료, 대중교통, 행정민원 등 키오스크가 점차 대면 서비스를 대체함으로써 이를 활용하지 않고서는 생존이 어려워질 수도 있다. 아울러 정보화 시대를 거치면서 이미 우리는 지식정보의 편중 현상을 경험하였고, 디지털 전환에 따라 디지털 기술이나 이러한 기술의 활용이 과거의 자본과 노동을 대체할 것으로 전망되고 있는 상황에서 디지털 격차는 결국 사회적·경제적 불평등의 심화를 의미한다고 하여도 과언은 아니다.

　　정부는 매년 '디지털정보격차 실태조사'를 실시하고 있는데, 4대 정보취약계층, 즉 장애인, 저소득층, 농어민, 고령층의 디지털정보화 수준을 일반국민과 비교한 수치를 산출하고 있다. 2022년 조사 결과에 따르면, 일반국민의 디지털정보화 수준을 100으로 할 때, 장애인은 82.2%, 고령층은 69.9%, 저소득층은 95.6%, 농어민은 78.9%의 수준으로 나타났다. 이러한 결과는 우리나라의 디지털 격차의 원인으로 소득 요인보다는 장애요인, 지역요인, 연령 요인이 더욱 큰 영향을 미치고 있는 것으로 알 수 있다.

2 디지털 격차 해소정책과 법제도

앞서 살펴본 '디지털정보격차 실태조사'에서 장애인, 농어민, 고령층의 디지털정보화 수준이 비교적 낮은 것으로 확인되었기 때문에, 실제 디지털 격차 해소정책 역시 이들을 포함한 디지털 취약계층에 대한 지원을 중심으로 실시되어 왔다. 디지털 격차 해소정책의 법적 근거는 현행 「지능정보화 기본법」에서 찾을 수 있는데, 그 기원은 2001년 1월 16일 제정되어 2001년 4월 17일 시행된 구 「정보격차해소에 관한 법률」로 거슬러 올라간다. 사실 1990년까지는 디지털 격차 해소에 대한 정책적 관심은 크지 않았고, 오히려 국가 전반의 정보화를 촉진하고 정보통신산업의 기반을 조성하는 데 더 큰 정책적 관심이 있었다. 2000년대에 들어 정보격차로 인한 폐해가 나타나기 시작하면서 정책적·제도적 대응의 필요성이 제기되었고, 이에 구 「정보격차해소에 관한 법률」이 "저소득자·농어촌지역 주민·장애인·노령자·여성 등 경제적·지역적·신체적 또는 사회적 여건으로 인하여 생활에 필요한 정보통신서비스에 접근하거나 이용하기 어려운 자에 대하여 정보통신망에 대한 자유로운 접근과 정보이용을 보장함으로써 이들의 삶의 질을 향상하게 하고 균형있는 국민경제의 발전에 이바지"하기 위한 목적으로 제정된 것이다. 구체적으로는 정보격차해소 종합계획의 수립, 정보격차해소위원회의 설치, 장애인이나 국민기초생활보장법상의 수급권자에 해당하는 자등에 대한 정보통신기기 지원, 정보화 교육의 실시와 정보통신서비스를 이용할 수 있는 관련 설비를 제공하는 정보이용시설의 설치·운영 등을 규정하였다. 구 「정보격차해소에 관한 법률」은 2009년 5월 22일 「정보화촉진기본법」이 「국가정보화 기본법」으로 전면개정되는 과정에서 흡수되었다. 그리고 「국가정보화 기본법」은 2020년 6월 9일 현행 「지능정보화 기본법」으로 전면개정되었고, 디지털 격차와 그 해소와 관계되는 규정을 두고 있다.

「지능정보화 기본법」은 현재까지도 디지털 격차라는 용어 대신 '정보격차'라는 용어를 쓰고 있고, 이를 "사회적·경제적·지역적 또는 신체적 여건 등으로 인하여 지능정보서비스, 그와 관련된 기기·소프트웨어에 접근하거나 이용할 수 있는 기회에 차이가 생기는 것"이라고 정의하고 있다제2조 제13호. 또한 지능정보사회 기본원칙으로서 국가와 지방자치단체가 "지능정보기술을 활용하거나 지능정보서비스를 이용할 때 사회의 모든 구성원에게 공정한 기회가 주어지도록 노력"하도록 하고제3조 제4항, 국가와 지방자치단체의 책무로서 "지능정보화로 발생·심화될 수 있는 불평등을 해소하고 노동환경 변화에 대하여 적극적으로 대응하기 위하여 노력"하도록 규정하고 있다제4조 제4항.

보다 구체적으로 「지능정보화 기본법」은 제45조에서 국가기관과 지방자치단체로 하여금 "모든 국민이 지능정보서비스에 원활하게 접근하고 이를 유익하게 활용할 기본적 권리를 누구나 격차 없이 실질적으로 누릴 수 있도록 필요한 시책을 마련"하도록 하는 일반규정을 두고, 제46조 내지 제50조와 관련 시행령 조항에서 위의 규정을 실천하기 위한 내용을 정하고 있다. 이는 크게 4가지 시책으로 볼 수 있는데, 첫째, 국가기관등이 정보나 서비스를 제공하기 위해 활용하는 웹사이트, 어플리케이션, 키오스크무인정보단말기, 전자출판물의 접근성 보장, 둘째, 장애인·고령자 등의 정보 접근 및 이용 편의를 증진하기 위한 웹사이트, 어플리케이션에 대한 접근성 품질인증제 운영, 셋째, 장애인·고령자 등의 지능정보서비스 접근 및 이용환경 개선을 위한 관련 기술 개발 및 지능정보제품 보급 지원, 넷째, 정보격차의 해소를 위한 교육의 시행이다.

한편, 「장애인차별금지 및 권리구제 등에 관한 법률」은 재화·용역 등의 제공자가 키오스크를 설치·운영하는 경우 장애인이 장애인 아닌 사람과 동등하게 접근·이용할 수 있도록 하는 데 필요한 정당한 편의를 제공하도록 규정하고제15조, 또한 정보접근에서의 차별금지제20조와 정보통신에서의 정당한 편의 제공의무제21조에 관하여도 규정하고 있다. 마찬가지로 「농어업인 삶의 질 향상 및 농어촌지역 개발촉진에 관한 특별법」 역시 "국가와 지방자치단체는 농어촌 주민이 생활에 필요한 정보통신서비스에 자유롭게 접근하여 정보를 이용할 수 있게 하기 위하여 도시와 농어촌 간의 정보격차를 해소하도록 노력하고, 이에 필요한 시책을 마련하여야 한다"라는 규정을 두고 있다^{제32조 제1항}

3 디지털 포용정책으로의 전환

앞서 살펴본 디지털 격차의 해소를 위한 정책과 제도는 주로 디지털 취약계층이라고 불리는 장애인이나 고령층에 대한 지원이 주를 이루고 있다. 그러나 이러한 디지털 취약계층 내에서도 개개인별로 디지털 접근성이나 활용 역량은 천차만별일 것이며, 향후 국내 사회에서는 이들 계층 이외에도 북한이탈주민이나 결혼이민자 등 다문화가정이 새로운 디지털 취약계층으로 떠오를 가능성이 있다. 즉, 기존의 디지털 격차 해소정책은 전체 국민의 디지털 역량을 강화하는 측면에서는 분명한 한계가 있는 것이다.[13] 이러한 한계를 극복하고 모든 국민이 차별이나 배제 없이 디지털 기술의 혜택을 고르게 누리게 하기 위한 정책이 바로 '디지털 포용'정책이다. 2020년 정부는 '디지털 포용 추진계획'을 발표하였는데, 4대 추진과제를 첫째, 전 국민 디지털 역량 강화, 둘째, 포용적 디지털 이용환경 조성, 셋째, 디지털 기술의 포용적 활용 촉진, 넷째, 디지털 포용 기반 조성으로 제시하였다.[14] 이러한 추진과제의 선정 배경에는 디지털 기술에 대한 접근능력과 활용역량의 차이가 경제적·사회적 불평등과 차별을 이전보다 심화시킬 것이라는 우려가 있었기 때문이었다.

이러한 정책을 실질적으로 또한 효과적으로 추진하기 위해서 제21대 국회에서 2건의 「디지털포용법안」이 제출되었다. 첫 번째는 2021년 1월 15일 강병원 의원이 대표 발의한 법안이고, 두 번째는 2022년 11월 23일 박성중 의원이 대표 발의한 법안인데, 구체적인 내용에는 큰 차이가 없다. 현행 「지능정보화 기본법」이 규정하는 내용을 토대로 하여, 디지털포용 기본계획 및 시행계획의 수립, 디지털포용위원회의 설치 및 운영, 디지털역량 함양을 위한 사업 및 디지털역량센터의 설치 등의 규정이 추가되었다.

사실 국민의 디지털 활용 역량을 강화하기 위해 과학기술정보통신부는 한국지능정보사회진흥원과 함께 2020년부터 '디지털배움터'를 운영하고 있다.

이는 취약계층뿐만 아니라 전 국민을 대상 오프라인 디지털 교육 기반을 확대하고, 취약계층에 대해서는 직접 방문하여 교육을 실시하는 등 실질적인 디지털 역량강화교육을 실시하기 위한 정책이다.[15] 2023년에는 디지털배움터를 전국 1,000개소로 확대하는 등 디지털역량교육은 지속적으로 강화될 예정이다.[16]

 ## III. 인공지능을 위한 포용과 연대

1 인공지능 리터러시의 의의

최근 리터러시[literacy]라는 표현을 자주 접할 수 있는데, 흔히 우리말로는 '문해력' 정도로 번역된다. 따라서 '인공지능 리터러시'도 단순하게는 인공지능 문해력, 즉 인공지능을 이해할 수 있는 역량 정도로 파악이 된다. '인공지능 리터러시'라는 용어 이전에 '디지털 리터러시'라는 용어가 먼저 사용된 것으로 보이는데, '디지털 리터러시[digital literacy]'는 "디지털 기술과 미디어를 활용하여 디지털 데이터, 정보, 콘텐츠를 탐색, 소비, 분석, 활용, 관리, 생산하고, 건강한 디지털 시민으로서 지혜롭게 소통하고 관계를 맺으며, 개인과 사회의 발전을 균형 있게 도모하는 역량"으로 정의되기도 한다.[17] '인공지능 리터러시' 역시 '디지털 리터러시'와 유사한 의미와 방식으로 정의할 수도 있겠으나, 인공지능 자체가 가지는 특수성에 주목할 필요가 있다. 물론 인공지능 기술이 디지털 기술의 한 범주에 속한다는 사실을 부정하는 것은 아니다. '디지털'은 '아날로그'와 대립되는 개념으로서, 본래는 정보의 저장과 전달을 0과 1이라는 유한한 숫자 형태로 구현하는 방식을 말한다. 그러나 오늘날에는 디지털의 성격을 가진다는 의미는 정보를 전자적인 방식으로 처리할 수 있다는 것이며, 「지능정보화 기본법」, 「산업 디지털 전환 촉진법」 등의 법률 규정을 통해 디지털 기술이 곧 인공지능, 빅데이터, 사물인터넷, 블록체인, 5G 이동통신, 클라우드컴퓨팅 등 지능정보기술과 같은 의미로 활용되고 있다는 사실을 확인할 수 있다.

그런데 인공지능 기술은 다른 디지털 기술과는 다르게 불확실성과 불투명성 등의 특징을 가진다. 인공지능은 인간의 학습과 추리 과정 등을 모방하여 개발된 소프트웨어로서, 그 목적 자체가 인간의 판단과 결정을 대신하고자 함이다. 특히, 최근에 주목받고 있는 딥러닝deep learning 방식의 인공지능은 인공 신경망을 통해 대량의 데이터를 분석하고 학습하여 스스로 일정한 패턴을 추출하고 분류함으로써 인간의 판단과 결정을 대신하는 결과를 산출해내고 있다. 이러한 인공 신경망은 매우 복잡한 구조로 되어 있고, 또한 블랙박스black box 모델이라고 불릴 정도로 특정한 결과가 도출되는 인과관계를 이해하기가 매우 어렵다는 특성이 있다. 그리고 인공지능은 단순한 디지털 기술 이상의 의미가 있는데, 이는 바로 인공지능이 인간의 판단과 결정을 대신함으로써 결국 장기적으로는 인간의 노동력을 대체하게 된다는 점이다. 이러한 인공지능 기술은 디지털 전환의 중심에서 가장 큰 변화를 선도해낼 것이며, 수많은 사회적 변화를 가져올 것이다. 그러므로 '인공지능 리터러시' 역시 단순히 인공지능 기술을 이해하고 활용하는 기능적 차원에서의 역량만을 의미한다고 보는 것은 곤란하다. 당연하게도 인공지능 시대를 비판적으로 이해할 수 있는 능력과 이를 통해 인공지능이 만들어 낼 새로운 세계를 예측할 수 있는 능력까지를 포함하는 포괄적이고 광범위한 개념에 해당한다.[18]

2 디지털 격차와 인공지능 격차

앞서 살펴본 바와 같이 디지털 격차는 디지털 기술 따위를 원활하게 활용하는 자와 그렇지 못한 자 사이의 환경이나 역량의 차이 또는 그러한 차이로 인한 사회적·경제적 격차를 의미한다. 즉, 이러한 디지털 격차는 개인과 개인 간의 격차를 말하는 것이다. 최근에는 '인공지능 격차'라는 표현도 흔하게 사용되고 있다. 그러나 '인공지능 격차'는 디지털 격차에 대한 정의와는 다르게, 주로 국가 간, 지역 간, 기업 간의 인공지능 기술 수준의 격차를 의미하는 용어로 사용되고 있다. 즉, 일반적으로 '인공지능 격차'는 개인과 개인 간의 이른바 '인공지능 리터러시'의 차이를 의미하지는 않는다. 이는 인공지능 기술이 디지털 기술에 포섭되는 개념이기 때문에, 자연스럽게도 '디지털 격차'의 개념이 개인과 개인 사이에서 드러나는 이른바 '인공지능 리터러시'의 격차와 관련된 문제를 포괄한다고 볼 수 있다.

이는 즉, 기존에 논의되고 있었던 디지털 격차와 관련된 문제가 인공지능 기술의 발전에 따라 그리고 인공지능 시대의 도래에 따라서 더욱 심화되거나 혹은 다른 양상으로 전개되는 것이다. 물론 종래의 디지털 격차와 관련하여서도, 디지털 접근이나 활용에서 소외되는 디지털 취약계층이 단순히 생활의 불편함만을 겪는 것이 아니라 사회적·경제적 불평등까지를 겪게 되는 문제가 논의되었다. 디지털 역량이 곧 직업적 역량으로 연결되고 있어, 장기적으로는 이러한 역량의 보유 여부가 인간다운 생활을 유지할 수 있느냐의 문제와도 이어지게 될 것이다. 여기서 주의할 점은 인공지능 활용 역량의 차이는 기존의 디지털 격차와는 차원이 다른 문제에 직면하는 데, 바로 인공지능 기술의 목적 자체가 인간의 노동력을 대체하는 데 있다는 것이다. 향후 인공지능 기술의 확산으로 수많은 일자리가 사라진다거나, 최소한 노동환경에는 큰 영향을 줄 것이라는 예측을 자주 접할 수 있다. 특히, 최근 들어서는 생성형 인공지능의 눈부신 성장에 따라 과거에는 인간만이 소화할 수 있었던 영역까지도 인공지능이 활약하고 있어서, 그러한 우려는 더욱 심각해지고 있다. 세계경제포럼이 2023년 실시한 한 조사에서는 향후 5년간 6,900만 개의 일자리가 새로 생겨나지만, 8,300만 개의 일자리는 사라질 것이라고 예상되었다.[19] 결국 인공지능 기술의 발전은 수많은 실업자가 양산하고, 그로 인한 각종 사회갈등이 발생할 여지가 있는 것이다. 이는 고용이나 복지를 포함한 폭넓은 정책적 대응이 필요한 부분이라고 할 수 있겠다.

3 인공지능을 위한 포용과 연대의 방향성

인공지능을 위한 포용과 연대, 즉 인공지능 생태계가 지속 가능하고, 또한 우리 사회 역시 지속 가능하기 위해서는 포용적인 인공지능 사회를 구축해야 하는 것이며, 이러한 사회를 지향하고자 사회 구성원 모두가 연대하여야 할 것이다. 인공지능 기술의 발전에 따라 산업을 비롯한 사회의 전 영역에서 자동화가 빠르게 진행되는 경우, 무엇보다도 가장 큰 사회적 우려는 일과 일자리의 변화일 것이다. 그 대응책으로는 복지정책의 확대가 거론되기도 한다. 그러나 최근 디지털 전환의 영향으로 플랫폼 노동자의 수가 늘어나는 현상만 보았을 때도, 이들 플랫폼 노동자의 '근로자성'이 인정되지 않아 기존의 고용관계에 속하는 노동자에게 인정되는 각종 사회보장제도가 그대로 적용되기 어려운 문제가 있다. 즉, 노동의 유연성이 가속화될 미래사회에서 새로운 형태의 노동자를 보호하고 사회안전망을 구축하기 위해서는 제도적으로 뒷받침이 되는 복지의 확대가 필요할 것이다. 현재까지는 인공지능에 의한 일자리 대체가 가시화된 상황은 아님에도, 벌써 기존 복지혜택을 확대하는 수준을 넘어서 모든 시민에게 기본소득을 제공할 필요가 있는지가 논의되기도 한다.

그러나 복지제도의 확대 정책은 인공지능 기술 발전에 따른 불평등 해소의 첫 번째 단계는 아닐 것이다. 일찍이 존 롤스John Rawls는 '공정으로서의 정의' 관점에서 분배에 대하여 살펴보았다.[20] 이는 보편적 복지와 선별적 복지의 조합의 강조로 해석될 수 있는데, 전자의 경우 모두에게 평등하게 개방된 복지로서 공정한 기회의 균등으로서의 평등을 보장하는 것이 중요하고, 후자의 경우 효율성의 원칙과 차등의 원칙에 따라 최소수혜자 집단의 이익을 최대화하는 것이 중요하다. 즉, 제도적으로 복지혜택을 확대하는 것보다 선결하여야 하는 문제가 바로 모든 시민에게 공정하고 평등한 기회를 제공하는 것이다. 전 국민의 인공지능 리터러시를 강화하는 수준의 디지털 포용정책을 시행하는 것이 공정하고 평등한 기회를 제공 제공의 첫 단추가 될 것이다. 또한 이러한 기회가 제공될 수 있도록 사회 구성원이 함께 힘을 모으는 연대가 역시 필요할 것인데, 인공지능 리터러시를 강화하기 위해서는 일정 정도의 국가재정이 투입될 것이고, 이를 함께 부담하는 것도 사회적 연대의 일환이라고 할 것이다. 그런데 이러한 인공지능 포용을 위한 사회적 연대가 국내 차원에서만 머무르지 않는다. 바로 국가 간 인공지능 격차를 해소하고자 저개발국의 국민이 인공지능 리터러시를 함양할 수 있도록 각종 교육 프로그램을 제공하는 지원책 역시 포용과 연대의 과제에 속한다. UN 산하 국제전기통신연합ITU에 따르면 전 세계 인구 78억 명 중에서 인터넷에 접속해보지도 못한 사람이 29억 명에 다다른다.[21] 이들이 인공지능을 이해하고 활용하기 위해서는 국제사회 차원의 포용과 연대에 바탕한 국제개발협력ODA에 적극 참여할 필요가 있을 것이다.

이러한 디지털 포용정책의 시행과 연대적 접근이 인공지능 사회의 불평등 해소를 위한 첫 번째 단계일 것이고, 사회보험제도, 공공부조제도, 사회서비스 제도 등을 제공하는 사회보장제도를 확대하는 것이 두 번째 단계이다. 인공지능 리터러시를 함양하는 정책을 통해 스스로 불평등을 극복할 기회를 부여하였음에도 부득이하게 발생하게 된 불평등을 치유하기 위한 수단으로서 복지제도를 함께 고려하는 것이다.

 ## IV. 포용과 연대를 위한 인공지능

1 포용과 연대를 위한 인공지능의 활용 분야

앞서 살펴본 바와 같이, 사회 구성원 전체가 인공지능에 대하여 원활하게 접근하여 이를 손쉽게 활용할 수 있게 하는 것이 바로 인공지능을 위한 포용과 연대의 실현이다. 그런데 한편으로는 인공지능이 포용과 연대라고 하는 가치를 실현하기 위한 도구로써 활용될 수도 있다. 즉, 포용과 연대를 위한 인공지능의 가능성을 논의하는 것인데, 인공지능이라고 하는 기술이 특정 개인이나 집단의 이익을 위해서 활용되는 것이 아니라, 공익을 증진하는 차원에서 활용되는 것을 의미한다. 최근에는 행정이나 공공부문에서 인공지능 기술이 널리 활용되고 있다. 그러나 포용과 연대를 위해 인공지능이 활용된다고 하려면 인공지능이 단순히 행정이나 공공에서의 업무 효율성을 증진하는 수준을 넘어서 사회구성원 전체의 이익이 되는 방향으로 활용되거나, 혹은 사회적 약자를 배려하기 위한 방향으로 활용되어야 할 것이다.

2020년 12월 우리 정부가 관계부처 합동으로 발표한 「인공지능AI 윤리기준」은 '인간성을 위한 인공지능'을 위해 인공지능 개발에서 활용에 이르는 전 과정에서 고려해야 할 3대 기본원칙으로서 '인간 존엄성 원칙', '사회의 공공선 원칙', '기술의 합목적성 원칙'을 제시하였다. 이 3대 기본원칙 중 '사회의 공공선 원칙'은 공동체로서 사회는 가능한 한 많은 사람의 안녕과 행복이라는 가치를 추구해야 하고, 인공지능은 지능정보사회에서 소외되기 쉬운 사회적 약자와 취약 계층의 접근성을 보장하도록 개발 및 활용되어야 하는 것이며, 공익 증진을 위한 인공지능 개발 및 활용은 사회적, 국가적, 나아가 글로벌 관점에서 인류의 보편적 복지를 향상시킬 수 있어야 함을 의미한다. 「인공지능[AI] 윤리기준」은 3대 기본원칙을 실천하고 이행할 수 있도록 인공지능 전체 생명 주기에 걸쳐 충족되어야 하는 10가지 핵심 요건을 역시 제시하고 있는데, 10가지 핵심 요건 중 '공공성'과 '연대성' 요건은 '사회의 공공선 원칙'을 구체적으로 실현하기 위한 요건에 해당한다. 우선, 전자의 '공공성'은 세부적으로 "인공지능은 개인적 행복 추구 뿐만 아니라 사회적 공공성 증진과 인류의 공동 이익을 위해 활용해야 한다", "인공지능은 긍정적 사회변화를 이끄는 방향으로 활용되어야 한다", "인공지능의 순기능을 극대화하고 역기능을 최소화하기 위한 교육을 다방면으로 시행하여야 한다"를 의미하고, 이어서 후자의 '연대성'은 "다양한 집단 간의 관계 연대성을 유지하고, 미래세대를 충분히 배려하여 인공지능을 활용해야 한다", "인공지능 전 주기에 걸쳐 다양한 주체들의 공정한 참여 기회를 보장하여야 한다", "윤리적 인공지능의 개발 및 활용에 국제사회가 협력하도록 노력해야 한다"를 의미한다. 이같이 '공공성'과 '연대성'을 증진하는 방향으로 인공지능을 활용하는 것이 바로 포용과 연대를 위한 인공지능의 활용이라고 할 것이다.

포용과 연대를 위한 인공지능의 가능성과 관련해서는 비단 국내에서만 논의되는 것이 아니라 국제적 차원에서도 활발히 논의되고 있다. ITU는 UN이 제시하는 '지속 가능한 발전 목표[SDGs, Sustainable Development Goals]'를 달성하는 데 인공지능을 활용하는 방안에 관하여 연구를 진행하고 있고, 이를 '공공선을 위한 인공지능[AI for Good]' 또는 '사회적 공공선을 위한 인공지능[AI for Social Good]'이라고 명명하였다.[22] UN이 제시한 SDGs에는 17가지의 상세 목표가 있는데, 이는 ① 빈곤 퇴치, ② 기아 종식, ③ 건강과 웰빙, ⑤ 양질의 교육, ⑥ 성평등, ⑦ 깨끗한 물과 위생, ⑧ 모두를 위한 깨끗한 에너지, ⑨ 양질의 일자리와 경제성장, ⑩ 사회, 혁신, 사회기반 시설, ⑪ 불평등 감소, ⑫ 지속 가능한 도시와 공동체, ⑬ 기후변화와 대응, ⑭ 해양생태계 보존, ⑮ 육상생태계 보호, ⑯ 정의, 평화, 효과적인 제도, ⑰ 지구촌 협력을 말한다.

　　SDGs를 위한 인공지능 기술 활용의 예를 들면, 여덟 번째 목표인 '모두를 위한 깨끗한 에너지'와 열세 번째 목표인 '기후변화와 대응'을 위해서 인공지능 기술을 통하여 재생에너지의 활용도를 높이는 방안이 있을 것이다. 이는 태양광에너지와 풍력에너지 등의 재생에너지의 생산량을 높이기 위해서 태양광 발전소나 풍력발전소를 건설하기에 앞서 인공지능 기술을 기후, 지리, 주변 환경 등의 데이터를 분석함으로써 발전량을 최대치로 높일 수 있는 최적의 입지 조건을 선정하는 데 활용하는 것이다.[23] 또 다른 예를 들자면, 열일곱 번째 '지구촌 협력' 목표를 달성하고자 저개발국이 성장할 수 있는 바탕으로서 인공지능을 활용하는 것이다. 이미 2023년 11월 1일과 2일 우리나라를 비롯한 28개국이 영국에서 개최된 'AI안전 정상회의AI Safety Summit'에서 "포용적 인공지능과 디지털 격차 해소의 중요성을 고려하며, 우리는 국제협력이 필요에 따라 다양한 파트너를 참여시키고 포함하기 위해 노력해야 함을 재확인하고, 지속가능한 성장 지원 및 개발 격차 해소를 위해 개발도상국의 인공지능 역량 강화를 지원하고 인공지능의 촉진적인 역할을 활용하는 개발지향적 접근과 정책을 환영한다"라는 내용이 포함된 공동선언문을 채택한 바 있다.[24] 앞서 살펴보았듯이 인공지능을 위한 포용과 연대를 위해서도 저개발국에 대한 인공지능 리터러시 함양 지원이 중요한 내용을 차지하였다. 그런데 포용과 연대를 위한 인공지능과 관련하여서는 국제적 협력을 통해 저개발국 국민이 디지털 리터러시와 인공지능 리터리시를 함양하는 데 필요한 교육 프로그램 등을 지원하는 방법으로서 인공지능 기술을 활용할 수 있다는 것이다. 최근 급성장을 보이는 초거대·생성형 인공지능의 파운데이션 모델foundation model을 저개발국에 지원하여 이를 디지털과 인공지능 교육에 활용하는 방안이 있는데, 이는 저개발국에 대하여 글로벌 빅테크 기업이 연대의 차원에서 접근할 수 있는 수단이 된다.

2 복지사각 지대 발굴을 위한 활용의 예를 통해 살펴보는 법적 문제

포용과 연대를 논하는 데 있어서 빠질 수 없는 부분이 복지와 관련된 분야일 것이며, 이는 위에서 언급한 UN의 SDGs의 열한 번째 '불평등 감소' 목표와도 직접적인 관련이 있다. 복지 분야에서는 이미 인공지능 기반의 챗봇, 보이스봇, 돌봄 로봇 등 노인 돌봄 제품과 서비스가 독거노인의 외로움 해소, 응급상황 대처, 고독사 예방을 위해 활용되고 있다. 그뿐만 아니라 디지털 전환에 따른 일자리의 변화를 언급하였듯이, 인공지능 기술의 발전과 사회적 확산에 따라 향후 국가는 더욱 적극적인 사회적 역할을 요구받게 될 것인데, 사회보장행정에서 복지 사각지대를 발굴하기 위해 인공지능 기술이 현재 활용되고 있다는 점을 주목해볼 수 있겠다.

2014년 이른바 '송파 세 모녀 사건'의 발생을 계기로 복지 사각지대의 해소가 중요한 사회적 과제로 떠올랐고, 국회는 같은 해 「사회보장급여의 이용·제공 및 수급권자 발굴에 관한 법률」^{이하 "사회보장급여법"}을 제정하고, 「국민기초생활 보장법」과 「긴급복지지원법」을 개정하면서 사회보장체계를 변화시키고자 하였다. 특히, 「사회보장급여법」은 사회보장 수급자격이 있지만 비수급 상태인 수급권자를 '사회보장 사각지대'로 보고, 이러한 수급권자를 발굴해내기 위해 사회보장정보의 처리와 사회보장정보시스템의 이용 등에 관한 규정을 두고 있다.

보다 자세히 살펴보면, 동법 제23조는 보건복지부장관이 "관계 법령 등에 따라 사회보장급여를 제공하는 국가기관과 지방자치단체"를 의미하는 '보장기관'으로 하여금 수급권자의 선정 및 급여 관리 등에 관한 업무를 효율적으로 수행할 수 있도록 사회보장정보시스템을 통하여 각종 자료 또는 정보^{동조 제1항 제1호 내지 제7호}를 처리할 수 있도록 규정하고 있다.[25] 아울러 보건복지부장관이 사회보장정보를 처리하기 위하여 관계 중앙행정기관, 지방자치단체, 관계 기관·법인·단체·시설의 장에게 필요한 자료 또는 정보를 요청할 수 있다. 이 경우 관계 중앙행정기관의 장 등은 정당한 사유가 없으면 그 요청에 따라야 한다. 아울러 동법 제24는 보장기관의 장이 분기마다 정기적으로 실시하여야 하는 발굴조사를 비롯한 업무를 효율적으로 수행하기 위하여 사회보장정보시스템을 이용하거나 관할 업무시스템과 사회보장정보시스템을 연계하여 이용할 수 있도록 하였고, 보건복지부장관이 사회보장의 사각지대를 해소하기 위하여 사회보장정보시스템을 통하여 처리된 정보를 보장기관의 장에게 제공할 수 있도록 하였다. 본 사회보장정보시스템의 운영은 한국사회보장정보원이 보건복지부장관의 사무를 위탁받아 처리하고 있고, 특히 한국사회보장정보원은 본 시스템상 복지 사각지대 대상자 발굴을 위한 머신러닝 알고리즘을 이미 2015년 12월 시범 운영하기 시작하여 2016년 2월부터 본격적으로 활용하고 있는 상황이다.[26] 한편, 2022년 9월부터는 차세대 사회보장정보시스템이 개통되어 구체적인 사각지대 발굴 위기정보가 기존 34종에서 39종으로 확대되었으며, 여기에는 요금체납 정보_{단전, 단수, 단가스, 전기료체납, 건보료체납, 국민연금체납, 관리비체납, 임차료체납, 통신비체납 등 9종}, 생활수준 추정 정보_{노인장기요양, 의료비과다지출, 전세취약가구, 월세취약가구, 금융연체, 건강보험료 부과내역, 맞춤형 급여 신청 소득재산정보 등 7종}, 상황 변동 정보_{시설퇴소자, 기초긴급신청탈락, 휴폐업, 화재피해, 재난피해, 세대주사망, 장기요양 등급, 중증질환 산정특례, 요양급여 장기 미청구, 주민등록 세대원 등 10종}, 근로 위기 정보_{실업급여수급, 실업급여미수급, 산재요양후미취업, 미취업일용근로자, 개별연장급여대상 등 5종}, 타 복지사업 관련 정보_{위기학생, 영양플러스미지원, 방문건강관리군, 기저귀분유지원, 신생아 난청확진 등 5종}, 기타 정보_{자살고위험군2종, 범죄피해자 등 3종}가 포함된다.[27]

이렇게 수많은 종류의 개인정보 처리에 관하여 법률상의 근거를 두고 있더라도, 이러한 다량의 개인정보를 인공지능이 대량으로 처리함으로써 특정인을 프로파일링하는 것에 대해서는 법률상의 근거가 없다. 인공지능 기술을 활용하여 복지 사각지대를 신속하고 정확하게 파악함으로써 '송파 세 모녀 사건'과 같은 비극을 방지하는 것이 포용과 연대라고 하는 현대 민주사회의 중요 가치를 실현하는 것임은 분명하다. 그러나 복지 사각지대의 발굴은 사실상 전 국민을 대상으로 민감정보를 포함한 대량의 개인정보를 정보주체의 제대로 된 동의 없이 수집하여 활용한다는 것은 분명히 헌법상 기본권으로 인정받고 있는 개인정보자기결정권 침해의 여지도 있는 것이다. 현재 행정 활동에서 인공지능 기술 활용의 근거가 되는 법률 규정은 "행정청은 법률로 정하는 바에 따라 완전히 자동화된 시스템_{인공지능 기술을 적용한 시스템을 포함한다}으로 처분을 할 수 있다. 다만, 처분에 재량이 있는 경우는 그러하지 아니하다."라고 규정한 「행정기본법」제20조와 지능형 전자정부서비스의 제공 근거를 두고 있는「전자정부법」
제18조의 2인데, 이 두 규정이 복지 사각지대 발굴에 있어 인공지능 기술 활용
에 의한 개인정보자기결정권 제한 근거가 되지는 못한다. 실제 사회보장급여
수급자격을 파악하는 것과는 직접적인 관련이 없는 정보까지 처리의 대상이
되고, 본인뿐 아니라 가구원 전체의 삶이 인공지능에 의해 프로파일링되는 문
제는 단순히 개인정보 보호의 문제를 넘어서 사생활 침해와 감시사회의 도래
위험까지도 우려해 볼 수 있을 것이다.[28]

 ## V. 소결

앞의 사례에서 등장한 A, B, C, D, E의 상황에 대해서는 모두 포용과 연대
라는 관점에서 인공지능과 관련지어 생각해볼 수 있다. A는 점차 늘어나는 키
오스크의 도입에 불편을 겪고 있는데, 정부는 고령자, 장애인 등 디지털 취약
계층도 손쉽게 활용할 수 있는 키오스크가 보급될 수 있도록 하드웨어적·소프
트웨어적 가이드라인을 제시하고 그러한 키오스크에 대한 품질 인증제를 시행
하며, 공공성이 강하게 요청되는 분야에서는 최소한의 비대면 서비스를 제공
하도록 법적으로 의무화할 수도 있을 것이다. B의 경우 디지털 리터러시와 인
공지능 리터러시를 함양하지 않으면 장차 변화하는 디지털 사회에서 소외되어
양질의 일자리를 얻지 못할 수 있으니, 정부는 B와 같은 디지털 취약계층 청소
년을 대상으로 학교 교과과정과 '디지털배움터' 등을 활용하여 각종 리터러시
를 함양할 수 있는 효과적이고 충분한 기회를 제공해야 할 것이다. C는 비단 C
개인만의 문제가 아니라 해당 국가의 국민 전체가 디지털과 인공지능의 역량
이 부재하여 결국 해당 국가는 경제성장의 기회조차 얻지 못하게 될 수 있으므
로, 국제사회는 연대의 차원에서 인공지능을 비롯한 디지털 기술에 대한 접근
과 활동의 가능성을 보장해줄 필요가 있겠다. D는 사회보장지원금을 수급받아
자신의 인간다운 생활을 할 권리를 보장받아야 하지만 그 방법을 모르고 있는

데, 복지 사각지대를 발굴해내는 인공지능시스템이 D의 각종 정보를 분석하여 담당 공무원에게 위기 경보를 함으로써 사회보장 혜택을 받을 수 있을 것이다. E와 E의 가족은 사회보장 수급과는 전혀 관계가 없고 동의하지도 않았지만, 법률의 근거를 이유로 복지 사각지대 발굴 인공지능시스템에 의해 경제생활과 관련된 민감정보를 포함한 개인정보가 수집 및 처리되고 있어 헌법상 개인정보자기결정권이 침해 여지가 있을 수 있다.

생각해 볼 점

1. 인공지능 기술의 발전과 사회적 확산이 가속화되면서 인공지능에 의해 일자리가 빠르게 대체되어 실업이 늘어날 것이라는 의견과 인공지능에 의해 줄어드는 일자리만큼 새로운 일자리가 등장할 것이라는 의견이 대립하고 있다. 후자의 경우라고 하더라도 최소한 일자리의 총량에 상관없이 당장 실직하거나 고용의 불안정을 경험하게 되는 사람의 인간다운 삶은 보장해야 하지 않을까? 보장해야 한다면 그 역할은 누가 담당해야 할 것인가?

2. 복지 사각지대를 발굴하기 위한 인공지능 시스템을 개발·구축하기 위해서는 수많은 사람의 경제활동과 관련된 데이터가 필요하다. 사회보장급여의 수급자격이 인정되고 긴급하게 복지의 혜택이 필요한 사람을 발굴하고 일정한 지원을 하고자 전 국민의 민감정보를 비롯한 개인정보를 수집하여 인공지능 학습데이터로 활용하는 것이 정당화될 수 있을 것인가? 긴급하게 복지지원이 필요한 자를 발굴하고자 개개인이 개인정보를 제공하는 것이 연대의 활동으로 볼 수 있을 것인가?

심화 학습 자료

원종배·이부하, "디지털 포용정책의 법제도적 내용과 발전방향", 『IT와 법연구』 제24집, 경북대학교 IT와 법연구소, 2022.

홍석한, "사회보장 영역에서 인공지능 활용에 대한 헌법적 고찰", 『법학논고』 제80집, 경북대학교 법학연구원, 2023.

ITU, United Nations Activities on AI, 2021.

World Economic Forum, Future of Jobs Suvey 2023, Insight Report, may 2023.

미주

1   표준국어대사전, 국립국어원, https://stdict.korean.go.kr/main/main.do

2   문광진, "사회통합과 정부신뢰를 위한 행정법의 과제 - 프랑스 마크롱 대통령의 행정개혁을 중심으로 -", 『성균관법학』 제35권 제2호, 성균관대학교 법학연구원, 2023, 36쪽.

3   Comité des Ministres du Conseil de l'Europe, 「Nouvelle stratégie et Plan d'action du Conseil de l'Europe pour la cohésion sociale」, Conseil de l'Europe, 7 juillet 2010, p.2.

4   Brigitte Bouquet, L'inclusion : approche socio-sémantique, Vie sociale n° 11, Érès, 2015, p.16.

5   Communication from the Commission, Building an inclusive Europe, 2000/0079 final.

6   OECD, Bridging the Gap: Inclusive Growth 2017 Update Report, 2007, p.3.

7   보건복지부 보도자료, "'모두가 누리는 포용적 복지국가' 실현을 위한 첫걸음", 2017. 8. 29.

8   서유석, "'연대'(solidarity) 개념에 대한 철학적 성찰", 『철학논총』 제72집 제2권, 새한철학회, 2013, 4-5쪽.

9   과학기술정보통신부, "키오스크 접근성 현황조사", 2022.

10   보건복지부, "2020 노인실태조사", 2020.

11   한국소비자원, "키오스크 이용 실태조사", 2022.

12   과학기술정보통신부·한국지능정보사회진흥원, "2022 디지털정보격차 실태조사", 2022, 38쪽.

13   원종배·이부하, "디지털 포용정책의 법제도적 내용과 발전방향", 『IT와 법연구』 제24집, 경북대학교 IT와 법연구소, 2022, 283쪽.

14   관계부처 합동 보도자료, "'소외없는 디지털 세상' 밑그림 확정 - 정보통신전략위 '디지털 포용 추진계획' 의결 -", 2020. 6. 23.

15   디지털배움터 홈페이지, "디지털 역량강화교육이란?", 한국지능정보사회진흥원, https://www.디지털배움터.kr/c/inner/153.do.

16   과학기술정보통신부 보도자료, "디지털역량교육과 함께라면 배움에 늦음도, 차별도 없습니다. - '22년 79.3만 명에게 디지털교육 제공, 디지털 강사·응원단 5,191명 고용 -", 2023. 1. 12.

17   디지털리터러시교육협회 홈페이지, "디지털 리터러시란", https://sites.google.com/view/cdlkr/디지털-리터러시/디지털-리터러시란.

18   이유미·박윤수, "AI 리터러시 개념 설정과 교양교육 설계를 위한 연구", 『어문논집』 제85집, 중앙어문학회, 2021, 461쪽.

19   World Economic Forum, Future of Jobs Suvey 2023, Insight Report, may 2023, p.28.

20   John Rawls, A Theory of Justice, The Belknap Press of Harvard University Press, 1999, pp.53-54.

21 ITU, Digital Development Dashboard, 2021.

22 ITU, United Nations Activities on AI, 2021.

23 문아람/이호영/문광진/김희연/이시직/주지연/김민기/홍석한/선지원/최문정, 2023 ICT 기반 사회현안 해결방안 연구, 정보통신정책연구원, 2022, 91쪽.

24 ZDNET Korea, "[주간 AI 핫뉴스] 세계 28개국 첫 'AI규제안' 마련… "김 빠진 회의" 평가도", 2023. 11. 6. 보도.

25 1. 근거 법령, 보장대상 및 내용, 예산 등 사회보장급여 현황에 관한 자료 또는 정보, 2. 제5조부터 제22조까지에 따른 상담, 신청, 조사 및 자격의 변동관리에 필요한 인적사항·소득·재산 등에 관한 자료 또는 정보, 3. 사회보장급여 수급이력에 관한 자료 또는 정보, 4. 제51조에 따라 보건복지부장관이 위임·위탁받은 업무를 수행하는 데 필요한 자료 또는 정보, 5. 사회보장정보와 관련된 법령 등에 따른 상담, 신청(제25조제3항에 따른 신청을 포함한다), 조사, 결정, 제공, 환수 등의 업무처리내역에 관한 자료 또는 정보, 6. 사회보장 관련 민간 법인·단체·시설의 사회보장급여 제공 현황 및 보조금 수급이력에 관한 자료 또는 정보, 7. 그 밖에 사회보장급여의 제공·관리 및 사회보장정보시스템 구축·운영에 필요한 정보로서 대통령령으로 정하는 자료 또는 정보.

26 이우식·박선미·이인수, "복지사각지대 대상자 발굴률 향상을 위한 인공지능시스템 활용 연구", 사회보장정보원, 2019.

27 보건복지부 보도자료, "차세대 사회보장정보시스템 개통[2차] – 약자 복지 향상 및 국민 불편 해소 정보기술[IT] 기반 마련 –", 2022. 9. 6.

28 홍석한, "사회보장 영역에서 인공지능 활용에 대한 헌법적 고찰", 『법학논고』 제80집, 경북대학교 법학연구원, 2023, 48쪽.

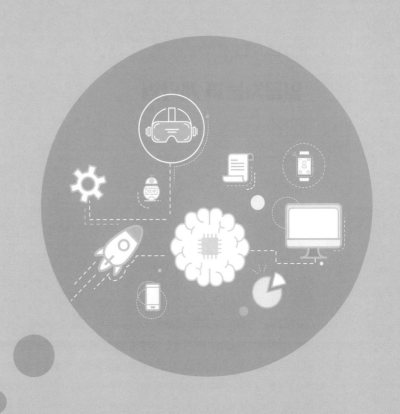

03

인공지능법 깊이 알기

CHAPTER 01

인공지능과 계약법

이상용

 사례

A는 자신이 운영하는 웹사이트에서 B 회사가 개발한 C 인공지능을 이용하여 컴퓨터 부품을 판매하는 사업을 하고 있다. C 인공지능은 A의 설정에 따라 스스로 인터넷을 검색하여 컴퓨터 부품의 종류와 품질에 따른 적정 가격을 조사하고 거래 상대방의 태도를 분석한 뒤 이를 바탕으로 가격과 상대방을 결정하여 자율적으로 계약을 체결하는 기능을 갖고 있으며, 이용 과정에서 추가적인 학습을 통해 주기적으로 성능 향상이 이루어지도록 되어 있다. 그러던 어느 날 무슨 일인지 B 인공지능은 시가 100만 원 상당의 그래픽 카드를 1만 원에 판매하겠다는 게시물을 올렸고 좋은 기회라고 생각한 D는 위 그래픽 카드를 매수하였다. A는 프로그램이 잘못 작동된 것이라면서 그래픽 카드의 인도를 거절하고 있다. D는 A에게 위 매매계약에 따라 그래픽 카드의 인도를 청구할 수 있을까?

1 **계약의 의미와 기능**

　우리는 살아가기 위하여 많은 것들을 필요로 한다. 입을 옷, 먹을 음식, 살아갈 집은 물론이고 커피와 스마트폰도 있어야 한다. 이 모든 것을 스스로 만들어 쓴다는 것은 비현실적이다. 결국 우리는 자신이 잘 할 수 있는 일에 집중하고 남는 것을 다른 사람들과 바꾸어 쓸 수밖에 없다. 필요한 물건을 남에게서 빼앗거나, 공산주의에서처럼 국가의 강제에 의하여 재화의 생산과 교환을 통제하는 방법도 있겠지만, 인류는 아주 오래 전부터 합의에 의한 교환을 통해 좀 더 나은 삶을 누리고자 했다. 도구를 만드는 데 필요한 흑요석과 같이 중요한 자원들은 이미 석기시대부터 교역 대상이 되었고, 매머드 사냥을 하던 빙하기에 시작되어 농경의 도입과 함께 자리잡은 정착생활은 전문화와 잉여 생산물의 교환을 통해 문명으로의 길을 열었다. 초창기에는 '현재의 재화'를 교환하는 경우가 대부분이었겠지만, 신뢰가 축적되면서 '미래의 재화'의 거래도 이루어지기 시작했을 것이다. 이를테면 나중에 곡식을 수확하면 줄 테니 일단 퇴비를 좀 달라는 식이다. 이제 물건만이 아니라 약속도 거래의 대상이 되었다. 이렇게 되면 약속을 지키지 않는 경우에는 어떻게 해야 하는가라는 골치 아픈 문제가 생기게 된다. 한 가지 분명한 것은 약속을 지키지 않아도 된다면 이러한 거래는 아예 이루어지지 않을 것이라는 점이다. 그렇다면 우리는 계약법의 첫 번째 원리를 어렵지 않게 짐작할 수 있다. 아마도 계약 제도가 생겨날 때부터 있었을 그것은 바로 '약속은 지켜져야 한다pacta sunt servanda'는 원리로서, '계약 구속의 원칙'이라고 부를 수 있다.

　위에서 본 이야기에 계약의 의미와 사회적 기능 그리고 계약법의 핵심적인 원리가 모두 담겨 있다. 조금 딱딱할 수 있지만 이를 법적인 표현으로 다시 설명해보자. 계약이란 서로 대립하는 두 개 이상의 의사표시의 합치로 성립하는 법률행위로서 채권관계의 발생을 목적으로 하는 것을 말한다. 예를 들어 A가 B에게 자신이 소유하는 X 아파트를 1억 원에 매도하겠다고 제안하자 B가 이를 수락했다고 하자. A의 제안을 청약, B의 수락을 승낙이라고 한다. 청약과 승낙의 내용이 일치하므로 A와 B 사이에는 X 아파트에 관한 매매계약이 성립하게 된다. 이제 A는 B에게 X 아파트를 인도하고 소유권을 이전할 의무를 부담하게 되고, B는 A에게 대금 1억 원을 지급할 의무를 부담하게 된다. 반대로 이야기하자면 B는 A에게 X 아파트의 인도 및 소유권 이전을 청구할 권리를, 그리고 A는 B에게 대금 1억 원을 청구할 권리를 갖게 된다.

요약하자면, 계약이 성립하면 계약 당사자는 일정한 권리·의무를 갖게 된다. 즉 계약이라는 법률요건이 갖추어지면 법률관계의 변동이라는 법률효과가 발생한다. 그런데 계약의 요소가 되는 청약과 승낙은 중요한 특징을 갖고 있다. 즉 청약자나 승낙자가 바라는 대로 법률효과가 발생하는 것이다. 청약과 승낙과 같이 '일정한 법률효과를 발생시키려는 의사를 외부로 표시하는 것'을 의사표시라고 말한다. 의사표시를 필수적 요소로 하는 법률요건을 법률행위라고 하는데, 계약은 대표적인 법률행위에 해당한다.

2 근대적 계약법

의사표시와 계약은 근대 민법에서 아주 중요한 역할을 담당한다. 근대 이전에는 개인이 아닌 공동체가 삶을 영위하고 사회경제를 조직하는 데 핵심적인 역할을 하였다. 어떠한 삶이 좋은 삶이고 어떠한 세상이 좋은 세상인지는 종교나 신분제도와 같은 공동체적 가치에 따라 미리 정해져 있었다. 중세 유럽을 호령한 교회의 권위나 동아시아 전통사회에서 인정되던 사농공상士農工商의 구별을 생각해보라. 그런데 근대에 들어와서는 개인이 공동체를 대신하여 도덕적 삶과 사회경제 조직의 주체가 되었다. 인간의 존엄성 그리고 자유와 평등이 지상至上의 가치가 되었고, 이는 시민혁명을 거쳐 각국의 헌법에 자리를 잡았다. 개인들 사이의 법률관계를 규율하는 민법 역시 변화를 겪었다. 소유권과 계약에 관한 규율은 근대 이전에도 있었지만 공동체적 원리에 의하여 많은 제한을 받고 있었다. 봉건제도 하에서 토지 소유권은 복잡하고 신뢰할 수 없는 것이었고, 계약은 불합리한 법과 관습에 의하여 제약되곤 했다. 근대에는 이러한 불합리와 제약이 해소되어 개인주의와 자유주의에 기반한 새로운 민법이 탄생하였고, 사적자치의 원칙, 소유권 존중의 원칙, 과실책임의 원칙이 새로운 민법의 근간이 되었다. 이들 원칙 가운데 특히 사적자치의 원칙은 개인이 스스로의 의사에 따라 자신의 법률관계를 처리할 수 있어야 한다는 원리로서, 이를 통해 개인은 행복을 추구하고 존엄과 가치를 실현할 수 있게 된다. 그리고 의사표시와 계약은 자신이 바라는 대로 법률효과를 발생시킬 수 있다는 점에서 사적자치의 핵심적인 수단이 된다.

이제 우리는 근대적 계약법의 두 번째 원리를 헤아려볼 수 있는데, 그것은 바로 '계약 자유의 원칙'이다. 즉 우리는 계약을 할 것인지 여부는 물론 누구와 어떤 방식으로 어떤 내용의 계약을 체결할 것인지를 모두 자유롭게 결정할 수 있다. 계약 자유의 원칙은 두 가지 측면에서 정당화된다. 자율은 그것이 가져오는 결과보다는 자율 그 자체에 가치가 있기 때문에 보호되어야 한다는 의무론적 입장, 그리고 자율이 가져다주는 효용에 주목하여 자율을 보호하는 공리주의적 입장이 그것이다. 특히 후자는 법경제학적 분석의 이론적 바탕이 된다. 앞서 보았던 A와 B의 거래에서 A가 X 아파트에 대하여 가지는 주관적 가치는 1억 원이 되지 않는 반면 B가 X 아파트에 대하여 가지는 주관적 가치는 1억 원이 넘을 것이다. 그렇지 않다면 둘 사이에 자발적 교환이 일어날 리가 없기 때문이다. 예를 들어 A의 주관적 가치가 9천만 원이고 B의 주관적 가치가 1억 1천만 원이라면 위와 같은 교환에 의하여 사회적 효용은 2천만 원이나 증가하게 된다. 본래 두 사람의 효용 합계는 1억 9천만 원^{A의 X에 대한 효용 9천만 원 + B의 현금 1억 원}에 불과했으나 교환 이후에는 2억 1천만 원^{A의 현금 1억 원 + B의 X에 대한 효용 1억 1천만 원}이 되기 때문이다. 즉 계약 자유의 원칙은 사회적 효용을 증가시키기 때문에 공리주의적으로 정당화될 수 있다.

그런데 위와 같은 분석에는 몇 가지 전제조건이 달려 있다. 즉 당사자가 자유롭고 합리적이며 서로 대등해야 한다는 것이다. 문제는 현실에서 이러한 전제조건이 충족되지 않는 경우가 많이 발생한다는 것이다. 이런 경우에는 계약 자유의 원칙의 정당성 근거가 상실되기 때문에 당사자는 더 이상 계약에 구속되어서는 안 된다. 먼저 당사자의 자유로운 의사가 인정되지 않는 경우가 있다. 예를 들어 B가 A의 거짓말에 속아 X 아파트의 가치를 과대 평가했거나 아예 A로부터 협박을 당하여 계약을 한 경우를 생각해 보자. 이러한 경우 B의 승낙은 자유로운 의사에 기한 것이라고 볼 수 없다. 사회적 효용도 증가하지 않았을 수 있다. 예를 들어 X에 대한 B의 주관적 가치는 사실 8천만 원에 불과했지만 기망이나 강박에 의하여 1억 원을 주고 매수한 것이라면 위와 같은 교환으로 인해 사회적 효용은 오히려 1천만 원 감소한 것이 된다. 민법은 이러한 경우 B가 승낙의 의사표시를 취소함으로써 계약에서 벗어날 수 있도록 허용한다. 다음으로 당사자가 자신의 이익을 보살필 수 있을 정도로 합리적이지 못한 경우가 있다. 예를 들어 A가 미성년자라거나 정신적 제약으로 인해 자신의 사무를 처리할 능력이 없는 경우를 생각해볼 수 있다. 그러한 계약을 무조건 강제하는 것 역시 정당화되기 어렵다. 민법은 이런 경우 법정대리인 등이 A의 의사표시를 취소할 수 있도록 하고 있다. 마지막으로 당사자들 사이에 정보나 협상력에 격차가 존재하는 경우가 있다. 정보 불균형이 있다면 시장은 제 기능을 발휘하지 못하므로 계약을 강제하는 것이 반드시 사회적 효용을 증가시킨다고 볼 수 없다. 현대 소비사회에서 이러한 격차는 특히 사업자와 소비자 사이에 존재한다. 이 때문에 소비자법은 사업자에게 정보제공의무를 부과하는 한편 할부거래나 전자상거래와 같이 전형적인 취약 상황에서 소비자에게 일정한 기간 동안 철회권을 부여함으로써 계약에서 벗어날 수 있도록 허용하고 있다. 그 밖에 약관규제법은 사업자가 정한 약관을 여러 방식으로 통제하고 있기도 하다.

계약과 관련된 법적인 문제들은 시간 순서에 따라 계약의 성립, 효력, 이행, 불이행, 구제수단의 순서로 검토해볼 수 있다. 자유주의와 개인주의에 기반한 근대 민법의 원리는 이들 각 단계에 영향을 미친다. 특히 계약 자유의 원칙은 앞에서 보았던 것처럼 계약의 성립과 효력에 관한 부분의 구조를 결정짓고 있다. 그 밖에 계약상 채무의 불이행에 대한 구제수단에서도 근대적 성격을 발견할 수 있다. 일방 당사자의 채무불이행이 있는 경우 상대방 당사자는 채무의 강제이행, 손해배상, 해제 및 원상회복 등의 구제수단에 호소할 수 있다. 근대 이전에는 채무자를 투옥하거나 아예 노비나 노예로 삼기도 했었다. 그러나 근대 이후에는 채권자는 오로지 채무자의 재산에 대하여 강제집행을 할 수 있을 뿐이다. 이에 따라 채무자의 재산을 유지하기 위한 제도들, 예를 들어 채권자대

위권이나 채권자취소권 또는 가압류·가처분과 같은 보전처분 제도가 발전하게 되었다.

 ## II. 인공지능 기술이 가져올 변화들

1 인공지능 기술의 특성

인공지능 기술의 확산이 법제도에 미치는 영향을 가늠하기 위해서는 먼저 인공지능 기술이 어떠한 특성을 가지고 있는지 살펴볼 필요가 있다. 법제도적 측면에서 문제되는 인공지능의 특성은 자율성, 합리성 그리고 인간과의 유사성이라고 할 수 있다. 여기에서 자율성이란 인간의 지시나 간섭 없이도 작동할 수 있음을 의미하고, 합리성이란 특정한 작업을 인간만큼 혹은 인간보다 더 잘 수행할 수 있음을 의미한다. 이러한 특성들은 판단과 의사결정의 자동화를 가져옴으로써 기존 산업의 생산성을 끌어올리는 동시에 새로운 서비스를 가능하게 하였지만, 동시에 몇 가지 문제를 일으키기도 했다.

먼저 인공지능의 자율성은 책임 소재를 불분명하게 할지 모른다는 우려를 불러일으켰다. 예를 들어 인공지능 기술을 이용하여 계약을 체결하거나 기계를 작동시키는 경우에 체결된 계약이 이용자의 의사에 반하거나 기계의 작동 과정에서 누군가에게 피해를 입히는 등 원치 않는 결과가 발생하더라도 아무도 그 결과에 책임지려 하지 않을 수 있다. 인공신경망을 활용한 기계학습 기술이 많이 활용되는 오늘날의 인공지능의 경우 기술적 특성상 판단의 근거를 알기 어렵고 학습 과정에서 알고리즘이 계속 바뀔 수 있기 때문에 이러한 문제가 더욱 커진다.

주어진 작업을 잘 수행한다는 것이 무슨 문제를 일으킬까 싶겠지만 인공지능의 합리성 역시 몇 가지 문제를 일으킬 수 있다. 예컨대 정확성calibration에만 초점을 맞추어 학습을 진행한다면 인공지능이 사회에 존재하는 편견을 그대로 반영하거나 이용 상황에 따라서는 이를 강화할 수도 있다. 인공지능이 사기나 담합과 같은 위법행위에 이용될 것이라는 우려도 있다. 이론적으로는 인공지능 이용자와 비이용자 사이의 합리성 격차가 문제될 수도 있다.

인간과의 유사성에 초점을 맞춘 인공지능은 수많은 새로운 서비스를 가능하게 하지만 다른 한편으로는 인공지능의 윤리적, 법적 지위와 관련하여 혼란을 초래할 수 있다. 수년 전 마이크로소프트 사의 챗봇 '테이^{Tey}'가 사회적으로 적절하지 표현을 하여 문제되었던 일은 이에 관한 수많은 사례 중 하나이다. 최근에는 생성형 인공지능 캐릭터들이 가상의 마을에서 자율적으로 상호작용을 하는 시뮬레이션이 주목을 끌기도 했다.[1] 놀랍게도 캐릭터 중 한 명은 자신이 호감을 가지던 이성 친구를 다른 캐릭터가 초대한 발렌타인 파티에 함께 데려가기도 했다.

2 계약 영역에서의 문제

인공지능 기술은 사회경제의 모든 영역에 활용될 수 있는 범용 기술로서 계약의 영역에서도 폭넓게 활용될 수 있다. 예를 들어 인공지능 기술은 계약 사무에 종사하는 인간의 판단과 의사결정을 돕기 위한 도구로서 유용하게 활용될 수 있다. 그러나 법적으로 보다 문제되는 것은 계약 자체가 인공지능에 의하여 자율적으로 이루어지는 경우이다. 이러한 경우 인공지능 도구는 외견상 행위자의 역할을 한다는 점에서 인공 에이전트^{artificial agent}라고 부를 수 있을 것이다. 과거에도 컴퓨터 알고리즘을 이용한 거래는 있었다. EDI^{Electronic Data Interchange}를 이용한 컴퓨터 간의 자동 주문 처리는 이미 1970년대부터 사용되었고, 심지어 자동판매기도 크게 보면 자동화된 계약 체결을 위한 도구라고 할 수 있다. 그러나 이들은 미리 짜인 알고리즘에 따라 작동할 뿐이고 법률행위의 효과의사는 여전히 알고리즘 이용자에 의하여 결정되었다. 따라서 이러한 도구들이 계약법에 미친 영향은 미미하였다. 그러나 오늘날의 인공지능 알고리즘은 기계학습을 통해 자동화를 넘어 사실상 자율적으로 동작한다^{from automated to autonomous}. 로보어드바이저는 지난 몇 년간 언제 누구로부터 어떤 금융상품을 어떤 조건에 매수할 것인지 제안해 왔으며, 이제는 스마트 냉장고도 이에 가세하고 있다. 기업의 채용이나 인사에 인공지능 기술을 활용하는 사례도 점차 늘고 있는데, 머지않은 장래에 이들은 단순히 조언하는 것을 넘어 사용자를 대신하여 의사결정을 하게 될지도 모른다.

이처럼 계약 영역에서 인공지능 기술의 활용이 늘어남에 따라 계약 업무의 생산성이 크게 증가하고 있지만 그와 동시에 여러 가지 어려운 문제들이 발생한다. 인공 에이전트를 이용하여 체결된 계약의 효력을 어떤 근거에 의하여 누구에게 귀속시킬 것인가. 그 경우에 인공 에이전트 이용자와 상대방 사이의 이해관계는 어떤 근거에 의하여 어떠한 방식으로 조정할 것인가. 인공 에이전트 이용자와 상대방 사이에 합리성 격차가 발생하는 경우나 인공지능의 합리성이 오용되는 경우에는 어떻게 대응할 것인가. 앞의 둘이 인공지능의 자율성과 관련하여 생기는 문제라면 뒤의 둘은 인공지능의 합리성과 관련하여 생기는 문제이다.

 ## III. 내가 한 계약이 아니야

1 책임 귀속의 문제

인공 에이전트를 이용하여 계약이 체결되는 경우 원칙적으로 배후의 이용자에게 계약의 효력이 미쳐야 한다는 점은 분명하다. 문제는 그 법적 근거가 무엇인가이다. 이 문제는 인공 에이전트의 법적 지위를 어떻게 볼 것인가와 관련되어 있다. 이에 관하여는 각기 장단점이 있는 세 가지 접근방법이 존재한다.[2]

첫째는 인공 에이전트를 이용자의 도구로 보는 것이다. 이러한 관점은 책임 귀속을 위한 논리가 단순하다는 명백한 장점이 있다. 그러나 이용자가 계약의 상대방이나 내용의 결정에 전혀 관여하지 않는 경우에는 허구에 지나지 않는다는 비판이 제기되기도 한다.

둘째는 인공 에이전트를 법인격 없는 대리인으로 보는 것이다. 이렇게 볼 경우 이용자에게 계약 책임을 물릴 수 있다는 점 외에도 다음과 같은 추가적인 장점이 있다. 당연한 일이지만 본래 본인이 대리인에게 대리권을 수여하지 않은 경우에는 본인에게 대리행위의 효력이 미치지 않는다. 그런데 민법은 대리권이 없더라도 일정한 경우, 즉 본인이 마치 대리인에게 대리권이 있는 것과 같은 외관을 생성한 책임이 있고 상대방은 그러한 외관을 신뢰할 만한 사정이 있었던 경우에는 예외적으로 본인에게 대리행위의 효력이 미치도록 하고 있다. 이를 표현대리라고 하는데, 본인과 상대방 사이의 이해관계를 공평하게 조정하고 거래의 안전을 도모하는 역할을 한다. 인공 에이전트를 대리인으로 보는 관점은 상대방 측의 사정을 고려하여 이용자를 면책할 수도 있도록 함으로써 이해관계를 적절하게 조정할 수 있다는 점에서 큰 장점이 있다. 하지만 이러한 관점에 대해서는 만만치 않은 비판이 제기된다. 즉, 인공 에이전트를 법인격 주체로 인정하지 않으면서 어떻게 대리인 자격만을 인정할 수 있느냐는 것이다. 어떤 이는 고대 로마법상 노예의 경우 권리 주체가 아님에도 불구하고 대리능력은 인정받았다면서 반론을 펼치기도 하지만, 이러한 주장은 곧바로 시대착오적인 궤변이라는 비판에 부딪치게 된다.

셋째는 인공 에이전트를 제한된 범위에서 법인격 주체로 인정하는 것이다. 이 경우 대리의 법리를 적용하는 것에 무리가 없기 때문에 표현대리의 법리를 활용하여 이해관계를 조정할 수 있을 뿐만 아니라 한 걸음 더 나아가서 무권대리인의 책임에 관한 제도를 활용하여 상대방을 좀 더 보호할 수 있다는 장점도 있다. 민법은 대리권이 없고 표현대리도 성립하지 않아서 본인에게 책임을 물을 수 없게 된 상대방을 보호하기 위하여, 상대방이 무권대리인을 상대로 계약의 이행이나 손해배상을 구할 수 있도록 하고 있다. 따라서 인공 에이전트에게 법인격이 인정된다면 인공 에이전트를 상대로 하여 책임을 물을 수도 있게 된다는 것이다. 이러한 주장은 인공 에이전트에게 법인격을 인정하는 것을 전제로 한다. 그러나 현 단계에서 이러한 주장은 그다지 힘을 얻고 있지 않다. 인공 에이전트에게는 법인격을 인정할 만한 속성이나 사회적 현실이 존재하지 않을 뿐만 아니라 법인격 인정을 통해 얻을 편익보다는 비용과 위험이 더욱 크기 때문이다.[3]

위 세 가지 견해 중 어떠한 견해가 타당할까. 오늘날의 인공 에이전트에게 구체적인 예측이나 통제가 어려운 고도의 자율성이 있는 것은 사실이다. 그러나 인공 에이전트는 결국 이용자의 이용 내지 설정에 따라 이용자의 잠재적인 의사에 부합하는 구체적인 의사를 형성하여 표시하는 것에 불과하다. 그렇다면 인공 에이전트는 이용자의 도구 내지 기관으로서 이용자의 의사표시를 보조하는 것에 불과하다고 볼 수 있다.[4] 무엇보다 오늘날의 인공지능은 법인격을 부여받을 만한 요소를 갖추고 있지 않다. 결국 계약 체결을 위하여 이용되는 인공 에이전트는 이용자의 도구에 불과하며, 계약책임은 당연히 배후의 이용자에게 귀속된다고 할 수 있다.

2 이해관계의 조정

인공 에이전트의 이용자에게 계약의 효력이 미치는 근거가 밝혀진 뒤에도 당사자들의 이해관계를 합리적이고 공평하게 조정하는 문제가 남는다. 가상의 사례이지만, 예를 들어 투자자가 목표 수익률과 감수할 수 있는 위험의 수준을 설정하면 투자자를 대신하여 자유롭게 투자할 수 있는 인공 에이전트가 있다고 가정해보자. 만약 위 인공 에이전트가 이용자의 성향에 비하여 극도로 위험한 상품을 매수하여 큰 손실이 발생한 경우라면 이용자는 매매계약에 구속될까? 만약 인공 에이전트가 시가 10원짜리 금융상품을 100만 원에 매수하는 청약을 하였다면 어떨까? 이용자로서는 두 경우 모두 자신의 의도를 벗어난 것이어서 계약에 구속되고 싶지 않을 것이다. 그러나 상식적으로 생각해보면 전자의 경우 이용자는 계약 책임을 부담해야 하고, 후자의 경우에는 그렇지 않다. 두 사례 사이의 결정적 차이는 이용자가 인공 에이전트를 통하여 한 의사표시에 문제가 있다는 점을 상대방이 알 수 있었느냐에 있다. 전자의 경우 상대방으로서는 문제를 알 수 없었겠지만, 후자의 경우 아마도 상대방은 이용자 측의 의사표시가 진정한 의사에 기한 것인지 의문을 가질 수밖에 없었을 것이다.

위 사례들에서 인공 에이전트의 이용자가 책임 회피를 위해 동원할 수 있는 논리로는 두 가지를 생각해 볼 수 있다. 하나는 착오를 이유로 매매계약을 취소하는 것이고, 다른 하나는 매매계약이 인공 에이전트의 무권대리에 의하여 이루어졌다고 주장하는 것이다. 민법은 법률행위의 내용의 중요 부분에 착오가 있는 경우 중대한 과실이 없으면 취소할 수 있다고 정하고 있다. 위 사례들이 착오의 요건을 충족하는지도 문제이지만, 여기서는 착오 취소의 요건 가운데 상대방 측의 사정이 포함되어 있지 않다는 점이 핵심이다. 즉 착오의 법리는 의사표시를 한 사람과 상대방 사이의 이해관계를 균형 있게 조율하기에는 한계가 있는 것이다. 이에 비해 무권대리의 경우 본래는 효력이 없지만 본인의 대리권 외관 창출과 이에 대한 상대방의 정당한 신뢰가 있다면 표현대리가 성립하여 본인에게 효력이 미친다. 표현대리의 법리는 본인의 사정과 상대방의 사정을 모두 고려하여 이해관계를 공평하게 조정할 수 있다. 문제는 인공 에이전트는 의사표시에 이용되는 단순한 도구에 불과하고 법인격이나 대리인 자격이 없다는 것이다. 하지만 인공 에이전트를 단순한 도구에 불과하다고 보더라도 표현대리의 법리를 '유추하여' 적용할 수는 있을 것이다.[5] 판례는 표현대리의 법리가 일반적인 권리외관 이론에 기초를 두고 있다는 점을 근거로 하여, 이미 완성된 의사표시를 전달하는 사실행위만을 한 사자使者의 경우에도 표현대리 규정의 유추적용을 긍정하기 때문이다.

 IV. 이건 너무 불공평해

1 비대칭성의 문제

인공지능은 특정 영역에서의 판단 및 의사결정에 있어서 인간을 능가하는 합리성을 보이고 있고, 이러한 경향은 급속히 강화되고 있다. 반면에 인간은 제한된 합리성만을 지닌다는 점이 점차 밝혀지고 있다. 따라서 인공 에이전트를 이용하여 계약을 체결하는 당사자와 그렇지 않은 당사자 사이에는 합리성 격차로 인한 구조적 비대칭성이 존재하게 된다.

거래 당사자 사이의 비대칭성은 사적자치의 원칙의 정당성 근거, 특히 공리주의적 근거를 잠식한다. 비대칭성의 문제는 현대사회 및 소비사회의 발전 과정에서도 나타났었고, 법제도는 소비자보호의 법리나 실질적 사적자치론 등에 의하여 이에 대응하여 왔다. 최근에는 계약의 전 과정을 자유주의에 입각한 자율 패러다임과 공동체주의에 바탕을 둔 후견 패러다임의 상호관계라는 틀로 바라보면서, 한편으로 정보제공을 통하여 자율 토대를 강화하고, 다른 한편으로 소비자 계약과 같이 필요한 경우에는 신의성실의 원칙을 바탕으로 후견적 접근이 이루어져야 한다는 견해가 제시되기도 했다.[6]

위와 같은 대응 방법은 인공 에이전트에 의한 계약체결의 경우에 나타나는 합리성 격차의 문제를 해소하는 데에도 활용될 수 있을 것이다. 그 접근방법으로 우선 격차의 해소가 검토될 수 있겠지만, 정보의 제공에 의하여 해결될 수 있는 정보 비대칭의 문제와 달리 합리성 격차는 능력 비대칭의 문제인 까닭에 그 해결이 쉽지 않다. 한편 철회권과 같은 제도는 정형적 상황에 의존할 뿐아니라 거래의 안전을 심각하게 저해할 수 있어서 신중을 기해야 한다. 상대방의 정당한 이익을 배려할 의무에 호소할 수도 있을 것이다. 그러나 이는 인공에이전트에게 신의성실의 원칙을 내재화하는 문제로 이어질 수 있고, 결국 인공지능에게 윤리를 심어주는 것만큼이나 어려운 과제가 될 것이다.

사적자치를 모토로 하는 계약법에 있어서 후견적 접근은 되도록 자제되어야 한다. 즉 국가로서는 거래 자체에 직접 개입하기보다는 가능한 한 많은 사람들이 적은 비용으로 인공지능을 활용할 수 있도록 하는 것이 바람직하다. 그런 점에서 인공지능 대중화^{AI democracy}야말로 정책적 지향점이 될 필요가 있다.

2 공정성의 문제

특정한 목적의 달성에 최적화된 인공지능 기술의 합리성은 오용되거나 남용될 수 있고 다른 중요한 가치와 충돌할 수도 있다. 인공지능 기술이 경쟁 기업 간에 담합의 도구로 사용되거나,[7] 소비자에 관한 데이터를 바탕으로 완전 가격차별을 실현함으로써 소비자잉여를 기업의 것으로 삼거나,[8] 미디어 서비스와 관련하여 소통을 단절시키고^{filter bubble} 사회를 분극화하는 방식으로^{echo}

chamber 사람들의 정보 습득과 참여 방식에 변화를 초래함으로써 민주주의에 위기를 가져올 수도 있다는 경고[9]가 이어지고 있다.

그러나 역시 가장 대표적인 것은 역시 인공지능 기술이 사회적 편견을 체화하고 확대 재생산할 것이라는 것과 관련된 공정성의 우려이다. 알고리즘이 내리는 의사결정에는 우선순위 결정 등 인간의 개입에 따른 오류와 편향성 및 검열의 가능성이 존재할 뿐만 아니라, 데이터 학습 과정에서 인종차별이나 성차별과 같은 역사적 편향성을 반영할 가능성도 매우 높다는 것이다.[10] 미국의 법원들이 수형자의 가석방 결정에 활용한 'COMPAS'라는 프로그램이 흑인들의 재범 위험도를 높게 평가하여 논란이 된 것은 유명한 일화이다.[11] 최근에는 구글의 온라인 광고가 여성보다 남성에게 보다 높은 임금의 직업광고를 추천하는 경향이 있다는 점이 밝혀지기도 했다.[12] 계약법의 영역에서도 공정성의 우려가 제기될 수 있다. 예를 들어 자신이 입사 원서를 낸 회사에서 인공지능 기술에만 의존하여 입사를 거절한다면 그것을 담담하게 받아들일 수 있을까?

그러나 인공 에이전트에 의한 계약 체결의 맥락에서 편견과 차별의 문제는 두 가지 측면에서 조심스런 검토를 요한다. 첫째, 이러한 위험은 과장되거나 오도된 것일 수 있다. 인간의 개입으로 인한 위험은 알고리즘으로 인한 것이라고 보기 어렵고, 인공지능 알고리즘의 학습 과정에서 발생하는 위험은 기존의 편견을 그대로 반영하는 것으로서 새롭게 창출되거나 추가되는 위험이 아닐 수도 있기 때문이다. 사실 편견과 차별의 문제는 알고리즘이나 데이터의 문제라거나 또는 알고리즘의 사용 자체에서 비롯된 문제라기보다는 예측과 분류 자체에서 발생할 수밖에 없는 문제일 수 있다.[13] 둘째, 헌법상 평등의 원칙은 절대적 평등이 아니라 합리적 이유 없는 자의적 차별의 금지를 뜻한다. 이는 사인私人 간의 법률관계에 직접 적용되기보다는 신의성실의 원칙과 같은 민법의 일반 조항들을 통하여 간접적으로 반영되게 된다. 그런데 실제 사안에서 이러한 법리를 적용하기 위해서는 알고리즘이 내린 판단이나 결정의 근거와 과정을 알 수 있어야 한다. 그렇다면 편견 및 차별과 관련된 알고리즘 의사결정 문제의 핵심은 투명성transparency과 설명가능성explainability이라고 할 수 있다. 다만 인공신경망으로 이루어진 인공지능 기술이 지닌 블랙박스와 같은 속성으로 인해 설명가능성과 인공지능의 성능 사이에는 서로 상충관계가 존재한다는 점은 유의해야 할 것이다.

 ## V. 여전히 유효한 사적자치의 원칙

인공 에이전트에 의하여 계약이 체결되는 경우 인공지능의 자율성과 합리성으로 인해 생기는 문제들은 결국 사적자치의 원칙이 인공 에이전트에 의하여 계약이 체결되는 경우에도 여전히 유효하게 작동하는지 여부의 문제라고 할 수 있다. 인공 에이전트 이용자가 의도하지 않았거나 그의 의도에 반하는 결과에 대하여 책임을 부담하는 것이 이용자의 자기결정을 무의미하게 만드는 것은 아닌지, 그리고 이용자와 거래하는 상대방의 자기결정은 합리성 격차로 인하여 사실상 형해화되는 것은 아닌지 하는 의문이 들기 때문이다.

그러나 지금까지 살펴본 것처럼 이러한 문제는 개인의 자유에 기반한 사적자치의 원칙을 견지하면서 충분히 해결될 수 있다. 자율적인 인공 에이전트에 의하여 체결된 계약이 이용자의 의도에 반하는 일이 생기더라도, 그것은 이용자의 자기결정권을 무의미하게 만드는 것이 아니라 사적자치의 확장에 따른 결과로 받아들일 수 있고, 당사자들의 이해관계는 적정하게 규율될 수 있다. 합리성 격차에도 불구하고 인공 에이전트 이용자와 거래하는 상대방의 자기결정은 적절한 수단을 통해 실현될 수 있다.

1. 민법은 선량한 풍속 기타 사회질서에 위반한 사항을 내용으로 하는 법률행위를 무효로 하고 있다. 사적자치의 원칙에 대한 이러한 제한은 어떤 근거에 의하여 정당화될 수 있을까? 만약 배우자 역할을 하도록 만들어진 인공지능 로봇의 거래가 금지된다면 그것은 정당화될 수 있을까?
2. 앞으로 인공지능 기술이 아무리 발전하더라도 인공지능에게 법인격을 인정하는 것은 근본적으로 불가능할까? 그렇지 않다면 인공지능에게 법인격을 인정하기 위해서는 어떠한 조건이 갖추어져야 할까?
3. 「전자문서 및 전자거래 기본법」 7조 2항 2호는 "수신된 전자문서가 작성자 또는 그 대리인과의 관계에 의하여 수신자가 그것이 작성자 또는 그 대리인의 의사에 기한 것이라고 믿을 만한 정당한 이유가 있는 자에 의하여 송신된 경우" 수신자는 전자문서에 포함된 의사표시를 작성자의 것으로 보아 행위할 수 있다고 규정하고 있다. 위 규정은 인공 에이전트에 의한 계약에도 적용될 수 있을까?

심화 학습 자료 ---

권영준, "계약법의 사상적 기초와 그 시사점", 『저스티스』 제124호, 2011.
이상용, "인공지능과 계약법: 인공에이전트에 의한 계약 체결과 사적자치의 원칙", 『비교사법』 제23권 제4호, 2016.
이상용, "인공지능과 법인격", 『민사법학』 제89호, 2019.
Samir Chopra & Laurence White, Artificial Agents and the Contracting Problem: A Solution via an Agency Analysis, University of Illinois Journal of Law, Technology & Policy, 2009, p. 363.

미주

1 Joon Sung Park, Generative Agents: Interactive Simulacra of Human Behavior(2023). Available at: https://doi.org/10.48550/arXiv.2304.03442.

2 Samir Chopra & Laurence White, Artificial Agents and the Contracting Problem: A Solution via an Agency Analysis, University of Illinois Journal of Law, Technology & Policy, 2009, pp.371-372.

3 이상용, "인공지능과 법인격", 『민사법학』 제89호, 2019, 39쪽.

4 이상용, "인공지능과 계약법", 『비교사법』 제23권 제4호, 2016, 1665쪽.

5 대법원 1962. 2. 8. 선고 4294민상192 판결(集 10-1, 87-88).

6 권영준, "계약법의 사상적 기초와 그 시사점", 『저스티스』 제124호, 2011, 173-174쪽.

7 OECD, Algorithms and Collusion: Competition policy in the digital age, 2017. Available at: http://www.oecd.org/daf/competition/Algorithms-and-colllusion-competition-policy-in-the-digital-age.pdf; 이선희, "알고리즘을 이용한 담합의 규제" 『경쟁법연구』 제40호, 2019, 235-259쪽.

8 고학수, "인공지능 알고리즘과 시장", 『데이터 이코노미』, 한스미디어, 2017, 25쪽.

9 황용석·김기태, "개인화 서비스 진전에 따른 자동추천 시스템 연구 동향과 방법론적 특성 연구", 『사이버커뮤니케이션 학보』 제36권 제2호, 2019.

10 심우민, "인공지능의 발전과 알고리즘의 규제적 속성", 『법과 사회』 제53호, 2016, 60-61쪽.

11 Loomis v. Wisconsin, 881 N.W.2d 749 (Wis. 2016), cert. denied, 137 S.Ct. 2290, 2017.

12 Amit Datta, et al, Automated experiments on ad privacy settings: A tale of opacity, choice, and discrimination, Proceedings on privacy enhancing technologies, vol.2015 no.1, 2015.

13 Sandra G. Mayson, Bias in Bias out, Yale Law Journal, vol. 128, 2018.

CHAPTER 02

인공지능과 불법행위법

이소은

 사례

로봇을 개발하고 판매하는 기업인 A회사는 간병 로봇을 제조하기 위하여, B에게 간병 로봇에 탑재될 인공지능 프로그램의 개발을 의뢰하였다. 해당 인공지능 프로그램을 개발하기 위해서는 환자가 특정 증상을 보였을 때 어떠한 약품을 투약하는 것이 가장 바람직한지, 환자가 특정 약품을 섭취할 때 주의하여야 할 사항은 무엇인지 등의 데이터가 필요하였다. B는 C제약회사로부터 이러한 데이터를 제공받아, 인공지능 프로그램 개발에 착수하였다. 이러한 과정을 거쳐 X 간병 로봇이 개발 및 출시되었다. 한편 교통사고로 거동이 불편하게 된 D는 매일 6시간 가량 간병인 E의 도움을 받고 있었는데, E가 부재중일 때 사용하기 위하여 X 간병 로봇을 구입하였다. 어느 날 D는 심한 어지러움을 느껴 간병 로봇의 투약 지도에 따라 약품을 섭취하였다. 그런데 간병 로봇이 약품 섭취 용량을 잘못 알려 주어, D는 해당 약품을 과다 복용하고 병원에 입원하게 되었다. D는 A회사, B, C제약회사로부터 손해배상을 받을 수 있을까?

I. 불법행위법이란 무엇일까

1 불법행위법의 의미

사람들이 모여 살아가는 사회에서는 크고 작은 사고가 일어나기 마련이다. 자동차를 운전하다가 다른 자동차와 충돌하여 상대방 운전자에게 상해를 입게 한 경우, 해커가 개인정보 데이터베이스에 접속하여 개인정보를 유출시킨 경우, 기업이 제품에 관한 정보를 제대로 알려주지 않아 소비자가 자신의 건강에 유해한 영향을 미칠 수 있는 제품을 계속하여 사용한 경우, 수익증권을 발행한 자산운용회사와 이를 판매한 판매회사가 투자자들에게 위험성을 제대로 설명하지 않아 투자자들이 손해를 입은 경우 등, 현대 사회에서 일어날 수 있는 사고는 실로 다종다양하다. 불법행위법은 이처럼 사고가 일어났을 때, 그로 인하여 발생한 손해를 누구에게 얼마나 부담시킬 것인가 하는 문제를 다룬다. 위와 같은 사고 중에는 '불법'의 영역이 아니라 단순한 '불운'의 영역에 속하는 것도 있을 수 있다. 가령 A가 면접시험에 응시하기 위하여 면접 장소로 가던 중 행인 B에게 길을 물었는데, B가 고의나 과실 없이 길을 잘못 알려 주었고, A가 그로 인하여 면접에 지각하게 된 경우, B의 잘못을 '불법'이라고 말하기는 어려울 것이다. 이러한 사태는 '불운'의 영역에 속하는 것이고, 그로 인한 책임을 B에게 물을 수는 없다. 불법행위법은 먼저 우리 사회에서 일어나는 사고 가운데 '불법행위'로 볼 수 있는 것들을 가려내고, 그 불법행위에 대하여 책임 있는 자를 가려내어 그에게 손해배상책임을 지우는 법이다.

우리 법에서 불법행위법의 기초가 되는 법 조문은 민법 제750조이다. 민법 제750조는 "고의 또는 과실로 인한 위법행위로 타인에게 손해를 가한 자는 그 손해를 배상할 책임이 있다."라고 규정한다. 이에 따르면 행위자가 ① 고의·과실로 ② 위법한 가해행위를 하였고, ③ 그 가해행위로 인하여 피해자에게 손해가 발생한 경우에만 불법행위로 인한 손해배상책임을 부담하게 된다. 그밖에 민법은 책임무능력자가 타인에게 손해를 가한 경우 그 감독자의 책임[제755조], 피용자가 사무집행에 관하여 타인에게 손해를 가한 경우 그 사용자의 책임[제756조], 수급인이 그 일에 관하여 타인에게 손해를 가한 경우 도급인의 책임[제757조], 공작물의 설치 또는 하자로 인하여 타인에게 손해를 가한 경우 공작물 점유자 또는 소유자의 책임^{제758조}, 동물이 타인에게 손해를 가한 경우 그 점유자 또는 보관자의 책임^{제759조}, 여러 사람이 공동의 불법행위로 타인에게 손해를 가한 경우 공동불법행위자들의 책임^{제760조} 등에 관해서도 규정하고 있다.

현대사회에서 다종다양한 사고가 일어날 수 있다는 점은 앞에서도 살펴보았다. 그런데 위와 같은 민법의 규정만으로는 다양한 유형의 불법행위에 대응하기 어려운 측면이 있다. 다양한 유형의 불법행위를 규율하기 위하여, 우리나라에는 민법의 특별법에 해당하는 여러 법률이 마련되어 있다. 자동차의 운행으로 사람이 사망 또는 부상하거나 재물이 멸실 또는 훼손된 경우 그 손해배상책임에 관하여 규정하는 「자동차손해배상 보장법」, 제조물의 결함으로 발생한 손해에 대한 제조업자의 손해배상책임에 관하여 규정하는 「제조물 책임법」 등이 그것이다. 또한 규제를 주된 목적으로 하는 법령에서 손해배상청구에 관한 조문을 두고 있는 경우도 많다. 가령 「개인정보 보호법」은 개인정보가 안전하게 처리되도록 개인정보처리자에 대하여 일정한 규제를 가하는 법률이지만, 개인정보 유출 등으로 정보주체가 손해를 입은 경우 개인정보처리자의 손해배상책임^{제39조}에 관해서도 규정한다.

한편 특별법을 제정하는 것만으로는 충분한 대응이 되지 못하는 경우도 있을 수 있다. 법률을 제정하는 데에는 상당한 시간이 소요되므로, 새로운 유형의 불법행위가 등장한 시점에 곧바로 해당 유형의 불법행위를 규율하는 특별법이 마련될 것을 기대하기는 어렵다. 새로운 유형의 불법행위를 별도의 특별법으로 규율할 필요성이 크지 않아, 특별법 제정에까지 이르지 못하는 경우도 있다. 이러한 법률의 공백은 법원의 판결을 통하여 메워질 수 있다. 우리 민법 제750조는 '고의·과실', '위법성'과 같이 추상적이고 불확정적인 개념을 불법행위책임의 요건으로 규정하고 있어, 새로운 유형의 불법행위에도 충분히 적용될 수 있다.

2 계약법과의 관계

불법행위의 가해자와 피해자 사이에 계약관계가 존재하는 경우도 있을 수 있다. 가령 수술을 받은 환자가 의사의 과실로 인하여 후유증이나 합병증을 얻게 된 경우가 그러하다. 이때 환자는 의사에게 진료계약상의 의무불이행을 이유로 손해배상청구를 할 수도 있고, 불법행위로 인한 손해배상청구를 할 수도 있다. 다만 계약상 의무 불이행이 언제나 불법행위가 되는 것은 아니다. 계약상 의무 불이행이 불법행위책임의 성립 요건도 충족시키는 경우_{즉 ① 고의·과실로 ② 위법한 가해행위를 하였고, ③ 그 가해행위로 인하여 피해자에게 손해가 발생한 경우}에만 채무불이행책임과 불법행위책임이 경합하게 된다.[1]

II. 불법행위책임의 성립 요건

행위자가 ① 고의·과실로 ② 위법한 가해행위를 하였고, ③ 그 가해행위로 인하여 피해자에게 손해가 발생한 경우에 불법행위책임이 성립한다는 점은 앞서 살펴보았다. 증명책임에 관한 일반원칙에 따르면, 이러한 불법행위책임의 성립 요건은 가해자에게 불법행위책임을 묻고자 하는 피해자가 증명하여야 한다.

1 행위자의 고의·과실

불법행위법은 과실책임주의를 대원칙으로 삼고 있다. 과실책임주의란 과실이 있을 때에만 책임을 진다고 하는 법 원칙으로, 행위자에게 과실이 없는한 그에게 책임을 지우지 않음으로써 법적 주체의 행동 자유의 반경을 확보해주는 역할을 한다. 그런데 때로는 행위자에게 과실이 없다고 하여 그에게 아무런 책임을 묻지 않는 것이 부당하게 느껴지기도 한다. 현대 사회에서는 그 자체로 일정한 위험을 수반하는 활동이 적지 않다. 가령 자동차를 운전하는 일은 자동차 운행자에게 이익을 가져다 주지만, 자동차 운행에는 언제나 일정한 위험이 따른다. 그러한 위험이 현실화되어 교통사고가 발생한 경우, 자동차 운행자에게 과실이 없었다거나, 교통사고 피해자가 자동차 운행자의 과실을 증명하지 못하였다는 이유로 교통사고 피해자가 손해배상을 받지 못하는 것은 정의 관념에 반하는 측면이 있다. 이러한 배경에서, 어떤 활동으로 이익을 얻는 사람은 그에 비례하여 책임을 져야 한다고 보는 보상책임의 원리, 위험을 창출하는 사람은 그에 비례하여 책임을 져야 한다고 보는 위험책임의 원리가 특별법에 반영되는 경우가 많이 있다. "자기를 위하여 자동차를 운행하는 자는 그 운행으로 다른 사람을 사망하게 하거나 부상하게 한 경우에는 그 손해를 배상할 책임을 진다"라고 규정하는 「자동차손해배상 보장법」 제3조가 좋은 예이다.

　　행위자의 '고의'는 "일정한 결과가 발생하리라는 것을 알면서 감히 이를 행하는 심리상태"라고 정의된다. 고의와 과실을 엄격히 구분하는 형사책임에서와 달리, 민법상 불법행위책임에서는 고의와 과실의 구별이 큰 의미를 가지지 않는다. 한편 행위자의 '과실'은 "사회생활상 요구되는 주의를 게을리하여 그 결과 일정한 결과가 발생하리라는 것을 인식하지 못한 것"이라고 정의된다. 과실 유무를 판단하기 위해서는 사회생활상 요구되는 주의의무의 내용을 먼저 확정할 필요가 있다. 이에 관하여 우리나라의 판례는 이른바 '추상적 과실론'을 취하여, 불법행위책임의 성립요건인 과실은 사회평균인으로서의 주의의무를 위반한 경우를 가리키는 것이고, 여기서 말하는 '사회평균인'은 추상적인 일반인을 말하는 것이 아니라 그때그때의 구체적인 사례에 있어서의 보통인을 말하는 것이라고 한다.[2]

2 위법행위

　　불법행위책임의 두 번째 성립 요건은 '위법한 가해행위'이다. 먼저 '행위'는 사람의 의식이 개입된 작위 또는 부작위를 의미한다. '위법'하다는 것은 선량한 풍속 기타 사회질서를 포함한 전체 법질서에 위반된다는 것을 말한다. 우리나라의 판례는, 가해행위의 위법성은 문제가 되는 행위마다 개별적·상대적으로 판단하여야 한다고 본다.[3]

한편 우리나라의 통설^{이른바 '상관관계설'}은 그 행위로 인하여 침해된 이익^{피침해이익}의 성질과 그 침해행위의 태양을 함께 고려하여 위법성을 판단하여야 한다고 본다. 이에 따르면 피침해이익이 공고한 것이라면 침해행위의 불법성이 약한 경우에도 위법성이 인정될 수 있는 반면, 피침해이익이 그다지 공고한 것이 아니라면 침해행위의 불법성이 커야만 위법성이 인정될 수 있다. 가령 소유권과 같이 공고한 권리가 침해된 경우에는 원칙적으로 그 침해행위의 위법성이 인정된다. 반면 인격권, 채권, 그 밖에 법적으로 보호되는 이익이 침해된 경우에는 그 침해행위의 위법성이 곧바로 인정되지 않고, 구체적 사안에서의 사정을 종합적으로 고려한 이익형량을 통하여 침해행위의 위법성을 판단하게 된다.

3 손해

불법행위책임의 세 번째 성립 요건은 '손해'이다. 손해는 일반적으로 "법익에 관하여 받은 불이익"으로 정의된다. 여기서 말하는 법익은 "법적으로 보호될 가치가 있는 이익"을 가리킨다. 따라서 단순한 사실상 이익이나 반사적 이익이 침해된 경우, 법적으로 보호될 가치가 없는 이익이 침해된 경우에는 손해가 발생하였다고 보지 않는다. 가령 태아에게 장애가 있었는데 의사가 그 장애를 판별할 수 있는 검사법을 산모에게 알려주지 않았고, 그에 따라 산모가 태아를 낙태하지 않고 출산한 경우에, 장애가 있는 아이를 출산하고 양육하게 된 것을 불법행위법에 의하여 배상되어야 할 손해로 볼 수는 없다.[4] 장애가 있는 태아를 낙태하는 것이 법적으로 보호될 가치 있는 이익이라고 할 수는 없기 때문이다.

또한 불법행위책임의 성립 요건으로서의 손해는 현실적으로 또한 확정적으로 발생한 손해를 가리킨다.[5] 손해가 발생할 개연성은 인정되나 아직 그 손해가 현실적·확정적으로 발생하지 않았다면, 불법행위책임이 성립하지 않는다. 한편 정신적 손해가 발생하였다고 주장하면서 위자료 지급을 청구하는 사건에서는 그 손해가 현실적·확정적으로 발생한 것인지를 판단하기 어려운 경우가 많다. 이러한 사건에서는 법익 주체가 입은 불이익이 법적으로 배상되어야 하는 손해인지 혹은 단순한 불쾌감에 그치는 것인지를 객관적·합리적으로 판단할 필요가 있다. 가령 회사에 소속된 직원이 회사가 보유·관리하고 있는 고객들의 개인정보를 파일 형태로 외장형 하드디스크 등에 저장하여 반출한 경우에, 수사 과정에서 그 저장매체가 곧 압수되거나 폐기되었고, 제3자에게 고객들의 개인정보가 알려질 가능성이 없었으며, 고객들에게 실제로 명의 도용 등 후속 피해가 발생하지 않았다면, 고객들에게 개인정보 유출로 인한 정신적 손해가 발생하였다고 보기 어렵다.[6]

4 인과관계

불법행위책임의 네 번째 성립 요건은 '가해행위와 손해 사이의 인과관계'이다. 여기서 인과관계는 자연적·사실적 인과관계가 아니라, 규범적 인과관계를 가리킨다. 우리나라의 판례는 후자를 '상당인과관계'라고 표현하며, 결과 발생의 개연성, 위법행위의 태양 및 피침해이익의 성질 등을 종합적으로 고려하여 상당인과관계 유무를 판단한다.[7] 가령 P 회사에 근무하던 Q가 정당한 해고사유 없이 P 회사에서 해고된 상황을 생각해보자. 그리고 Q가 부당해고로 인하여 근로소득을 얻을 수 없게 되었고, 우울증을 앓게 되었으며, 자주 음주를 하다가 어느 날 음주 운전을 하여 큰 부상을 입었다고 가정하자. 이 경우 P 회사의 위법한 해고처분과 Q가 근로소득을 얻을 수 없게 된 것, 우울증을 앓게 된 것 사이에는 자연적·사실적 인과관계가 존재하고, 규범적 인과관계도 인정될 수 있다. 반면 P 회사의 위법한 해고처분과 Q가 부상을 입게 된 것 사이에는 자연적·사실적 인과관계가 존재하지만, 규범적 인과관계는 인정될 수 없다.

5 기타 - 책임능력

불법행위 책임을 변식할 수 있는 정신능력을 책임능력이라고 한다.[8] 책임능력이 없는 미성년자는 불법행위로 인한 손해배상책임을 지지 않고^{민법 제753조}, 심신상실 중에 타인에게 손해를 가한 자는 손해배상책임을 지지 않는다^{민법 제754조}.

이와 같이 책임능력이 없는 사람이 불법행위를 저지른 경우에는, 그를 감독할 법정의무 있는 사람^{감독의무자} 또는 감독의무자에 갈음하여 그를 감독하는 사람이 손해배상책임을 부담한다^{민법 제755조}.

III. 인공지능 시대, 불법행위법의 물음

인공지능을 활용한 서비스를 제공하는 사람과 이를 이용하는 사람 사이에 계약관계가 존재하는 경우에는 그 계약의 내용에 따라 누가 어떠한 책임을 지는지를 결정하면 충분하다. 문제는 인공지능이 매개된 사고를 야기한 사람과 그 사고의 피해자 사이에 계약관계가 존재하지 않는 경우이다. 이 경우에는 불법행위법에 따라 책임의 소재와 내용을 결정하여야 한다.

1 누구에게 불법행위책임을 물을 수 있을까

기존의 불법행위법 법리에 따르면, ① 고의·과실로 ② 위법한 가해행위를 하였고, ③ 그 가해행위로 인하여 피해자에게 손해를 입힌 사람은 불법행위로 인한 손해배상책임을 진다^{민법 제750조}. 만약 그 불법행위의 가해자가 여러 사람이고 그들 사이에 객관적 행위관련성이 인정된다면, 이러한 공동불법행위자들은 민법 제760조에 따라 연대하여 손해를 배상할 책임을 부담하게 된다.

인공지능이 매개된 불법행위에서 피해자는 누구를 상대로 불법행위책임을 물을 수 있을까? 가령 A가 인공지능 개발에 필요한 데이터를 제공하였고, B가 그 데이터를 활용하여 X 인공지능을 개발하였으며, C가 해당 인공지능 프로그램이 탑재된 물건을 제조하였다고 가정하자. 그리고 그 물건을 구입한 D가 X 인공지능이 탑재된 물건을 사용하는 과정에서 사고를 일으켜 제3자 E에게 손해가 발생한 상황을 생각해보자. 먼저 D가 사용설명서 등에 기재된 내용을 무시하고 X 인공지능이 탑재된 물건을 부적당한 방법으로 사용하여 사고가 발생한 것이라면, E는 D에게 불법행위책임을 물을 수 있을 것이다. 이 경우 D에게 불법행위책임을 인정하는 것은 기존의 불법행위법 법리의 관점에서 볼 때 자연스럽고 타당한 결론이다. 한편 인공지능 개발에 필요한 데이터를 제공한 A, 인공지능 프로그램을 개발한 B, 인공지능 프로그램이 탑재된 물건을 제조한 C에 대해서는 어떨까? 피해자 E는 A, B, C에게 불법행위책임을 물을 수 있을까?

1) 인공지능 프로그램을 탑재한 물건을 제조한 C

만약 X 인공지능 프로그램 자체에는 아무런 문제가 없으나, X 인공지능 프로그램을 물건에 탑재하는 과정에서 결함이 발생한 것이라면, E는 C에게 불법행위책임을 물을 수 있을 것이다. 가령 인공지능 프로그램이 지시하는 대로 움직이는 로봇을 생각해보자. 인공지능 프로그램이 적절한 지시를 하였으나 로봇이 동작하는 부품에 문제가 있어 그 지시와 반대로 동작하였고 그 결과 사고가 발생한 것이라면, 그 사고로 인한 손해는 C가 부담하여야 한다. 이때 E는 C에게 민법상 불법행위책임을 물을 수도 있고, 「제조물 책임법」상 제조물책임을 물을 수도 있다.

「제조물 책임법」에 따르면, 제조업자는 제조물의 결함으로 생명·신체 또는 재산에 손해를 입은 사람에게 그 손해를 배상하여야 한다^{제3조 제1항}. 따라서 피해자가 가해자를 상대로 「제조물 책임법」상 손해배상책임을 묻는 경우에는 ① 제조물에 결함이 존재한다는 사실과 ② 그 결함으로 인하여 손해가 발생하였다는 사실을 주장·증명하면 되므로, 민법상 불법행위책임을 묻는 경우와 비교하여 피해자의 증명 부담이 줄어드는 장점이 있다. 다만 손해가 그 제조물에 대하여만 발생한 것이라면 제조물책임을 물을 수 없다. 위의 사례에서 로봇이 사고로 훼손된 경우 그 손해는 「제조물 책임법」의 적용 범위 바깥에 있으므로, 이에 관하여는 민법상 불법행위 규정에 따라 손해배상을 구하여야 한다.

제조물책임의 핵심 요건은 제조물의 '결함'이다. 「제조물 책임법」은 '결함'을 "해당 제조물에 제조상·설계상 또는 표시상의 결함이 있거나 그 밖에 통상적으로 기대할 수 있는 안전성이 결여되어 있는 것"이라고 정의한다^{제2조 제2호}. 제조상 결함은 제조업자가 제조물에 대하여 제조상·가공상의 주의의무를 이행하였는지에 관계없이 제조물이 원래 의도한 설계와 다르게 제조·가공됨으로써 안전하지 못하게 된 것을 말한다제2조 제2호 가목. 설계상 결함은 제조업자가 합리적인 대체설계를 채용하였더라면 피해나 위험을 줄이거나 피할 수 있었음에도 대체설계를 채용하지 아니하여 해당 제조물이 안전하지 못하게 된 것을 말한다제2조 제2호 나목. 표시상 결함은 제조업자가 합리적인 설명·지시·경고 또는 그 밖의 표시를 하였더라면 해당 제조물에 의하여 발생할 수 있는 피해나 위험을 줄이거나 피할 수 있었음에도 이를 하지 않은 것을 말한다제2조 제2호 다목. 위 사례에서 로봇이 원래 의도한 설계와 다르게 제조·가공되어 위와 같은 문제가 발생한 것이라면 제조상 결함이, 제조업자가 합리적인 대체설계를 채용하지 않아 위와 같은 문제가 발생한 것이라면 설계상 결함이 각각 인정될 수 있다. 그 경우 E는 C를 상대로 「제조물 책임법」에 기한 손해배상청구를 할 수 있다.

2) 인공지능 프로그램을 개발한 B

만약 B의 과실로 인공지능 프로그램에 오류가 존재하게 되었고 그로 인하여 사고가 발생한 것이라면, E는 B에게 불법행위책임을 물을 수 있을 것이다. 문제는 X 인공지능 프로그램에 오류가 발생한 것을 언제나 B의 과실로 볼 수 있는가 하는 점이다. 이는 '인공지능 프로그램을 개발하는 사람은 어떠한 내용의 주의의무를 부담하는가'하는 질문으로 환언될 수 있다.

인공지능 프로그램을 개발하는 사람에게 아무런 오류도 발생하지 않는 완전무결한 인공지능을 개발할 주의의무가 인정된다면, 인공지능 프로그램에 오류가 발생한 것을 곧바로 B의 과실로 볼 수 있을 것이고, E는 B에게 손해배상을 청구할 수 있을 것이다. 그러나 인공지능을 개발하는 사람에게 위와 같은 주의의무를 부과하는 것은 비현실적일 뿐 아니라, 인공지능 기술의 발전을 저해할 우려도 있다. 인공지능 프로그램에 사소한 오류가 발생한 경우에도 언제나 그 오류로 인하여 손해를 입은 사람에게 손해배상을 해야 한다면, 인공지능 개발자로서는 인공지능 기술 개발 자체를 꺼리게 될 것이기 때문이다. 반면 인공지능 프로그램 개발자의 주의의무 수준을 지나치게 낮게 설정한다면, 인공지능 프로그램에 오류가 발생한 것을 B의 과실로 보기 어렵게 되고, 결과적으로 E가 B에게 손해배상을 청구하는 것이 어려워진다. 불법행위법의 주된 기능은 피해자가 입은 손해를 회복시켜 주는 것이므로 피해자가 손해배상을 받지 못하게 되는 결과가 바람직하다고 보기는 어렵다. 따라서 인공지능 개발자의 주의의무는 인공지능 개발을 저해하지 않으면서도 인공지능이 매개된 사고의 피해자가 적절한 손해배상을 받을 수 있도록, 합리적인 수준에서 결정되어야 한다.

한편 인공지능 프로그램은 「제조물 책임법」상 제조물에 해당하지 않으므로, B에 대하여 「제조물 책임법」상 제조물책임을 묻기는 어려울 것이다.

3) 인공지능 프로그램 개발에 필요한 데이터를 제공한 A

만약 A의 과실로 A가 B에게 부정확한 데이터를 제공하였고, 그로 인하여 B가 개발한 인공지능 프로그램에 오류가 존재하게 되었으며, 그 오류로 인하여 사고가 발생한 것이라면, E는 A에게 불법행위책임을 물을 수 있을까? 이는 부정확한 데이터를 제공한 A의 과실과 E가 사고로 입은 손해 사이에 상당인과관계가 인정되는지에 따라 판단되어야 할 문제이다.

판례는 결과 발생의 개연성, 위법행위의 태양, 피침해이익의 성질 등을 고려하여 상당인과관계 유무를 판단하여야 한다고 본다.[9] 위 사례에서 A의 과실과 E의 손해 사이에는 B의 행위, C의 행위, D의 행위가 개입되어 있고 둘 사이에 상당한 거리가 있으므로, 언제나 상당인과관계가 성립한다고 볼 수는 없다. 가령 A가 제공한 데이터의 부정확성을 B가 쉽게 알아낼 수 있었던 경우, 데이터의 부정확성에도 불구하고 B가 인공지능 프로그램의 오류를 쉽게 제거할 수 있었던 경우 등에는 A의 과실과 E의 손해 사이에 상당인과관계를 인정하기 어려울 것이다. 그 경우 E는 A에게 불법행위책임을 물을 수 없고, 인공지능을 개발한 B에게 불법행위책임을 물어야 한다.

2 인공지능에게 불법행위책임을 물을 수 있을까

앞에서는 인공지능 개발에 필요한 데이터를 제공한 A, 인공지능 프로그램을 개발한 B, 인공지능 프로그램이 탑재된 물건을 제조한 C의 불법행위책임에 관하여 살펴보았다. 그런데 A, B, C의 행위와는 전혀 무관하게 사고가 발생하는 경우도 있을 수 있다. 가령 X 인공지능이 스스로 데이터를 수집·학습하고,

B가 만든 알고리즘을 스스로 수정하기도 하며, 그 결과 X 인공지능이 탑재된 물건의 개발에 관여한 사람 누구도 예측하지 못하였던 방식으로 작동하게 되었다고 가정하자. 그리고 이러한 상황에서 X 인공지능이 본래 용도와 달리 사고를 야기하였다고 가정해보자. 우선 X 인공지능은 스스로 데이터를 수집·학습하였으므로, 당초 인공지능 개발에 필요한 데이터를 제공한 A에게 그 사고에 관한 책임을 물을 수는 없다. 다음으로 X 인공지능은 B가 만든 알고리즘을 스스로 수정하였으므로, 당초 인공지능을 개발한 B에게 그 사고에 관한 책임을 묻기도 어렵다. 마지막으로 이러한 사고는 X 인공지능 프로그램을 탑재한 물건 자체의 결함과는 관련이 없으므로, 물건을 제조한 C에게 그 사고에 관한 책임을 물을 수도 없다. 이러한 상황에서 피해자 E가 손해배상을 받기 위한 방안 중 하나로, X 인공지능에게 불법행위책임을 묻는 방안을 생각해볼 수 있다.

결론부터 말하면, 현재의 법체계 아래에서 X 인공지능에게 독자적인 책임을 묻기는 어렵다. 인공지능에게 법인격을 인정하기 어려울뿐 아니라, 인공지능이 개입된 사고를 인공지능의 불법행위라고 보기도 어렵기 때문이다.

법인격은 법이 권리·의무의 주체가 될 수 있다고 인정하는 자격 내지 존재를 의미한다. 민법은 자연인^{제3조}과 법인^{제34조}에게 법인격을 부여한다. 이로써 자연인과 법인은 권리·의무의 주체가 되며, 불법행위책임의 주체가 될 수 있다^{법인에 관하여 민법 제35조 참조}. 반면 법인격이 없는 사물이나 동물에 대해서는 불법행위책임을 물을 수 없고, 그 사물이나 동물로 인하여 손해를 입은 사람은 그 사물의 점유자 또는 소유자^{민법 제758조}, 동물의 점유자 또는 보관자^{민법 제759조}에 대해서만 손해배상책임을 물을 수 있다. 최근 인공지능에게도 법인격을 인정할 수 있는지에 관하여 활발한 논의가 이루어지고 있지만, 인공지능에게 법인격을 인정하는 것에 대해서는 회의적인 시각이 대부분이다. 인공지능을 둘러싼 법적 문제를 반드시 법인격의 문제로 풀어야 하는 것은 아니고, 인공지능에 법인격을 부여함으로써 발생하는 문제점도 적지 않다는 이유에서이다.

한편 불법행위책임이 성립하기 위해서는 행위자가 ① 고의·과실로 ② 위법한 가해행위를 하였고, ③ 그 가해행위로 인하여 피해자에게 손해가 발생하였어야 한다. 행위자에게 책임능력도 있어야 한다. 인공지능에게 불법행위책임을 인정하기 위해서는 우선 인공지능이 매개된 사고를 '인공지능의 행위'로 평가할 수 있어야 한다. 그런데 행위는 '사람의 의식이 개입된 작위 또는 부작위'를 의미하므로, 사람이 아닌 인공지능의 판단 및 이에 기초한 동작을 '행위'라고 보기는 어렵다. 또한 인공지능에게 책임능력이 있다고 보기도 어렵다. 책임능력이란 '불법행위책임을 변식할 수 있는 정신능력'을 의미하는데, 현재 또는 가까운 미래의 기술 수준으로는 인공지능이 위와 같은 정신능력까지 갖출 것을 기대하기는 어렵기 때문이다. 결국 X 인공지능에게 불법행위책임을 인정하는 것은 현행법상 불가능하다고 생각된다. 피해자 E의 구제 문제는, 새로운 법제도를 마련함으로써 해결하여야 할 것이다.

IV. 인공지능 시대, 새로운 불법행위법의 필요성

1 특별법을 통한 새로운 규율의 도입

2023년 10월 현재 우리 국회에는 다수의 인공지능 관련 법률안이 제출되어 있다. 그 가운데에는 불법행위로 인한 손해배상책임에 관한 민법 규정의 특별법에 해당하는 규정을 담고 있는 것들도 있다.[10] 이러한 법률안들은 사람의 생명, 신체의 안전, 기본권 보호에 중대한 영향을 미치는 인공지능을 '고위험인공지능'으로 분류하고, 고위험인공지능으로 인하여 이용자에게 손해가 발생한 경우 이용자가 그 고위험인공지능을 개발한 사업자 또는 그 고위험인공지능을 활용한 서비스를 제공하는 사업자에게 손해배상청구를 할 수 있다고 규정한다. 법률안마다 구체적인 표현에는 다소 차이가 있으나, 고위험인공지능사업자가 ① 자신에게 고의·과실이 없었다는 사실, ② 해당 고위험인공지능 기술 또는 서비스를 공급할 당시의 과학·기술 수준으로는 고위험인공지능의 결함을 발견할 수 없었다는 사실, ③ 자신이 고위험인공지능서비스를 제공한 당시의 법령에서 정하는 기준을 준수함으로써 해당 고위험인공지능의 결함이 발생하였다는 사실 등을 증명하면 손해배상책임을 면할 수 있다고 규정하고 있다.

고위험인공지능의 결함으로 이용자에게 손해가 발생한 경우 일단 고위험인공지능사업자에게 손해배상책임을 지도록 하고, 고위험인공지능사업자가 면책사유를 증명함으로써 손해배상책임을 면할 수 있도록 하는 것은 「제조물 책임법」의 규정 내용과 유사하다. 실제로 위와 같은 규정 내용을 채택할 것인지는 더욱 심도 있는 사회적 논의를 거쳐 결정할 문제이지만, 인공지능 개발 및 서비스 제공을 통하여 이익을 얻는 사업자에게 손해배상책임을 인정함으로써 피해자가 손해를 회복할 수 있도록 하는 한편 사업자의 면책사유를 규정함으로써 인공지능 분야의 혁신이 저해되지 않도록 한 것은 인공지능 관련 불법행위에 대한 온당한 해결책이라고 할 수 있겠다. 다만 고위험인공지능의 개념이 불분명하다는 점은 향후 법률안에 관한 논의 과정에서 반드시 해결되어야 할 문제이다.

　　참고로 유럽에서는 인공지능 관련 불법행위책임에 관한 논의가 빠른 속도로 진행되고 있다. 2022년 9월에는 「EU 인공지능 책임 지침」의 제정과 함께, 「EU 제조물 책임 지침」의 개정이 제안되었다. 우선 「EU 인공지능 책임 지침」 제정안은 인공지능 시스템의 작동 또는 오작동으로 인하여 손해를 입은 피해자가 불법행위책임을 묻는 경우에 적용되는 특칙들을 담고 있다. 위 지침 제정안은 인공지능 관련 불법행위 사건에서 피해자가 불법행위책임의 성립 요건을 증명하기 어렵다는 점을 고려하여, 위와 같은 사건을 심리하는 법원이 고위험 인공지능 시스템 제공자 등에 대하여 고위험 인공지능 시스템 관련 정보의 공개를 명할 수 있다고 규정하는 한편, 일정한 요건 아래 피고의 과실과 인공지능 시스템의 작동 또는 오작동 사이의 인과관계를 추정하는 규정을 마련하고 있다. 한편 「EU 제조물 책임 지침」 개정안은 '제조물'의 개념에 인공지능 시스템을 포함한 소프트웨어를 포함시킴으로써, 인공지능 시스템의 결함으로 인하여 소비자가 손해를 입은 경우에도 위 지침이 적용될 수 있도록 하고 있다.

인공지능 관련 불법행위와 보험

불법행위법은 보험 제도와 밀접한 관련을 맺고 있다. 일정한 사고 위험이 수반되는 활동을 영위하는 사람에게 보험 가입의무를 부과하는 규정은 쉽게 찾아볼 수 있다. 가령 「자동차손해배상 보장법」은 자동차보유자에게 책임보험에 가입할 의무를 부과하고_{제5조 제1항}, 「지능형 로봇 개발 및 보급 촉진법」은 안전인증을 받은 실외이동로봇을 운영하는 자에게 책임보험 가입 의무를 부과한다_{제40조의4}. 나아가 「자동차손해배상 보장법」은 자동차보유자를 알 수 없는 자동차의 운행으로 피해자가 사망하거나 부상한 경우, 자동차보유자가 책임보험에 가입하지 않은 경우 등에는 정부가 피해자에게 직접 그 피해를 보상한다고 규정한다_{제30조}.

인공지능 기술이 오늘날보다 더욱 발전하고 널리 보급되어 마치 오늘날의 자동차와 같이 일상에 반드시 필요한 도구로 자리잡는다면, 인공지능을 개발하는 사업자 또는 인공지능을 활용한 서비스를 제공하는 사업자에게 책임보험에 가입할 의무를 부과할 필요도 있을 것이다. 또한 위와 같은 책임보험 제도로는 손해를 회복하기 어려운 경우에 대비하여, 국가가 피해자에게 그 피해를 보상하고 인공지능 관련 사업자에게 구상하는 방식의 보상 제도도 논의해볼 필요가 있다.[11]

심화 학습 자료

권영준, "불법행위법의 사상적 기초와 그 시사점 – 예방과 회복의 패러다임을 중심으로 –", 『저스티스』 통권 제109호, 2009.

– 불법행위법의 배후에 있는 사상적 기초인 예방 패러다임과 회복 패러다임을 소개하고, 위와 같은 패러다임이 불법행위 법리에 어떠한 영향을 미치는지를 분석한 논문

최경진, "인공지능과 불법행위책임", 『정보법학』 제25권 제2호, 2021.

– 현재의 불법행위법이 인공지능이 매개된 불법행위를 적절히 규율할 수 있는지를 검토하고, 앞으로의 입법적 과제를 제시한 논문

Bernhard A Koch et al, Response of the European Law Institute to the Public Consultation on Civil Liability – Adapting Liability Rules to the Digital Age and Artificial Intelligence, Journal of European Tort Law, Volume 13, Issue 1, 2022.

– 유럽위원회(European Commission)의 요청에 따라 유럽법학원(European Law Institute)이 EU에서의 인공지능 관련 민사책임 규율 문제를 검토한 내용을 담고 있는 논문

미주

1 대법원 2021. 6. 24. 선고 2016다210474 판결.

2 대법원 2001. 1. 19. 선고 2000다12532 판결.

3 대법원 2003. 6. 27. 선고 2001다734 판결.

4 대법원 1999. 6. 11. 선고 98다22857 판결.

5 대법원 1998. 8. 25. 선고 97다4760 판결; 대법원 2001. 7. 13. 선고 2001다22833 판결; 대법원 2022. 6. 16. 선고 2017다289538 판결 외 다수.

6 대법원 2012. 12. 26. 선고 2011다59834, 59858, 59841 판결.

7 대법원 2018. 7. 11. 선고 2017다263703 판결; 대법원 2022. 5. 26. 선고 2021다300791 판결.

8 대법원 1978. 7. 11. 선고 78다729 판결.

9 대법원 2022. 5. 26. 선고 2021다300791 판결; 대법원 2023. 4. 27. 선고 2021다262905 판결.

10 「알고리즘 및 인공지능에 관한 법률안」(의안번호 2113609, 윤영찬 의원 대표발의), 「인공지능책임법안」(의안번호 2120353, 황희 의원 대표발의), 「인공지능 책임 및 규제법안」(의안번호 2123709, 안철수 의원 대표발의) 등.

11 이러한 보상 제도에 관한 설명으로 권영준·이소은, "자율주행자동차 사고와 민사책임", 『민사법학』 제75호, 2016, 486-488쪽.

CHAPTER 03

인공지능과 저작권법

정원준

사례 1

웹툰 작가 A는 Stable Diffusion 모델을 기반으로 정교한 수준의 AI 이미지를 생성하는 B사의 이미지 자동생성 서비스를 상업용 목적의 삽화를 그리는 데 적극 이용하고 있다. A는 꼬박 일주일 동안 수백 번의 명령프롬프트 입력을 반복한 끝에 원하는 수준의 AI 이미지를 완성할 수 있었다. 또한 웹툰 제작을 위해 해당 이미지에 대화 말 풍선 텍스트 작업을 하는 등 이후에도 여러 차례의 수정 및 편집 작업을 거쳐 완성된 웹툰 작품을 최종적으로 온라인에 게시하였다. 이 경우 B사의 자동생성 이미지를 활용하여 그린 웹툰 작품에 대해 A는 저작권을 인정받을 수 있는가? 혹은 웹툰 전체가 아니라면 어느 범주 내에서 저작권을 인정받을 수 있는가?

사례 2

개발자 A는 자연스러운 언어를 구사하는 챗봇서비스를 개발하기 위해 언어모델(Language Model)을 개발하고자 한다. A는 블로그와 SNS 등 공개된 웹사이트를 통해 일반인이 작성한 글과 사진을 방대한 규모로 웹크롤링(Webcrawling)하여 언어모델의 학습용 데이터로 사용하였다. 그런데, 그중 몇몇 웹사이트에서는 사이트 내의 정보를 크롤링하거나 인공지능 학습 등 데이터 분석을 위한 용도로 사용하는 것을 금지하는 이용약관을 공지하고 있었고, 로봇배제 표준(robots.txt)을 통해 로봇크롤러의 접근을 제한하기 위한 조치를 취하고 있었다. 그럼에도 불구하고 A는 어렵지 않게 웹크롤링을 통해 학습데이터의 상당 부분을 확보하였고, 이를 바탕으로 알고리즘 모델을 완성하였다. 개발자 A의 크롤링 행위는 웹사이트에 게시된 개인의 저작물에 해당하는 글과 사진 등을 이용허락 없이 사용한 것으로서 저작권 침해행위에 해당하는가? 혹은 저작권 침해가 성립하더라도 저작권법 제35조의5의 공정이용에 해당하여 면책을 부여받을 수 있는가?

I. 생성형 AI의 출현과 저작권 문제의 제기

1 생성형 AI의 기본원리에 따른 저작권 쟁점

생성형 인공지능Generative AI의 출현은 창작의 영역에서 누구나 고품질의 창작을 가능하도록 하는 획기적인 변화를 불러오는 동시에, 창작자의 권리 보호 등 저작권 침해 대응 차원에서는 새로운 도전과제를 제시하고 있다. 여기서 생성형 AI에 대한 유일한 규범적 정의 시도 사례인 EU AI Act 법안에 따르면, 생성형 AI는 여러 단계의 자동화 작업을 통해 기존에 존재하지 않던 텍스트, 이미지, 오디오, 비디오 등의 복잡한 콘텐츠를 생성할 수 있는 인공지능 시스템을 의미한다.[1] 이와 같은 정의를 바탕으로 생성형 AI의 콘텐츠 생성 원리의 핵심적인 특징을 정리해보면, 새로운 콘텐츠를 생성하는 단계에서 인공지능의 고도화된 자율성을 바탕으로 한다는 점과 이러한 콘텐츠 생성의 과정에서 명령 프롬프트의 입력을 통한 인간의 명령·지시 내용이 최종적인 산출물을 완성하는 데 굉장히 중요한 역할을 한다는 점을 들 수 있다. 이러한 특징은 서로 다른 종류의 데이터를 구분하는 것을 목표로 삼는 판별형 인공지능Discriminative과 구분되는 점이라 할 것이다.

생성형 AI는 대체로 요약이나 Q&A 분류와 같은 곧바로 사용가능한 태스크를 멀티태스킹할 수 있는 기반 모델Foundatiuon Model을 토대로 개발된다. 기반 모델은 DALL-E2와 같이 대규모의 학습데이터를 사용해 사전 학습이 되어 있는 모델을 지칭하는데, 훈련코드나 레이블 데이터 및 다양한 유형의 미분류 데이터를 통해 기반 모델을 구축하는 것이 가능하다. 이 과정에서 사전에 학습된 데이터의 분포를 모방하려는 기술적 특성을 보이게 되며, 결과적으로 이러한 작동 원리로 인해 AI 산출물은 사전에 학습을 위해 투입된 저작물 혹은 개인정보 등과 유사한 특성을 보이게 된다. 다만 해당 결과물은 학습 DB에 저장되어 있는 특정 데이터를 선별하여 추출하는 것이 아니라, 이미지 혹은 텍스트 전체에 대한 픽셀과 개별 말뭉치의 확률 분포를 토대로 생성된 것이므로 저작물 원본에 대한 완전히 동일·유사한 복제가 이루어졌다고 보기는 어렵다. 실제로 구글 딥마인드와 버클리, 프린스턴, ETH 취리히 대학의 AI 연구원 그룹의 연구 결과에 의하면, 이미지 생성 모델인 Stable Diffusion 모델의 데이터 세트인 'LAION'에서 35만 개의 이미지를 추출하여 각 이미지 캡션을 사용해 새로운 이미지를 생성하였더니 94개의 이미지가 직접 일치하였고, 근접 일치하는 이미지는 109개가 나왔다고 한다. 이는 약 0.03%의 복제율을 보인 것인데, 학습된 데이터와 완전히 일치하는 산출물이 생성되는 것은 완전히 불가능하지는 않지만, 학습데이터의 규모가 클수록 그러한 확률은 극히 낮아진다는 점이 입증된 연구 결과라 할 수 있다.

이와 같은 생성형 AI의 작동 원리는 오랜 시간 저작권법에서 형성되어 온 기본 법리를 적용하는 데 있어서 많은 해석상의 혼란을 초래하고 있다. 그러한 문제는 크게 두 가지로 구분할 수 있는데, 우선 생성형 AI를 통한 산출물에 대하여 AI 프로그래머 또는 명령프롬프트를 통해 AI 창작물의 제작을 지시한 자 _{서비스 이용자} 등 창작에 기여한 자에게 저작권을 부여할 수 있는가의 문제가 있다. 다른 하나는 AI 모델을 구축하기 위해 공개된 데이터를 학습하는 과정에서 저작물의 복제와 전송이 이루어진 경우 저작권 침해에 해당하는지 혹은 공정이용으로서 면책을 부여받을 수 있는지가 문제된다. 이 글에서는 이 두 가지 쟁점에 대한 국내에서의 논의 현황과 해결방향에 대해 살펴보도록 한다.

② 저작권 제도의 취지와 논의의 필요성

인공지능을 둘러싼 저작권법적 쟁점을 검토함에 있어서 저작권 제도의 근원과 저작권법의 취지를 살펴보는 것은 추가적인 입법과 법제적 대응 방향을 정하는 데 있어서 중요하게 참고가 되어야 할 것이다.

우리 저작권법 제1조는 "이 법은 저작자의 권리와 이에 인접하는 권리를 보호하고 저작물의 공정한 이용을 도모함으로써 문화 및 관련 산업의 향상발전에 이바지함을 목적으로 한다."라는 목적 조항을 통해 저작권법의 취지를 밝히고 있다. 즉, 저작권법은 창작자의 권리 보호와 공정한 이용의 도모 그리고 문화 및 관련 산업의 발전을 동시에 고려하도록 하고 있는 것이다. 이는 저작권 제도의 발전 과정에서 저작권이라는 배타적인 권리를 정당화하는 이론적 근거로서 전통적인 핵심 이론을 반영한 것이라 평가할 수 있다.

그중 하나는 저작권은 저작자의 정신적 노력의 산물이자 인격의 투영이므로 자연권natural right으로서 보호하여야 한다는 이른바 '자연권론'이 있다. 자연권론은 저작권을 노동 및 노력의 대가로 보는 '노동이론' 내지 '이마의 땀 이론sweat of the brow theory'과 맥락을 같이 한다. 또 다른 이론으로는 지적 소산을 객관적이고 사회적인 공공의 영역으로 이해하는 공리주의utilitarianism적 입장이 존재한다. 공리주의는 저작권 영역에서 창작자들에게 배타적인 권리를 부여하여 창작 활동에 대한 경제적 인센티브를 통한 정당한 이익 배분이 이루어질 필요가 있다는 이른바 '유인誘引 이론' 또는 '인센티브 이론'으로 발전하였다.[2]

이 두 이론적 사상은 대립적 구도를 형성하기 보다는 조화점을 찾는 방향으로 수렴되어 왔다. 물론 저작권 창설에 대한 논의가 이루어진 초기에는 프랑스 등 대륙법계의 국가를 모델로 하는 자연권론을 중심으로 저작권을 인격권적 성격으로 보아 형식적 절차를 요하지 않는 무방식주의를 원용해왔다. 그러나 근래에 이르러 산업화가 진전되면서부터는 창작의 가치를 경제 활동으로 연결시키기 위한 실리를 중시하는 공리주의적 접근이 국제적으로 보편화되었다. 저작권법의 역사를 저작물의 범위 확대 역사라 지칭할 수 있을 정도로 기술의 발전에 따라 다양한 문화활동이 이루어지면서 저작권법의 보호대상은 지속적으로 확대되어 온 것이 이를 방증한다. 상기에서 살펴본 우리 저작권법의 목적 조항 역시 이러한 추세를 반영하여 권리자의 보호와 산업적 발전을 균형적으로 고려할 수 있도록 제도의 취지를 설명하고 있는 것으로 해석할 수 있다.

 II. AI가 생성한 창작물은 저작권을 인정받을 수 있는가?

생성형 AI에 의한 창작물이 저작물에 해당하는지는 법률상 저작권 성립요건에 부합되는지와 그러한 권리를 인정하는 경우 해당 권리를 어느 주체에게 귀속시킬 것인지의 문제로 나뉘어진다.

1 AI 창작물은 저작물에 해당하는가?

저작권법 제2조 제1호에 의하면, 저작물이라 함은 "인간의 사상 또는 감정을 표현한 창작물"로 정의된다. 이에 의하면 저작권이 성립하기 위한 개념적 표지는 '인간의 사상 또는 감정의 표현일 것'을 전제로 하며, 구체적인 성립여부를 결정할 때에는 '창작성'이 핵심적인 판단 기준이 된다.

1) '인간의 사상 또는 감정의 표현일 것'의 해석

저작물이 성립되기 위해서는 우선 '인간의 사상 또는 감정'이 존재하여야 한다. 해당 요건에 따라 침팬지 등 동물이 생성한 사진 저작물이나 그림 등은 창작의 주체가 자연인이 아니므로 저작물이 될 수 없고, 인간에 의한 창작에만 저작권을 인정할 수 있다.[3] 따라서 인간의 창조적인 개입 없이 AI 시스템에 의해 자동으로 생성된 창작물의 경우에도 현행법상 저작물로 보호받기 어렵다는 점에는 학설상 큰 이견이 없다고 할 것이다. 그러나 이러한 판단은 전적으로 AI 시스템에 의해 창작이 주도된 경우를 전제로 하는 것이지, AI에 의해 창작된 부분을 제외한 인간의 개입이 이루어진 부분에 대하여는 얼마든지 저작권이 인정될 여지가 있다는 점을 유념할 필요가 있다.

이와 관련하여 최근 미국 저작권청The U.S. Copyright Office에서는 "Zarya of the Dawn새벽의 자리아, 등록번호 : VAu001480196"라는 작품에 대하여 인간이 직접 개입하여 기여한 부분에 대하여 한정적으로 저작권을 인정한 등록 사례가 있어 주목할만하다. 이 사안에서 미국 저작권청은 인간이 직접 그림의 배치 등을 편집 프로그램을 통해 완성한 부분과 삽화에 삽입된 텍스트를 작성한 부분에 대하여만 저작권을 인정하였다. 실제로 해당 작품을 완성한 Kashtanova는 총 17페이지 분량의 이미지를 생성하기 위해 12일 동안 1,500여 개의 프롬프트를 작성하였고, 이렇게 도출된 생성이미지에 Photoshop을 통해 추가적인 편집 작업을 진행한 것으로 알려졌다. 이와 같은 결정이 내려진 후 저작권청은 AI가 생성한 소재가 포함된 「저작물 등록 안내서」[4]를 발표하였는데, 동 지침은 짧은 인용과 문구 등 최소한의 용도 이상의 AI 생성 콘텐츠는 등록 신청의 대상에서 제외된다는 점과 아울러 AI에 의해 생성되었다는 사실을 갱신하지 못하면 등록의 효과를 상실할 수 있다는 점을 분명히 하고 있다. 결국, 인간에 의한 창작 부분만이 저작권의 대상이 된다는 입장을 계속해서 견지하고 있음을 확인할 수 있다.

또한 인간의 사상 또는 감정이 '표현'되어야 한다. 즉, 저작물로 보호받기 위해서는 언어, 문자, 색채, 음 등의 형식을 통해 외부적으로 표현되어야 하는 것이다. 저작물은 대체로 특정 매체에 수록되는 등 유형물에 고정되어 있는 경우가 대부분이지만, 저작자의 표현이 고정되었다고 하여 그 자체가 저작물인 것은 아니므로 유형물의 고정이 저작물 성립을 위해 필수적으로 요구되는 것은 아니다. 따라서 AI 생성물이 일정한 형식으로 외부에 표현된 상태라고 한다면 어떠한 형태로 고정되는지는 저작물성 판단에 고려되지 않는다.

2) 창작성 요건

저작권법에서 요구하는 창작성 개념은 반드시 높은 수준의 작품이어야 하는 것은 아니지만, 다른 사람의 작품을 베끼지 않았다는 정도의 최소한도의 창작성은 있어야 한다. 우리 대법원에서도 이른바 '세탁학기술개론 사건'에서 "창작성은 완전한 의미의 독창성을 말하는 것은 아니며, 단지 어떠한 작품이 남의 것을 단순히 모방한 것이 아니고 작가 자신의 독자적인 사상 또는 감정의 표현을 담고 있음을 의미할 뿐이어서 이러한 요건을 충족하기 위하여는 저작자 나름대로의 정신적 노력의 소산으로서의 특성이 부여되어 있고, 다른 저작자의 기존의 작품과 구별할 수 있을 정도이면 충분하다."라고 설명한 바 있다.[5] 이러한 해석에 따르면 숭고한 철학적 사상이나 심리학적으로 높은 수준의 감정일 필요는 없고 저작자 개인의 정신 활동으로 볼 수 있으면 창작성이 인정된다.[6]

최근 등장한 AI 생성 작품이 보이는 예술적 수준은 이와 같은 창작성 요건을 충족시키기 그다지 어렵지 않다고 보인다. 다만 생성형 AI의 기술적 특성으로 인해 학습데이터의 확률 분포에 따라 동일한 알고리즘에 의한 결과물일지라도 얼마든지 작품의 수준이 천차만별일 수 있다. 따라서 인간이 AI 소재를 사용하여 작품을 완성하는 경우 창작성 요건을 충족시키는 것은 어렵지 않을 것이다.

2 AI 창작물에 대한 권리는 누구에게 귀속하는가?[7]

AI 창작물에서 인간이 창작한 부분에 대하여 일부 저작권이 인정된다고 할 때 여전히 저작권은 누가 가져야 하는가의 문제가 남게 된다. 기존의 논의에서는 AI가 자율적으로 생성한 창작물이 저작권의 대상이 될 수 있다는 것을 전제로 권리 귀속의 주체를 누구로 하는 것이 타당한지에 대한 논의가 주를 이루었다.

이를테면 인간의 간섭이 전혀 없거나 미미한 상황에서 새로운 표현방식을 보여주는 작품을 완성한다면 그 권리는 AI에 직접 부여할 수 있다고 하여 AI를 저작권 주체로서 인정하자는 견해가 있다.[8] 다만 이러한 주장은 저작권법이 무방식주의를 취하고 있어 창작이 완성된 순간 권리가 발생함에 따라 사전에 저작자의 지위를 파악할 수 없고, 법원의 판단을 통해 권리의 인정 여부를 사후적으로 확정한다는 점에서 법인격에의 권리 부여에 한계가 있다.

한편으로 창작적 기여자로서 프로그래머, 공동저작자, 업무상 저작자 혹은 서비스 이용자로 인정하자는 견해도 존재한다.

먼저 AI 알고리즘을 개발한 프로그래머에게 권리를 부여하자는 견해는 AI 기술개발 및 투자 촉진을 위하여 인센티브 확보하기 필요하다는 산업 정책적 목적을 이유로 들고 있다.[9] 그러나 해당 견해는 AI 창작물이 프로그래머의 표현방식에 따른 것인가 하는 의문에서부터 프로그래머가 유일한 창작적 기여자라 할 수 있는지가 명확하지 않으며, 이미 이용료를 취득한 개발자에게 과도한 보상over rewards이라는 주장[10]과 '권리 소진의 원칙The Right of Exhaustion'을 들어 프로그래머의 권리가 한번 판매된 이후에는 미치지 않는다는 비판적 해석도 있다.[11]

다음으로 프로그래머와 서비스 이용자를 공동저작자로 인정하자는 견해는 AI 제품을 구입하는 단계에서 소비자들이 공동 저작에 대한 합의를 한 바 없고, 해당 제품을 판매 또는 처분할 때 프로그래머의 동의가 필요하다는 사실도 선뜻 수긍하기 어려운 점이 있다.

그 밖에 AI에 의한 콘텐츠 생산에 투자 및 기술 개발 등을 지원한 법인이 있다면 해당 기업을 '업무상 저작자'로 보자는 주장도 있다. 그러나 업무상 저작물이 자연인인 종업원에 의한 창작을 전제로 하고 있으며, 우리 저작권법 제

9조는 계약 또는 근무규칙이 없는 경우 법인이 업무상 저작자의 지위를 갖는다고 규정하고 있는데, AI는 법률행위를 할 수 없어 법인과 근로계약 체결 및 고용 관계 형성이 불가능하다는 지적이 있을 수 있다.

결론적으로 가장 현실적인 대안은 일정 한도 내에서 서비스 이용자에게 부여하자는 견해로 보인다. 실제로 Open AI의 Chat GPT를 비롯한 거의 대부분의 이미지 생성 서비스에서 이용약관을 통해 해당 서비스로부터 생성된 창작물에 대하여 모든 저작권을 사용자에게 양도한다는 규정을 두고 있다. 따라서 현실적으로는 해당 생성물에 저작권이 부여되는지의 여부를 떠나 서비스 이용자가 권리자가 된다는 것이 일반적인 해석이며, 이러한 견해에 의하면 단순히 보조적 역할을 수행한 창작물Computer Assisted·Aided Work과 AI가 생성한 창작물Computer Generated Work의 구분이 불필요해져 인간의 창작행위에 개입한 정도를 쉽게 판단할 수 있다는 장점도 있다.[12] 다만, 이에 대하여도 여전히 침해의 책임을 누가 지는가는 별개로 다루어져야 하는 문제이다. 즉, AI 생성물이 다른 권리자의 저작권 침해를 구성하는 침해물일 경우 명령·지시를 내린 이용자가 직접 책임을 지는 것인지, 데이터 학습과정에서 이러한 침해물의 생성을 예방하지 못한 AI 플랫폼 서비스 제공자가 대위책임Vicarious Liability을 지는지가 또 다른 쟁점 사항이 된다.

 III. 생성형 AI에 의한 저작권 침해 가능성, 무엇이 문제인가?

1 학습 과정에서 권리자의 이용허락 없는 저작물 사용은 저작권 침해인가? 공정이용인가?

1) 국내법상 논의 현황

생성형 AI는 방대한 규모의 학습을 통해 완성되는데, 여기에서 학습의 대상이 되는 데이터가 권리자의 허락 없이 저작물을 사용한 것이라면 저작권 침해 여부가 문제된다. 저작권을 이용하는 경우 저작권 제한사유에 해당하지 않는 이상 권리자의 이용허락이 요구된다. 그러나 공개된 사이트에서 웹크롤링[13]을 통해 데이터를 수집 및 이용하는 경우 이러한 정보통신망에의 접근행위의 적법성에 대한 논란[14]과 동시에, 이러한 행위가 저작권 침해를 구성하는지 혹은 나아가 공정이용에 해당하는지가 다투어지고 있다.

이와 관련하여 국내의 경우 저작권법 제35조의5에서 공정이용 일반조항으로서 저작물의 통상적인 이용 방법과 충돌하지 아니하고 저작자의 정당한 이익을 부당하게 해치지 아니하는 경우에는 저작물을 이용할 수 있도록 규정하고 있다. 동 조항에 의하면 공정이용의 판단 기준은 ① 저작물 이용의 목적 및 성격, ② 저작물의 종류 및 용도, ③ 이용된 부분이 저작물 전체에서 차지하는 비중과 그 중요성, ④ 저작물의 이용이 그 저작물의 현재 시장 또는 가치나 잠재적인 시장 또는 가치에 미치는 영향을 고려요소로 정하고 있다. 해당 규정은 한-미 FTA를 통해 2011년 도입된 것으로서 미국에서도 동일한 요건을 두고 있는데, 미국은 혁신 산업의 발전과 표현의 자유를 중시하는 목적 하에 공정이용_{그중에서도 특히 비표현적 이용 혹은 기술적 이용 영역}을 넓게 인정하고 있다.[15] 특히 그간 미국 판례의 경향을 살펴보면, 대체로 상업적인 목적으로 행한 '변형적 이용_{transformative use}'에 대하여 공정이용으로서 면책을 부여해왔다. 따라서 AI 학습을 위한 데이터 분석행위에 대하여도 이에 해당되는 것으로 해석될 가능성이 적지 않다고 할 것이다. 다만 최근 앤디워홀이 가수 프린스의 흑백사진을 사용하여 초상화 작품을 제작함으로 인해 제기된 저작권 침해 소송에서 변형적 이용이 인정되기 위해서는 원저작물과 다른 작가만의 새로운 스타일을 부여하는 것 이상의 창작성이 부여되어야 한다는 취지의 대법원 판결[16]이 내려져, AI 학습을 위한 저작물 사용이 원작과 구분되는 메시지상의 변형에 해당하는지는 추후 명확한 사법 해석이 내려질 필요가 있는 대목이다.

반면에 국내의 경우 공정이용에 대한 명확한 해석기준을 제시하거나 이를 산업적 맥락에서 전향적으로 인정한 사례는 찾아보기 힘든 상황이다. 이에 따라 국내에서는 별도의 TDM_{Text Data Mining} 면책 규정이 필요하다는 견지 하에 '정보분석을 위한 복제·전송행위'에 대해 면책을 부여하는 내용의 법안이 다수 발의되었다.

대표적인 법안으로 황보승희 의원 대표발의안^{의안번호-2122537}에서는 컴퓨터를 이용한 자동화 분석기술을 통하여 다수의 저작물을 포함한 대량의 정보를 해석함으로써 추가적인 정보 또는 가치를 생성하기 위하여 필요한 범위에서 저작물을 복제·전송하거나 2차적 저작물을 작성할 수 있도록 규정하고 있다. 다만 이때 해당 저작물에 대해 적법하게 접근할 것과 해당 저작물에 표현된 사상이나 감정을 향유하는 것을 목적으로 하지 아니할 것을 요건으로 한다. 또한 여기에서의 복제물은 정보분석을 위하여 필요한 범위 내에서는 보관할 수 있다고 규정하고 있다. 해당 법안은 이용호 의원 대표발의안^{의안번호-2117990}과 도종환 의원 대표발의안^{의안번호-2107440}과 비교하여 2차적 저작물 작성권에 대하여도 추가적으로 면책을 부여한다는 점에서 차이가 있다. 다만 이러한 TDM 면책 규정이 반드시 필요한 것인지에 대하여는 창작자와의 적절한 보상과의 관계에서 신중하게 고민해볼 여지가 있다고 할 것이다. 또한 국내에서 논의 중인 법률안의 규정들은 일본의 입법례를 참고하여 마련된 것인데, 일본의 경우 우리와 같은 공정이용 규정이 없다는 점에서 분명한 차이가 있다.

[저작권법 일부개정안 황보승희 의원 대표발의안] 제35조의5(정보분석을 위한 복제 전송등) ① 컴퓨터를 이용한 자동화 분석기술을 통하여 다수의 저작물을 포함한 대량의 정보를 해석(패턴, 트렌드 및 상관관계 등의 정보를 추출 비교 분류 분석하는경우를 말한다. 이하 이 조에서 "정보분석"이라 한다)함으로써 추가적인 정보 또는 가치를 생성하기 위하여 다음 각 호의 요건을 모두 갖춘 경우에는 필요한 범위 안에서 저작물을 복제·전송하거나 2차적저작물을 작성할 수 있다.
1. 해당 저작물에 대하여 적법하게 접근할 것
2. 해당 저작물에 표현된 사상이나 감정을 향유하는 것을 목적으로 하지 아니할 것
② 제1항에 따라 만들어진 복제물은 정보분석을 위하여 필요한 범위 안에서 보관할 수 있다.

2) 주요국의 입법례

대표적인 해외 입법례로 일본과 영국의 TDM 규정을 살펴보도록 한다.

먼저 일본은 TDM 관련하여 2009년 개정과 2018년 개정, 두 차례의 저작권법 개정을 주목할 필요가 있다.

2009년 저작권법 개정에서는 '정보해석을 위한 저작권 제한' 규정을 신설하였다. 즉, 제47조의7^{정보해석을 위한 복제 등}에서 "저작물은 컴퓨터에 의한 정보해석^{다수의 저작물 그 외의 대량의 정보로부터 당해 정보를 구성하는 언어, 음, 영상 그 외의 요소에 관련한 정보를 추출하여 비교 분류 그 외의 통계적인 해석을 하는 것을 말한다}을 행하는 것을 목적으로 하는 경우에는 필요하다고 인정되는 한도에서 기록매체에의 기록 또는 번안^{이에 의해 창작한 이차적저작물의 기록을 포함한다}을 할 수 있다."라고 규정하고 있어, 동 규정은 일정한 요건 아래 전자계산기^{컴퓨터를 말함}에 의한 정보해석을 목적으로 하는 경우 저작물의 기록매체에의 기록·번안을 허용하는 규정이라고 할 수 있다.

이후 2018년 개정한 저작권법 제30조의4에서는 "해당 저작물에 표현된 사상 또는 감정을 스스로 향수하거나 타인에게 향수시킬 것을 목적으로 하지 않는 경우"라면 일정한 요건 하에서 기록 또는 번안에 국한하지 않고 어떤 방법으로든지 폭넓은 저작물의 사용을 허용하고 있다. 다만 "해당 저작물의 종류 및 용도 및 해당 이용 양태에 비추어 저작권자의 이익을 부당하게 침해하는 경우에는 그러하지 아니하다."라는 단서 조항을 통해 권리 보호와 저작물 이용의 균형을 고려하고 있다.

> **[일본 저작권법]** 제47조의7(정보해석을 위한 복제 등)
> 저작물은 컴퓨터에 의한 정보해석(다수의 저작물 그 외의 대량의 정보로부터 당해 정보를 구성하는 언어, 음, 영상 그 외의 요소에 관련한 정보를 추출하여 비교 분류 그 외의 통계적인 해석을 하는 것을 말한다)을 행하는 것을 목적으로 하는 경우에는 필요하다고 인정되는 한도에서 기록매체에의 기록 또는 번안(이에 의해 창작한 이차적저작물의 기록을 포함한다)을 할 수 있다.

[일본 저작권법] 제30조의 4 (저작물에 표현된 사상 또는 감정의 향수를 목적으로 하지 않는 이용) 저작물은 다음의 경우 기타 해당 저작물에 표현된 사상 또는 감정을 스스로 향수하거나 타인에게 향수시킬것을 목적으로 하지 않는 경우에는 그 필요하다고 인정되는 한도에서 어떠한 방법에 의하든 사용할 수 있다. 다만, 해당 저작물의 종류 및 용도 및 해당 이용 양태에 비추어 저작권자의 이익을 부당하게 침해하는 경우에는 그러하지 아니하다.

1. 저작물의 녹음, 녹화 기타 이용에 관한 기술의 개발 또는 실용화를 위한 시험용으로 제공하는 경우
2. 정보 분석(다수의 저작물 기타 대량의 정보로부터 해당 정보를 구성하는 언어, 소리, 영상 기타 요소에 관한 정보를 추출, 비교, 분류 기타 분석을 실시하는 것을 말한다. 제47조의 5 제1항 제2호에서 같다)의 용도로 제공하는 경우
3. 제1호 및 제2호에 정한 경우 외에 저작물의 표현에 대한 사람의 지각에 의한 인식을 수반하지 않고 해당 저작물을 전자계산기에 의한 정보처리 과정에서의 이용 및 기타 이용(프로그램 저작물에 있어서는 해당 저작물의 전자계산기의 실행을 제외한다)에 제공하는 경우

한편 영국은 2014년 6월 1일부터 시행된 개정 저작권법을 통해 비상업적 연구를 위한 데이터 분석, 즉 텍스트 마이닝과 데이터 마이닝을 가능하게 하고 있다. 신설된 제29A조에 따르면, 저작물에 적법하게 접근할 수 있는 개인이 오직 비상업적 연구목적으로 그 저작물에 기록된 것을 컴퓨터로 분석하기 위하여 복제물을 생성하는 것은 허용된다. 비교적 이른 시기에 '텍스트 및 데이터의 분석을 위한' 별도의 저작권 제한 조항을 마련하였는 바, 선도적 입법이라는 점은 높게 평가할 수 있다. 다만 '비상업적 연구만을 목적으로' 허용하고 주체는 개인으로 제한된다는 점은 주의가 필요하며, 복제물의 타인 이전도 금지되므로 산업적 활용에는 한계가 있다.

[영국 저작권법] 제29조의 A (비상업적 연구 목적의 텍스트 및 데이터의 분석을 위한 복제)

(1) 저작물에 대하여 적법한 접근 권한을 가지고 있는 사람이 해당 저작물의 복제물을 작성하는 것은 이하 조건을 모두 충족하는 경우 저작권을 침해하지 않는다.

 (a) 복제는 저작물에 대하여 적법한 접근 권한을 가지고 있는 사람이 비상업적 연구만을 목적으로 해당 저작물에 기록되어 있는 것을 컴퓨터에 의하여 분석하기 위하여 작성된 것

 (b) 복제물에 충분한 출처 명시를 수반되는 경우(단 실현가능성 등의 이유로 불가능한 경우는 제외한다).

(2) 본조에 근거하여 작성된 저작물의 복제물은 이하의 경우 저작권의 침해가 된다.

 (a) 그 복제물이 타인에게 양도되는 경우(단, 그 양도가 저작권자에 의하여 허락된 경우는 제외한다)

 (b) 그 복제물이 (1)(a)에서 언급된 것 이외의 목적을 위하여 사용되는 경우(단 그 사용이 저작권자에 의하여 허락된 경우는 제외한다).

(3) 본조에 근거하여 작성된 복제물이 그 후에 이용되는 경우에는,

 (a) 그 복제물은, 그 이용의 목적상 침해 복제물로서 취급된다.

 (b) 그 이용이 저작권을 침해하는 경우, 그 복제물은, 그 후의 모든 목적상 침해 복제물로서 취급된다.

(4) 제3항의 「이용」이란, 판매 또는 임대, 판매와 임대를 위한 청약과 진열을 말한다.

(5) 계약 규정이 본조에 의해서 저작권의 침해가 되지 않는 복제물의 작성을 금지 또는 제한하는 것을 의도하는 경우 그 범위에 관하여 해당 규정은 집행 불능인 것으로 한다.

2 AI 창작물이 다른 권리자의 저작권 침해로 인정될 수 있는가?

끝으로 AI가 창작한 작품이 우연히 기존의 저작물과 유사하게 생성되었을 경우 저작권 침해를 인정할지도 문제이다. 저작권법상 침해의 여부는 주관적 요건으로서 모방물이 타인의 저작물에 의거依據하여 제작되었다는 '의거성'과 객관적 요건으로서 원저작물의 표현방식과 동일하거나 실질적 유사하다는 요건을 모두 충족하는 경우 침해가 성립된다.[17] 여기서 원고의 자백이나 피고측의 유리한 진술이 없는 한 소송실무상 의거성 요건을 입증하는 것이 쉽지 않은

데, AI 창작물의 제공자를 피고로 하여 저작권 침해 주장을 할 때에 정보처리 및 창작 과정이 예측 불가능하기 때문에 입증의 문제는 더욱 어려워진다. 다만 실질적 유사성보다 더욱 현저한 유사성을 구비한 경우에는 의거성을 사실상 추정할 수 있다.

그런데 AI 알고리즘의 개발이 원저작물[피침해물]의 학습에 의거하여 침해가 이루어진 것임을 입증하기란 재판 실무상 쉽지 않은 문제이다. 이는 모델의 유형별로도 다른 판단기준이 적용될 수 있다. 예를 들어 언어모델의 경우 일정한 단어나 문장이 동일하게 기술되었다면 일반적인 어문저작물의 침해 판단 기준에 비추어 어느 정도 의거성을 추정할 수 있을 것이나, 이미지모델의 경우 확률 분포에 따른 픽셀 조합으로 생성된 산출물이 원저작물에 대한 학습으로부터 기인한 것임을 기술적으로 입증하기란 여간 어려운 일이 아니다. 또한 일반적인 사례는 아니지만 사안에 따라서는 저작권 침해를 의도하여 AI 시스템을 개발하였다면 이용자의 저작권 침해를 방조한 혐의로서 간접책임가 문제되거나 딥페이크deepFake 문제와 같은 공동의 불법의사가 있다면 플랫폼과 이용자의 공동불법행위 책임이 불거질 여지도 있다.

 ## IV. 향후의 논의 방향

이 글에서는 AI를 둘러싼 저작권법적 쟁점을 해결해 나가는 데 있어서 고려해야 할 사항에 대하여 살펴보았다. 앞서 저작권법의 입법 취지에서도 보았듯이 저작권 제도는 창작자의 권리 보호와 문화 산업의 발전을 동시에 고려하는 것을 목표로 하고 있다. 따라서 공정이용을 통해 산업적 활용 가능성을 확보해주면서도 창작자에 대한 정당한 보상을 통해 권리 침해가 발생하지 않도록 균형적인 법익을 실현시키는 것이 바람직한 방향일 것이다.

AI의 출현으로 인해 부각되는 저작권법적 문제를 조속히 해결하지 못하게 되면 법 해석의 불명확성으로 인해 혁신의 발전을 저해할 수 있으며, 균형적

이익을 고려하지 못한 입법이 형성되면 권리자의 이익을 훼손하는 문제가 발생할 수 있는 것이다. 앞서 논의한 저작권법상 TDM 면책 규정을 입법화하는 문제에 있어서는 지나치게 엄격한 요건이 규정될 경우 오히려 현재의 활용 수준을 크게 제약함으로써 이러한 이익의 균형성을 담보하지 못하는 일이 있을 수 있다. 또한 외관상 표시가 중요한 분야에서 AI가 생성한 것인지의 여부 등과 같은 명확한 출처표시가 이루어지지 않으면 콘텐츠의 거래·유통 단계에서 다양한 법률 리스크가 발생할 여지가 있다. 따라서 인공지능을 둘러싼 여러 문제들에 대한 지속적인 논의를 통해 법 해석에 있어서의 명확성을 확보해 나감으로써 합리적이고 균형적인 해결책을 도모해 나갈 필요가 있을 것이다.

생각해 볼 점

1. 만약 AI 플랫폼 서비스를 통해 생성한 다량의 창작물 중에서 확률적으로 매우 낮은 극소수의 작품만이 다른 저작물과 실질적으로 유사하게 도출되었다면, 전반적인 침해율을 기준으로 침해 여부를 판단하여야 하는가? 개별 작품별로 판단하여야 하는가?
2. 픽셀 이미지의 조합을 통해 자연스러운 이미지를 생성하는 Stable Diffusion 모델 기반의 AI 모델의 경우 학습데이터로 사용된 방대한 작품 중에 특정 작품으로부터 의거하여 침해가 이루어졌다는 점을 입증할 수 있는가?
3. 일반 공정이용 규정이 없는 일본과 달리 공정이용 규정을 통해 면책을 부여받을 수 있는 우리나라에서 TDM 규정을 별도로 두었을 때의 실익은 무엇인가?

심화 학습 자료

정상조, "인공지능시대의 저작권법 과제", 『계간 저작권』 제122호, 2018.

정원준, "AI 커버곡 사례를 통해 본 생성형 AI의 법률 문제", 『산업재산권』 제76호, 2023.

정원준, "인공지능 창작과 저작권법의 딜레마", 『고려법학』 제95권, 2019.

정원준, "판례 분석을 통한 웹크롤링 행위의 위법성 판단기준에 관한 연구", 『민사법학』 제100호, 2022.

Pamela Samuelson, "Allocating Ownership Right in Computer-Generated Works", U. Pitt. L. Rev., Vol. 47, 1985.

미주

1   Proposal for a Regulation of the European Parliament and of the Council laying down harmonised rules on Artificial Intelligence (Artificial Intelligence Act) and Amending Certain Union Legislative Acts §28b(4)에 의하면, 'Generative AI'에 대하여 "AI systems specifically intended to generate, with varying levels of autonomy, content such as complex text, images, audio, or video"라고 정의하고 있다.

2   다만 유인 이론은 창작 활동의 근본적 취지를 경제적 이익에서만 구하기는 충분하지 않다는 점, 명예와 같은 다른 보상으로부터 창작의 장려가 가능하다는 점에서 한계가 있다고 한다. 남형두, "저작권의 역사와 철학", 『산업재산권』 제26호, 2008 참고.

3   예를 들어 동물의 작성한 작품을 저작물로 보호할 수 있을지의 쟁점이 다루어진 일명 '나루토(짧은 꼬리 원숭이) 사건'에서 원숭이가 사진작가 데이비드 슬래터의 카메라를 빼앗아 직접 찍은 셀카 사진에 대해 현행법의 개정 없이 원숭이는 저작자가 될 없다는 이유로 소송의 당사자적격을 부인한 판결이 내려진 바 있다. Naruto v. Slater, Case No. 15-cv-4324 (N.D. Cal. 2016). 이 밖에도 1974년 미국 'The National Commission on the New Technological Uses of Copyrighted Works(이하 'CONTU'라 함)'에서도 컴퓨터를 인간의 창의성 구현을 위한 보조적 도구로 이해하였고, 2014년 미 저작권청(USCO)에서 발표한 실무지침에서도 자연인에 의하여 창작된 저작물만을 저작권 등록의 대상으로 보았다.

4   US Copyright Office, Copyright Registration Guidance: Works Containing Material Generated by Artificial Intelligence, 2023.3.16.

5   대법원 1995. 11. 14. 선고 94도2238 판결.

6   박성호, 『저작권법』, 박영사, 2014, 33쪽.

7   정원준, "인공지능 창작과 저작권법의 딜레마", 『고려법학』 제95권, 2019에서 작성된 내용을 참고하여 정리하였음.

8   Russ Pearlman, "Recognizing Artificial Intelligence(AI) as Authors and Inventors under U.S. Intellectual Property Law", Rich. J. L. & Tech., Vol. 24 No. 2, 2018, p.27; Ryan Abbott, "I Think, Therefore I Invent: Creative Computers and the Future of Patent Law", B. C. L. Rev., Vol. 57, 2016, pp.1098-1099.

9   See John F. Weaver, Robots Are People Too: How Siri, Google Car, and Artificial Intelligence Will Force Us to Change Our Laws, Præger(1st ed., 2014), pp.165-166.

10   Pamela Samuelson, "Allocating Ownership Right in Computer-Generated Works", U. Pitt. L. Rev., Vol. 47, 1985, p.1208.

11   정상조, "인공지능시대의 저작권법 과제", 『계간 저작권』 제122호, 2018, 54쪽.

12   백경태, "안드로이드는 양의 꿈을 꾸는가 -인공지능 창작물의 저작자에 대한 저작권법적 검토-", 『지식재산연구』 제13권 제3호, 2018, 163쪽.

13 웹크롤링은 크롤러(Crawler) 혹은 로봇(Robot)을 이용해 기계적인 방법으로 정보를 수집하는 것인데, 보통 웹페이지에 공개된 URL 접근을 통해 HTML 코드를 분석·인덱싱하는 방법으로 수행된다.

14 이를테면 로봇배제 표준을 통해 웹접근을 제한하는 경우가 있을 텐데, 로봇배제 표준은 구글이 주도하는 사업자의 자율규범으로서 원칙적으로 권고적 성격에 불과하여 법적 구속력 갖는다고 보기 어렵다. 실제로 판례는 로봇배제 표준의 유무가 절대적인 위법성 판단의 기준으로 보기 보다는 과실 상계를 참작하는 고려 사유의 하나로서 인정하고 있다(대법원 2010. 3. 11. 선고 2007다76733 판결). 또한 이용약관을 통해 로봇 크롤러를 사용한 웹크롤링 행위를 금지하는 경우도 있을 텐데, 이때에는 일반 법률행위나 계약법상 해석 원칙이 적용될 것이지만, 이용약관의 효력은 이용자에게 구속된다는 점에서 법적 효력이 없다는 견해도 있다.

15 대표적으로 구글이 도서를 스캔하여 디지털화된 데이터베이스를 구축한 것이 문제된 사건에서 항소법원은 "기존에 없던 새로운 방식으로 저작물을 이용할 수 있도록 한 변형적 이용에 해당하고, 영리 목적이 더 크다고 볼 수 없다."고 판결한 바 있다. Authors Cuildv. Google, Inc., No. 13-4829-cv (2d Cir. 2015).

16 Andy Warhol Foundation for the Visual Arts, Inc. v. Goldsmith (598 U.S._, 2023).

17 대법원 2007. 12. 13. 선고 2005다 35707 판결 등.

CHAPTER 04

인공지능과 특허법

임상혁

사례

A회사는 무인자동차와 관련된 다양한 변수들을 자동적으로 고려하여 운행변수에 대한 운행장치를 제어하는 컨트롤박스(X)를 개발하였다. 이 프로젝트에는 5년의 기간동안 A회사의 기획부서와 개발부서의 다수 인력들이 투입되었고, 외부 투자회사 B로부터 막대한 개발자금을 받았다. 특히 A회사 개발부서에 근무하는 C는 X박스의 개발에 커다란 공헌을 하였으나, 프로그램 개발이 완료된 후에 회사에서 퇴사를 하였다. 그 후 X박스와 관련된 특허는 모두 A회사의 명의로 출원되었다.

'발명'의 역사는 인류의 조상이 돌도끼와 흙그릇을 만들던 아주 먼 옛날로 거슬러 올라간다. 하지만 새로운 물건을 발명한 사람에게 특허권을 주어 법으로 보호하게 된 역사는 그리 길지 않다. '특허Patent'라는 용어는 14세기 영국에서 처음 쓰였다고 하고, 최초의 특허법이 만들어진 것은 르네상스 이후 베니스에서였다. 어쨌든 현재는 전 세계 대부분의 국가가 '특허법'을 두고 있다. 이처럼 특허로 발명을 보호하는 이유는 기술의 발전과 혁신을 촉진하는 데에 그래서 사회 전체적으로 생활이 나아지고 경제적으로도 성장을 하는데 특허 제도가 기여하는 바가 크기 때문이다. 즉, 새로운 발명을 만들어낸 사람에게는 특허권이라는 한시적인 기간의 '독점권'을 부여하고, 대신 특허권을 받기 위해서는 자기 발명을 일반인에게 '공개'하도록 해서, 발명자에게는 새로운 발명의 인센티브를 부여하고, 사회는 공개된 발명을 기초로 더 많은 사람들이 기술을 개선하고 증진할 수 있도록 한다는 원리이다.

하지만 현대의 특허법은 모든 종류의 발명에 대해 특허를 주지는 않는다. 특허를 받기 위해서는 특허법에서 규정하는 일정한 요건들을 갖추어 신청을 해야 한다. 그중 가장 기초적인 것은 '기술사상의 창작', 즉 기술적인 아이디어를 새롭게 만들어낸 것이어야 한다는 것이다. 이 점에서 특허법상의 '발명'은 이미 존재하는 것을 찾아내는 '발견'과는 구별된다. 그런데 특허법상으로도 의약물질의 새로운 용도를 발견하거나 특정한 염기서열이 발현하는 새로운 효과를 발견하는 경우를 특수한 발명의 형태로 인정하기도 하는 점에서 '발견'과 '발명'을 구분하는 것이 언제나 쉬운 것은 아니다. 더구나 대부분의 발명·특허는 원천기술이 아닌 응용기술에 관한 것이어서 어떤 면에서는 발견에 가까운 측면도 있다.

이렇게 발명과 발견의 경계가 모호해지게 된 것은 새로운 기술이 등장하고 기술이 고도화된 결과이다. 많은 학자들은 인공지능 기술이 그 경계를 더욱 모호하게 만들 것으로 기대하고 있다. 한 가지 이유는 인공지능을 구현하는 대표적 기술인 기계학습machine learning이나 딥러닝deep learning이 엄청나게 많은 양의 데이터를 수집해서 수많은 시행착오를 통해 최적의 솔루션을 찾는 과정이기 때문이다. 이런 과정은 무언가 새로운 것을 만들어내는 '발명'보다는 이미 존재하는 답을 찾아가는 '발견'에 가깝다고 할 수 있다. 하지만 인공지능에 의한 이런 '발견'에 가까운 과정에 의해 얻어진 결과가 인류의 복지에 점점 더 큰 기여하게 될수록 그 결과물을 법으로 보호하고자 하는, 이러한 과정을 비용을 들여서 수행한 사람에게 경제적인 보상을 해야 한다는 움직임이 커질 수 있을 것이고, 그렇게 되면 특허의 영역인 발명과 특허로 취급되지 않던 발견 사이의 구분이 모호해질 수밖에 없을 것이다.

그리고 만약 인공지능 기술에 의해서 만들어진 결과물을 발명으로 보호하게 되면 특허의 양도 크게 늘어날 것으로 예상된다. 이미 전 세계 특허출원 건수는 1996년의 약 100만 건에서 2014년에는 약 300만 건으로 증가하는 등[1] 기술 발전에 따라 발명·특허의 양은 늘어나고 있다. 그런데 인공지능은 적용 범위나 활용도의 측면에서 그동안 인류가 이용해 왔던 다른 도구와는 비교할 수 없을 정도로 높은 생산성을 가지게 될 것이라고 한다. 그러니 인공지능을 사람의 연구활동을 보조하는 데 사용하건, 인공지능 스스로 새로운 기술적 결과물을 만들어내는 경우건, 발명의 수는 지금까지와는 비교할 수 없을 정도로 엄청나게 빠른 속도로 증가할 것이라고 예측하는 것은 무리가 아니다. 하지만 한편에서는 그와 같이 수많은 기술적 결과물에 대해 모두 특허권을 준다면 그로 인해 오히려 사회적 효용이 감소될 수 있다는 우려도 나오고 있다. 앞에서 얘기했듯이 특허 제도라는 것이 본래 기술 발전을 통해 우리 사회를 전체적으로 더 나은 모습으로 만들려는 정책적인 지향을 가지고서 존재하고 운영되는 것이기 때문에, 만약 인공지능이 특허 제도를 통해 우리 사회에 기존에 예상할 수 없었던 큰 영향을 미치게 된다면 그 제도 자체도 지금과는 다른 모습으로 바뀔지 모른다. 과연 미래의 특허 제도는 어떤 모습이 될까?

앞서 인공지능 기술이 발명과 특허의 개념 그리고 현상에 가져올 변화에 대해 개략적으로 살펴보았다. 이제부터는 인공지능이 관여한 발명을 특허 제도 내에서 어떻게 보호할 것인지에 관한 조금 현실적인 문제를 들여다보겠다.

1 인공지능 발명의 특허권자는 누가 되어야 할까?

우리 특허법은 새롭고 진보한 발명을 특허권으로 보호하고 있다. 특허권을 받기 위해서는 발명의 내용을 적은 특허출원서를 특허청에 제출해서 그 발명이 기존의 기술에 비해 새로운 것인지, 기술적으로 진보한 것인지 등에 관한 심사를 받아야 한다. 이처럼 특허를 출원하는 것은 원칙적으로 발명을 완성한 사람^{발명자}만이 할 수 있는데, 그 이유는 우리 특허법이 전제하고 있는 '발명' 행위가 사람의 지적 사고의 결과물이기 때문이다. 다시 말해, 진짜 사람만이 뇌와 손발을 이용한 창조적 활동을 통해 '발명'을 완성할 수 있고, 특허를 받을 수 있는 권리는 그렇게 발명을 완성한 사람에게 원천적으로 귀속된다는 것이다.[2] 물론 발명자를 고용한 회사나 발명자 아닌 다른 사람이 특허권을 갖는 경우도 많이 있지만, 이것은 그러한 제3자가 발명을 완성했기 때문이 아니라, 발명자로부터 계약 등을 통해 특허를 받을 수 있는 권리를 넘겨받아 특허출원을 하였거나, 아니면 사후에 특허권을 획득한 발명자로부터 특허권을 넘겨받았기 때문에 가능한 것이다.

즉, 특허를 받을 수 있는 발명은 '사람^{자연인}이 완성한 발명'이어야 하는데, 인공지능이 만들어낸 기술적 결과물은 인공지능의 독자적인 수행에 따른 결과물일 뿐 '사람이 완성한 것'이라고 보기 어려워 특허로 보호할 수 있는지가 문제가 되는 것이다. 물론 이러한 문제는 기존의 특허법이 인공지능의 출현이라는 고도화된 기술 발전의 상황을 예측하지 않았기 때문에 부딪히게 되는 문제라는 점에서 특허법상의 '발명' 개념을 입법적으로 혹은 해석을 통해 수정함으로써 어느 정도 극복이 가능할 수 있다. 하지만 더욱 중요한 문제는 만약 인공지능 발명에 대해 특허를 인정한다면 '누구에게 특허권을 줄 것인가'라는 질문이다.

인공지능이 발명에 개입하는 과정은 여러 가지 양상을 나타낼 수 있다. 예를 들어 사람이 인공지능을 발명의 도구로 활용해서 발명을 완성하는 경우가 있을 수 있다. 이 경우에는 발명을 착안하고 발명 활동을 기획하고 그 결과를 선별하는 과정이 인공지능 도구를 조작한 사람에 의해 주도되기 때문에 그 조작자를 발명자와 특허권자로 인정할 수 있을 것이다. 기존의 컴퓨터에 비해 약간만 더 고도화된 도구 정도인 것이다. 그런데 만약 단지 문제 상황만 주어지고 구체적인 목표가 설정되지 않은 상황에서 인공지능이 스스로 그 목표에 가장 적합한 솔루션을 찾아내는 과정을 스스로 수행한다면, 그 결과에 대해서는 누구에게 특허권을 주어야 할까? 소위 '강한 인공지능'이라고 하는 범용 자동화기계를 상정하지 않고 특정 분야에서만 활용되도록 설계된 '약한 인공지능'을 생각하더라도 비교적 가까운 미래에는 이와 같은 방식으로 인공지능을 활용하는 경우는 얼마든지 예상할 수 있다.

이러한 상황에서 인공지능에 의한 발명 과정에 관여한 사람으로는 인공지능 기계를 만들어낸 사람^{제작자}, 제작자로부터 인공지능 기계를 구입하여 현재 소유하고 있는 사람^{소유자}, 인공지능 기계를 실제로 조작한 사람^{조작자} 등을 생각해볼 수 있다. 이때 인공지능 기계는 그것이 활용될 기술적 혹은 산업적 범위가 대략적으로만 설정된 상태에서 제작되고, 그것이 현장에서 구체적으로 어떠한 과제를 해결하는 데에 활용될 것인지는 제작 단계에서 특정되어 있지 않다는 점에서, 인공지능 제작자에게 인공지능 기계를 통해 산출된 모든 결과물에 대한 권리를 귀속시키는 것은 타당하지 않다고 할 수 있다. 한편, 민법에 규정한 과실^{果實}, 즉 어떠한 물건으로부터 산출된 파생 결과물에 대해서는 원래의 물건을 소유한 자에게 그 과실에 대한 권리를 귀속시킨다는 원리에 따라 인공지능 소유자에게 인공지능 발명의 특허권을 귀속시켜야 한다는 관점도 있는 것 같다. 하지만 결국 특허법이 보호하는 특허발명은 민법상의 과실과는 조금 다른 개념이다. 특허가 발명이라는 지적인 행위의 결과라는 점을 생각해보면 그러한 발명이 부분적으로 인공지능에 의하여 수행된다고 하더라도 전체적으로 새롭고 진보한 기술적인 아이디어를 얻어내는 과정인 '발명활동' 전체를 관리한 사람에게 발명에 따른 권리를 부여하는 것이 타당할 것이다. 그렇다면 인공지능 기계를 일반적·추상적으로 지배하고 있는 소유자가 아니라 인공지능 기계를 실제 문제 해결 과정에서 조작하여 구체적·직접적인 관리 내지 통제 권한을 행사하는 조작자를 발명자로 인정하는 것이 아마도 가장 타당하고 일반적인 결론이 될 가능성이 클 것이다.

물론 실제로 최적 솔루션을 찾아낸 인공지능 '기계'를 발명자로 인정하여야 한다는 과감한 주장도 있을 수 있겠지만, 이러한 관점은 자연인의 지적 활동을 전제로 하는 특허법상의 '발명' 개념에 대한 대대적인 수정을 가하지 않고서는 실제로 관철시키기가 쉽지 않을 것이다. 또한 인공지능을 권리의무의 주체로 포함시키는 이러한 급진적인 관점은 뒤에서 살펴볼 인공지능 발명에 대한 특허권의 행사, 인공지능 발명의 특허권 침해 책임에 대한 문제와도 관련이 있기 때문에, 단순히 특허법만이 아닌 민법을 비롯한 전체 법규범 체계에 대한 큰 변화와 수정이 필요한 것일 수도 있다. 따라서 인공지능을 특허권자로 직접 인정할 것인지의 문제는 인공지능의 자율성이 매우 고도화되어 '강한 인공지능'의 시대가 도래하게 될 먼 미래에 그 사회의 구성원들 의견들을 조율하여 보다 심도 있게 논의되어야 하지 않을까 하는 것이 필자의 생각이다.

2 인공지능 발명이 직무발명이라면 무엇이 달라질까?

참고로, 인공지능 발명에 대한 원시적인 권리를 갖는 사람을 인공지능 기계의 조작자로 인정하는 것은 '발명자'를 누구로 정할 것인가의 문제이다. 특허법에 따라 발명자가 특허 받을 권리를 갖게 될 경우, 그 발명에 대하여 특허출원 절차를 통해 특허권을 부여받게 되는 것도 발명자인 조작자가 될 텐데, 현실적으로 특허권을 보유하고 그 권리를 행사하는 것은 인공지능 기계를 소유하면서 조작자를 고용하고 있는 회사가 되어야 할 필요가 있을 수 있다. 왜냐하면 발명자는 회사에서 정한 업무범위 내에서 직무의 일환으로 인공지능 기계를 조작하여 발명을 완성하였을 수 있고, 회사는 발명자에게 그러한 발명활동을 수행할 수 있도록 인공지능 기계 구입, 조작자 고용 비롯한 각종 물적·인적 투자를 하였을 것이기 때문이다.

발명자와 사용자 간의 발명 결과물에 관해 우리 법 체계는 이미 발명진흥법을 통해 그 권리의 귀속을 조율하고 있다. 즉, 발명진흥법은 종업원이 자신의 직무에 관하여 한 발명으로서 성질상 사용자의 업무 범위에 속하는 발명을 '직무발명'이라고 하여, 사용자(회사)가 계약이나 근무규칙 등에 의해 발명자인 종업원으로부터 그 발명에 대한 일정한 권리를 승계할 수 있도록 정하고, 그러한 승계가 정당하기 위해서는 사용자가 종업원에게 정당한 직무발명 보상금을 지급해야 하는 것으로 규정하고 있다.

이러한 법 규정은 회사에 고용되어 인공지능 기계를 조작해 발명을 완성한 종업원을 발명자로 인정하는 경우에도 적용될 수 있다. 즉, 회사는 그 종업원의 발명에 대한 권리를 승계하여 회사 이름으로 특허를 출원해 직접 특허권을 받거나 종업원이 받은 특허권의 승계를 주장할 수 있을 것이다. 하지만 이 경우 인공지능의 개입 없이 순수하게 종업원의 발명활동에 의한 결과로만 얻어진 직무발명과는 조금 다른 취급이 필요할 수도 있다. 구체적으로, 인공지능 발명은 그 발명활동의 일부를 인공지능이 자율적으로 수행하는 것일 수 있기 때문에 발명활동에 대한 종업원의 참여도가 기존의 일반적인 직무발명과 비교해서 낮게 평가될 수 있다. 이러한 점은 직무발명의 요건인 종업원의 직무와의 관련성을 따지거나 혹은 사용자가 종업원에게 지급해야 하는 정당한 보상금을 결정하는 데 참작되는 요소인 종업원의 '직무발명 기여도'를 산정하는 데에 영향을 미칠 수 있다. 즉, 인공지능 발명은 종업원의 직무 관련성이 비교적 쉽게 인정되어 직무발명으로 인정될 기회가 늘어날 수 있지만, 그에 따른 보상의 수준은 일반적인 발명에 비해 다소 낮게 인정될 것이라는 예측도 해볼 수 있을 것이다.

3 인공지능 발명은 사람의 발명과 똑같이 보호되어야 할까?

앞에서도 살펴보았듯이 특허법이 일정한 요건을 갖춘 발명을 특허로 보호하는 이유는, 그러한 발명활동을 장려함으로써 발명자에게는 기술 혁신의 인센티브를, 공개된 발명의 내용을 접할 수 있게 된 공중公衆, public에는 이를 발판으로 삼아 지속적인 기술 개선을 가능하게 하여 사회 전체적인 기술과 산업의 발전을 통해 궁극적으로 인류의 복지를 증진시킬 수 있다는 특허 제도의 기본적 이념에 따른 것이다. 특허 제도가 가진 이러한 이념은 수백년에 걸친 특허법의 운영을 통해 증명되어 왔다. 그런데 특허 제도의 이러한 순기능이 인공지능 발명을 제도 안으로 들여오는 경우에도 여전히 그대로 작동할까?

인공지능 기술이 특허 제도 안으로 받아들여질 경우 일어날 1차적인 변화로 흔히 얘기되는 것은 특허의 수가 기하급수적으로 증가할 것이라는 점입니다. 이러한 결과는 발명의 과정이 '자동화'됨에 따라 그간 특허 제도가 특허권이라는 독점적 권리를 주는 것을 통해 발명활동에 부여해온 인센티브의 효용이 감소하게 될 것임을 뜻하는 것이기도 하다. 따라서 인공지능의 발명에 대해 기존과 동일한 정도로 보호하는 것이 특허 제도의 목적 측면에서 정당한지에 대한 의문이 제기되고 있다.

또한 인공지능의 발명은 기술적 진보를 가져온다는 결과의 측면에서는 순수한 인간의 발명과 큰 차이가 없을 수 있겠지만, 주로 개별적인 과제 내에서 최적의 값을 찾아낸 결과일 공산이 크기 때문에 발명의 질에 있어 이른바 원천기술에 해당하게 될 가능성은 크지 않아 보인다. 우리 특허법은 원천기술과 개량기술을 구분하지 않고 발명의 내용이나 질과 관계없이 특허 출원일로부터 20년간 그 발명의 실시를 독점할 수 있는 동등한 권리를 부여하고 있다. 하지만 이처럼 인공지능에 의한 발명의 대량화가 현실로 다가올 경우, 한 건의 발명에 특허권을 주어 발명 활동을 증진시킬 수 있는 효과는 감소하는 반면에, 독점적인 권리가 부여된 새로운 기술 영역이 만들어짐으로써 그만큼 인류 전체가 누릴 수 있는 기술적 가치의 효용은 감소하게 될 것이다.

이러한 변화를 기술 시장에서 발명의 공급량과 가격의 변화로 설명하는 견해가 있다. 즉, 다음에서 보는 것처럼 인공지능 기술에 의한 발명 과정의 자동화는 발명의 한계비용을 감소시키게 되고, 수요에 변화가 없는 상태에서 공급곡선에 이러한 변화가 나타날 경우 발명의 가격은 상승하지만 오히려 발명의 공급량이 줄어들게 되는 기이한 사태가 발생하여 특허 제도의 사회적 효용이 저하될 수 있다는 것이다^{아래 그래프³ 참조}.

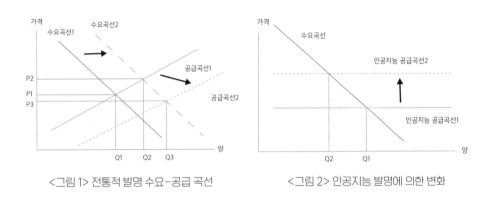

<그림 1> 전통적 발명 수요-공급 곡선   <그림 2> 인공지능 발명에 의한 변화

　　이러한 문제점에 대한 해결책은 크게 두 가지 방향에서 논의되고 있다. 그중 첫 번째는 인공지능의 발명에 대해서는 요구되는 기술적 진보^{진보성}의 수준을 높게 설정하는 등의 방법으로 특허성의 심사 요건을 강화하여 특허의 수를 통제한다는 접근 방법이고, 다른 하나는 인공지능 발명의 경우 특허권의 존속기간을 단축하는 등의 방법에 의해 보호의 수준에 차등을 두어 부작용을 막고자 하는 것이다.

　　이 두 가지 방안은 배타적인 관계에 있지 않기 때문에 실제 제도를 개선하고 운영하는 데 있어서는 상호 보완적으로 검토될 수 있을 것이다. 하지만 제도의 효용성이나 정당성의 문제를 떠나, 이처럼 인공지능 발명에 대해 차등적인 보호를 제공한다는 구상을 실현할 경우 가장 먼저 부딪히게 될 문제는, 과연 '인공지능 발명을 사람의 발명과 어떻게 구분할 것인지'에 대한 것이다. 또 이와 조금 다른 문제이기는 하지만 전혀 관련이 없다고는 할 수 없는 문제로서, 인공지능 발명의 특징을 과연 한 가지로만 규정할 수 있을 것인지, 만약 그렇지 않다면 인공지능 발명이라고 해서 무조건 사람의 발명보다 약하게 보호하는 것이 제도의 목적에 비추어 정당한지의 문제를 생각해볼 수 있다. 사람의 발명이라고 해서 모두 다 원천기술로만 이루어진 것은 아닐 것이고, 오히려 많은 경우 인공지능 발명보다도 낮은 수준인 것도 얼마든지 있을 수 있기 때문이다.

따라서 인공지능 발명에 대한 특허권 보호의 수준을 결정하는데 있어서는 그것이 '인공지능에 의한 것'이라는 형식적 기준에 얽매일 것이 아니라, 인공지능에 의한 발명의 특징 중 특허 제도의 운용에 부작용을 가져올 수 있는 요인에 주목하여 그 부작용을 최소화할 수 있는 방안을 찾아내어야 할 것이다. 예를 들어, 인공지능에 의해 발명 과정이 자동화될 경우 기존에 공개된 기술과 해결하려는 기술적 과제나 해결 방안에 있어 미미한 차이만을 갖고 있는 수많은 기술이 양산될 수 있는데, 이러한 기술적 차이는 종래의 특허 심사 기준을 동일하게 적용하거나 혹은 약간만 수정하여 적용함으로써 구별해낼 수 있다. 물론 발명의 양이 절대적으로 증가할 경우 전체적으로 진보성 등 특허 인정의 문턱을 조정하는 것을 고려할 수 있겠지만, 인공지능의 발명이라는 이유만으로 다른 기준을 적용하는 것은 앞서 얘기한 여러 문제가 있을 수 있기 때문에 조심스럽게 접근할 필요가 있다고 생각한다.

또한 인공지능에 의한 발명의 양적 증대에 대처하려면 특허권 부여의 심사에 필요한 자원의 양도 크게 늘어날 것으로 예상된다. 따라서 기존에 심사관의 인력에 의존해오던 심사 과정공지기술의 조사는 물론 공지기술과 특허 출원된 발명의 차이점을 파악하여 진보성의 유무를 판단하는 과정까지을 인공지능의 도움을 통해 자동화함으로써 특허 심사의 결과적 타당성을 확보할 수도 있겠다.

III. 인공지능에 의해서 특허권의 침해가 발생한다면 어떤 결과를 가져올까?

지금까지는 인공지능에 의해 얻어진 발명을 특허 제도 내에서 어떻게 보호할 것인지의 문제에 대해 살펴보았다. 이제 관점을 조금 바꾸어, 인공지능의 활동이 특허권을 침해하는 결과로 이어질 때 이를 어떻게 처리할 것인지의 문제로 시야를 넓혀 보겠다. 즉, 인공지능이 만들어낸 기술적 결과물이 이미 등록된 특허발명의 내용을 실시하는 것이어서, 특허권을 침해하는 결과를 낳게 된다면 누구에게 어떤 책임을 부여해야 하는지의 문제이다.

인공지능에 대하여 법적 책임 주체로서의 인격성을 인정할 수 있게 되기 전까지는 결국 인공지능의 활동을 원인으로 하는 특허권 침해 결과에 관여한 '사람'이 그 책임을 부담하게 될 수밖에 없을 것이다. 이 경우에도 인공지능 활동에 개입한 사람은 인공지능의 제작자, 소유자, 조작자 등으로 나누어볼 수 있을 것이다. 앞에서도 살펴보았지만, 인공지능이 만들어내는 결과와의 거리는 제작자, 소유자, 조작자의 순으로 가깝다고 할 수 있다. 따라서 제작자에 대해서는 특허권 침해의 결과를 구체적으로 예견하였는지에 따라 그 책임의 유무가 결정될 가능성이 높다고 생각한다.

하지만 인공지능 기계를 법적으로 소유하고 운용하는 회사와 같이 그 소유자 내지 점유자는 인공지능에 의한 활동의 이익을 받게 되는 경제적 효과의 귀속 주체일 경우가 많을 것이기 때문에 무조건 지시·조작자에 비해 가벼운 책임을 져야 한다고 보기는 어렵다. 또한 경우에 따라 인공지능의 기술적 활동은 구체적인 지시가 없이 이루어지는 일도 있을 것이기 때문에 이러한 경우에까지 기계적인 조작자에게 모든 책임을 부과하는 것은 타당하지 않을 수도 있다. 소유자 내지 점유자의 책임의 근거를 민법 상의 책임 귀속 이론에서 찾아볼 수 있는데, 예를 들어 민법 제755조에 따른 책임무능력자의 감독자의 책임, 민법 제756조에 따른 사용자책임, 민법 제758조에 따른 공작물등의 점유자, 소유자의 책임 등에 기초하여 인공지능 기계에 대한 관리책임을 부담하는 소유자나 점유자에게 손해배상의 책임을 묻는 것이 가능할 수 있다. 물론 이 경우에도 회사 등 소유자가 인공지능 기계에 대한 추상적인 관리만을 행하고 구체적인 관리권한은 실제 조작자에게 부여되어 있다면, 고의나 과실의 정도에 따라 그 조작자에게 일차적인 책임을 부담시키는 것도 가능하겠다.

다만, 특허법은 특허권 침해자에 대해 형사상 책임을 추궁할 수 있도록 정하고 있는데, 특허권 침해에 의한 특허법 위반죄가 성립하기 위해서는 침해행위에 대한 고의가 요구되기 때문에 형사상 책임까지 부과할 수 있을 것인지에 대해 논란이 있다. 당연히 형사책임 주체로서의 인격성이 인정되기 어려운 근

미래의 인공지능에 대해서는 특허권 침해의 내심적 의사를 의미하는 '고의'의 존재를 인정하기 어려울 것이고, 인공지능을 도구로 이용하여 고의적인 침해 결과물을 만들어낸 경우가 아닌 한 감독권한 행사의 '과실'만을 이유로 소유자나 조작자에게 인공지능의 활동에 대한 '고의' 책임을 부담시키는 것은 타당하지 않을 수 있다. 인공지능의 행위에 대하여 소유자나 조작자 등을 형사처벌하는 것은 형사법 체계의 대원칙인 죄형법정주의의 원칙에 비추어 볼 때도 정당화되기 어렵다고 생각되고, 실제로 형사처벌의 실익이 있을지에 대해서도 의문이 있다는 것이 일반적인 견해인 것 같다.[4]

생각해 볼 점

1. 인공지능의 기술이 발달할수록 인공지능에 의한 특허 개발속도가 빨라지고, 나아가 인간이 개발하는 속도를 추월하는 시점이 온다면, 기존과 같이 특허에 독점권을 부여하여 인간의 기술개발을 촉진하기 위한 특허법의 목적에 어떤 변화가 생길까?
2. 하나의 기술분야에 있어서, 특정 시점에서 개발가능한 기술들을 모두 하나의 인공지능이 개발해 버린다면, 그 분야에서 특허권은 종료되는 것일까? 이러한 특허권 부여는 정당한 것인가?
3. 만일 인공지능을 이용한 기술개발에 특허권을 부여하지 않는다면, 인공지능의 개발이나 투자가 줄어들거나 기술개발이 지연된다는 주장이 많은데, 인공지능에 대한 기술개발과 투자를 독려하기 위한 방법은 무엇이 있을까?

심화 학습 자료

이상용, "인공지능과 법인격", 『민사법학』 제89호, 2019.
인공지능과 지식재산정책에 대한 공공의 의견(Public views on artificial intelligence and intellectual property policy), 한국지식재산연구원, 2020.
조영선, "인공지능과 특허와 법률문제", 『고려법학』 제90호, 2018.
허세론, "인공지능(AI) 관련 발명의 특허법적 보호방안 – IP5 각국의 심사기준 개정에 대한 비교를 중심으로", 『Law and Technology』 제16권 제4호, 서울대학교 기술과법센터, 2020.

미주

1 특허청, '통계로 보는 특허동향', 2017.

2 최근에 우리나라 법원은 인공지능 자체에 대해서 특허를 부여할 수 없다는 판결을 내렸다. 즉, 법원은 "현행 우리 특허법령상 발명자는 '자연인'만이 해당된다고 보일 뿐이고, 따라서 출원서의 발명자로 '인공지능'만을 표시하는 것은 허용되지 않는다."라고 하여, 인공지능을 활용하여 발명을 수행한 '자연인'만이 특허를 받을 수 있다는 입장이다. 서울행정법원 2023. 6. 30. 선고 2022구합89524 판결.

3 윤길준, '인공지능이 한 발명에 대한 특허', 2018, 277, 279쪽.

4 강명수·계승균·김현호, '인공지능(AI) 분야 산업재산권 이슈 발굴 및 연구', 2016.

CHAPTER 05

인공지능과 데이터법

이상용

 사례

애견 인구가 늘면서 반려견의 건강에 대한 관심도 함께 늘어나자 A 회사는 반려견의 암 진단 사업에 진출하기로 했다. A 회사는 암세포의 DNA와 건강한 세포의 DNA 사이에 손상 정도의 차이가 존재한다는 점을 이용하여 인공지능 기술을 활용한 암 진단 알고리즘을 개발하기로 했다. 이를 위해 A 회사는 다수의 동물 병원들을 통해 병원에 내원하는 반려견 주인들에게 대가를 지급하고 동의를 받아 반려견의 혈액 샘플 정밀 사진을 촬영하였다. 이렇게 수집된 사진 데이터세트는 최종적인 암 진단 결과와 함께 인공지능 솔루션 및 데이터 플랫폼 서비스를 제공하는 B 회사의 클라우드에 저장되어 암 진단을 위한 최적의 인공지능 알고리즘을 학습하는데 이용되었다. 암 진단의 정확성이 상당한 수준에 이르자 A 회사는 반려견 암 진단 서비스를 출시하는 한편 진단 과정에서 촬영된 혈액 샘플 정밀 사진과 최종적인 암 진단 결과를 지속적으로 데이터세트에 추가하였다. 그 후 A 회사는 매출 증대 및 사회 공헌을 위하여 위 데이터세트의 일부를 B 회사의 데이터 플랫폼을 통하여 판매하기 시작했고, C 연구소는 암 진단이 아닌 다른 연구 목적을 위하여 데이터세트의 일부를 매수하였다. 그런데 C 연구소와 함께 위 데이터세트를 이용한 공동연구를 진행하던 D는 위 데이터세트가 다양한 연구 목적을 위하여 가치 있게 활용될 수 있다고 생각하여 자신이 운영하는 웹사이트에 임의로 공개하였다. A 회사의 구제수단은 어떤 것이 있을까?

I. 데이터란 무엇일까

1 데이터의 의의

20세기 후반에 시작된 정보화 혁명은 금세기 들어 컴퓨팅 기술의 고도화, 인터넷과 모바일 기기의 확산, 혁신적인 알고리즘의 개발에 따라 디지털 대전환으로 이어지고 있다. 특히 빅데이터 및 인공지능 기술은 대량의 데이터를 기반으로 판단과 의사결정을 자동화시킴으로써 생산성을 높이고 혁신을 고취하고 있다. 바야흐로 데이터가 중요한 자원이자 상품으로 기능하는 데이터 경제의 시대가 다가온 것이다. 데이터가 21세기의 석유라는 표현은 이를 단적으로 표현한다.

이처럼 데이터가 중요한 역할을 함에도 불구하고 데이터의 개념에 관하여는 학자마다 견해가 다르고 법령상의 정의도 제각각이다. 여기서는 '전자적 처리가 가능한 구문론적 정보로서 경제적 가치를 지닌 것' 정도로 정의하기로 한다. 도구에 의한 자동적 처리가 가능해야 판단과 의사결정의 자동화가 가능하고, 새로운 기술은 예컨대 저작물과 같은 의미론적 정보까지 필요로 하지는 않기 때문이다.

2 데이터의 특성

이처럼 새로운 자원이자 상품이 된 데이터는 일반적인 유체물과는 다른 특성을 가지고 있다. 형체가 없는 정보이기 때문이다.

첫째, 정보는 유체물과 달리 누군가의 소비가 다른 사람의 소비를 제한하지 않고^{비경합성}, 무임승차자를 쉽게 배제할 수 없다는^{비배제성} 특성을 갖는다. 이로 인해 정보는 그 자체로는 사적재^{private goods}가 되기 어려운 공공재^{public goods}의 특성을 갖는다.[1] 즉, 정보는 그것을 힘들여 생산한 사람만이 아니라 다른 사람들도 사용할 수 있기 때문에 사회적으로 바람직한 양보다 적게 생산되고 적게 유통될 수밖에 없다. 정보에 대한 배타적 권리를 인정하는 것은 생산·유통의 인센티브를 부여하여 이러한 시장실패를 교정할 수 있게 한다.

둘째, 정보는 혁신의 원천으로서의 가치를 지닌다. 이는 정보에 관한 법경제학적 분석에 정적인 균형 분석뿐만 아니라 성장 이론이 함께 고려될 필요가 있다는 점을 보여준다. 즉, 정보에 대한 독점권을 인정하는 것은 정적 효율성static efficiency을 감소시키지만, 동시에 정보의 비전유성nonappropriability을 극복하여 생산을 촉진시킴으로써 결과적으로 동적 효율성dynamic efficiency을 증진시킨다. 정보에 대하여 배타적 재산권을 설정함에 있어서는 혁신과 보급의 상충이라는 문제를 항상 염두에 둘 필요가 있다.

참고로 최근에는 블록체인 기술을 활용하여 경합성과 배제성을 갖춘 데이터도 나타나고 있다. 비트코인이나 NFT와 같은 것이 그 예이다. 이런 데이터에는 위와 같은 설명이 들어맞지 않으며, 유체물처럼 다루는 것이 적절할 것이다.[2]

3 데이터 법제의 구조

데이터는 여러 유형으로 나뉠 수 있다. 개인정보인 데이터와 개인정보가 아닌 데이터, 공공데이터와 민간데이터, 정형데이터와 비정형데이터 등의 구별이 그 예이다. 그러나 데이터의 보호와 활용을 규율하기 위한 법적 틀을 마련하는 데 가장 중요한 것은 데이터세트와 개별데이터의 구별이다. 빅데이터 및 인공지능 기술은 대규모 데이터세트를 필요로 하는데, 데이터세트와 그 구성요소인 개별데이터는 생산 및 유통을 위한 인센티브 구조가 크게 다르기 때문이다. 예를 들어 여러 사람들의 암 진단 정보로 이루어져 있는 데이터세트의 경우, 개별데이터인 각각의 암 진단 정보는 별다른 인센티브 없이도 서비스 과정에서 자연스럽게 생성되는 반면 이를 수집·가공하여 유용한 데이터세트를 구축하는 데에는 많은 비용과 노력이 필요하다. 따라서 데이터세트에 관한 이익을 법적으로 보호해주지 않으면 데이터세트가 충분히 생산되지 않을 것이다.

데이터세트와 관련된 제도적 기반은 크게 세 가지 범주로 나누어 살펴볼 수 있다. 첫 번째 범주는 데이터세트의 보호를 위한 제도이다. 데이터세트의 적법한 보유자는 그에 대한 위법한 침해로부터 보호받아야 한다. 두 번째 범주는 데이터세트를 이루는 개별데이터 이용의 적법성을 확보하기 위한 제도이다.

개별데이터가 개인정보에 해당하거나 저작물에 해당하는 경우처럼 타인의 배타적 권리의 목적이 되는 경우에는 원칙적으로 권리자의 동의가 있어야 한다. 이를 계약적 이용이라고 부를 수 있을 것이다. 그러나 일정한 경우에는 동의 없이 이용하는 것이 허용되기도 한다. 이는 비계약적 이용에 해당한다. 세 번째 범주는 데이터세트의 거래 및 접근을 위한 제도이다. 데이터세트 역시 개별데이터와 마찬가지로 계약적 이용과 비계약적 이용으로 나누어 검토할 수 있다.

 ## II. 데이터는 어떻게 보호받을 수 있을까

1 배타적 권리의 의미

권리의 배타성이란 다른 사람의 간섭을 배제하고 독점적 이익을 얻는 성질을 가리킨다. 물권이나 지적재산권 또는 인격권과 같은 전형적인 배타적 권리는 금지청구권에 의하여 타인의 간섭을 배제할 수 있다는 점과 함께 배타적으로 할당된 보호영역이 존재한다는 특징을 갖는다.

기능적 측면에서 볼 때 금지청구권에 의한 간섭의 배제 가능성은 배타적 보호의 핵심적 징표이다. 타인이 보유하는 권익의 이용방법으로는 동의 규칙property rule, 보상 규칙liability rule 그리고 양도 불가능성 규칙inalienability 등이 있다.[3] 동의 규칙은 동의를 얻지 않으면 이용할 수 없다는 것을 말하고, 보상 규칙은 동의 없이도 이용할 수 있되 적절한 보상을 해줘야 한다는 것을 말하며, 양도 불가능성 규칙은 장기매매의 경우처럼 아예 타인의 이용이 금지된 것을 말한다. 이 중 동의 규칙과 보상 규칙을 실현하는 법적 구제수단은 각각 금지청구권과 손해배상이라고 할 수 있다.

그런데 법경제학적 분석 결과는 일반적으로 금지청구권에 의한 보호가 배분적 효율성을 달성하기 위한 최적의 구제수단임을 보여준다.[4] 금지청구권에 의한 침해의 배제가 가능할 때 협상을 통한 자발적 거래에 의하여 재화가 그것에 가장 높은 효용을 갖는 사람에게 이전되기 때문이다. 법경제학적으로는 타인의 이용을 금지할 수 있는 권능이 있다면 사실상 재산권이 있는 셈이다.[5] 예를 들어 부정경쟁행위에 대한 구제수단으로는 손해배상청구 외에도 금지청구가 인정된다. 권리자는 금지행위와 관련된 이익을 '직접적으로 지배'할 수는 없지만, 금지청구를 통해 사실상의 독점권을 갖는다. 기능적 관점에서 이는 사실상 배타적 권리를 인정한 것과 동일한 결과를 가져온다. 아래에서 배타적 권리는 금지청구권에 의한 사실상의 독점권도 포함하는 의미로 사용되었다.

② 데이터세트에 대한 배타적 보호의 정당성

데이터가 자원이 되는 세상에서 데이터세트 보유자는 타인의 침해로부터 자신의 데이터세트에 관한 이익을 독점하기를 원한다. 그러나 다른 사람들은 그러한 독점이 부당하다고 여길 수도 있다. 그렇다면 데이터세트에 대한 배타적 권리를 인정하는 것은 정당한 것일까?[6] 결론부터 말하자면 데이터세트에 대한 배타적 권리의 부여는 법철학적, 법경제학적, 헌법적 측면에서 정당화될 수 있다. 하지만 이러한 정당화 근거들은 동시에 배타적 권리에 일정한 한계가 있음을 보여주기도 한다.[7]

먼저 법철학적 측면에서 볼 때 재산권의 정당화 근거들은 데이터세트의 경우에도 여전히 유효하다. 로크는 자연 상태에서 재화는 누구나 접근할 수 있는 것이지만 노동을 통해 이를 사적 소유로 변화시킬 수 있다고 주장하였다. 이러한 논리는 지적 노동의 맥락에서도 무리 없이 적용될 수 있다. 헤겔의 인격 이론은 지적 산물에 대한 배타적 재산권의 인정에 더욱 친화적이다. 그러나 배타적 재산권에는 한계가 존재한다. 즉, 로크의 노동이론은 "타인을 위하여 충분하고 좋은 것이 공유의 영역에 남아있어야 한다."는 것을 전제로 한다. 그리고 헤겔의 인격 이론은 지적재산권에 대한 다른 사회구성원들의 승인을 필요로 한다.

사회적 효용의 극대화를 추구하는 공리주의자의 논리도 역시 데이터세트에 대한 배타적 권리를 정당화한다. 이를 인정함으로써 얻게 될 사회적 편익이 사회적 비용을 능가하기 때문이다. 앞서 보았던 것처럼 데이터는 복제가 용이

하여 일종의 공공재의 특성을 갖게 되어 사회적으로 필요한 것보다 적게 생산된다. 그런데 데이터세트에 배타적 권리를 인정하여 타인의 침해를 배제할 수 있도록 하면 일종의 인센티브가 되어 데이터세트가 충분히 생산되고 유통될 수 있게 될 뿐만 아니라 혁신을 촉발하여 동적 효율성을 증가시킬 수도 있다. 이러한 사회적 편익이 데이터세트의 독점을 인정함에 따라 초래될 정적 효율성의 감소라는 사회적 비용을 능가하는 경우에, 그리고 그 범위 내에서 데이터세트에 대한 배타적 권리는 정당화될 것이다.

헌법적 측면에서도 데이터세트에 대한 배타적 재산권은 정당화될 수 있다. 입법자는 재산권의 내용을 형성할 광범위한 입법형성권을 갖기 때문이다. 다만 헌법상 재산권은 사회적 기속성의 제약 아래에 놓여 있다. 지적 산물에 대한 재산권은 유체물의 경우보다 더 많이 제약될 수도 있다. 따라서 데이터세트에 대한 배타적 권리를 설정하기 위한 입법에 있어서는 그 한계, 즉 공유의 영역에 대한 고려도 반드시 수반되어야 한다.

3 개별데이터의 보호

위에서 본 논의는 주로 데이터세트의 보호와 관련된 것이다. 데이터세트이 구성 요소가 되는 개별데이터의 경우에는 데이터의 종류에 따라 인센티브 구조도 다르고 적용되는 법리도 서로 다르다.

1) 개인정보
개별데이터가 개인정보에 해당하는 경우에는 개인정보보호법에 의한 보호를 받는다. 이러한 보호가 이루어지는 이유는 데이터 생산의 인센티브와는 무관하다. 개인정보는 생활 과정에서 자연스럽게 생성되는 것이기 때문이다. 우리 법상 개인정보에 관한 권리는 헌법상 기본권^{개인정보 자기결정권}인 동시에 사법상의 권리이기도 하다. 개인정보에 관한 사법상의 권리, 즉 개인정보보호권은 대체로 인격권의 일종으로 이해되어 왔다. 그 경우 마치 소유권과 같이 타인의 침해를 저지할 수 있는 배타적이고 절대적인 지배권의 성격을 갖게 된다. 다만 개인정보보호권을 이렇게 강한 권리로 보는 것에는 반대하는 견해도 적지 않다.

개인정보보호권의 범위는 법률에 의하여 한정되어 있다. 즉, 개인정보보호법은 정보주체의 동의 없이도 제3자가 개인정보를 이용할 수 있도록 예외사유를 두고 있다. 법령상 의무의 준수를 위하여 불가피한 경우나 정보주체의 권리보다 우선하는 처리자의 정당한 이익이 인정되는 경우 등이 그 예이다. 데이터 활용을 고려한 2020년의 법 개정으로 예외사유는 더욱 확대되었다. 즉, 가명처리된 개인정보의 경우 정보주체의 동의 없이도 과학적 연구 목적 등으로 활용할 수 있게 되었고, 당초의 수집 목적과 합리적 관련성이 있는 경우 별도의 동의 없이 활용할 수 있게 되었다. 한편 개인의 식별가능성을 완전히 제거한 익명정보의 경우에는 처음부터 개인정보에 해당하지 않으므로 개인정보보호법의 적용을 받지 않는다.

2) 지적 산물

개별데이터가 지적재산권의 대상인 경우에는 그에 따른 보호를 받는다. 지적 산물에 대한 보호가 이루어지는 이유는 앞서 데이터세트에 관하여 본 것과 마찬가지로 생산과 유통을 위한 인센티브를 제공하기 위해서이다. 즉, 저작물을 창작한 사람은 일정한 기간 동안 저작권에 의하여 보호를 받고, 발명을 한 사람은 특허권 설정등록을 함으로써 일정한 기간 동안 특허발명을 실시할 독점적 권리인 특허권을 취득한다. 저작권과 특허권은 물권에 준하는 것으로서 배타성과 절대성이 있는 지배권이다. 다만 소유권과 달리 포괄적 지배권이 아니라 복제권, 전송권 등 몇 가지 권능의 다발로 이루어진 권리이다.

저작권이나 특허권의 범위는 법률에 의하여 한정되어 있다. 저작권법상의 저작재산권 제한 제도가 제도가 대표적이다. 저작권법은 공정이용을 비롯하여 저작권자의 허락 없이 저작물을 이용할 수 있는 사유들을 열거하고 있다. 이러한 경우에는 저작권의 보호범위에 속하지 않으므로 보상 없이도 이용할 수 있다.

3) 그 밖의 데이터

개별데이터 중에는 배타적 권리의 대상이 아닌 것도 있다. 예를 들어 하늘에 있는 별의 위치나 움직임 같은 것은 그 누구의 것도 아니다. 이때에는 데이터 보유자의 동의 없이도 얼마든지 활용할 수 있다. 다만 비용과 노력을 들여 다수의 데이터를 수집·가공해 놓은 경우라면 데이터세트로서의 보호 여부를 검토해보아야 할 것이다.

4 데이터세트의 보호

1) 데이터세트 보호를 위한 법제도

데이터세트를 보호하기 위한 법제도는 어떤 것이 있을까.[8] 데이터 소유권이라는 표현을 쉽게 접할 수 있기는 하지만, 소유권이나 점유권과 같은 물권은 성립하지 않는다. 데이터는 물건이 아니기 때문이다. 불법행위법은 어떨까. 타인이 데이터세트를 무단으로 복제하거나 훼손하면 불법행위가 성립하여 손해배상을 청구할 수는 있다. 그러나 피해 발생 전에 사전적으로 침해의 금지를 청구할 수는 없기 때문에 불법행위법에는 한계가 있다. 계약법은 더 취약하다. 계약상의 권리는 원칙적으로 계약 상대방에게만 주장할 수 있기 때문이다. 이 때문에 데이터세트 보호를 위한 법제도로는 지적재산권 모델에 의한 것과 부정경쟁 모델에 의한 것이 검토되어 왔다.

2) 지배권 모델과 부정경쟁 모델

지배권 모델은 배타적으로 할당된 보호영역을 지닌 절대적 지배권을 부여하는 반면, 부정경쟁 모델은 단지 금지청구권에 의한 사실상의 독점권만을 부여한다. 이로 인해 두 모델은 다음과 같은 여러 차이점이 있게 된다.

첫째, 권리를 주장할 수 있는 상대방의 범위가 다르다. 지배권 모델은 모든 사람들에 대하여 권리를 주장할 수 있다. 이에 비해 부정경쟁 모델은 비록 채권처럼 특정인에 대하여만 권리를 주장할 수 있는 것은 아니지만, 원칙적으로 경쟁 사업자에 대하여만 주장할 수 있다는 점에서 절대권적 성질이 비교적 약하다.

둘째, 권능의 범위에 차이가 있다. 지배권 모델은 권리자에게 객체를 지배할 수 있는 적극적 권능을 부여하며, 특히 소유권 모델은 포괄적 지배 권능을 부여한다. 그 결과 침해부당이득의 반환청구나 - 물건의 경우라면 - 물권적 반환청구가 가능해진다. 이에 비해 부정경쟁 모델은 단지 금지청구권에 의하여 타인의 간섭을 배제함으로써 반사적으로 이익을 독점하게 할 뿐이다.

셋째, 법률적 처분 가능성에 차이가 있다. 지배권 모델에서는 권리자가 객체를 관념적으로 지배하므로 양도는 물론 담보제공이 가능하며, 강제집행의 대상이 된다. 이에 비해 부정경쟁 모델에서 양도는 채권적 계약과 사실상 지배의 이전에 의할 수밖에 없고, 담보로 제공하거나 집행의 대상이 될 수 없다.

넷째, 두 모델은 모두 침해를 배제할 수 있는 금지청구권이 있으나, 그 요건인 위법성의 판단 구조에는 차이가 있다. 지배권 모델의 경우 배타적으로 할당된 보호영역의 침해가 있으면 그 자체로 위법성이 징표되지만, 부정경쟁 모델의 경우에는 침해이익과 침해행위의 상관관계를 고려하여 이익형량을 거친 뒤에야 위법성 판단이 가능하다.

다섯째, 공유 영역을 확보하는 방식에 차이가 있다. 지배권 모델, 특히 지적재산권 모델의 경우에는 특허법상 강제실시 제도나 저작권법상 저작재산권 제한 제도처럼 공유의 영역이 법률에 의하여 비교적 명확하게 정해져 있으며, 권리보호 기간도 법정되어 있다. 이에 비해 부정경쟁 모델은 대체로 공유의 영역이 따로 법정되어 있지 않고 부정경쟁행위 유형 해당 여부나 위법성의 판단 과정에서 보호가 거부되는 방식으로 간접적으로 공유 영역이 확보될 뿐이다.

3) 데이터베이스 제작자의 권리

지적재산권 모델에 입각한 데이터세트 보호 제도로는 저작권법상 데이터베이스 제작자의 권리이하 데이터베이스권이라고 한다가 있다. 대부분의 데이터세트는 데이터베이스권에 의하여 보호될 수 있다.

데이터베이스권은 데이터세트 가운데 체계성과 검색가능성을 갖춘 것에 대하여 어느 정도 보호를 제공할 수 있다. 저작권법은 "소재를 체계적으로 배열 또는 구성한 편집물로서 개별적으로 그 소재에 접근하거나 그 소재를 검색할 수 있도록 한 것"을 데이터베이스로 정의하면서, "데이터베이스의 제작 또는 그 소재의 갱신·검증 또는 보충에 인적 또는 물적으로 상당한 투자를 한 자"를 데이터베이스 제작자로서 보호하고 있다. 데이터베이스 제작자는 그의 동의 없이 데이터베이스의 전부 또는 상당한 부분을 복제·배포·방송 또는 전송하는 행위에 대하여 금지청구와 손해배상청구를 할 수 있다. 한편, 데이터베이스권도 법률에 의하여 제한되는데, 저작재산권의 공정이용에 관한 규정은 데이터베이스권에 준용된다.

데이터베이스권은 데이터베이스 자체를 지배하는 권리라기보다는 데이터베이스에 대한 투자를 보호하기 위한 권리의 성격이 강하다. 이러한 점은 위에서 본 데이터베이스 제작자의 개념이나 침해행위의 개념에 잘 나타나 있다. 데이터베이스를 이루는 개별 소재를 복제한 것만으로는 데이터베이스권의 침해가 되지 않으며 데이터베이스의 '전부 또는 상당한 부분'을 복제해야 침해가 되는 것이다. 이처럼 데이터베이스권의 효력은 데이터베이스를 이루는 개별 소재에 미치지 않는다. 따라서 데이터베이스의 사용에 관하여 데이터베이스권자의 동의를 얻었다고 하더라도 그 소재가 되는 개별데이터의 사용 권한을 얻게 되는 것은 아니다. 예를 들어 개별데이터가 개인정보나 저작물과 같은 배타적 권리의 대상이 되는 경우에는 정보주체나 저작권자의 동의를 얻거나 그 밖의 방법으로 이용 권한을 따로 확보해야 한다.

4) 성과물 무단사용 금지와 데이터 부정사용 금지

부정경쟁 모델에 입각한 데이터세트 보호 제도로는 부정경쟁방지법상 성과물 무단사용 금지 조항과 데이터 부정사용 금지 조항이 있다. 이들 조항의 위반에 대하여는 손해배상청구나 금지청구를 할 수 있다.

성과물 무단사용 금지 조항은 "타인의 상당한 투자나 노력으로 만들어진 성과 등을 공정한 상거래 관행이나 경쟁질서에 반하는 방법으로 자신의 영업을 위하여 무단으로 사용함으로써 타인의 경제적 이익을 침해하는 행위"를 부정경쟁행위로 보아 금지한다. 성과물 무단사용 조항은 포괄적이고 유연하면서도 금지청구까지 가능한 강력한 구제수단을 갖추고 있기 때문에 데이터세트의 보호 수단으로 많이 활용되어 왔다. 그러나 보충적 일반조항의 성격을 가지기 때문에 남용의 위험성을 우려하는 시선도 많다는 점을 유의해야 한다.

데이터 부정사용 금지 조항은 영업비밀에 관한 법리를 수정한 것이다. 종래의 영업비밀보호 제도는 "공공연히 알려져 있지 아니"할 것, 즉 비공지성을 요건으로 하고 있었기 때문에 데이터 제공 사업자에게는 도움이 되지 않았다. 데이터를 제공하면 위 요건을 충족할 수 없게 되기 때문이다. 데이터 부정사용

금지 조항은 "업﹡으로서 특정인 또는 특정 다수에게 제공되는 것으로, 전자적 방법으로 상당량 축적·관리되고 있으며, 비밀로서 관리되고 있지 아니한 기술상 또는 영업상의 정보"를 보호 대상으로 하여, 몇 가지 유형의 데이터 부정사용행위를 금지하고 있다. 2022년에야 도입되어 아직 활용 사례가 많지는 않지만, 데이터 제공 사업자를 보호해줄 수 있는 제도로서 많은 기대를 받고 있다.

 ## III. 데이터를 어떻게 이용할 수 있을까

1 개별데이터의 이용

1) 계약적 이용

개별데이터가 타인의 배타적 권리의 목적이 되는 경우에는 원칙적으로 권리자의 동의가 있어야만 이를 이용할 수 있다. 권리자의 동의를 계약법적 관점에서 보면 데이터의 이전과 이용에 관한 계약, 즉 데이터 계약을 이루는 것으로 이해할 수 있다. 그런데 데이터에는 전혀 다른 법리를 적용받는 여러 유형의 것이 존재하므로 각 데이터 유형에 따라 데이터 계약의 특성이나 양상은 매우 달라질 수 있다.

데이터 계약의 대상이 된 데이터가 개인정보에 해당하는 경우에는 민법의 법리와 개인정보보호법의 법리 사이에서 매우 어려운 조화와 균형이 요구된다. 예를 들어 정보주체는 언제든 동의를 철회할 수 있는데, 그 경우 데이터 계약 위반의 책임을 물을 수 있는지 의문이 생길 수 있다. 입법적 해결이 필요한 부분이다.

데이터 계약의 대상이 저작물이나 특허발명인 경우에는 저작권법과 특허법에 상세한 규정이 마련되어 있다. 저작권법의 경우 물권적 이용권으로는 배타적 발행권과 출판권이 있고, 채권적 이용권으로는 이용허락에 의한 권리가 있다. 특허법의 경우 물권적 이용권으로는 전용실시권이 있고, 채권적 이용권으로는 통상실시권이 있다. 물권적 이용권자는 채권적 이용권을 부여할 고유의 권한이 있다. 예컨대 특허권의 전용실시권자는 특허권자의 동의 없이도 타인에게 통상실시권을 부여할 수 있다.

배타적 권리가 인정되지 않는 개별데이터에 관하여도 데이터 계약을 체결하는 것이 가능하다. 다만 데이터에 대한 재산권이 확립되어 있다면 권리관계가 명확해짐에 따라 거래비용이 감소하여 효율적인 거래가 이루어질 수 있을 것이다.

2) 비계약적 이용

타인의 배타적 권리의 대상이 되는 개별데이터라고 하더라도 오직 권리자의 동의가 있는 경우에만 이용할 수 있는 것은 아니다. 데이터는 본래 여러 사람이 함께 사용하더라도 고갈되지 않기 때문에 독점과 공유 사이에서 적절한 조화가 필요하다. 개인정보의 경우 공동체 안에서 살아가는 인간의 삶의 본질에 비추어 처리를 허용해야만 하는 경우도 있다. 개인정보보호법이 정보주체의 동의 없이도 제3자가 개인정보를 이용할 수 있는 예외사유를 두거나, 저작권법이 공정이용과 같은 저작재산권 제한 제도를 마련한 것은 이 때문이다.

빅데이터 분석이나 인공지능 학습을 위하여 이용되는 데이터세트의 경우 비계약적 이용을 허용할 필요성이 더욱 클 수 있다. 데이터세트는 헤아릴 수 없이 많은 개별데이터를 포함하고 있기 때문에 각 개별데이터가 타인의 배타적 권리의 대상인지 여부를 식별하고 일일이 권리자의 동의를 받는다는 것은 비현실적이기 때문이다. 또한 인공지능 학습 과정에서는 개인정보의 '식별'이나 저작물에 나타난 표현의 '향수'가 이루어진다고 보기 어려운 측면도 있다. 2021년 저작권법 전부개정안에서 정보분석^{TDM, Text and Data Mining}을 위한 경우 저작권자의 동의가 없더라도 저작물을 복제·전송하도록 허용한 것은 이러한 점을 고려한 것이다.

2 데이터세트의 이용

1) 계약적 이용

데이터세트의 이전이나 이용을 목적으로 하는 계약은 상당히 많이 이루어지고 있다. 그러나 거래 대상이 데이터세트라는 점은 상당히 까다로운 문제들을 일으킨다.[9] 가장 큰 문제는 데이터세트 내에 포함된 개인정보나 저작물 등 배타적 권리의 대상인 개별데이터에 관하여 적법한 이용 권한이 확보되어 있지 않은 경우에 생겨난다. 이러한 경우 현실적인 이유로 데이터세트 공급자를 면책시키는 약정을 하는 경우가 많지만 그 경우 위험과 불확실성으로 인해 데이터세트의 가치가 저하되고 거래가 축소될 수밖에 없다. 또 다른 현실적인 문제는 데이터세트의 가격을 설정하기 위한 가치 평가의 기준이나 방법론이 아직 보편화되어 있지 않다는 것이다. 데이터세트의 품질을 객관적으로 평가하기 위한 기준도 아직 확립되어 있지 않다. 마지막으로 데이터가 쉽게 복제된다는 점도 문제가 될 수 있다. 데이터 공급자가 수요자에게 데이터를 복제해 준 뒤에도 여전히 해당 데이터를 보유할 수 있고, 나아가 다른 수요자에게 다시 복제해줄 수도 있기 때문이다. 경우에 따라 데이터 공급자의 이용이나 제3자에게로의 이전·이용을 배제하기 위한 특약이 필요할 수도 있다. 거래 당사자들이 이러한 복잡한 문제들을 다루기는 쉽지 않다. 이 때문에 정부나 공공기관에서 표준계약서를 만들어 배포하고 있지만, 아직 만족스러운 수준은 아니다.

2) 비계약적 이용

데이터세트 역시 비전유성을 지닌 정보인 이상 독점과 공유 사이의 적절한 조화가 요구된다. 이러한 이유에서 데이터베이스권에는 공정이용 제도와 같은 저작재산권 제한 규정들이 준용된다. 데이터베이스권의 보호가 개별 소재에는 미치지 않는다는 점도 독점과 공유 사이의 조화에 중요한 역할을 한다. 데이터베이스의 상당한 부분을 복제한 경우가 아닌 한 개별 소재를 복제한 것만으로는 데이터베이스권의 침해가 되지 않는 것이다. 데이터베이스권은 저작권과 달리 창작성을 필요로 하지 않기 때문에 저작권의 경우보다 공유 영역이 좀 더 넓게 설정될 필요가 있다.

생각해 볼 점

1. 개인정보보호권은 다른 인격권과 같은 수준의 배타적 지배권으로 보호되어야 할까? 그렇지 않다면 다른 대안은 어떤 것이 있을까?
2. 공정이용 제도가 있음에도 불구하고 정보분석(TDM)을 위한 면책 조항이 도입될 필요가 있을까? 공정이용 제도나 정보분석을 위한 면책 조항은 이미지 생성을 위한 생성형 인공지능 학습의 경우에도 적용될 수 있을까?
3. 현행 데이터베이스권은 데이터세트에 대한 충분한 보호를 제공하고 있을까?
4. 성과물 무단사용 법리의 남용을 우려하는 견해는 어떠한 근거에서 주장되는 것일까?
5. 웹크롤링은 어디까지 허용될 수 있을까?

심화 학습 자료

백대열, "데이터 물권법 시론 – 암호화폐를 비롯한 유체물–동등 데이터를 중심으로 –", 『민사법학』 제90호, 2020.

이동진, "데이터 소유권, 개념과 그 실익", 『정보법학』 제22권 제3호, 2018.

이상용, "데이터 거래의 법적 기초", 『법조』 제67권 제2호, 2018.

이상용, "데이터에 대한 배타적 권리의 법철학적 정당화", 『일감법학』 제50호, 건국대학교 법학연구소, 2021.

이상용, "데이터세트에 대한 배타적 보호", 『인권과 정의』 제503호, 2022.

이상용, 『데이터세트 보호 법제에 관한 연구』, 경인문화사, 2023.

미주

1   Robert Cooter & Thomas Ulen(한순구 역), 『법경제학(제5판)』, 경문사, 2009, 140-141쪽.

2   백대열, "데이터 물권법 시론 - 암호화폐를 비롯한 유체물-동등 데이터를 중심으로 -", 『민사법학』 제90호, 2020.

3   Guido Calabresi/Douglas Melamed, "Property rules, liability rules, and inalienability: one view of the cathedral", 85 Harv. L. Rev. 1089, 1972, pp.1089-1128.

4   김차동, "금지청구권의 요건사실에 관한 법경제학적 검토", 『법경제학연구』 제7권 제1호, 2010, 85-86쪽.

5   예컨대 사전동의의 원칙에 터 잡은 현행 개인정보보호법은 정보주체에게 법경제학적 의미의 재산권을 부여하고 있다고 할 수 있다(이동진, "데이터 소유권, 개념과 그 실익", 『정보법학』 제22권 제3호, 2018, 224-225쪽).

6   여기에서 '배타적 권리'란 반드시 물권과 같은 배타적이고 절대적인 '지배권'만을 의미하는 것은 아니다. 예를 들어 부정경쟁행위에 대한 구제수단으로는 손해배상청구 외에도 금지청구가 인정된다. 권리자는 금지행위와 관련된 이익을 '직접적으로 지배'할 수는 없지만, 금지청구를 통해 사실상의 독점권을 갖는다. 법경제학으로 볼 때 이는 사실상 배타적 재산권을 인정한 것과 동일한 결과를 가져온다.

7   이상용, "데이터에 대한 배타적 권리의 법철학적 정당화", 『일감법학』 제50호, 건국대학교 법학연구소, 2021 참조.

8   이상용, "데이터세트에 대한 배타적 보호", 『인권과 정의』 제503호, 2022 참조.

9   이상용, 『데이터세트 보호 법제에 관한 연구(유민총서 20)』, 경인문화사, 2023, 261-286쪽.

CHAPTER 06

인공지능과 개인정보보호법

최경진

 사례 1

A는 스마트폰용 사진 촬영 및 이미지 편집 애플리케이션을 개발하는 과정에서 생성형 AI를 활용하여 촬영된 셀카 이미지를 바탕으로 자녀 이미지 예측 기능 및 이용자가 입력하는 자연어를 바탕으로 새로운 이미지를 만들어내는 서비스를 포함하려는 생각으로 온라인상에 공개된 수많은 개인정보를 AI 학습에 활용하였다. 그리고 학습된 데이터를 바탕으로 생성형 AI 기반의 이미지 애플리케이션을 출시하여, 많은 이용자들이 다양한 자연어 입력을 통해서 새로운 이미지를 생성해냈다. A가 AI 학습을 위하여 개인정보를 수집하고 인공지능 학습에 활용하는 행위는 개인정보보호법 위반인가? A가 배포한 이미지 애플리케이션의 이용자인 B가 앱을 이용하는 과정에서 수많은 사진을 촬영하였는데, A는 앱의 인공지능 알고리즘을 고도화하려는 목적으로 앱 이용자가 입력한 사진을 인공지능 학습에 활용하였다. 이를 알게 된 B는 개인정보보호법 위반에 따른 손해배상 및 침해행위의 중지, 해당 개인정보의 삭제 등을 요구하는 분쟁조정을 신청하였는데, A는 당초 수집한 목적과 합리적 관련성이 인정되는 앱 고도화에 활용한 것이어서 문제가 없다고 주장하였다. A는 이용자가 입력한 데이터를 인공지능 고도화를 위한 학습용으로 활용할 수 있는가?

사례 2

A는 새로운 사업을 시작하기에 앞서서 시장 조사를 위하여 상점을 개설할 건물 주변 도로 50곳에 인공지능을 이용한 CCTV를 설치하여 위치정보, 이동방향, 유동인구와 연령별·성별 분포 등에 대한 정보를 수집하였다. 이 때 CCTV는 인공지능 기술을 활용하여 개개인의 얼굴을 촬영은 하지만 모두 단순 일련번호를 부여하여 데이터를 저장하였고 원본 얼굴 데이터는 보관하지 않았다. 인공지능 CCTV 덕분에 A는 상권분석을 정확하게 하여 지역에 맞는 상점을 개설할 수 있었다. 이 지역에 거주하며 지나다니다가 수차례 A의 CCTV에 촬영당한 B는 A가 무단으로 개인영상정보와 위치정보를 수집하여 법을 위반하였다고 주장하면서 A를 상대로 손해배상청구소송을 제기하였다. A의 정보수집행위는 위법일까?

I. 인공지능과 개인정보보호의 상관관계

1 데이터와 개인정보보호의 필요성

사람은 생활하면서 매우 다양한 많은 정보를 생성하게 되며, 사회가 복잡해지고 경제생활이 활발해지면서 생성되는 정보의 종류와 양은 더욱 증가해 왔다. 그러나 과거에는 한 번에 처리할 수 있는 정보의 양이 적었고, 데이터를 수집·처리하는 자가 다른 데이터 보유자로부터 데이터를 입수하여 결합할 수 있는 범위도 제한적이어서 그러한 데이터의 처리로 인하여 그 데이터와 관련이 있는 사람의 자유나 권리에 부정적인 영향을 미칠 가능성도 그리 높지 않았다. 특별히 특정 개인을 타깃팅하여 그에 관한 다양한 정보를 의도적으로 수집하여 분석한 후 이를 악용하려는 고의적이고 연속적 활동이 없는 한 그 사람의 권리를 침해하거나 자유를 제약하는 것은 쉽지 않았기 때문에 단순히 일반 사람들의 데이터가 처리된다는 것만으로 일정한 법적 규제를 가할 법제도적 필요성 또한 높지 않았던 것이 사실이다. 이러한 시대에는 특정 개인에 관한 비밀스런 정보를 일반에 공개하여 노출시키거나 특정 개인의 사적인 영역에 침입해 들어가서 사생활의 평온을 침해하는 경우와 같이 사생활의 비밀과 자유[1]를 침해하는 때에 비로소 법이 개입하여 강제력을 동원하거나 손해배상과 같은 피해구제가 허용되었다.[2] 개인에 관한 데이터는 사생활의 비밀과 자유, 인격권, 행복추구권 등과 같은 법적으로 보호받는 이익이 침해되는 때에 법의 개입이 필요했던 것이다. 그런데 기술의 발전에 따라 컴퓨터나 정보처리장치를 통하여 다량의 데이터가 쉽게 처리되기 시작했고, 다양한 데이터가 네트워크를 통하여 유통되는 일이 많아지면서 다량의 다양한 데이터의 처리로 인해 개인의 자유와 권리에 대한 침해의 가능성이 높아지게 되었다. 특히 이러한 침해의 가능성은 제한된 범위의 특정 개인에 한하지 않고, 대다수 국민들에게 일반적으로 발생할 수 있게 되었다. 수천만 건의 개인정보를 수집한 기업에 대한 해킹으로 개인정보가 유출되면서 우리 국민 대부분의 개인정보가 오·남용될 가능성이 높아진 것은 과거의 단편적이거나 제한적 침해의 양상과는 전혀 다르다. 이러한 상황의 변화로 인하여 개인의 자유와 권리에 대한 사전적·예방적 보호의 필요성이 인정되어 데이터 자체의 처리에 관한 법적 기준의 정립에 대한 요구가 높아지게 되었고, 그 결과 우리나라의 경우에는 「개인정보 보호법」이 제정되기에 이른 것이다.

2 인공지능 시대 개인정보보호의 의미

정보화시대의 진전에 따라 데이터 자체에 대한 보호의 필요성에 기하여 개인정보보호법제가 발전해왔지만, 인공지능의 활용이 확대되고 인공지능 자체가 고도화되면 될수록 개인정보보호의 필요성은 더욱 강조될 가능성이 높다. 인공지능을 활용하면 다양한 데이터를 결합하여 특정 개인을 식별해내거나 특정 개인에 관한 정보를 보다 정확하게 추론하는 것이 가능하게 되며, 비정형적인 데이터의 경우에도 보다 지능적으로 결합하고 분석하는 것이 가능하게 됨으로써 과거보다 특정 개인에 대한 정보 집적, 분석, 추적, 타깃팅 등이 수월해질 수 있으며, 그러한 처리 결과가 때로는 특정 개인의 의사에 반하거나 특정 개인에게 부정적인 영향을 미치는 경우가 생겨날 가능성도 높아질 수밖에 없다. 만일 인공지능을 통한 개인정보의 처리결과가 법적인 효력과 연계되는 경우에는 그 사회적·경제적 의미는 더욱 커질 수밖에 없으며, 여기에서 법적 보호의 필요성이 더욱 강조될 수밖에 없다. 물론 인공지능 기술을 잘 활용하면 개인정보의 보호에도 도움이 될 수 있지만, 인공지능을 이용한 광범위한 개인정보의 처리를 완전히 막을 수는 없다. 따라서 인공지능 시대가 본격화된다면, 필연적으로 개인정보 보호의 문제는 사람의 기본적 자유와 권리의 보호를 위하여 더욱 그 중요성이 강조될 것이다.

II. 개인정보와 개인정보자기결정권

1 개인정보의 의의

개인정보에 대한 법적 규율을 이해하기 위해서는 우선 개인정보가 무엇인지에 대한 이해가 선행되어야 한다. 개인정보의 개념정의에 따라 법이 적용되는 범위와 대상이 확정되기 때문에 실무상으로도 매우 중요하게 다뤄진다. 현행법상 개인정보의 개념은 "살아 있는 개인에 관한 정보"와 "식별가능성"을 주된 표지로 삼고 있으며, 자체적인 식별가능성이 없는 경우에는 "결합의 용이성"을 통한 식별가능성을 추가적인 요건으로 삼고 있다. 「개인정보 보호법」 제2조 제1호에 의하면, 살아 있는 개인에 관한 정보로서 3가지 유형을 규정하면서 개인정보로 정의한다. 첫 번째 유형은 성명, 주민등록번호 및 영상 등을 통하여 개인을 알아볼 수 있는 정보이다. 두 번째 유형은 해당 정보만으로는 특정 개인을 알아볼 수 없더라도 다른 정보와 쉽게 결합하여 알아볼 수 있는 정보를 말하는데, 이 경우 쉽게 결합할 수 있는지 여부는 다른 정보의 입수 가능성 등 개인을 알아보는 데 소요되는 시간, 비용, 기술 등을 합리적으로 고려하여야 한다. 세 번째 유형은 첫 번째와 두 번째 유형의 개인정보를 가명처리함으로써 원래의 상태로 복원하기 위한 추가 정보의 사용·결합 없이는 특정 개인을 알아볼 수 없는 정보, 즉 가명정보를 말한다. 이때 가명처리란 개인정보의 일부를 삭제하거나 일부 또는 전부를 대체하는 등의 방법으로 추가 정보가 없이는 특정 개인을 알아볼 수 없도록 처리하는 것을 말한다. 이러한 정의규정에 의하면 성명이나 주민등록번호처럼 직접 해당 정보만으로도 개인을 식별할 수 있는 경우뿐만 아니라 해당 정보만으로는 특정 개인을 식별할 수 없더라도 다른 정보와 쉽게 결합해서 특정 개인을 식별할 수 있을 때에는 개인정보에 해당한다. 문제는 후자의 경우와 같이 결합의 용이성을 통한 식별가능성으로 개인정보인지를 판단해야 하는 경우에 개별적·구체적 사실관계에 따라서 개인정보인지 아닌지의 판단이 모호한 경우가 많다는 것이다. 결합의 용이성이나 식별가능성의 기준을 어떻게 설정하는가에 따라서 개인정보로 인정되는 범위도 크게 달라질 수 있기 때문에 합리적이고 명확한 기준의 설정은 매우 중요한 의미를 가진다. 실제로 크게 논란이 되었던 소위 '증권통 사건'에서 법원은 휴대폰의 IMEI와 USIM 일련번호에 대하여 개인정보라고 판단하였는데,[3] 이에 대하여는 개인정보성을 부정하는 것이 타당하다고 하면서 비판하는 견해들이 있었다.[4] 모든 경우의 수를 고려하여 사전적으로 완벽하게 개인정보성을 판단하는 기준을 설정하는 것은 사실상 불가능에 가깝다. 동일한 정보라고 하더라도 맥락에 따라 판단이 달라질 수 있기 때문이다. 따라서 얼굴이 촬영된 영상정보나 이름과 같이 비교적 명확한 개인정보 외에 결합의 용이성과 식별가능성을 바탕으로 판단하는 경우에는 개별적·구체적 사안에서 적용할 해석방법론을 명확히 하고 고려해야 할 요소를 보다 상세하고 명확히 정해놓는 것이 바람직할 것이다. 그리고 개인정보인지 아닌지 판단의 문제는 규범적 판단의 문제라는 점을 명확히 인식하여야 한다. 실제 기술적으로는 0.1%라도 식별의 '가능성'이 있다면 개인정보라고 보아야 할까? 기술적 판단은 최종적인 규범적 판단을 위한 하나의 고려사항일뿐이다. 규범적 판단을 위한 방법으로서 모든 고려할 수 있는 사항들을 종합한 후 이익형량을 시도함으로써 종국적으로 개인정보인지의 판단을 하는 것이 바람직한 접근방법일 것이다.[5] 현행법이 결합가능성의 판단 시에 "다른 정보의 입수 가능성 등 개인을 알아보는 데 소요되는 시간, 비용, 기술 등을 합리적으로 고려하여야 한다."고 규정한 것도 같은 취지이다.

2 개인정보자기결정권

개인정보를 보호하기 위한 여러 법률이 시행되고 있고 헌법재판소나 대법원도 개인정보와 관련한 여러 판결을 통하여 개인정보에 대한 법적 보호를 인정하고 있지만, 개인정보에 대한 권리의 구체적인 법적 성질과 내용에 대하여는 여전히 논란이 있다. 우리나라에서 개인정보에 대한 독자적인 권리 개념이 명시적으로 인정되기 시작한 것은 헌법재판소 결정이다.[6] 헌법재판소가 개인정보자기결정권을 헌법상 기본권으로 승인한 이후 대법원도 개인정보자기결정권을 명시적으로 인정하고 있다.[7] 헌법재판소와 대법원 판결에 나타난 개인정보자기결정권은 한마디로 말하면 헌법상 사생활의 비밀과 자유 및 행복추구권으로부터 도출되는 독자적 기본권이라는 것이다. 이처럼 헌법상 권리로 승인한다고 하더라도 사인 간의 사법적 법률관계에도 효력을 가지는가에 대해서는 논란의 여지가 있으며, 직접 대사인적 효력을 인정할 수 없다면 사법적 권리를 포함하는 집합적 개념으로서의 '개인정보권'의 논의가 필요할 수 있다.[8] 문제는 사권으로서의 개인정보에 대한 권리의 법적 성격이 재산권인지 인격권인지가 명확하지 않다는 점이다.[9] 개인정보에 대한 권리가 인격 발현과 밀접한 관련을 가진다는 점에 대해서는 누구도 부인하기 어렵기 때문이 인격권으로서의 성질을 가지는 점은 충분히 인정할 수 있다. 그러나 개인정보가 처리되고 유통되는 모습을 보면, 개인정보에 대한 권리를 순수하게 인격권으로만 취급하는 것은 현실과 동떨어진 것으로 생각할 수 있다. 만일 재산적 성격을 인정한다고 하더라도, 민법상 소유권과 같은 물권으로 해석하는 것은 현행법에 대한 전통적인 견해에 따르면 인정하기 어렵다. 물권적 보호는 어렵다고 하더라도 퍼블리시티권right of publicity과 유사한 형태로 파악하자는 견해도 주장할 수 있지만, 아직 퍼블리시티권조차 확고한 권리로서 인정받지 않은 상황에서[10] 퍼블리시티권의 객체인 영리적 초상보다 인격적 성격이 강하다고 평가될 수도 있는 개인정보에 대하여 전면적으로 그와 유사한 형태로 재산적 성격을 인정하는 것도 쉽지는 않다. 이처럼 개인정보에 관한 권리의 성격에 대하여 명확한 해답이 도출된 것은 아니지만, 기본적으로는 개인정보권의 객체인 개인정보는 사람의 인격적 속성과 매우 밀접한 관련을 가지기 때문에 인격권적 성질을 근간으로 하여 그 권리 속성을 파악할 수밖에 없을 것이다. 다만, 앞서 본 것처럼 실무상 그 재산적 속성을 무시할 수 없기 때문에 구체적인 사건의 축적과 다각적인 논의를 통하여 정립되는 인격적 보호범위와 재산적 보호범위의 적절한 한계를 고려하여 이를 반영한 실질적·논리적인 귀결로서 법적 성질을 명확히 하는 것이 바람직하다.

 III. 개인정보보호법제와 인공지능의 규율

1 우리의 개인정보보호법제 체계

과거 우리나라의 개인정보보호법제는 일반법으로서 「개인정보 보호법」이 있고, 개별 영역에 관한 법률로서 「정보통신망 이용촉진 및 정보보호 등에 관한 법률」, 「위치정보의 보호 및 이용 등에 관한 법률」, 「신용정보의 이용 및 보호에 관한 법률」, 「디엔에이신원확인정보의 이용 및 보호에 관한 법률」을 비롯하여 개별 법률에서 개인정보의 보호에 관한 규정을 두었다. 2020. 1. 9. 국회를 통과한 소위 '데이터 3법'의 개정으로 온라인 상의 개인정보보호를 규율하던 「정보통신망 이용촉진 및 정보보호 등에 관한 법률」상의 개인정보보호 관련 규정은 삭제되고, 개정법 시행에 따라 「개인정보 보호법」으로 통합되었다. 그러나 여전히 온라인과 오프라인 상의 개인정보 규율체계는 분리된 상태를 유지했고, 2023.3.14. 개정에 따라 2023.9.15.부터 시행된 개정 「개인정보 보호법」은 정보통신서비스제공자에 대한 특례규정을 완전히 삭제하여 온오프라인상의 개인정보 규율체계를 일원화하였다.

2 인공지능에서의 개인정보처리를 위한 합법처리근거

「개인정보 보호법」은 개인정보의 수집, 생성, 연계, 연동, 기록, 저장, 보유, 가공, 편집, 검색, 출력, 정정訂正, 복구, 이용, 제공, 공개, 파기破棄, 그 밖에 이와 유사한 행위를 개인정보 처리로 규정하면서, 수집·이용단계와 제3자 제공

단계를 구분하여 각각 합법적인 처리근거를 요구한다. 인공지능의 개발이나 인공지능 활용·적용하는 과정에서 개인정보를 처리하는 경우에도 마찬가지다. 즉, 수집·이용 단계에서는 (1) 정보주체의 동의를 받은 경우, (2) 법률에 특별한 규정이 있거나 법령상 의무를 준수하기 위하여 불가피한 경우, (3) 공공기관이 법령 등에서 정하는 소관 업무의 수행을 위하여 불가피한 경우, (4) 정보주체와 체결한 계약을 이행하거나 계약을 체결하는 과정에서 정보주체의 요청에 따른 조치를 이행하기 위하여 필요한 경우, (5) 명백히 정보주체 또는 제3자의 급박한 생명, 신체, 재산의 이익을 위하여 필요하다고 인정되는 경우, (6) 개인정보처리자의 정당한 이익을 달성하기 위하여 필요한 경우로서 명백하게 정보주체의 권리보다 우선하는 경우^{이 경우 개인정보처리자의 정당한 이익과 상당한 관련이 있고 합리적인 범위를 초과하지 아니하는 경우에 한함}, (7) 공중위생 등 공공의 안전과 안녕을 위하여 긴급히 필요한 경우에 합법적인 처리로 인정된다§15①. 개인정보를 제공하는 경우에도 동의를 받거나 수집 시 적법 처리 기준 중 (2), (3), (5)~(7)에 따라 개인정보를 수집한 목적 범위에서 제3자에게 제공하는 경우에 합법적인 제공으로 인정된다§17①. 개인정보를 목적 외로 이용하거나 제공하는 것은 원칙적으로 금지되지만, 정보주체 또는 제3자의 이익을 부당하게 침해할 우려가 없는 때에 한하여 (1) 정보주체로부터 별도의 동의를 받은 경우, (2) 다른 법률에 특별한 규정이 있는 경우, (3) 명백히 정보주체 또는 제3자의 급박한 생명, 신체, 재산의 이익을 위하여 필요하다고 인정되는 경우, (4) 개인정보를 목적 외의 용도로 이용하거나 이를 제3자에게 제공하지 아니하면 다른 법률에서 정하는 소관 업무를 수행할 수 없는 경우로서 보호위원회의 심의·의결을 거친 경우, (5) 조약, 그 밖의 국제협정의 이행을 위하여 외국정부 또는 국제기구에 제공하기 위하여 필요한 경우, (6) 범죄의 수사와 공소의 제기 및 유지를 위하여 필요한 경우, (7) 법원의 재판업무 수행을 위하여 필요한 경우, (8) 형^刑 및 감호, 보호처분의 집행을 위하여 필요한 경우, (9) 공중위생 등 공공의 안전과 안녕을 위하여 긴급히 필요한 경우 ^{(5)~(8)은 공공기관의 경우에만 해당}에만 허용된다§18②. 이외에도 영상정보처리기기의 설치·운영에 따른 개인영상정보의 처리나 가명정보의 처리 등 여러 합법적인 처리 근거가 존재한다. 따라서 인공지능의 개발을 위해서 개인정보를 수집·이용하거나, 특정인과의 개별 계약 체결이 인공지능에 의하는 경우 그 과정에서 이용되는 개인정보를 처리하는 때에도 위와 같은 합법처리근거를 갖춰야 한다.

　예를 들어, 인공지능을 이용하여 정보주체로부터 수집된 개인정보를 처리하여 자동화된 절차에 의하여 해당 정보주체에게 계약체결이나 인사 결정 등 다양한 영향을 주는 경우에도 그러한 인공지능을 활용한 개인정보처리자가 인공지능을 활용하여 계약을 체결한다거나 채용 결정 등 인사과정에서 반영하려는 처리 목적을 고지하여 그에 대한 동의를 받거나 인공지능을 활용한다는 법령을 만들어서 적용하는 경우와 같이 인공지능의 개인정보처리를 위해서는 현행「개인정보 보호법」의 규율 체계 내에서의 합법처리근거를 갖춰야 한다. 인공지능이 고도화되면, 사람이 생각하지 못했던 무수히 많은 정보의 수집과 그러한 정보의 결합·분석이 가능해지고 그러한 개인정보 처리의 결과는 사람의 확인을 거치지 않고 자동적으로 각각의 정보주체에게 그 효과가 미치게 된다. 인공지능을 발전시키고자 하는 중요한 이유 중의 하나도 사람이 하는 행위보다 더 지능적으로 잘 할 수 있는 인공지능을 활용하여 자동화된 처리를 함으로써 그로부터 발생하는 편익을 사람이 누릴 수 있도록 하자는 것이다. 물론 인공지능은 매우 다양한 형태로 발전하고 우리 생활에 접목되겠지만, 지능화와 자동화라는 인공지능의 측면은 분명 기존의 개인정보보호법제의 규율방식과는 충돌될 수밖에 없다. 왜냐하면, 기존의 개인정보보호법제는 '개인정보자기결정권'을 바탕으로 개인정보의 처리에 대한 결정권을 사람에게 부여하고, 그러한 헌법상 권리로부터 가능하면 모든 개인정보의 처리단계에 대한 사람의 개입을 정도의 차이는 있더라도 허용하자는 것이 기존 규율방식으로 보이기 때문이다. 개인정보처리에 대한 사람의 개입을 법적으로 구현하자는 것과 최대한 사람의 개입을 줄여서 지능적이고 자동화된 처리를 하자는 인공지능 사이에 어느 정도로 어떠한 방식으로 규율할 것인가라는 질문을 놓고 불가피하게 가치의 충돌이 발생할 수밖에 없다. 현행법은 인공지능의 발전을 충분히 고려하여 정밀하게 기준을 설정한 것이 아니기 때문에 향후 지속적으로 발전하고 있는 인공지능까지 충분히 고려한 합리적인 규율 방안의 논의가 활발하게 전개되어야 할 것이다.

<**인공지능을 위한 공개된 개인정보의 활용**>

인공지능 개발 과정에서 학습 데이터의 양과 질은 매우 중요한 의미를 가지며, 특히 학습 데이터로서 활용가치가 높은 것은 공개된 데이터이다. 문제는 공개된 데이터 속에 개인정보가 포함되어 있을 경우에 합법처리근거를 어떻게 충족시킬 것인가이다. 이와 관련하여 대법원[11]은 "정보주체가 직접 또는 제3자를 통하여 이미 공개한 개인정보는 공개 당시 정보주체가 자신의 개인정보에 대한 수집이나 제3자 제공 등의 처리에 대하여 일정한 범위 내에서 동의를 하였다고 할 것이다. 이와 같이 공개된 개인정보를 객관적으로 보아 정보주체가 동의한 범위 내에서 처리하는 것으로 평가할 수 있는 경우에도 동의의 범위가 외부에 표시되지 아니하였다는 이유만으로 또다시 정보주체의 별도의 동의를 받을 것을 요구한다면 이는 정보주체의 공개의사에도 부합하지 아니하거니와 정보주체나 개인정보처리자에게 무의미한 동의절차를 밟기 위한 비용만을 부담시키는 결과가 된다. 다른 한편 개인정보 보호법 제20조는 공개된 개인정보 등을 수집·처리하는 때에는 정보주체의 요구가 있으면 즉시 개인정보의 수집 출처, 개인정보의 처리 목적, 제37조에 따른 개인정보 처리의 정지를 요구할 권리가 있다는 사실을 정보주체에게 알리도록 규정하고 있으므로, 공개된 개인정보에 대한 정보주체의 개인정보자기결정권은 이러한 사후통제에 의하여 보호받게 된다. 따라서 이미 공개된 개인정보를 정보주체의 동의가 있었다고 객관적으로 인정되는 범위 내에서 수집·이용·제공 등 처리를 할 때는 정보주체의 별도의 동의는 불필요하다고 보아야 하고, 별도의 동의를 받지 아니하였다고 하여 개인정보 보호법 제15조나 제17조를 위반한 것으로 볼 수 없다. 그리고 정보주체의 동의가 있었다고 인정되는 범위 내인지는 공개된 개인정보의 성격, 공개의 형태와 대상 범위, 그로부터 추단되는 정보주체의 공개 의도 내지 목적뿐만 아니라, 정보처리자의 정보제공 등 처리의 형태와 정보제공으로 공개의 대상 범위가 원래의 것과 달라졌는지, 정보제공이 정보주체의 원래의 공개 목적과 상당한 관련성이 있는지 등을 검토하여 객관적으로 판단하여야 한다."고 판시하여 제한적 범위 내에서 공개된 개인정보를 수집·이용할 수 있는 길을 열어놓았다. 그런데 문제는 이러한 대법원의 판단 기준에 따를 때 구체적으로 어떤 상황에서 인공지능 개발을 위해서 공개된 개인정보를 수집·이용할 수 있는가가 불명확하다는 점이다. 개별적으로 법원의 판단을 받기 전까지는 합법적인지의 여부가 불투명할 수밖에 없다. 「신용정보의 이용 및 보호에 관한 법률」이 공개된 정보를 수집·이용할 수 있는 명시적 법적 근거(제15조제2항제2호)를 규정한 것과 달리 「개인정보 보호법」은 아무런 규정을 두고 있지 않기 때문이다. 향후 인공지능의 발전을 위하여 공개된 개인정보의 수집·이용에 대한 보다 구체적인 기준을

정립하고, 다양한 사례를 축적하고 유형화하여 인공지능을 위한 공개된 개인정보의 활용시에 법적 안정성과 예측 가능성을 보장하는 노력이 필요하다. 나아가 「신용정보의 이용 및 보호에 관한 법률」과 같이 「개인정보 보호법」에도 공개된 개인정보의 처리에 관한 구체적인 기준을 명시적으로 규정할 필요가 있다.

3 「개인정보 보호법」상 자동화된 결정에 대한 정보주체의 권리

2023년 「개인정보 보호법」 개정으로 완전 자동화된 결정에 대한 정보주체의 권리가 새롭게 규정되었다^{2024년 3월 15일 시행}. 정보주체는 완전히 자동화된 시스템^{인공지능 기술을 적용한 시스템을 포함한다}으로 개인정보를 처리하여 이루어지는 결정^{「행정기본법」 제20조에 따른 행정청의 자동적 처분은 제외}이 자신의 권리 또는 의무에 중대한 영향을 미치는 경우에는 해당 개인정보처리자에 대하여 해당 결정을 거부할 수 있는 권리를 가진다^{§37의2①}. 다만, 자동화된 결정이 정보주체의 동의를 받은 경우, 법률에 특별한 규정이 있거나 법령상 의무를 준수하기 위하여 불가피한 경우 및 정보주체와 체결한 계약을 이행하거나 계약을 체결하는 과정에서 정보주체의 요청에 따른 조치를 이행하기 위하여 필요한 경우에 따라 이루어지는 경우에는 거부권이 인정되지 않는다. 이처럼 허용범위가 제한되는 거부권과는 달리, 정보주체는 개인정보처리자가 자동화된 결정을 한 경우에는 그 결정에 대하여 설명 등을 요구할 수 있다^{§37의2②}. 개인정보처리자는 정보주체가 자동화된 결정을 거부하거나 이에 대한 설명 등을 요구한 경우에는 정당한 사유가 없는 한 자동화된 결정을 적용하지 않거나 인적 개입에 의한 재처리·설명 등 필요한 조치를 하여야 한다^{§37의2③}. 개인정보처리자는 자동화된 결정의 기준과 절차, 개인정보가 처리되는 방식 등을 정보주체가 쉽게 확인할 수 있도록 공개하여야 한다^{§37의2④}.

<EU GDPR상 자동화된 결정에 대한 대응권>

인공지능을 둘러싼 개인정보보호의 문제에 대해서도 보다 적극적으로 대응한 해외 법제를 찾아본다면, 최근 전 세계적으로 많은 관심이 집중되어 온 유럽연합의 "일반정보보호규정(GDPR, General Data Protection Regulation)"[12]을 예로 들 수 있다. GDPR은 최근 몇 년 동안 전 세계의 개인정보보호법제 중에서 가장 주목받고 있는 법제로서 개인정보에 대한 규율방향을 논의함에 있어서도 많은 참조가 될 수 있다. GDPR의 다양한 규정 중에서도 특히 인공지능과 밀접한 관련을 가지는 것은 제22조이다. GDPR 제22조는 프로파일링(profiling)을 포함하는 자동화된 개별적 의사결정을 규정한다. 이에 의하면, 정보주체는 자신과 관련된 법적 효과를 야기하거나 자신에게 중대한 영향을 미치는 프로파일링을 포함한 자동화된 처리에만 기초한 의사결정에 종속되지 않을 권리를 가져야 한다. 이러한 권리가 인정되지 않는 예외로서는 자동화된 의사결정이 (1) 정보주체 및 컨트롤러(controller) 사이의 계약의 체결이나 이행을 위하여 필요한 경우, (2) 정보주체의 권리 및 자유와 적법한 이익을 보호하기 위한 적절한 조치를 부과하고 컨트롤러가 준수하는 EU나 회원국의 법률에 의하여 해당 자동화된 결정이 허가된 경우이거나 (3) 해당 결정이 정보주체의 명시적 동의에 의한 경우가 있다. 이처럼 제22조는 개인별 맞춤형 의사결정이 알고리즘 등 인공지능에 의하여 자동적으로 이루어지는 경우에 적용되며, 자동화된 의사결정 그 자체를 금지하는 것은 아니지만, 그러한 자동화된 의사결정에 종속되지 않도록 권리로서 명시한 점은 향후 인공지능에 대한 규율체계를 정립하는 과정에서 매우 의미 있는 규정이라고 할 수 있다. 이외에도 직접 인공지능을 전제로 한 규정은 아니지만, 인공지능 시대에 유용한 규정 중의 하나가 개인정보의 처리 원칙에 선언된 '양립성' 판단 기준이다. GDPR 제5조 제1항은 개인정보 처리 원칙을 설정하면서, 개인정보는 특정된 명시적이고 합법적 목적에 따라 수집되어야 할뿐만 아니라 수집 목적과 양립가능하지 않은 방식으로 처리되지 말아야 한다고 규정한다.

GDPR은 알고리즘이나 인공지능을 이용한 자동화된 의사결정이나 이를 위한 개인정보의 처리 자체를 무조건 금지하지는 않지만, 인공지능으로부터 발생할 수 있는 정보주체에 대한 피해를 막기 위하여 정보주체에게 그에 종속되지 않을 수 있는 명시적인 권리를 규정하고 있다. 한편으로 개인정보를 수집한 목적에 반하는지의 여부를 판단함에 있어서 양립성 판단을 하도록 규정함으로써 인공지능 학습을 위한 개인정보처리나 인공지능에 의한 개인정보의 처리에 대하여도 일정 부분 허용할 수 있는 가능성을 열어두고 있다.

이와 같이 개정 「개인정보 보호법」이 자동화된 결정에 대한 정보주체의 권리를 규정하였지만, 실제 적용하는 과정에서 적용범위나 구체적인 기준 등을 둘러싸고 논란이 발생할 수 있다. 예를 들면, 「개인정보 보호법」제37조의2 제1항에 따라 거부권이 인정되는 "권리 또는 의무에 중대한 영향을 미치는 경우"란 어떤 경우를 의미하는 것인가, 동조가 규율하는 "자동화된 결정"이란 구체적으로 무엇을 의미하는 것인가, 자동화된 결정에 대한 설명의 구체적인 방법과 내용은 무엇인가, 공개되어야 하는 "자동화된 결정의 기준과 절차, 개인정보가 처리되는 방식 등"은 구체적으로 무엇인가 등의 물음에 대한 구체적이고 명료한 해답이 제시되어야 새롭게 도입된 「개인정보 보호법」제37조의2의 실효성이 확보될 수 있다. 구체적인 해석론으로 나아가기에 앞서 먼저 동 규정이 도입된 취지나 목적을 명확히 할 필요가 있다. 개정 과정에서 동 규정의 입법취지가 구체적으로 명시된 것을 찾아볼 수는 없어서 입법취지를 밝힐 수는 없지만, 동 규정이 개인정보의 처리 및 보호에 관한 사항을 규정하는 「개인정보 보호법」에 규정된 점과 「개인정보 보호법」 개정안 초안을 작성하였던 개인정보보호위원회 개인정보보호법 개정 연구위원회의 조문별 입법 이유서를 보면 "인공지능 알고리즘에 의한 자동화된 개인정보의 처리로 인하여 중대한 영향을 받는 정보주체를 보호하기 위한 법제도적 장치를 마련할 것이 요구됨"[13]에 따라 "인공지능 알고리즘에 의한 자동화된 의사결정으로부터 중대한 영향을 받는 정보주체가 합리적으로 대응할 수 있는 권리를 보장할 필요가 인정"[14]되어 동 규정이 마련된 점을 고려할 때 「개인정보 보호법」제37조의2의 입법 목적은 인공지능 맥락에서의 개인정보처리에 중점을 두어 정보주체의 권리를 보장하기 위한 것이라는 점을 알 수 있다. 따라서 동 규정을 해석할 때에는 단순한 자동화 알고리즘이 아니라 인공지능 수준의 자동화된 결정을 중심으로 접근할 필요가 있고, 인공지능 알고리즘 자체보다는 인공지능과 같은 완전히 자동화된 시스템을 이용한 '개인정보처리'에 초점을 두어 그에 따른 결정에 대한 정보주체의 권리를 보장하는 방향으로 해석을 해나가야 한다. 나아가 동 규정의 목적은 알고리즘 및 자동화된 결정의 공정성보다는 그 전제로서 완전히 자동화된 시스템에 의한 개인정보처리의 투명성과 합법성을 보장하기 위한 것으로 이해하여야 한다. 개인정보처리의 합법성은 「개인정보 보호법」 제15조를 비롯한 다양한 합법처리근거를 출발점으로 하여 전체 개인정보보호체계를 통해 확보될 수 있고, 완전히 자동화된 시스템에 의한 개인정보처리의 투명성은 기존의 규정에 더하여 제37조의2에서 규정하는 설명요구권_{제37조의2 제2항}이나 공개 의무_{제37조의2 제4항}에 의하여 더욱 강화된다.

이상에서와 같은 동 규정의 입법취지나 실효성, 개인정보처리와 관련하여 「개인정보 보호법」에 규정을 둔 취지 등을 종합적으로 고려할 때 동조의 자동화된 결정은 ① 인공지능을 포함한 '완전히 자동화된' 시스템으로, ② 개인정보를 처리하여 이루어진 ③ 결정이어야 한다. 이를 구체적으로 살펴보면, '완전 자동화'는 사람의 인적 개입이 없이 전적으로 자동화된 시스템만으로 처리되어야 한다는 것을 의미한다. 설사 인적 개입이 있었다고 하더라도 형식적이거나 절차적인 것에 불과한 경우에는 인적 개입이 없는 경우로 평가할 수 있을 것이다. 자동화된 결정은 개인정보처리를 기반으로 한 것이어야 한다. 이는 완전히 자동화된 시스템의 개발 과정에서 개인정보가 처리되는 것을 의미하는 것이 아니라 완전히 자동화된 시스템을 통한 개별적인 결정 과정에서 개인정보가 처리되는 것을 의미하기 때문에 원칙적으로 인공지능 개발을 위한 데이터 학습용 개인정보처리는 배제된다. 즉, 자동화된 결정 과정에서 그 결정의 대상이 되는 개별적인 정보주체와 합리적 관련을 가지는 개인정보처리가 있는 경우로 이해하는 것이 타당하다. 또한 자동화된 결정은 정보주체에 대한 개별화된 결정이어야 하며, 정보주체에게 법적 영향을 미치는 경우이어야 한다. 아울러 자동화된 결정은 정보주체에게 법적 영향을 미치는 최종적인 결정이어야 하며, 결정이 이루어지는 중간 과정에서 도출된 자동화된 데이터처리 결과에 불과한 경우도 배제된다. 다만, 단계별 결정이 진행되는 경우에 개별 단계가 독립적으로 정보주체에게 영향을 미치는 경우에는 각 단계별로 최종적인 결정인지의 여부를 판단하면 된다. 나아가 "완전히 자동화된 시스템-개인정보처리-결정-정보주체" 사이의 실질적 관련성이 존재해야 한다.

설명이나 공개가 요구되는 대상 범위 속에 알고리즘 그 자체나 결정에 이용되는 모든 개인정보 항목과 그 개인정보 사이의 구체적인 상관관계를 숫자로 표현한 구체적인 수치 등을 포함해야 하는가와 관련해서는 인공지능의 진화 흐름을 볼 때 현실적이지도 않고 바람직하지도 않다. 특히, 인공지능 알고리즘 그 자체를 그대로 공개하거나 패러미터와 가중치 등을 상세하게 공개할 경우에는 인공지능을 오남용하거나 왜곡함으로써 더 큰 혼란을 야기하고 인공지능을 활용하고자 하는 본래 목적을 달성할 수 없기 때문이다. 동 규정의 취지를 완전히 자동화된 시스템에 의한 개인정보처리의 투명성에 초점을 맞추게 되면, 투명성 제고에 필요한 범위에서 자동화된 결정의 기준과 절차, 개인정보가 처리되는 방식 등을 공개하거나 설명하면 충분하다. 제37조의2 제2항에 규정된 설명 요구와 동조 제4항에 규정된 공개 의무 사이의 관계도 투명성 제고를 위하여 유기적으로 연계하여 해석할 필요가 있다. 즉, 투명성 제고를 고려하면 동조 제4항의 공개 의무에 따라 공개된 자동화된 결정의 기준과 절차, 개인정보가 처리되는 방식 등에 맞게 개별적인 자동화된 결정이 이루어졌는지를 동조 제2항에 따라 설명을 하는 것으로 동조의 취지는 충족될 수 있을 것이다.

 ## IV. 앞으로의 논의와 우리에게 남겨진 과제

우리의 개인정보보호법제에 따르면, 인공지능 개발이나 활용 과정에서 다양한 데이터개인정보가 아닌 정보도 다수 포함될 수 있음를 분석·처리하려면 인공지능이 무슨 목적으로 어떤 데이터를 처리하는가에 따라서 각각의 처리 목적에 대하여 정보주체로부터 동의를 받는 등 법이 규정하는 합법처리근거를 충족해야 한다. 또한 2023년 법 개정으로 완전 자동화된 결정에 대한 거부권이나 설명요구권 등의 정보주체의 권리가 인정된다. 그런데 인공지능의 개발 및 활용의 취지를 고려하면 인공지능을 과도하게 제한하는 것은 바람직하지 않고, 반면 처리 과정이 불투명한 인공지능의 '블랙박스blackbox성'을 고려할 때 정보주체의 적절한 보호도 도외시할 수 없다. 따라서 인공지능의 활성화를 통한 국민적 편익의 증진이라는 이익과 인공지능으로부터 발생할 수 있는 개인정보처리에 있어서의 국민에게 미치는 불이익을 적절히 조화할 수 있는 방안을 마련하여야 한다.

　2020년 '데이터 3법'의 국회 통과로 EU GDPR이 규정하는 양립가능성 compatibility과 유사한 규정을 도입하여 개인정보의 합리적 처리 범위가 확대되었지만, 개별적·구체적 상황에서 실제 어느 정도까지 해당 조항을 활용할 수 있는가에 대하여는 여전히 명확하지 않다. 이익형량이나 이익조정을 통한 합리적 해석을 주장하는 견해[15]가 있었던 것처럼 '데이터 3법'의 시행 후 행정 규제기관이나 법원이 지속적으로 일관성 있게 이익형량을 시도하여 균형 잡힌 해석을 하는 것이 인공지능과 같은 새로운 환경 변화에 유연하고 합리적으로 대응할 수 있는 바람직한 길이 될 것이다.

　최근 생성형 인공지능의 출현으로 전 세계가 인공지능 경쟁력 확보에 열을 올리고 있다. 우리나라에서도 인공지능의 개발 및 활성화를 통한 사회·경제적 발전을 촉진하고, 동시에 개인정보에 대한 효과적인 보호도 함께 모색해야 한다는 논의가 활발하게 진행되고 있다. 인공지능은 미래 사회에서 우리나라의 경쟁력을 확보할 수 있는 매우 중요한 수단이 됨과 동시에 기술의 발전에 따라 우리 생활에서 필수불가결한 필수공통기반으로 작동할 가능성이 매우 크다. 따라서 인공지능의 발전을 가로막는 형태로 인공지능을 통한 개인정보처리를 금지하거나 극도로 제한하는 입법은 타당하지 못하다. 반면, 인공지능은 막대한 데이터의 처리와 자동화된 처리로 인하여 사람이 미처 예측하지 못한 방식과 내용으로 사람에게 정신적·물리적·경제적 피해를 주거나 인간의 기본적 자유와 권리를 제한하거나 침해할 가능성도 무시할 수 없다. 따라서 이러한 인공지능의 역기능으로부터 정보주체를 보호하기 위한 합리적인 보호 기준을 설정하는 것도 매우 중요하다. 생성형 인공지능이 높은 수준의 인공지능이 일반화된 시대의 가능성을 열어주고 있는 현 시점에서 점차 다가오고 있는 본격적인 인공지능 시대를 대비하여 합리적이면서도 효과적인 개인정보보호법제를 정비하도록 국민적 합의를 도출하기 위한 다각적 노력을 기울여야 할 것이다.[16]

생각해 볼 점

1. 생성형AI의 출현으로 인공지능의 활성화를 위한 AI 학습용 데이터(개인정보)의 처리에 대한 규제 합리화의 목소리가 높다. 생성형 AI 개발을 위하여 개인정보의 수집·이용을 어느 정도 범위까지 허용하는 것이 바람직할까?
2. AI 개발을 위한 학습용 데이터(개인정보)의 수집·이용을 위하여 기존에 수집·이용하던 개인정보를 '합리적 관련성 있는 수집·제공'에 관한 「개인정보 보호법」 규정에 따라 이용할 수 있는가? 개인정보보호위원회의 '이루다 결정'은 생성형 AI 시대에 어떠한 의미를 가지는가?
3. AI 시대를 맞아 「개인정보 보호법」에 AI를 위한 개인정보처리에 대한 예외를 규정하는 것이 바람직한가?

심화 학습 자료

고학수 편, 『개인정보 보호의 법과 정책(개정판)』, 박영사, 2016.
김진환, "개인정보 보호법의 해석 원칙을 위한 제언(提言)과 시론(試論) – 개인정보에 대한 정의 규정의 해석을 중심으로", 『법학평론』 제3권, 2012.12.
이인호, "「개인정보 보호법」 상의 '개인정보' 개념에 대한 해석론 – 익명화한 처방전 정보를 중심으로 –", 『정보법학』 제19권 제1호, 2015.
정상조·권영준, "개인정보의 보호와 민사적 구제수단", 『법조』 제58권 제3호, 2009.3.
최경진, "개인정보보호 관련법의 해석에 있어서 이익형량론과 일반적 이익형량 규정의 필요성에 관한 고찰", 『사법』 제40호, 2017.
최경진, "생성형 AI와 개인정보", 『법연』 제79권, 2023.
최경진, "데이터 혁신의 시대에 맞는 바람직한 개인정보보호법제 개편방안", 『데이터 혁신 시대, 효과적인 개인정보 보호를 위한 법제개선방안 토론회 자료집』, 2018.11.14.
최경진, "제2차 개인정보 보호법 전면 개정의 의의와 향후 과제", 『행정포커스』 No. 153, 2021.

미주

1 대한민국헌법 제17조.

2 미국의 프라이버시법(Privacy Act of 1974)도 공공분야를 원칙적인 적용대상으로 하지만, 같은 맥락으로 볼 수 있다.

3 서울중앙지방법원 2011. 2. 23. 선고 2010고단5343 판결.

4 김진환, "개인정보 보호법의 해석 원칙을 위한 제언(提言)과 시론(試論) - 개인정보에 대한 정의 규정의 해석을 중심으로", 『법학평론』 제3권, 2012.12., 29쪽; 이인호, "「개인정보 보호법」상의 '개인정보' 개념에 대한 해석론 - 익명화한 처방전 정보를 중심으로 -", 『정보법학』 제19권 제1호 2015, 83쪽.

5 최경진, "개인정보보호 관련법의 해석에 있어서 이익형량론과 일반적 이익형량 규정의 필요성에 관한 고찰", 『사법』 40호, 2017, 77-125쪽.

6 헌법재판소는 개인정보자기결정권이라는 용어를 명시적으로 사용하면서 다음과 같이 설시하였다. 헌재 2005. 5. 26. 99헌마513, 2004헌마190(병합). "개인정보자기결정권은 자신에 관한 정보가 언제 누구에게 어느 범위까지 알려지고 또 이용되도록 할 것인지를 그 정보주체가 스스로 결정할 수 있는 권리, 즉 정보주체가 개인정보의 공개와 이용에 관하여 스스로 결정할 권리"이며, "개인정보자기결정권을 헌법상 기본권으로 승인하는 것은 현대의 정보통신기술의 발달에 내재된 위험성으로부터 개인정보를 보호함으로써 궁극적으로는 개인의 결정의 자유를 보호하고, 나아가 자유민주체제의 근간이 총체적으로 훼손될 가능성을 차단하기 위하여 필요한 최소한의 헌법적 보장장치라고 할 수 있다. 개인정보자기결정권의 헌법상 근거로는 헌법 제17조의 사생활의 비밀과 자유, 헌법 제10조 제1문의 인간의 존엄과 가치 및 행복추구권에 근거를 둔 일반적 인격권 또는 위 조문들과 동시에 우리 헌법의 자유민주적 기본질서 규정 또는 국민주권원리와 민주주의원리 등을 고려할 수 있으나, 개인정보자기결정권으로 보호하려는 내용을 위 각 기본권들 및 헌법원리들 중 일부에 완전히 포섭시키는 것은 불가능하다고 할 것이므로, 그 헌법적 근거를 굳이 어느 한두 개에 국한시키는 것은 바람직하지 않은 것으로 보이고, 오히려 개인정보자기결정권은 이들을 이념적 기초로 하는 독자적 기본권으로서 헌법에 명시되지 아니한 기본권이라고 보아야 할 것이다."

7 대법원 2014. 7. 24. 선고 2012다49933 판결은 개인정보자기결정권의 구체적인 내용에 대하여 다음과 같이 판시하였다. "인간의 존엄과 가치, 행복추구권을 규정한 헌법 제10조 제1문에서 도출되는 일반적 인격권 및 헌법 제17조의 사생활의 비밀과 자유에 의하여 보장되는 개인정보자기결정권은 자신에 관한 정보가 언제 누구에게 어느 범위까지 알려지고 또 이용되도록 할 것인지를 정보주체가 스스로 결정할 수 있는 권리이다. 개인정보자기결정권의 보호대상이 되는 개인정보는 개인의 신체, 신념, 사회적 지위, 신분 등과 같이 개인의 인격주체성을 특징짓는 사항으로서 개인의 동일성을 식별할 수 있게 하는 일체의 정보라고 할 수 있고, 반드시 개인의 내밀한 영역에 속하는 정보에 국한되지 않고 공적 생활에서 형성되었거나

이미 공개된 개인정보까지 포함한다. 또한 그러한 개인정보를 대상으로 한 조사·수집·보관·처리·이용 등의 행위는 모두 원칙적으로 개인정보자기결정권에 대한 제한에 해당한다."

8 정상조·권영준, "개인정보의 보호와 민사적 구제수단", 『법조』 제58권 제3호, 2009.3., 13쪽.

9 개인정보자기결정권을 헌법상 기본권으로서 공권적 성격만을 강조하는 경우에는 사법상 재산권 등 사권적 성격을 포섭하기 위한 별도의 개념으로서 '개인정보권'을 사용할 필요도 있다. 즉, 헌법상 기본권으로서의 개인정보자기결정권뿐만 아니라 개인정보보호법을 비롯한 다양한 실체법이 보호하는 개인정보에 대한 권리와 함께 재산적 이익도 포괄하는 광의의 개념으로서 이해할 수 있을 것이다. 최경진, "빅데이터·사물인터넷 시대 개인정보보호법제의 발전적 전환을 위한 연구", 『중앙법학』 제17집 제4호, 2015, 40쪽에서는 "개인정보에 대한 권리를 종래 대법원이 인정하는 개인정보자기결정권의 개념과 동일하게 볼 것인지 아니면 보다 넓게 개인정보보호와 관련된 여러 법률로부터 인정되는 집합적인 권리로 볼 것인지 아니면 프라이버시권에 속하는 구체적인 권리인지 등 다양한 논의가 가능하지만, 아직 깊이 있는 논의가 이루어지지 않았고 향후 깊이 있는 검토가 필요하기 때문에 이 글에서는 '개인정보권'이라는 용어를 사용한다. 개인정보권을 개인정보자기결정권과 동일하게 파악할 것인지에 대하여도 별도의 연구가 필요하다."고 설명한다.

10 퍼블리시티권에 대하여 아직 대법원 판결은 찾아볼 수 없지만, 하급심 판결에서는 퍼블리시티권을 인정하는 판결과 부정하는 판결이 엇갈리고 있다. 서울고등법원 2002. 4. 16. 선고 2000나42061 판결은 "우리 나라에서도 근래에 이르러 연예, 스포츠 산업 및 광고산업의 급격한 발달로 유명인의 성명이나 초상 등을 광고에 이용하게 됨으로써 그에 따른 분쟁이 적지 않게 일어나고 있으므로 이를 규율하기 위하여 이른바 퍼블리시티권(Right of Publicity)이라는 새로운 권리 개념을 인정할 필요성은 수긍할 수 있으나, 성문법주의를 취하고 있는 우리 나라에서 법률, 조약 등 실정법이나 확립된 관습법 등의 근거 없이 필요성이 있다는 사정만으로 물권과 유사한 독점·배타적 재산권인 퍼블리시티권을 인정하기는 어렵다고 할 것이며, 퍼블리시티권의 성립요건, 양도·상속성, 보호대상과 존속기간, 침해가 있는 경우의 구제수단 등을 구체적으로 규정하는 법률적인 근거가 마련되어야만 비로소 퍼블리시티권을 인정할 수 있을 것"이라고 한 반면, 서울중앙지방법원 2006. 4. 19. 선고 2005가합80450 판결은 "헌법상의 행복추구권과 인격권의 한 내용을 이루는 성명권은 사회통념상 특정인임을 알 수 있는 방법으로 성명이 함부로 사용, 공표되지 않을 권리, 성명이 함부로 영리에 이용되지 않을 권리를 포함한다고 할 것이고, 유명인의 성명이나 초상을 사용하여 선전하거나 성명이나 초상을 상품에 부착하는 경우 유명인의 성명이 상품의 판매촉진에 기여하는 효과가 발생할 것인데 이러한 효과는 유명인이 스스로의 노력에 의하여 획득한 명성, 사회적인 평가, 지명도 등으로부터 생기는 독립한 경제적 이익 또는 가치로서 파악할 수 있는바, 유명인의 허락을 받지 아니하고 그의 성명을 상업적으로 이용하는 행위는 성명권 중 성명이 함부로 영리에 이용되지 않을 권리를 침해한 민법상의 불법행위를 구성한다고 볼 것이고, 이와 같이 보호되는 한도 내에서 자신의 성명 등의 상업적 이용에 대하여 배타적으로 지배할 수 있는 권리를 퍼블리시티권으로 파악하기에 충분하다고 할 것이며, 이는 인격으로부터 파생된 것이기는 하나 독립한 경제적 이익 또는 가치에 관한 것인 이상 인격권과는 독립된 별개의 재산권으로 보아야 할 것"이라고 하여 퍼블리시티권을 인정하였다.

11 공개된 개인정보를 수집하여 제3자에게 제공한 행위에 대하여 개인정보자기결정권의 침해를 이유로 위자료를 구한 사건에서 대법원 2016. 8. 17. 선고 2014다235080 판결은 아래와 같이 판시하였다. [1] 인간의 존엄과 가치, 행복추구권을 규정한 헌법 제10조 제1문에서 도출되는 일반적 인격권 및 헌법 제17조의 사생활의 비밀과 자유에 의하여 보장되는 개인정보자기결정권은 자신에 관한 정보가 언제 누구에게 어느 범위까지 알려지고 또 이용되도록 할 것인지를 정보주체가 스스로 결정할 수 있는 권리이다. 개인정보자기결정권의 보호대상이 되는 개인정보는 개인의 신체, 신념, 사회적 지위, 신분 등과 같이 개인의 인격주체성을 특징짓는 사항으로서 개인의 동일성을 식별할 수 있게 하는 일체의 정보이고, 반드시 개인의 내밀한 영역에 속하는 정보에 국한되지 아니하며 공적 생활에서 형성되었거나 이미 공개된 개인정보까지 포함한다. 또한 개인정보를 대상으로 한 조사·수집·보관·처리·이용 등의 행위는 모두 원칙적으로 개인정보자기결정권에 대한 제한에 해당한다.

[2] 개인정보자기결정권이라는 인격적 법익을 침해·제한한다고 주장되는 행위의 내용이 이미 정보주체의 의사에 따라 공개된 개인정보를 그의 별도의 동의 없이 영리 목적으로 수집·제공하였다는 것인 경우에는, 정보처리 행위로 침해될 수 있는 정보주체의 인격적 법익과 그 행위로 보호받을 수 있는 정보처리자 등의 법적 이익이 하나의 법률관계를 둘러싸고 충돌하게 된다. 이때는 정보주체가 공적인 존재인지, 개인정보의 공공성과 공익성, 원래 공개한 대상 범위, 개인정보 처리의 목적·절차·이용형태의 상당성과 필요성, 개인정보 처리로 침해될 수 있는 이익의 성질과 내용 등 여러 사정을 종합적으로 고려하여, 개인정보에 관한 인격권 보호에 의하여 얻을 수 있는 이익과 정보처리 행위로 얻을 수 있는 이익, 즉 정보처리자의 '알 권리'와 이를 기반으로 한 정보수용자의 '알 권리' 및 표현의 자유, 정보처리자의 영업의 자유, 사회 전체의 경제적 효율성 등의 가치를 구체적으로 비교 형량하여 어느 쪽 이익이 더 우월한 것으로 평가할 수 있는지에 따라 정보처리 행위의 최종적인 위법성 여부를 판단하여야 하고, 단지 정보처리자에게 영리 목적이 있었다는 사정만으로 곧바로 정보처리 행위를 위법하다고 할 수는 없다.

[3] 2011. 3. 29. 법률 제10465호로 제정되어 2011. 9. 30.부터 시행된 개인정보 보호법은 개인정보처리자의 개인정보 수집·이용(제15조)과 제3자 제공(제17조)에 원칙적으로 정보주체의 동의가 필요하다고 규정하면서도, 대상이 되는 개인정보를 공개된 것과 공개되지 아니한 것으로 나누어 달리 규율하고 있지는 아니하다. 정보주체가 직접 또는 제3자를 통하여 이미 공개한 개인정보는 공개 당시 정보주체가 자신의 개인정보에 대한 수집이나 제3자 제공 등의 처리에 대하여 일정한 범위 내에서 동의를 하였다고 할 것이다. 이와 같이 공개된 개인정보를 객관적으로 보아 정보주체가 동의한 범위 내에서 처리하는 것으로 평가할 수 있는 경우에도 동의의 범위가 외부에 표시되지 아니하였다는 이유만으로 또다시 정보주체의 별도의 동의를 받을 것을 요구한다면 이는 정보주체의 공개의사에도 부합하지 아니하거니와 정보주체나 개인정보처리자에게 무의미한 동의절차를 밟기 위한 비용만을 부담시키는 결과가 된다. 다른 한편 개인정보 보호법 제20조는 공개된 개인정보 등을 수집·처리하는 때에는 정보주체의 요구가 있으면 즉시 개인정보의 수집 출처, 개인정보의 처리 목적, 제37조에 따른 개인정보 처리의 정지를 요구할 권리가 있다는 사실을 정보주체에게 알리도록 규정하고 있으므로, 공개된 개인정보에 대한 정보주체의 개인정보자기

결정권은 이러한 사후통제에 의하여 보호받게 된다. 따라서 이미 공개된 개인정보를 정보주체의 동의가 있었다고 객관적으로 인정되는 범위 내에서 수집·이용·제공 등 처리를 할 때는 정보주체의 별도의 동의는 불필요하다고 보아야 하고, 별도의 동의를 받지 아니하였다고 하여 개인정보 보호법 제15조나 제17조를 위반한 것으로 볼 수 없다. 그리고 정보주체의 동의가 있었다고 인정되는 범위 내인지는 공개된 개인정보의 성격, 공개의 형태와 대상 범위, 그로부터 추단되는 정보주체의 공개 의도 내지 목적뿐만 아니라, 정보처리자의 정보제공 등 처리의 형태와 정보제공으로 공개의 대상 범위가 원래의 것과 달라졌는지, 정보제공이 정보주체의 원래의 공개 목적과 상당한 관련성이 있는지 등을 검토하여 객관적으로 판단하여야 한다.

12 EU GDPR의 정식명칭은 "REGULATION (EU) 2016/679 OF THE EUROPEAN PARLIA-MENT AND OF THE COUNCIL of 27 April 2016 on the protection of natural persons with regard to the processing of personal data and on the free movement of such data, and repealing Directive 95/46/EC (General Data Protection Regulation)"이다. EU GDPR의 입법과정과 법안 및 최종 규정에 대한 상세에 대하여는 최경진, "EU와 미국의 개인정보 규율체계 개선 동향", 『개인정보 보호의 법과 정책(개정판)(고학수 편, 서울대학교 법과경제연구센터 연구총서)』, 박영사, 2016, 588쪽 이하 참조.

13 개인정보보호위원회 개인정보보호법 개정 연구위원회, 개인정보 보호법 일부 개정 법률안 조문별 입법 이유서, 2021.2., 121쪽.

14 개인정보보호위원회 개인정보보호법 개정 연구위원회, 개인정보 보호법 일부 개정 법률안 조문별 입법 이유서, 2021.2., 121쪽.

15 최경진, 전게, "개인정보보호 관련법의 해석에 있어서 이익형량론과 일반적 이익형량 규정의 필요성에 관한 고찰" 참조.

16 개인정보보호법제의 합리적인 개선방안에 대하여는 최경진, "데이터 혁신의 시대에 맞는 바람직한 개인정보보호법제 개편방안", 『데이터 혁신 시대, 효과적인 개인정보 보호를 위한 법제개선방안 토론회 자료집』, 2018.11.14.,17-54쪽 참조.

CHAPTER 07

인공지능과 경제법상 담합의 문제[1]

최난설헌

사례 1

A제품을 온라인에서 판매하는 사업자가 동일한 제품을 판매하는 다른 경쟁사업자와 공모하여 특정 가격 알고리즘을 공통적으로 채택하는 방식으로 서로의 판매가격이 합의된 가격에 부합하도록 하였으며, 나아가 그들의 합의 내용과 일치하는 방향으로 가격이 정해지도록 컴퓨터 코드를 입력하여 알고리즘 소프트웨어를 설계하는 방식으로 그들의 합의를 실행하였다.

사례 2

Uber의 이용자가 모바일 앱을 이용하여 원하는 목적지를 입력·요청하면 Uber 운전기사들은 이용자가 원하는 지점까지 고정된 요금으로 운행하며, 이 요금은 Uber의 알고리즘에 의하여 결정된다. 결과적으로 Uber 앱을 사용하여 영업하는 운전기사들은 서로 가격경쟁을 하지 않고 고객과 승차요금에 대하여 협상하지 않으며, Uber 알고리즘의 결과대로 요금을 징수한다.

디지털 시대의 기업은 속도가 향상된 프로세서, 클라우드 스토리지 및 기계학습^{machine learning}의 발전을 통해 고객, 경쟁사업자를 비롯한 시장 전반에 대한 데이터를 수집·저장 및 분석하는 능력이 크게 향상되었으며, 점점 더 많은 기업들이 축적된 데이터를 이용하여 가격을 책정하는 알고리즘^{algorithm}을 개발하고 있다. 현재 디지털 경제를 주도하고 있는 Google, Facebook, Amazon, Alibaba 등의 대표적인 인터넷 기업이나 Uber, AirBnB 등의 공유경제 기업들의 핵심적인 경쟁력은 알고리즘에서 나온다.

알고리즘은 뉴스에서부터 음악에 이르기까지 다양한 측면에서 인터넷에서 활용하는 모든 사람들의 일상생활에 상당한 영향을 미친다. 알고리즘의 이용과 빅데이터^{big data}의 수집은 자동화, 효율성 증진 및 서비스 품질 향상을 통하여 사업자 및 소비자에게 큰 이점을 제공하며, 사업자는 소비자의 요구를 신속하고 저렴하며 개별화된 방식으로 충족시키고 있다.[2]

대규모로 데이터를 처리하고 이 데이터를 기반으로 의사결정을 자율적으로 수행할 수 있는 알고리즘의 기능으로 인하여 소비자 및 경쟁사업자에 대한 데이터 수집이 새로운 중요성을 갖게 되었으며, 알고리즘은 소비자, 경쟁사업자 및 기타 시장의 변화상황을 실시간으로 모니터링하고 가격결정 전략에 모니터링한 정보를 이용할 수 있게끔 한다.[3] 즉, 알고리즘이 보편화된 시장에서 사업자는 알고리즘을 사업에 이용할 뿐만 아니라, 이용자의 행위를 어둠^{shadow} 속에서 관찰할 수 있으며, 이용자가 제공하는 데이터를 수집할 수 있는 지위를 함께 누린다.[4] 이 과정을 통해 축적된 빅데이터를 통하여 사업자는 대중의 일상 변화를 더욱 빨리 예상하여 신속하게 새로운 사업전략을 수립하게 된다.

그러나 이와 같은 긍정적인 효과 외에도 알고리즘 이용은 공정하고 효과적인 경쟁^{competition}에 위험을 초래할 가능성이 있다. 인공지능^{AI, artificial intelligence}을 사용하는 알고리즘이 그들 사이에서 담합^{collusion}할 수 있는 위험과 알고리즘을 통한 가격 결정의 자동화가 시장에서의 경쟁에 어떠한 영향을 미칠 수 있는지는 대하여 최근 OECD를 비롯하여 각국의 경쟁당국과 경제법 커뮤니티가 큰 관심을 가지고 논의를 이어가고 있다.

일반적으로 담합, 즉 공동행위란 "둘 이상의 사업자 간에 계약, 협정, 결의 등의 방법으로 상품 또는 서비스의 가격, 거래조건, 거래량, 거래상대방 또는 거래지역을 제한하는 행위"로서 흔히 카르텔(cartel)이라고 불린다. 통상 담합은 사업자 간의 합의에 의하여 가격을 부당하게 인상 또는 유지하거나 시장에서의 수요와 공급을 통제함으로써 경쟁에 의해 확보되어야 할 본래의 시장기능을 마비시키게 된다. 이로 인해 사업자 간 경쟁압력이 제거되어 효율성이 높은 사업자도 연구·개발과 경영합리화를 위한 노력을 소홀히 할 우려가 있다. 이로 인해 결과적으로 개별 사업자의 경쟁력이 약화됨은 물론, 국민경제 전체적인 관점에서도 자원의 배분이 효율적으로 이루어지지 못하거나 생산과 고용이 정체되는 등 폐해가 따르게 된다. 따라서 우리나라 공정거래법과 주요 국가의 경제법에서는 담합의 부정적 측면을 염두에 두고 부당하게 경쟁을 제한하는 카르텔, 즉 부당한 공동행위를 원칙적으로 금지하고 있다.

II. 디지털 시대의 도래와 알고리즘이 시장에 미치는 영향

어떤 방식으로 알고리즘이 경쟁제한적 효과, 즉 반경쟁적^{anti-competitive}인 영향을 시장에 미칠 수 있는지 설명하기 위하여 먼저 논의의 대상인 가격 알고리즘이 무엇인지와 시장의 투명성 증대 현상 및 알고리즘의 효과에 대하여 검토해보기로 한다.

1 가격 알고리즘

경제법 영역에서 주목되고 있는 이슈는 '가격 알고리즘^{pricing algorithm 또는} ^{price-setting algorithms}'의 등장이다. 알고리즘에 의한 가격책정은 하나 이상의 알고리즘을 동시에 사용할 수 있는 다소 복잡한 시스템 내에서 이루어지며, 가격 알고리즘은 규칙 기반의 가격책정을 가능하게 한다. Amazon을 비롯한 온라인 전자상거래 플랫폼의 경우 이미 몇 년 전부터 알고리즘을 이용한 자동 가격 결정 소프트웨어를 채용하고 있으며, 이러한 가격결정 방식은 여행 산업, 엔터테인먼트 산업 및 각종 소매업 분야에서 널리 활용되고 있고,[5] 특히 온라인 상거래에서 업체의 재고상황과 소비자의 구매동향을 고려하여 적정가격을 결정하는 데 일조하고 있다. 사업자측에서는 시장의 반응을 반영하여 가격이 책정된 것이라고 주장하지만 어느새 시장은 알고리즘에 의하여 이미 설계된 가격을 보여주고 있는지도 모른다.

2 시장의 투명성과 가격 알고리즘

가격 알고리즘을 포함한 알고리즘의 사용은 시장참가자에게 경제적 이익을 가져다 준다. 사업자 측면에서는 알고리즘을 가격과 수량을 최적화하는 데 사용한다. 소비자는 검색서비스 등 알고리즘의 사용을 통해 거래비용 절감 등 직·간접적인 이익을 얻을 수 있는데, 예를 들어 가격비교 서비스를 사용하면 많은 수의 제품과 서비스를 비교하고 최저가 제품을 선택할 수 있다. 그뿐만 아니라 사업자와 고객 사이 정보 비대칭 가능성을 줄여서 사업자가 고객을 불공정하게 차별하는 것을 어렵게 만든다. 또한 시장의 투명성market transparency이 높아지면 사업자 간 경쟁이 심화될 수 있으며 이는 간접적으로 소비자에게 이익이 된다.

위와 같이 시장의 투명성은 원칙적으로 친경쟁적pro-competitive 효과를 가져오는 것으로 여겨진다. 즉, 공급 측면에서 시장의 투명성은 정보의 비대칭 문제를 해결하고 불안정한 수요에 대처할 수 있도록 지원하며, 수요 측면에서 시장의 투명성은 소비자의 선택을 용이하게 할 수 있다.[6] 그러나 과도한 투명성은 사업자 간의 묵시적 합의, 즉 담합collusion을 용이하게 하는 요인이 될 수 있다. 일반적으로 담합, 즉 공동행위란 둘 이상의 사업자 간에 계약, 협정, 결의 등의 방법으로 상품 또는 서비스의 가격, 거래조건, 거래량, 거래상대방 또는 거래지역을 제한하는 행위로서 흔히 카르텔cartel, Kartell이라고 일컬어지며,[7] 묵시적 합의란 언어를 통한 직접적 방법이 아닌 다른 수단, 예컨대 당사자의 거동과 같은 물리적 수단이 배태된 의사소통적 요소나 그 맥락에 비추어 합의가 이루어졌다고 인정될 수 있는 경우를 말한다.[8] 우리나라 경제법의 일반법인 「독점규제 및 공정거래에 관한 법률」^{이하 공정거래법}은 제40조에서 담합의 부정적 측면을 염두에 두고 부당하게 경쟁을 제한하는 담합, 즉 부당한 공동행위를 원칙적으로 금지하고, 국민경제적 관점에서 필요성이 인정되는 경우에는 공정거래위원회의 인가를 얻어 예외적으로 이를 허용하도록 하고 있다.

AI에 의한 모니터링 능력의 향상은 사업자들 간의 상호 전달이 더욱 빠른 시간 안에 이루어질 수 있도록 할 것이며, 결국 시장의 투명성이 높아지면 많은 수의 경쟁사업자들 사이의 묵시적 합의가 용이해진다. 다만 알고리즘이 묵시적 합의를 촉진할 수 있는 정도에는 한계가 있는데, 사업자가 고유한 규모, 차별화된 제품 및 다양한 비즈니스 전략을 가진 고도로 역동적인 시장에서는 알고리즘을 이용한다고 하더라도 묵시적 합의가 성립되는 지점을 찾는 것이 쉽지 않을 것이다.

한편, 알고리즘을 사용하는 기업에서는 오류를 수정하거나 알고리즘의 진행상황을 평가하기 위해 인간의 개입이 일정 수준으로 유지하는 경우가 종종 있다. 그러나 일부 알고리즘은 스스로 학습이 가능한데, 알고리즘은 제시된 데이터를 사용하여 학습하며 이 학습의 방법에는 여러 유형이 있으며, 이 중 두 가지 주요 유형은 기계학습^{machine learning}과 심층학습^{deep learning}이다.[9] 이 중 ① 기계학습은 지능형 기계 또는 알고리즘 프로그래밍하지 않고도 학습할 수 있는 인공지능^{AI} 개발을 뜻하며, ② 심층학습은 컴퓨터 시스템이 인공 신경망을 만들어 인간 뉴런의 활동을 모방한 복잡한 소프트웨어의 사용을 통해 학습할 수 있게 하며, 이때 알고리즘은 복잡성과 추상화의 계층 구조로 수식을 구성하므로 더 빠르고 정확하게 학습하게 된다.[10] 또한 선형모델^{linear model}을 사용하는 기계학습 알고리즘은 기본 프로그래밍 후 인간 개입을 필요로 하지 않는다.

III. 가격 알고리즘이 경쟁에 미치는 영향

1 '디지털 카르텔(Digital Cartel)'

최근 혁신 디지털 시장을 중심으로 알고리즘이 사업자의 역할을 대신하게됨에 따라 사업자는 컴퓨터를 통하여 다른 경쟁사업자들과 서로를 모니터하면서 경쟁을 제한할 수 있을 뿐만 아니라, 기존의 유형에서 벗어난 방식으로 경쟁을 회피할 수 있다.[11] 예컨대, 경쟁사업자들이 비슷한 알고리즘을 채용할 경우, 다른 사업자의 행위 및 사업전략을 예상할 수 있어서 안정적인 사업을 영위할 것이라는 기대가 가능하다.

앞서 설명한 바와 같이, 디지털 시장에서 주요한 거래정보에 대한 예측가능성은 증대되고 있으며, 장래의 경쟁에 대한 사업자 스스로의 조정/관리 가능성은 강화될 수 있다. 또한 이를 통하여 사업자 간에 동일한 행위가 병행적으로 이루어지고 사업자들이 이를 상호 인식하는 '의식적 병행행위conscious parallelism' 또는 '묵시적 담합tacit collusion'이 조성되기 쉬운 환경이 된다. 이와 같이 컴퓨터 알고리즘에 의존하는 새로운 유형의 담합, 즉 카르텔을 소위 21세기형 '디지털 카르텔digital cartel' 내지 '테크노 카르텔techno-cartel'이라고 부르기도 한다.[12]

2 디지털 카르텔 관련 사례 검토

2015년 미국 법무부는 Amazon Marketplace에서 판매되는 포스터에 대한 가격담합 혐의를 조사하여 관련자를 고발한 바 있으며,[13] 2016년 3월, 미국 뉴욕연방지방법원은 Uber가 탑승객의 수요와 운전기사의 공급에 따라 가격이 바뀌는 가격 알고리즘surge pricing을 채용하는 것에 대하여 Uber와 운전기사들이 결탁하여 가격 알고리즘을 바탕으로 요금을 담합했다고 판단한 바 있다. 아울러 2016년 유럽사법재판소ECJ, the European Court of Justice의 Eturas 판결은 혁신기술시장의 발전과 더불어 경쟁법상의 개념, 특히 카르텔의 '합의'에 대한 다른 차원의 고려를 필요로 한다는 사실을 자각시켰다.

한편, 우리나라의 경우, 대법원은 '합의'를 '당사자들의 공통의 의도의 표현'으로 이해하며, 경쟁사업자들 간의 정보교환만으로 합의가 추정되지 않는다는 태도를 취하고 있으며,[14] 정보기반 시장의 경우 컴퓨터 등 정보처리시스템 통하여 자동적으로 정보를 저장하고, 이를 즉시 거래에 반영하기 때문에 반경 쟁적인 의도 없이 정보교환이 이루어지며, 이를 카르텔로 이해하기 어려운 측 면이 있다.

1) Amazon Case

2015년 4월, 미국 법무부는 온라인 미술 포스터 및 미술품 판매회사의 전 대표인 David Topkins를 캘리포니아 북부지원the U.S. District Court of the Northern District of California in San Francisco에 가격담합 혐의로 제소하였다.[15]

미국 법무부에 따르면, Topkins와 합의에 가담한 다른 경쟁사업자들은 2013년 9월부터 2014년 1월까지 Amazon Marketplace에서 판매된 일부 포스터들의 가격을 담합한 사실이 있으며, Topkins는 조사과정에서 가격담합 등 비합리적인 거래의 제한Unreasonable Restraint of Trade을 금지하는 셔먼법Sherman Act 제1조 위반 혐의를 인정하여 $20,000의 벌금을 부담하고, 법무부의 향후 조 사에 협조하는데 동의하였다. 미국의 셔먼법은 1890년 트러스트Trust를 이용한 경제의 독점화가 심화되는 것을 막기 위하여 제정되어 '반독점법'으로 불리기도 한다.

일반적으로 Amazon 플랫폼에서 소매업체는 자사의 제품가격을 책정 하고 Amazon은 고객 쿼리에 대한 응답으로 제품을 표시할 순서를 결정한 다. 이 결정은 여러 가지 요인에 기반을 두지만 통상 검색 쿼리에 가장 신속하 게 반응하는 제품을 가장 저렴한 가격을 제공하는 업체가 아마존 검색 결과 의 가장 상단에 나타난다. 이 사건에서 Topkins와 경쟁사업자들은 Amazon Marketplace에서 판매되는 특정 포스터의 가격을 일치하도록 동의함으로써 포스터 판매 경쟁을 무너뜨린 혐의가 인정되었다.[16]

미국 법무부의 조사 결과에 따르면, Topkins와 합의에 가담한 다른 경쟁 사업자들은 일부 포스터를 판매함에 있어서 특정 가격 알고리즘을 공통적으로 채택하는 방식으로 서로의 판매가격이 합의된 가격에 부합하도록 하였으며, 나아가 그들의 합의내용과 일치하는 방향으로 가격이 정해지도록 컴퓨터 코드 를 입력하여 알고리즘 소프트웨어를 설계하는 방식으로 그들의 합의를 실행하였다. 즉, 이 사건에서 공모한 사업자는 경쟁업체의 가격정보를 지속적으로 수집하고, 이를 주동한 판매자가 구현한 일련의 규칙에 따라 제품가격을 책정하는 알고리즘 기반 가격책정 소프트웨어를 사용하였다. 결과적으로 공모자들은 특정 포스터 가격을 공동으로 책정하기로 합의함으로써 해당 제품의 판매에 대한 경쟁을 제거한 것이다.

이 경우 알고리즘에 의한 가격 책정은 사업자 간의 합의를 구현하는 메커니즘일 수 있다. 즉, 반경쟁적 합의는 사업자 간에 이루어지며, 알고리즘은 단순히 협상 가격을 설정하는 협약 및 메커니즘을 실행하는 수단에 해당한다.

Topkins 등의 행위는 셔먼법 제1조에서 금지하는 가격담합에 해당하며, 동 사건은 온라인 벽장식 산업online wall décor industry에서의 가격담합 혐의에 대한 연방차원의 반독점조사와 맞물려서 전자상거래 분야에 대한 미국 경쟁당국의 지속적인 모니터링 상황을 보여주는 것으로 파악된다.

2) Uber Case

미국 코네티컷에 거주하고 있는 Uber 고객인 Spencer Meyer는 2015년 12월 16일, Uber의 가격 알고리즘이 셔먼법 제1조 위반에 해당한다는 이유로 Uber의 CEO이자 공동설립자인 Travis Kalanick을 상대로 소송을 제기하였다. 그는 Kalanick이 Uber의 운전기사들과 공동으로 Uber의 가격책정 알고리즘을 사용하여 요금을 공모한 것이라고 주장하였다. 즉, Meyer는 Uber가 Uber의 기사들로 하여금 경쟁하기보다 알고리즘에 의하여 책정된 요금을 적용하도록 하는 일종의 'price fixer'로 기능하도록 설계되었다고 지적하면서, Uber의 운전기사들도 독립된 서비스 제공자에 해당하기 때문에 Uber와 Uber 운전기사들 간의 담합으로서 반독점법 위반 여부에 대한 판단이 가능하며, 피고 Kalanick도 가격담합을 설계·조직한 사람이자 그 자신 또한 Uber의 운전기사로서 담합에 책임이 있다고 주장하였다.

< 참고 > Uber의 비즈니스 모델

- Uber는 모바일 어플리케이션(App, 이하 앱)을 이용한 운행서비스를 제공하는 사업자이며, Uber는 Uber와 계약서를 작성한 수많은 운전기사들을 보유하고 있음.
- 이용자들이 Uber의 모바일 앱을 이용하여 자신이 원하는 목적지를 입력·요청하면 Uber 운전기사들은 이용자가 원하는 지점까지 고정된 요금(fixed price)으로 운행함 → 이 요금은 Uber의 알고리즘에 의하여 결정됨.
- Uber가 제공하는 요금지불 서비스를 이용하는 과정에서 이용자 정보 입력파일에 저장된 이용자의 신용카드나 기타 지급정보를 이용하여 이용자들에게 요금을 부과하게 됨 → 이용자는 앱을 통하여 결제하며, Uber 앱 외에는 결제수단을 별도로 가질 수 없음.
- Uber는 소프트웨어 라이선스 비용으로 승차요금의 일정 비율을 수취하고, 그 나머지를 운전기사들에게 송금하는 구조임.
- 결과적으로 Uber 앱을 사용하는 운전기사들은 서로 가격경쟁을 하지 않고 고객과 승차요금에 대하여 협상하지도 않으며, Uber 알고리즘의 결과대로 요금을 징수하게 됨.

기본적으로 Uber의 탄력요금제는 실시간 수요/공급 상황 및 교통 상황에 따라 가격이 계속적으로 업데이트되고, 목적지까지 소요되는 예상 시간과 거리, 예상 교통 상황, 해당시간에 Uber를 이용하는 승객 및 운전기사의 수 등을 고려하여 고객들에게 '표준승차요금baseline standard fare'을 제시한다. 이때, 특정 지역에서의 승객 수요가 Uber 운전기사의 가용한 공급을 초과하게 되면, 이 표준승차요금은 상승하게 된다. 이러한 Uber의 '할증요금surging price' 모델은 수요가 많은 상황에서는 표준요금의 10배까지 상승할 수 있도록 설계되어 있다. 즉, Uber의 알고리즘은 수백 명의 경쟁운전사들을 위하여 특정 승차 건에 대한 표준가격 및 할증요금의 적용 시기·지역·기간·범위 등을 결정해 주는 역할을 하였다.

2016년 2월 8일, Kalanick은 집단소송에 대하여 원고가 제기한 소를 각하motion to dismiss해 달라고 법원에 청구하였으나, 법원은 이를 기각하였다. 동 사건에서 뉴욕연방지방법원은 Uber의 용어 및 응용 프로그램을 통한 수평적 담합의 혐의가 있음을 인정하고, Uber의 시스템이 다른 Uber 운전기사가 요금을 낮추지 않을 것을 알고 있기 때문에 경쟁을 포기할 것이라고 보았다. 이러한 인식은 결국 담합을 공고히 하며, Uber의 가격책정 모델은 높은 요금을 기대하는 운전기사 간의 공통적 동기의 실현을 가능하게 할 수 있다. 법원은 Uber가 운전자를 위한 여러 행사를 조직하고, 운전기사들이 요금인상을 요구한 후에 실제로 운임을 인상했으므로 위와 같은 논리가 더 설득력이 있음을 발견하였다. 아울러 법원은 Uber의 가격결정 알고리즘이 시장진입을 촉진할 것이라는 Uber측 주장이 담합을 부인하게 하는 이유가 되지 못하며, 더욱이 법원은 수직적 합의가 증거에 의해 충분히 뒷받침되었다고 판결하였다. 이후 Uber측은 동 판결에 항소하였으나, 항소법원은 2017년 8월 중재해결 명령을 내림으로써 사건을 종결하였다.[17]

IV. 알고리즘 담합에 대한 대응 동향

OECD는 AI의 폭넓은 활용과 알고리즘으로 인한 시장의 변화를 감지하고, 경쟁에 미치는 영향 및 그 심각성을 인식하여 2017년 6월 "알고리즘과 공모Algorithms and Collusion"라는 주제로 토론회를 개최해서 현재 발생하고 있는 문제점 및 경쟁법적 우려 사항을 정리하고, 알고리즘이 어떠한 메커니즘으로 담합에 기여하는지에 대하여 다음과 같이 4가지 유형으로 구분하였다.[18]

▶ 모니터링 알고리즘(Monitoring Algorithm): 경쟁사업자들의 가격정보를 감시하여 담합의 유지를 도모하며, 담합가격에서 이탈한 경우 가격경쟁에 돌입

▶ 병행적 알고리즘(Parallel Algorithm): 경쟁사업자들 간 동일한 가격설정 알고리즘을 사용(공유 또는 제3의 알고리즘 채용)함으로써 직접적 의사교환 없이 담합이 가능하도록 함

▶ 신호 알고리즘(Signaling Algorithm): 직접적으로 담합가격을 설정하지는 않으나 주도적인 사업자의 가격변동에 다른 사업자들이 실시간으로 반응할 수 있도록 하여 담합을 촉진시킴

▶ 자가학습 알고리즘(Self-learing Algorithm): 시장의 가격 관련 데이터를 지속적으로 학습하고, 이를 바탕으로 가격을 책정함으로써 담합효과 발생

< 참고 > OECD 경쟁위원회 보고서(Algorithms and Collusion)
알고리즘 담합 분류(2017)

 ## V. 알고리즘 담합 관련 공정거래법 적용의 문제점

사람에 의한 개입이나 도움 없이 소프트웨어가 경쟁사업자 간 가격의 차이를 없애려는 목적으로 가격을 직접 결정하는 경우라면, 이는 경쟁사업자들 간의 합의에 기반한 담합에 상응하는 '컴퓨터'라는 전자기계에 의하여 이루어지는 카르텔이라고 볼 수 있다. 종래 사업자들 간의 모임이나 의사소통에 의하여 이루어지는 담합과는 달리, 알고리즘에 의하여 거래조건 등 의사결정 과정이 대체되어 직접적인 사업자들 간의 공모가 불필요한 상황은 담합의 결과를 시장에 보여주더라도 이는 현행 공정거래법에서 사전에 예상하지 못한 경우로서 규제가 사실상 어렵다.

우리나라에서는 전통적인 담합사건에 있어서 실제로 사업자들이 수집한 정보가 내부적으로 어떠한 프로세스로 분석·가공·의사결정에 반영되는지 그 자체에 대해서는 고려의 대상이 아니었다. 또한 그간 대법원은 '합의'를 '당사자들의 공통의 의도의 표현'으로 이해하며 경쟁사업자들 간의 정보교환만으로

합의가 추정되지 않는다는 태도를 취하고 있으므로^{대법원 2015. 12. 24. 선고 2013두25924 판결} 등 정보기반 시장의 경우 컴퓨터 등 정보처리시스템 통하여 자동적으로 정보를 저장하고 이를 즉시 거래에 반영하기 때문에 이와 같이 반경쟁적인 의도 없이 자동적인 정보교환이 이루어질 때 이를 카르텔로 이해하기 어려운 측면이 있다.

다만, 2020년 공정거래법을 전부개정하면서 경쟁제한적 정보교환 행위를 효과적으로 규율할 수 있도록 사업자 간 담합으로 볼 수 있는 외형상 일치가 존재하고 이에 필요한 정보를 교환한 경우에는 사업자 간 합의가 있는 것으로 법률상 추정하고, 사업자 간 가격·생산량 등의 정보를 주고받음으로써 실질적으로 경쟁을 제한하는 행위에 대한 합의를 부당한 공동행위의 하나의 유형으로 포함시키는 것을 내용으로 법률상 추정조항 및 금지되는 행위유형 보완^{법 제 40조 제1항 제9호, 제5항}하고, 가격·생산량 등 민감한 정보의 구체적 유형을 대통령령으로 위임하여 정보교환 담합을 규제할 수 있는 길을 마련하였다는 점에서 알고리즘 담합 중 일부 형태에 대한 규율이 가능할 수 있는 여지가 생겼다.

 ## VI. 인공지능의 고도화와 경제법의 과제

현재까지 실제 사례의 경우, 가격 알고리즘 또는 특정 기술 자체가 카르텔을 형성하여 경제법 위반이 되는 것은 아니며, 이에 대한 사업자의 합의가 필요함을 전제로 하고 있다. 그러나 만약 지금 시점보다 기술진보가 훨씬 빨라져서 컴퓨터 알고리즘의 기능이 점점 더 주체적으로 변화/발전하여 가격결정에 있어서 사업자의 개입 여지가 심각하게 좁아지게 될 경우 - 예컨대 기계학습_{machine learning}과 심층학습_{deep learning} 유형 - 또는 인공지능을 탑재한 알고리즘이 다른 AI와 카르텔을 맺고 스스로 가격담합을 하는 경우에는 과연 경제법이 어떠한 입장에 서야 할 것인지, 즉 기술 또는 기계가 지배하는 시장 환경에서 경제법이 지금과 같은 상대방 사업자의 인지 가능성 또는 다른 판단기준에 계속 의지할 수 있을 것인가에 대한 고민이 필요한 시점인 것은 분명하다. 그러나 사업자의 가격 등 거래조건의 결정이 반경쟁적인 것인지에 대한 판단은 간단하지 않다.

따라서 급격한 기술환경 및 경쟁환경의 변화와 AI 등 기술발전의 양면성을 고려하여 기술혁신을 저해하지 않는 범위에서 알고리즘 담합 문제를 포함하여 디지털 시장에서 새롭게 나타나는 경쟁제한적인 이슈에 대한 신중한 검토와 해결책 마련이 필요할 것이다.

1. 자기학습 알고리즘이 사람의 개입 없이 다른 AI와 공모하여 가격담합을 하면 현행 경제법을 적용하여 규제할 수 있나?
2. 담합의 성립에 있어서 사업자 간의 합의가 필요함을 전제로 하는 현행 경제법의 규율방식은 AI 시대에 재고되어야 할 것인가?
3. 담합 이외에 인공지능이 초래하는 경제법적 쟁점은 무엇이 있을까?

김건우, "알고리즘으로 움직이는 경제, 디지털 카르텔 가능성 커진다", LG 경제연구원, 2017.
김경연·이영조, "AI 또는 가격 산정 알고리즘을 통한 담합행위에 대한 경쟁법적 규제에 관하여 – '버츄얼 경쟁'의 4가지 시나리오에서의 담합 성립 위험을 중심으로", 『경쟁저널』 제192호, 2017.
박창규, "디지털 경제에서 알고리즘 담합에 관한 연구", 『법학논총』 제43권, 2019.
양지원·김태윤, "온라인플랫폼 알고리즘 담합 규제에 관한 탐색적 연구", 『규제연구』 제32권 제1호, 2023.
양훈식·신위뢰, "자가학습 가격 책정 알고리즘과 암묵적 담합에 관한 시뮬레이션 분석", 『산업조직연구』 제27권 제3호, 2019.
이선희, "알고리즘을 이용한 담합의 규제", 『경쟁법연구』 제40권, 2019.
최난설헌, "알고리즘을 통한 가격정보의 교환과 경쟁법적 평가", 『경쟁법연구』 제35권, 2017.
최난설헌, "AI 등을 활용한 사업자 간 담합과 경쟁법의 대응", 『경쟁법연구』 제38권, 2018.
Ariel Ezrachi and Maurice E. Stucke, "Virtual Competition: The Promise and Perils of the Algorithm-Driven Economy(1st edition)", Harvard University Press, 2016.
Joseph E. Harrington, "Developing competition law for collusion by autonomous artificial agents", Journal of Competition Law & Economics 14.3, 2018.
OECD, Algorithms and Collusion: Competition Policy in the Digital Age, 2017.

경제법에 대하여

　'경제법經濟法'은 국가의 국민경제에 대한 개입의 근거가 되는 법규범으로서 실질적으로 개인의 경제상의 자유와 권리를 보장하기 위하여 제정되었다. 대부분의 국가의 경우 경제법은 자본주의 고도화에 따른 폐해를 시정하여 본래의 시장경쟁질서를 회복하고, 시장경제로 해결할 수 없는 경제주체 간·산업 간·지역 간의 불균형을 해소하기 위하여 '보이는 손visible hand'으로서 국민경제에 개입하는 역할을 한다.

　한편, 시장경제에 있어서 국가는: 독과점이나 경쟁제한행위의 규제, 과도한 경제력집중의 억제, 불합리한 정부규제의 완화 등을 통한 ① 시장감시자 또는 형성자의 역할과, 국가 스스로 수요자 또는 공급자로서의 참여하는 ② 시장참여자의 역할, 중소기업과 벤처기업의 육성, 소비자의 보호 등을 통한 ③ 시장보완자의 역할을 담당하고 있으며, 따라서 경제법은 국민경제를 정당하게 질서지우기또는 정당하게 형성하기 위한 법규범 또는 법제도의 총체라고 설명할 수 있다.

　경제법은 경제적·사회적 강자와 약자 간의 불평등 관계 해소 및 독점자본주의의 모순과 폐단을 시정하여 경제주체의 실질적 자유와 평등을 보장하고 공공이익을 실현하기 위한 법으로서 기능하므로 사회법으로서의 특성과 자본주의 국가에서 시장기구가 제대로 기능하지 않는 경우 경제정책을 통해 제반 문제를 해결하는 정책법으로서의 특성을 함께 지닌다. 또한, 법 분야로서 '경제법'의 분류는 제1차 세계대전 이후 독일의 경제통제 입법의 분류에서부터 출발하는 것으로 알려져 있다. 정책법적 성격을 지닌 경제법의 개념은 국가가 경제규제에 관한 법 현상을 어떻게 이해할 것인가에 따라 국가에 따라 다양하게 정의되며, 규율하는 구체적 대상과 범위가 변화하기도 한다. 한편, 입법 연혁적으로는 독일처럼 경제법이라는 용어나 법 개념은 존재하지 않았으나 미국의 1890년 셔먼법Sherman Act이 전 세계적으로 최초의 경제법이자 반독점법Antitrust Law으로 인식되고 있으며, 우리나라의 경우 「독점규제 및 공정거래에 관한 법률」이 경제법의 일반법으로서 기능하고 있다.

경제법은 시장기구의 유지하는 기능을 담당하는데, 즉 시장기구의 건전성을 유지하고 시장에서의 실질적인 자유경쟁 상태를 회복하기 위하여 경제법이 등장하였으므로 경제법은 시장경제의 근간인 자유롭고 공정한 경쟁과 시장기구에 의한 자동조절을 유지하기 위하여 반드시 필요한 법제도이다. 동시에 경제법은 시장기구의 보완하는 역할을 하는데, 시장경제는 비록 그것이 정상적으로 작동한다고 해도 일정한 한계가 있을 수밖에 없으므로 국가는 이러한 시장실패를 시정하고 보완하기 위하여 경제에 대한 규제와 조정을 하게 된다.

따라서 경제법은 "시장경제가 정상적으로 작동할 수 있는 조건인 자유롭고 공정한 경쟁을 유지, 촉진하기 위하여 이를 제한하는 독과점이나 경쟁제한 행위를 규제하기 위한 다양한 법규범"으로 현대 시장경제에서 중요한 역할을 담당한다.

미주

1 본고는 저자가 『경쟁법연구』 제35권(2017)과 제38권(2018)에 게재한 논문("알고리즘을 통한 가격정보의 교환과 경쟁법적 평가", "AI 등을 활용한 사업자간 담합과 경쟁법의 대응")을 수정·보완한 글이다.

2 OECD, Algorithms and Collusion: Competition Policy in the Digital Age, 2017, available at <www.oecd.org/competition/algorithms-collusion-competition-policy-in-the-digital-age.htm>, p.5.

3 Ariel Ezrachi. and Maurice E. Stucke, "Virtual Competition: The Promise and Perils of the Algorithm-Driven Economy(1st edition)", Harvard University Press, 2016, p.61.

4 Ariel Ezrachi and Maurice E. Stucke, "Artificial Intelligence & Collusion: When Computers Inhibit Competition", Working Paper CCLP (L) 40, p.4, available at <https://www.law.ox.ac.uk/sites/files/oxlaw/cclpl40.pdf>.

5 Stephanie Clifford, "Shopper Alert: Price May Drop for You Alone", NY TIMES, Aug. 9, 2012.

6 OECD, "Roundtable on information exchange between competitors under competition law", DAF/COMP/WD(2010)118, 2010, paras. 1-2.

7 신현윤, 『경제법 (제8판)』, 법문사, 2020, 243쪽.

8 권오승·서정, 『독점규제법 - 이론과 실무』, 법문사, 2022, 274쪽.

9 Byron Spice, "Carnegie Mellon artificial intelligence beats top poker pros", Carnegie Mellon University, 2017, available at: <https://www.cmu.edu/news/stories/archives/2017/january/AI-beats-poker-pros.html>.

10 OECD, "Algorithms and collusion - background note by the secretariat", DAF/COMP(2017/4), 2017, para. 8.

11 Ariel Ezrachi & Maurice E. Stucke, p.7.

12 Salil Mehra, "Antitrust and the Robo-Seller: Competition in the Time of Algorithms", 100 Minnesota Law Review 1323, 2016.

13 Department of Justice, Former E-Commerce Executive Charged with Price Fixing in the Antitrust Division's First Online Marketplace Prosecution(April 6, 2015), <https://www.justice.gov/opa/pr/former-e-commerce-executive-charged-price-fixing-antitrust-divisions-first-online-marketplace>.

14 대법원 2015. 12. 24. 선고 2013두25924 판결.

15 Office of Public Affairs of Department of Justice, "Former E-Commerce Executive Charged with Price Fixing in the Antitrust Division's First Online Market-

place Prosecution"(April 6, 2015), available at <https://www.justice.gov/opa/pr/former-e-commerce-executive-charged-price-fixing-antitrust-divisions-first-on-line-marketplace>.

16 U.S. Department of Justice, U.S. v. David Topkins avilable at <https://www.justice.gov/atr/case/us-v-david-topkins>.

17 Meyer v. Kalanick, 15-cv-09796, U.S. District Court, Southern District of New York (Manhattan).

18 OECD, Algorithms and Collusion: Competition policy in the digital age, 2017.

CHAPTER 08

인공지능과 규제법

허성욱, 김정민

사례 1

AlphaGo와 ChatGPT가 전 세계적으로 큰 관심을 불러모으는 등 인공지능 기술의 발전이 가시적으로 나타나는 상황에서 A국에서는 인공지능 규제에 대한 논의가 한창이다. A국 국내 인공지능 기술 개발·제공·이용 사업자들은 자국 인공지능 산업의 진흥을 위한 지원을 위한 규제는 환영하나, 국제경쟁력을 갖추기까지 산업 보호를 위해 사업자들이 마련하는 자율 규제의 형식이 되어야 하고, 법령을 통한 강제 규제를 마련하여야 한다면 사전 규제보다는 사후 규제가 바람직하다는 입장이다. 반면, 인공지능의 편향으로 인한 차별, SNS의 인공지능 알고리즘 맞춤 서비스에 따른 허위정보의 확산 등을 우려하는 시민사회에서는 인공지능을 법령을 통한 강제 규제의 형식으로 규제하여야 하고, 사전 규제의 형식으로 강력하게 규제하여야 한다는 입장이다. A국 정부는 두 입장을 절충한 인공지능 규제를 마련하려고 하는데, 우선 어떠한 규제 방식이 가능한지 살펴보고자 한다.

사례 2

B국에서 인공지능 기술의 발달로 인해 사람의 사진·영상과 보유하고 있는 안면 데이터를 실시간으로 비교·분석하여 90% 이상의 정확도로 판별하는 안면 식별 시스템이 개발되었다. B국 정부는 지명수배 중인 피의자의 검거를 위해 국가·공공기관이 관리하는 CCTV들에 안면 식별 시스템을 적용하였고, 안면 식별 시스템은 콘서트장의 인파 속에서도 피의자들의 안면을 정확하게 인식하는 등 경찰이 지명수배 중인 피의자들을 검거하는 데 큰 도움을 주고 있다. 이렇듯 안면 식별 시스템이 피의자 검거에 도움이 되자 B국 정부는 지명수배 중인 피의자 검거를 넘어, 테러 예방부터 교통법규나 경범죄 위반 예방에 이르는 다양한 범죄 예방을 위해 안면 식별 시스템을 활용하겠다는 계획을 발표하였다. C국 정부와 여당은 B국을 참고하여 자국 CCTV에 안면 식별 시스템 도입을 검토하고 있는데, C국 야당과 법조계 일각에서는 정부가 인공지능을 활용하여 국민들의 개인정보를 과도하게 침해할 우려가 있다며 인공지능 리스크를 관리할 법안이 필요하다는 입장이다. C국 야당의 입장에서 인공지능 리스크를 관리하기 위한 법안에는 어떤 내용이 들어갈 수 있을까?

I. 인공지능 분야와 규제법의 관계

1 규제와 규제법의 의미

우리는 일상적으로 규제라는 단어를 접한다. 학창 시절 교내 두발규제에 따라 선도부의 단속을 걱정했던 경험에서, 경제위기의 상황에 규제가 완화되어야 한다는 정재계의 입장표명을 보면서, 전기차 등 친환경 차량을 구매하려면 보조금이나 충전인프라 확충 등의 규제가 필요하다는 직장인들의 일상대화 속에서 등 많은 상황에서 규제라는 단어들을 접하고 또 사용하고 있다. 위와 같은 용례들에서 규제는 어떤 의미로 사용되는 것일까? 사전적 의미에 따르면 규제는 법령이나 규칙을 통해 일정한 한도를 정하는 것이다. 여러 용례들에서 사용되는 규제라는 단어가 갖는 공통적 특징을 파악하기에는 적절한 의미로 보이나, 공통적 특징만으로 규제라는 단어의 의미를 파악하기에는 충분하지 않아 보인다. 규제의 사전적 의미에 따라 인공지능 규제를 설명한다면, 인공지능에 대해 법령이나 규칙을 통해 일정한 한도를 정하는 것 정도로 설명할 수 있을텐데, 인공지능에 대해 잘 이해하고 있는 독자라도 위와 같은 설명으로는 인공지능 규제가 무엇을 의미하는지 그 내용이 구체적으로 떠오르지 않을 것이다. 인공지능 규제가 무엇을 의미하는지 이해하기 위해서는 인공지능에 대한 이해에 더해 규제에 대해서도 조금은 이해할 필요가 있다. 규제의 다양한 분류들을 아래에서 살펴보자.

1) 범위에 따른 규제의 분류

위 용례들을 다시 살펴보자. 각 용례들에서 사용하고 있는 규제라는 동일한 단어를 주체, 영역, 근거별로 나누어 살펴보면 약간의 차이점을 확인할 수 있다. 두발규제는 '학교'가 주체가 되어 '학생의 두발'이라는 개별 영역에 대한 한도를 정하는 것으로 '학칙'에 주로 근거를 두고 있어, A고등학교는 파마나 염색을 제외하고 자유로운 두발규제를 갖는데 B고등학교는 아주 짧은 두발만을 허용하는 두발규제를 갖는 것과 같이 학교별로 상당한 차이를 갖는 규율이 가능하다. 한편, 경제위기 상황에서의 규제완화는 '우리나라 정부'가 주체가 되어 '경제위기로 어려움을 겪는 경제분야 전반'이라는 영역에 부담을 주는 규제를 완화하거나 이익을 주는 규제를 강화하는 것으로 '법령'에 근거를 두고 있어 기존 법령의 범위를 일부 변경하는 수준에서 동질적인 규율이 이루어진다. 마지막으로 친환경 차량 규제 역시 '우리나라 정부'가 주체가 되나 경제위기 상황에서의 규제완화와 달리 '친환경 차량 산업'을 개별 영역으로 분류하여 해당 영역에 대한 한도를 정하는 것으로 '법령'에 근거를 두어 기존 법령의 범위를 일부 변경할 수 있는 규제는 변경하나 새로운 규율이 필요한 범위에 대해서는 새로운 규제를 마련하여 규율을 하게 된다. 이와 같은 차이들은 의미의 범위에 따라 규제를 분류하기 위한 요소들로 기능하는데, 규제 주체를 국가로 한정하지 않고 규제 영역이나 근거 역시 한정하지 않는 규제는 최광의의 규제, 규제 주체를 국가로 한정하되 규제 영역이나 근거를 한정하지 않는 규제는 광의의 규제, 규제 주체를 국가로 한정하고 규제 영역 역시 한정하는 규제는 협의의 규제로 분류된다. 두발규제의 경우 최광의의 규제, 경제위기 상황에서의 규제완화는 광의의 규제, 친환경 차량 규제는 협의의 규제에 가까운 것으로 분류해볼 수 있다. 이와 같은 내용을 정리하면 아래 표와 같다.

	최광의의 규제	광의의 규제	협의의 규제
규제 주체	정부·민간	정부·민간	정부
규제 영역·근거	법령으로 한정되지 않음	법령으로 한정되지 않음	법령

위와 같이 규제의 의미를 범위에 따라 분류하고 나면 우리나라 행정규제기본법 제2조 제1항 제1호의 (행정)규제를 "국가나 지방자치단체가 특정한 행정 목적을 실현하기 위하여 국민^{국내법을 적용받는 외국인을 포함한다}의 권리를 제한하거나 의무를 부과하는 것으로서 법령등이나 조례·규칙에 규정되는 사항"으로 정의하는 것은 규제 주체를 국가로 한정하되 규제 영역이나 근거를 한정하지 않는다는 점에서 광의의 규제, 독점규제 및 공정거래에 관한 법률과 같이 법령명에 언급된 규제는 규제 주체를 국가로 한정하면서 규제 영역 역시 개별 영역으로 한정한다는 점에서 협의의 규제에 가까운 것으로 이해할 수 있다.

2) 권한과 기준에 따른 규제의 분류

규제는 권한의 집중 정도에 따라서도 분류할 수 있다. 규제 권한을 정부가 강하게 갖고 규제에 따른 의무를 강제하는 능력이 강할수록 규제는 공적·중앙집권적 성격이 강해지고, 규제 권한에 대한 다양한 민간 주체의 참여가 보장되고 의무 이행에 대한 자율성 보장이 강할수록 규제는 법령에 의한 규제에 한정되지 않고 자율적·분권적 성격이 강해진다. 전자를 강제 규제, 후자를 자율 규제로 분류할 수 있는데, 공적·중앙집권적 성격과 자율적·분권적 성격의 사이에 위치하여 정부와 민간이 상호협력하여 공동으로 규제 권한을 행사하는 공동 규제 형태도 존재한다.

규제 권한의 집중 정도와 별도로, 규제는 의무 부과 기준에 따라 분류할 수도 있다. 규제 대상을 투입-전환-산출로 구성되는 시스템으로 보고, 규제를 해당 시스템에서의 상호작용이라고 본다면, 규제라는 의무를 투입요소에 부과하는 방식과 산출된 성과에 부과하는 방식으로 규제를 나누어볼 수 있다. 보통 투입요소에 대한 규제는 피규제자의 행위에 앞서 이루어지고, 산출된 성과에 대한 규제는 피규제자의 행위 이후에 이루어지기에 각각 사전규제와 사후규제로 설명하기도 한다. 투입요소 규제의 예로 엔진 규격, 정화장치 등에 대한 기준을 설정하는 자동차 배출가스 규제를 들 수 있고, 성과 규제의 예로는 자동차에서 배출되는 이산화탄소 등 온실가스에 대한 기준을 설정하는 자동차 배출가스 규제를 들 수 있다. 투입요소 규제는 규제대상에서 발생할 수 있는 위험·리스크가 현실화되기 전에 사전적으로 조치할 수 있는 장점을 갖는 한편, 투입요소와 성과 사이의 인과관계 파악 등 규제 마련을 위한 작업에 상당한 시간이 소요되어 급변하는 산업에서 필요한 규제가 지체되거나 공백이 발생할 가능성이 크다는 단점을 갖고 있고, 성과 규제는 피규제자가 규제목표 달성을 위한 구체적인 수단과 방법을 자율적으로 선택할 수 있도록 하여 비용효과적 수단과 방법을 취할 수 있다는 장점을 갖는 한편, 규제자의 전문성이 담보되지 못한다면 적절한 성과 기준 마련 및 심사가 이루어지지 못해 의도한 목표를 달성하기 어렵다는 단점을 갖는다.

규제 권한의 집중 정도와 규제 의무 부과 기준을 종합하면, ① 정부가 중심이 되어 피규제자의 행위 이전 투입요소를 규제하는 사전 강제 규제, ② 정부가 중심이 되어 피규제자의 행위 이후 성과를 규제하는 사후 강제 규제, ③ 민간이 중심이 되어 피규제자의 행위 이전 투입요소를 규제하는 사전 자율 규제, ④ 민간이 중심이 되어 피규제자의 행위 이후 성과를 규제하는 사후 규제로 분류할 수 있는데, 정리하면 아래 표와 같다.

		규제 권한의 집중 정도	
		공적·중앙집권	자율·분권
규제 의무 부과 기준	투입요소(사전)	사전 강제 규제	사전 자율 규제
	성과(사후)	사후 강제 규제	사후 자율 규제

인공지능과 같이 역동적으로 발전하는 신산업 분야에서는 정부 내 신산업을 소관하는 규제당국의 전문성을 보완하고 정부 주도의 규제가 갖는 경직성을 완화하기 위해 사후 자율 규제가 주목받고 있는 한편, 아직 파악되지 않았으나 회복불능의 손해를 발생시킬 수도 있는 중대한 리스크를 정부가 나서 관리하기 위해 사전 강제 규제가 마련되어야 한다는 의견도 제시되고 있다.

3) 정책도구에 따른 규제의 분류

정부의 강제 규제는 정부가 사용하는 정책도구에 따라 세부적으로 분류하는 것도 가능하다. 직접 규제는 정부가 규제 목표 달성을 위해 규제 기준을 설정하고 이를 위반할 경우 처벌하는 명령·통제형 정책도구를 수단으로 활용하는 규제로서 모든 피규제자에 대하여 동일한 요소 투입을 강제하거나 동일한 성과 달성을 강제하는 등 피규제자의 행동을 통제하는 방식이다.

경제유인·시장기반 규제는 규제 목표 달성을 위해 피규제자의 행동을 통제하는 것이 아니라 경제적 유인을 제공하거나 시장기능을 이용하여 피규제자들이 자발적으로 규제목표 달성에 협조하도록 하는 방식으로, 쓰레기 종량제, 배출권 거래제 등이 대표적인 경제유인·시장기반 규제라고 할 수 있다. 이처럼, 경제적 유인을 제공하거나 시장기능을 이용하는 방식을 통해 규제 목표를 달성하기 위해서는 피규제자들이 합리적 판단과 선택을 할 수 있도록 충분한 정보가 요청되는데, 피규제자가 정보의 부족이나 불완전한 정보로 인해 비합리적 판단과 선택에 이르지 않도록 정보공개에 대한 규제가 병행될 필요가 있다.

한편, 신산업 분야에서는 위에서 살펴본 직접 규제, 경제유인·시장기반 규제, 정보공개 규제와 별도로 적응적·맞춤형 규제adaptive regulation, 잠정적·임시 규제temporary regulation가 필요하다는 목소리도 높아지고 있다. 적응적·맞춤형 규제란, 초기에는 최소한의 규제들을 설정하고 검증을 거쳐 필요에 따라 점진적으로 규율 내용을 확대하는 형태의 규제로, 신기술을 활용한 제품·서비스를 시장에 우선 출시하여 검증할 수 있도록 일정 조건기간·장소·규모 제한 하에서 현행 규제의 전부·일부를 적용하지 않는 규제샌드박스 등이 대표적인 적응적 규제라고 할 수 있다. 잠정적·임시 규제란, 급속하고 광범위한 변화에 대한 대응을 위해 완결적인 규제에 앞서 잠정적·임시적인 규율 내용을 마련한 규제로, 규제에 대한 존속기간을 정한 후 기간이 지나면 종료되는 규제일몰제, 규제 제개정에 앞서 규제 필요성, 비용편익, 잠재적 영향 등을 심사하는 규제일출제, 기술·서비스의 신속한 시장 출시를 위해 법령 정비에 앞서 임시로 출시를 허가하는 제도인 임시허가 등이 대표적인 잠정적·임시 규제라고 할 수 있다. 이와 같은 내용들을 정리하면 아래 표와 같다.

정책도구	명령·통제 수단	시장유인 수단	잠정적 수단
	직접 규제	경제유인·시장기반 규제 정보공개 규제	잠정적·맞춤형 규제 적응적·임시 규제

다시 인공지능 규제로 돌아와 보자. 앞서 살펴본 바와 같이, 인공지능 규제의 내용은 범위, 권한, 기준 및 정책도구의 선택에 따라 크게 다른 모습을 보일 수 있는데, 어떤 분류로 인공지능 규제를 살펴볼 것인가? 본 장이 인공지능과 규제법을 다룬다는 점에서 벌써 눈치챘겠지만, 아래에서 다룰 인공지능 규제는 '인공지능'이라는 개별 영역에 대해 '법령'에 근거하여 이루어지는 규제라는 의미에서 협의의 규제이자 강제 규제를 중심으로 살펴본다.

② 인공지능 영역에 대한 규제

인공지능 영역에 대한 규제를 법령으로 마련한다면, 그 법령은 어떠한 내용으로 구성될까? 규제의 의미를 협의로 살펴보더라도 아직 규제의 내용을 파악하기에 어려움이 있다. 인공지능 규제를 ① 법령으로 규정할 필요성과 관련하여, 인공지능을 신속하게 규제할 필요성이나 정부·민간 중 더 높은 전문성과 규제역량을 갖추었는지 등에 따라 인공지능 규제가 필요 없다는 견해부터, 인공지능 규제는 법령과 같은 강제 규제가 아닌 자율 규제만으로 충분하다는 견해, 인공지능 규제를 법령으로 하되 기존 법령 내 관련 내용을 추가하는 것만으로 충분하다는 견해, 인공지능에 대한 법령을 새로이 신설하여야 한다는 견해와 같이 다양한 견해가 대립할 수 있고, ② 어떠한 분야를 인공지능 영역으로 획정하여 규제할지와 관련하여서도 인공지능의 정의, 인공지능 개발자, 사용자, 이용자에 따라 규제 방식과 고려할 가치에 대한 다양한 견해가 존재할 수 있으며, ③ 인공지능에 의해 발생할 수 있는 리스크와 손해를 사전적으로 예방할 필요, 인공지능 산업의 투입요소와 투입에 따른 산출 사이의 인과관계를 파악할 수 있는 정도, 임시적·잠정적 규제 마련의 필요 등 다양한 규제목적 중 어느 목적에 더 중점을 둘지 등 다양한 요소들이 규제 내용 구성 과정에서 고려될 것이다. 이처럼 인공지능 규제의 내용을 구성하는 과정에서 다양한 관점과 견해가 있을 수 있고 이러한 관점과 견해들을 종합하여 전체 내용을 구성하게 될 것이므로 여기에서는 규제 목적과 방식을 중심으로 인공지능 영역에 대한 규제의 윤곽을 살펴보는데 주안점을 둔다.

우선, 인공지능 영역에 대한 규제 목적에 대해 생각해보자. 규제 개념이 단순히 국민에게 침익적인지 수익적인지 여부에 따라 판단되는 것이 아니라, '특정한 행정 목적'과 관련하여 '국민의 권리를 제한하거나 의무를 부과하는 것'이고, 규제가 국민의 권리를 제한하거나 의무를 부과하여 산업 성장을 억제한다는 일각의 주장과는 달리 산업구조 개혁을 통해 성장동력을 확충하는 등 사회경제활동의 자율과 창의를 촉진하는 역할도 담당하고 있는 현실에서, 인공지능 영역에 대한 규제 목적은 자연스레 인공지능 영역에 대한 사회경제활동 촉진과 그에 수반되는 위해 방지가 목적이라고 할 수 있다. 실제로 우리나라 인공지능 규제법안들은 그 목적으로 주로 인공지능 산업의 육성, 진흥과 인공지능 개발, 제공, 이용 과정에서의 윤리 원칙 마련 등을 통해 인공지능사회의 신뢰기반 조성을 언급하고 있다.

다음으로, 인공지능 영역에 대한 우리나라 정부의 규제 방식에 대해 생각해보자. 인공지능 기술 발전의 영향이 경제·사회 전 분야의 변화를 추동하는 상황에서, 인공지능 영역에 대한 규제는 자연히 경제·사회 각 분야에 영향을 주게 되므로 인공지능 영역에 대한 규제 방식은 다른 분야와의 관계 속에서 생각할 필요가 있다. 입법부와 행정부의 입장에서 인공지능을 규제하는 방식은 인공지능이라는 개별 영역에 대한 별도 법령을 마련하며 별도 조직과 정책을 마련하는 방식이 있는 한편, 계약법, 불법행위법, 저작권법, 특허법, 개인정보보호법, 경제법, 조세법 등 기존 실정법에 인공지능 관련 규정을 포함하고 유관 기관이 정책을 수행하는 방식도 있을 수 있기 때문이다. 두 방식은 모두 경제·사회 전 분야에 영향을 미치는 인공지능을 규제할 필요성에 대응하는 방식이라는 점에서 동일하나, 전자는 인공지능을 개별 영역으로 부각시켜 별도 규율을 마련하는 것인 반면, 후자는 기존 실정법이 규율하는 영역에서 인공지능에 대해 규율하는 것이어서 인공지능을 반드시 개별 영역으로 취급할 필요는 없다는 점에서 차이를 갖는다. 이러한 관점에서 인공지능 영역에 대한 규제 방식은 인공지능을 개별 영역으로 분류할 필요성이 있는지에 대한 논의와 관련이 있다고 할 것이나, 현실에서는 사회 전체의 경제적 효율성enconomic efficiency과 규제 과정의 비용 효과성cost effectiveness을 형량하여 기존 법령과 유관 기관들로 충분한 역할이 가능한 경우인지에 따라 기존 법령과 유관 기관들이 역할을 수행하거나 새로운 법령과 조직을 신설하게 될 것이다. 따라서 두 방식은 대립하거나 양립불가능한 방식이라기 보다는 현실적 필요에 대응하는 상호 보완적인 방식이라고 봄이 타당할 것이다.

 II. 인공지능 규제법의 내용

앞에서 살펴본 규제의 의미, 분류에 대한 이해를 갖고, 인공지능 규제법이 실제로 어떠한 내용과 방식으로 구성되어 있는지에 대해 현재 국내외에서 논의되고 있는 법령의 내용들을 살펴보자.

1 국외 논의

범세계적으로 인공지능 규제에 대한 논의가 이루어지는 가운데, 유럽연합EU과 미국이 의회를 중심으로 인공지능 규제법에 대한 활발한 논의를 진행하고 있다.

1) EU 인공지능법안

EU는 EU 집행위원회가 2021. 4. 21. 인공지능에 관한 통일규범^{인공지능법}의 제정 및 일부 연합제정법들의 개정을 위한 법안^{Proposal for a Regulation laying down harmonized rules on articial intelligence（Articial Intelligence Act）and amending certain Union Legislative Acts} 초안을 발의한 이래, 2022. 12. 6. EU 이사회에서 합의안^{General approach}을 제시한 후, 2023. 6. 14. EU 의회에서 수정안을 채택한^{이하 "EU 인공지능법안"} 상황으로, EU 의회, EU 집행위원회 및 EU 이사회의 협의를 거친 최종 법률안에 대한 입법이 이루어지는 것은 2023년 말에서 2024년 초에나 가능할 것으로 예상된다.

EU 인공지능법안은 인공지능의 활용, 투자 및 혁신을 강화하는 동시에 사람과 사업자들의 안전과 기본권을 보호하기 위한 목적에서 제정되었다고 설명하면서, 규제 적용범위, 인공지능의 리스크 수준별 규제, 규제당국의 역할 등을 규정하고 있다. 간략히 살펴보면, ① 규제 적용범위를 인적 범위와 물적 범위로 나누어, 인적 범위는 EU 내 인공지능 시스템 공급자 및 사용자로, 물적 범위는 기계학습 등의 기술을 활용하여 개발되어 인간이 정의한 일련의 목적과 상호작용하는 환경에 영향을 미치는 결과물을 생성할 수 있는 소프트웨어를 인공지능 시스템으로 보아 규제 적용범위에 포함하고 있다. 또한 ② 인공지능이 인간의 안전과 기본권에 미치는 리스크 정도에 따라 인간의 안전, 생계 및 기본권에 대해 명백한 위협이 되는 '허용불가 리스크^{unacceptable risk}', 인간의 안전과 기본권에 부정적인 영향을 미치는 '높은 리스크^{high risk}', '제한된 리스크^{limited risk}', '최소한의 리스크^{minimal risk}'로 나누어 수준별로 허용 여부와 의무를 규정하고,[1] ③ EU 회원국들 내 규제당국과 신설될 유럽 인공지능위원회가 EU 인공지능법안에 따라 규제당국으로 기능하게 됨을 규정한다.

2) 미국 알고리즘책임법안

미국 연방 하원에서 2019. 4. 10. 알고리즘책임법안^{Algorithmic Accountability Act of 2019}을 발의하였다가 회기 만료로 폐기되었고, 연방 상·하원에서 2022. 2. 3. 재차 알고리즘책임법안^{Algorithmic Accountability Act of 2022}을 발의하였다^{이하 "미국 알고리즘책임법안"}.

2019년도 미국 알고리즘책임법안은 인공지능 시스템에 사용되는 알고리즘의 편향성과 차별적 결과를 방지하기 위한 목적에서 미국 연방거래위원회FTC, Federal Trade Commission에게 규제 권한을 부여하고, 개인정보를 사용, 저장 또는 공유하는 사업자에게 자동화된 의사결정 시스템ADS, Automated Decision System에 대한 영향평가와 데이터 보호 영향평가를 수행할 것을 주로 규정하고 있다. 2022년도 미국 알고리즘책임법안은 2019년도 법안을 보완한 것으로, 사업자에게 자동화된 의사결정 시스템은 물론 증강된 중요 의사결정 프로세스ACDP, Augmented Critical Decision Process: 중요한 결정을 내리기 위해 자동화된 의사결정 시스템을 사용하는 절차 또는 활동에 대해서도 영향평가 수행을 규정하면서, 미국 연방거래위원회의 규제 권한을 구체화하고 있다.

이에 더해 미국 백악관은 2022. 10. 4. 미국 국민의 권리 보호를 위한 인공지능 시스템의 설계, 개발 및 보급을 목적으로 인공지능 권리장전을 위한 청사진[2]을 발표하고, 2023. 1. 26. 인공지능 시스템을 설계, 개발, 배포 또는 사용하는 조직의 인공지능 시스템 리스크 관리를 위한 지침인 인공지능 리스크 관리 프레임워크[3]를 발표하는 등 법적 강제에 이르지 않는 계획·지침도 발표하고 있다.

2 국내 논의

2023년까지 우리나라는 아직 인공지능 규제법의 입법에 이르지는 못하였으나 행정부의 정책방향 제시, 해설서 마련 및 입법부의 법안 발의는 상당한 수준으로 진행되고 있다.

1) 행정부 논의

행정부에서는 과학기술정보통신부, 개인정보보호위원회, 방송통신위원회 등이 중심이 되어 관련 정책방향 제시와 해설서 마련을 진행하고 있다. 전부처가 참여하여 2019. 12. 17. '인공지능 국가전략'[4]을 발표한 이래, 과학기술정보통신부는 2020. 12. 22. '인공지능 윤리기준'[5], 2020. 12. 24. '인공지능시대를 준비하는 법·제도·규제 정비 로드맵'[6]을 발표한 이래, 윤리기준을 자율적으로 준수·점검할 수 있도록 '인공지능 윤리기준 실천을 위한 자율점검표'와 '신뢰할 수 있는 인공지능 개발안내서'를 발표하고 있고, 개인정보보호위원회는 2023. 8. 3. '인공지능 시대 안전한 개인정보 활용 정책방향'[7]을 발표하고 있으며, 방송통신위원회는 2019. 11. 11. '이용자 중심의 지능정보사회를 위한 원칙'[8], 2021. 6. 30. '인공지능 기반 미디어 추천 서비스 이용자 보호 기본원칙'[9], 2022. 4. 28. '인공지능 기반 미디어 추천 서비스 이용자 보호 기본원칙 해설서'를 발표하고 있다.

2) 입법부 논의

입법부의 법안 발의와 관련하여, 제21대 국회에서는 2020. 7. 13. 이상민 의원이 인공지능 연구개발 및 산업 진흥, 윤리적 책임 등에 관한 법률안[의안번호 2101823]을 대표발의한 이래 인공지능 규제법과 관련하여 총 13개 법률안이 발의되었고, 국회는 2023. 2. 14. 과학기술방송정보통신위원회 제403회 제1차 정보통신방송법안심사소위에서 발의 법안 중 7개 법안을 위원회 대안으로 처리하기로 합의하였다[이하 "인공지능법안"].

의안번호	발의일	법안명	대표발의
2101823	2020.07.13.	인공지능 연구개발 및 산업 진흥, 윤리적 책임 등에 관한 법률안	이상민 의원
2103515	2020.09.03.	인공지능산업 육성에 관한 법률안	양향자 의원
2104564	2020.10.19.	인공지능 집적단지의 육성에 관한 특별 법안	송갑석 의원
2104772	2020.10.29.	인공지능 기술 기본법안	민형배 의원
2110148	2021.05.17.	인공지능 교육 진흥법안	안민석 의원
2111261	2021.07.01.	인공지능 육성 및 신뢰 기반 조성 등에 관한 법률안	정필모 의원
2111573	2021.07.19.	인공지능에 관한 법률안	이용빈 의원
2113509	2021.11.24.	알고리즘 및 인공지능에 관한 법률안	윤영찬 의원
2115314	2022.04.18.	한국인공지능·반도체공과대학교법안	안민석 의원
2116986	2022.08.24.	인공지능교육진흥법안	조해진 의원

2118726	2022.12.07.	인공지능산업 육성 및 신뢰 확보에 관한 법률안	윤두현 의원
2120353	2023.02.28.	인공지능책임법안	황희 의원
2123709	2023.08.08.	인공지능 책임 및 규제법안	안철수 의원

* 음영: 대안 처리에 합의한 7개 법안

기존 발의 법안들을 참고하면, 인공지능법안은 인공지능 산업 진흥과 인공지능 신뢰성 확보를 목적으로 하면서, 인공지능의 정의 및 기본원칙, 인공지능 기본계획 수립 및 규제당국 설립, 인공지능산업 진흥 정책, 인공지능 신뢰성 확보 정책 등을 규정할 것으로 예상된다. 조금 더 구체적으로 살펴보면, ① 법안은 인공지능을 학습, 추론, 지각, 판단, 언어의 이해와 같이 인간이 가진 지적 능력을 전자적 방법으로 구현한 것으로 정의하면서, 인공지능이 인간 주체 윤리, 사생활 및 개인정보 보호를 준수하고, 사회·자연 환경을 훼손하지 않으며, 이용자의 권리를 보장하는 등의 기본원칙을 제시하고, ② 우선허용·사후규제 원칙을 함께 제시하면서 인공지능 기술 연구·개발 및 인공지능 제품·서비스 출시를 원칙적으로 허용하되 국민의 생명·안전·권익에 위해가 되거나 공공의 안전 보장, 질서 유지 및 복리 증진에 현저한 저해가 되는 경우에 한하여 제한하도록 하여 인공지능산업 기반 조성을 도모할 것으로 예상된다. 아울러, ③ 인공지능 규제의 주무부처를 과학기술정보통신부로 두어 건전한 인공지능사회 정립을 위한 인공지능 기본계획을 수립하도록 하고, ④ 인공지능산업 구현 및 진흥을 위해 전문인력 양성, 관련 단체 설립 및 운영 등을 지원하며, ⑤ 인공지능 신뢰성 확보를 위해 사업자들에게 고지·설명 의무를 부과하되, 사람의 생명, 신체의 안전 및 기본권 보호에 중대한 영향을 미칠 우려가 있는 소위 '고위험 인공지능'[10]에 대해서는 추가적인 의무를 부과할 것으로 예상된다.

3 인공지능 규제법의 주요 쟁점

국내외에서 발의되는 인공지능 규제법들의 모습은 상이하나 인공지능 기술의 발전을 지원하여 인공지능 산업의 진흥을 촉진하되 기술의 오용으로 인해 인간에게 미칠 리스크를 예방할 수 있도록 감시와 통제의 원칙, 기준 및 수단을 마련하는 것을 목적으로 한다는 점에서 유사성을 갖고 있다. 인공지능 규제법의 규제 방식과 관련하여, 2013년 알파고의 등장이 사회 일반에게 인공지능이 사회·경제 패러다임의 변화를 이끌 수 있다는 점을 각인시키면서 인공지능 영역과 인공지능 규제에 관한 다양한 논의가 시작된 것과 같이, 2022년 말 GPT-3의 오픈베타 공개와 함께 생성형 인공지능이 큰 화제가 되면서 인공지능 규제에 생성형 인공지능을 포함하는 논의가 진행되는 등 인공지능 기술의 발전에 발맞춰 인공지능 규제 논의의 변화가 이루어지는 모습도 확인할 수 있다.

각국은 이와 같은 인공지능 기술의 발전이 갖는 순기능을 증진하려는 한편 리스크 관리를 통해 역기능을 최소화하고자 리스크 관리를 마련하고 있다. EU의 경우 인공지능을 리스크별로 세분화하여 단계적으로 접근하고 있고, 우리나라 역시 인공지능법안에서 고위험 영역에서 활용되는 인공지능을 별도로 정의하여 인공지능에 대한 리스크별 관리를 시도하고 있다. 다만, 인공지능 기술·제품·서비스에 대한 리스크를 실제 리스크별로 분류하여 관리하는 과정에서 적용할 수 있도록 규제의 모호성을 줄이고 명확성을 높여야 하며, 개별 인공지능 기술들에 대해 기준을 공통적으로 적용하여 관리할지, 개별 인공지능들에 대한 기준을 별도로 마련하여 관리할지 등을 고려하여 실용성을 높여야 한다는 과제는 여전하다. 실제로 EU 의회는 수정안을 마련하면서 생성형 인공지능에 대한 규제를 신설하며 인공지능 기술들에 대해 공통적 접근과 개별적 접근을 함께 취하겠다는 의지를 표명하고 있다.

한편, 자율·강제 규제 등 규제 방식에 대한 입장과 관련하여서도 논의가 계속되고 있다. 이와 같은 입장은 법령을 통해 엄격히 규율하는 방식을 취하는 EU와 대조적으로 미국은 자율적으로 규율하는 방식을 취하는 것과 같이 국가별로 일정한 차이를 나타내기도 하는 상황이다. 우리나라의 경우 EU와 가깝게 법령을 통해 인공지능법안을 마련하되, 우선 허용·사후 규제 원칙을 법안에 포함하여 다소간의 자율성을 확보하고자 하고 있다. 다만, 2023년도 국회 국정감사에서 우선 허용·사후 규제 원칙 폐기에 대한 논의가 이루어지는 등 우리나라에서 인공지능에 대해 자율 규제와 강제 규제, 사전 규제와 사후 규제 중 어떠한 규제 분류를 선택할 것인지에 대한 논의는 진행 중이다.

그 밖에도 인공지능 규제법이 인공지능 기술, 개발·공급·사용들을 어떠한 인적, 물적, 지리적 기준에 따라 적용대상으로 삼을 것인지, 기존 규제당국의 기능을 활용할 것인지 아니면 규제당국을 신설할 것인지 등 다양한 쟁점들이 논의되는 상황이다.

 III. 인공지능 규제법이 가져올 국내 인공지능 분야의 미래

우리나라는 2020년 전후로 각 행정부처에서 법·제도·규제 정비 로드맵, 윤리기준, 정책방향 등을 마련해 둔 상황으로, 인공지능법안이 입법된다고 해서 단기적으로 인공지능 관련 규제에 체감할만한 큰 변화가 나타나지는 않을 것이다. 다만, 인공지능 규제법에 대한 입법 논의는 인공지능 영역이 가져온 산업 혁신, 인간생활 편의 증진, 사회문제 해결과 같은 순기능을 강화할 필요성 및 알고리즘 편향이나 계층 간 격차의 확대, 산업구조의 급변과 같은 역기능을 방지할 필요성이 이미 별도의 규제가 요청될 수준인 것은 물론 이러한 요청은 점차 증대될 것이기에 인공지능 영역에 대한 규제법이 필요하다는 사회적 인식이 바탕이 되고 있음은 분명하다.

지금까지 살펴본 것처럼 인공지능 규제법의 도입은 인공지능 산업 진흥과 인공지능 신뢰성 확보라는 목적에 맞춰 산업·기관·지역별로 분절되어 있던 인공지능 관련 정책의 추진 주체와 내용이 보다 체계적으로 정리될 것으로 기대되는 가운데, 다양한 쟁점들이 어떠한 과정을 통해 정리되는지 그 추이를 주의 깊게 살펴볼 필요가 있다.

생각해 볼 점

1. 인공지능 기술의 발전 속도에 대응하여 인공지능 규제법이 만들어지는 것이 가능할까? 인공지능 기술의 발전에 대응하기 위한 인공지능 규제법의 내용은 어떻게 구성되어야 할까? 앞서 살펴본 규제의 분류에 따라 생각해보자.
2. 인공지능 규제법은 국내외 기업의 글로벌 경쟁력에도 영향을 줄 수 있다. EU 인공지능법안은 EU가 인공지능 산업을 주도하는 미국 기업들에게 영향력을 억제하고 EU 기업들의 성장을 촉진하기 위한 것이라는 시각이 존재하는 한편, 선두주자들에 대한 규제가 오히려 후발주자의 성장을 억제하는 효과가 커져 EU 기업들의 성장을 억제할 수 있다는 시각도 존재한다. 우리나라 인공지능 규제법은 목표하는 인공지능 산업 진흥을 위해 어떠한 규제 방식을 취하여야 할지 글로벌 규제장벽의 가능성과 관련하여 생각해보자.

심화 학습 자료

계인국, "현행법상 규제의 의미와 입법평가 −행정규제기본법에 대한 비판적 평가−", 『입법평가연구』 제11호, 2017, 1−36쪽.

고학수·임용·박상철, "유럽연합 인공지능법안의 개요 및 대응방안", DAIG 제2호, 2021.

이상용, "알고리즘 규제를 위한 지도 − 원리, 구조, 내용 −", 『경제규제와 법』 제13권 제2호, 2020, 129−159쪽.

임형주, "인공지능 관련 법 제도의 주요 논의 현황", 『TTA 저널』 제207호, 2023.

최병선, "규제수단과 방식의 유형 재분류", 『행정논총』 제47권 제2호, 2009, 1−30쪽.

홍석한, "미국 "2022 알고리즘 책임법안"에 대한 고찰", 『미국헌법연구』 제34권 제1호, 2023, 73−107쪽.

개인정보보호위원회, "신뢰 기반 인공지능 데이터 규범, 첫 발 떼다", 2023. 8. 3.

과학기술정보통신부, "인공지능(AI) 국가전략 발표", 2019. 12. 17.

_____, "과기정통부, 「인공지능(AI) 윤리기준」 마련", 2020. 12. 22.

_____, "인공지능시대를 준비하는 법·제도·규제 정비 로드맵", 2020. 12. 24.

과학기술정보통신부, 정보통신기술협회, "2023 신뢰할 수 있는 인공지능 개발 안내서", 2023. 7. 3.

과학기술정보통신부, 정보통신정책연구원, "2023 인공지능 윤리기준 실천을 위한 자율점검표(안)", 2023. 4. 12.

방송통신위원회, "방통위, 「이용자 중심의 지능정보사회를 위한 원칙」 발표", 2019. 11. 11.
　＿＿＿＿＿＿＿, "방통위, 「인공지능 기반 미디어(매체) 추천 서비스 이용자 보호 기본원칙」 발표", 2021. 6. 30.
　＿＿＿＿＿＿＿, "방통위, 「인공지능 기반 미디어 추천 서비스 이용자 보호 기본원칙」 해설서 발간", 2022. 4. 28.
연합뉴스, "'안면인식 무섭네'… 홍콩가수 中공연장서 수배범 60명 검거", 2018. 12. 27.
Council of the European Union, "Press release: Artificial Intelligence Act: Council calls for promoting safe AI that respects fundamental rights", 2022. 12. 6.
European Commission, "Press release: Europe fit for the Digital Age: Commission proposes new rules and actions for excellence and trust in Artificial Intelligence", 2021. 4. 21.
EU Parliament, "MEPs ready to negotiate first-ever rules for safe and transparent AI", 2023. 6. 14.

미주

1 리스크별로 구체적으로 살펴보면, ① '허용불가 리스크를 가진 인공지능'으로 유해한 잠재의식 기술 조작 시스템, 특정한 취약계층을 이용하는 시스템, 공공기관의 인공지능 기술을 활용한 사회적 점수화 시스템, 공개적으로 접근가능한 공간에서의 실시간 원격 생체인식 시스템 등을 예시하며, 인공지능 관련 활동이 금지된다. ② '높은 리스크를 가진 인공지능'으로 특정한 제품에 안전요소로 사용되는 인공지능 시스템, 자연인의 생체인식 및 분류, 주요 인프라 관리운영, 교육 및 직업 훈련, 고용, 근로자 관리 및 자영업에 대한 접근, 필수적인 민간 및 공공 서비스에 대한 접근, 법 집행, 이주, 망명 및 국경 통제 관리, 사법 절차 및 민주적 절차에 적용되는 시스템 등을 예시하며 규제가 이루어진다. ③ '제한된 리스크를 가진 인공지능'으로 인간과 상호작용하는 시스템(예: 챗봇), 감정 인식 시스템, 생체 인식 분류 시스템 및 이미지, 오디오, 비디오 콘텐츠를 생성·조작하는 시스템(예: 딥페이크) 등을 예시하며 공개 의무가 부과된다. ④ '최소한의 리스크를 가진 인공지능'은 위에 포함되지 않는 다른 모든 인공지능으로 추가적인 법적 의무가 부과되지 않는다.

2 청사진에서는 안전하고 효과적인 시스템, 알고리즘에 의한 차별로부터의 보호, 데이터 프라이버시, 안내·설명, 대안옵션 등을 핵심적인 보호장치로 제시하고 있다.

3 프레임워크에서는 신뢰할 수 있는 인공지능 시스템을 유효성, 신뢰성, 안전성, 보안, 복원성 책임, 투명성, 설명가능성, 개인정보보호, 공정성 등을 갖춘 시스템이라고 설명하면서 인공지능 리스크 관리 시스템 구축을 위해 조직의 거버넌스, 식별, 측정, 관리 등의 기능이 필요하다고 설명한다.

4 국가전략에서는 3대 분야로 인공지능 구축, 활용, 조화를 제시하며, 인공지능 구축을 위한 전략으로 인프라 확충, 경쟁력 확보, 규제 개선, 스타트업 육성을, 인공지능 활용을 위한 전략으로 인재양성, 산업 인공지능 활용 전면화, 디지털 정부 구현을, 인공지능 조화를 위한 전략으로 일자리 안전망 구축, 역기능 방지를 제시하고 있다.

5 윤리기준에서는 3대 기본원칙으로 인간 존엄성 원칙, 사회의 공공선 원칙, 기술의 합목적성 원칙을, 10대 핵심요건으로 인권보장, 프라이버시 보호, 다양성 존중, 침해금지, 공공성, 연대성, 데이터 관리, 책임성, 안전성, 투명성을 제시하고 있다.

6 로드맵에서는 데이터 경제 활성화 기반 조성, 알고리즘의 투명성·공정성 확보, 인공지능의 법인격 및 책임 체계 정립, 인공지능 윤리 정립을 인공지능 공통 기반으로, 의료, 금융, 행정, 고용·노동, 포용·복지, 교통 분야를 인공지능 활용 확산을 위한 분야로 제시하고 있다.

7 정책방향에서는 불확실성 해소를 위한 원칙 기반 규율 추진체계 정립, 인공지능의 단계별 개인정보 처리기준 구체화, 민관협력을 통한 분야별 가이드라인 마련, 인공지능 글로벌 협력체계 공고화 등을 주요 방향으로 제시하고 있다.

8 원칙에서는 사람 중심의 서비스 제공, 투명성과 설명가능성, 책임성, 안전성, 차별금지, 참여, 프라이버시와 데이터거버넌스 등을 주요 원칙으로 제시하고 있다.

9 원칙에서는 3대 핵심 원칙으로 투명성, 공정성, 책무성을, 5대 실행 원칙으로 이용자를 위한 정보 공개, 이용자의 선택권 보장, 자율검증 실행, 불만 처리 및 분쟁 해결, 내부 규칙 제정을 제시하고 있다.

10 인공지능산업 육성 및 신뢰 확보에 관한 법률안에서는 고위험 영역에서 활용되는 인공지능을 사람의 생명, 신체의 안전 및 기본권의 보호에 중대한 영향을 미칠 우려가 있는 인공지능이라고 정의하면서, 고위험 영역을 ① 먹는물 등의 공급을 위하여 사용되는 인공지능, ② 보건의료의 제공 및 이용체계 등에 사용되는 인공지능, ③ 의료기기에 사용되는 인공지능, ④ 핵물질과 원자력시설의 안전한 관리 및 운영을 위하여 사용되는 인공지능, ⑤ 범죄 수사나 체포 업무에 있어 생체정보를 분석·활용하는 데 사용되는 인공지능, ⑥ 채용, 대출 심사 등 개인의 권리·의무 관계에 중대한 영향을 미치는 판단 또는 평가 목적의 인공지능 등으로 설명한다.

CHAPTER 09

인공지능과 조세

김영순

사례

스타밥스는 한국에서 김밥 프랜차이즈 사업을 운영하고 있다. 전국의 스타밥스 매장은 100여 곳이며 일하는 직원은 300여 명이다. 최근 스타밥스는 인건비 절감을 위해 로봇을 도입하기로 하였다. 주문은 키오스크에서 받고, 김밥을 말아주는 로봇 팔을 도입하고, 배달 로봇이 주문한 김밥을 손님의 테이블까지 운반하는 것이다. 장기적으로 매장 운영과 재고 관리, 마케팅 등을 지원할 인공지능 시스템도 도입할 계획이다. 초기에는 기계를 도입하는데 자본이 들겠지만, 감가상각비로 비용 처리를 할 수 있고, 무엇보다 직원을 고용할 때 들어가는 4대 보험료를 절약하면서 24시간 매장을 운영할 수 있어 경쟁력을 확보할 수 있다. 스타밥스의 정책 변경으로 거의 모든 직원이 해고되면 정부의 수입 중에 4대 보험료는 물론 소득세까지 줄어들게 된다. 이에 대한 대응으로 정부는 로봇의 고용으로 줄어든 세수를 확보하고 실업 기금을 마련하기 위해 스타밥스에 로봇세를 부과할 수 있을까? 또한 앞으로 인공지능 시스템이 도입된다면 이 시스템에 로봇세를 부과할 수 있을까?

I. 조세란 무엇인가

1 조세의 의의와 기능

"인간에게 피할 수 없는 것이 두 가지가 있다. 하나는 죽음이고 하나는 세금이다. In this world nothing can be said to be certain, except death and taxes." 미국 건국의 아버지라고 불리는 벤저민 프랭클린 Franklin Benjamin 의 말이다. 국가에 세금을 내는 것을 좋아할 사람은 없지만, 세금이 없다면 사회는 유지될 수 없다. 도로와 철도를 건설하고, 의료와 교육 시설을 확충하고, 사회적 약자에 대한 각종 지원 등은 세금이 없으면 할 수 없다. 헌법 제38조는 '모든 국민은 법률이 정하는 바에 의하여 납세의 의무를 진다.'라고 하여 세금 납부를 국민의 의무 중 하나로 규정하고 있다.

조세는 국가가 공공 지출을 하는 데 필요한 재원을 확보하기 위한 것이다. 그러나 조세에 이런 목적만 있는 것은 아니다. 국가가 사회적으로 바람직한 행동을 유도하거나, 반대로 바람직하지 않은 행동을 줄이기 위해 정책적 목적으로 조세를 부과하는 사례도 점점 늘어나고 있다. 예를 들어 반도체 산업을 육성하기 위해 반도체 기술을 도입할 때 세금에서 일정 금액을 공제해주는 것을 들 수 있다. 세금을 감면해주면 기술개발과 도입을 더 많이 하게 될 것이고 반도체 산업이 성장할 수 있다. 반대의 예로는 국민 건강을 위해 담배 소비를 줄일 목적으로 담배소비세를 높이는 것을 들 수 있다. 물론 이런 정책적 목적의 조세가 반드시 국가가 의도하는 방향으로 그 효과가 나타나는 것은 아니다. 담배소비세의 세율을 올렸지만, 여전히 담배 소비는 줄어들지 않고 있는 것처럼 말이다.

2 세금부과의 대상이 되는 물건이나 행위

세금을 부과하는 대상을 기준으로 소득과세, 소비과세, 재산과세로 구분할 수 있다. 소득과세는 벌어들인 소득에 대해 세금을 부과하는 것이다. 대표적으로 법인이 번 소득에 대한 것이 법인세이고, 개인이 번 소득에 대한 것이 종합소득세이다. 소득이 많은 사람은 담세력이 높으므로 소득이 많을수록 더 높은 세율로 세금을 부과하는 것이 공평하다. 이를 누진세라고 한다. 세율을 누진 구조로 설정하면 소득 재분배에도 기여할 수 있다. 소비과세는 재화나 용역 service을 소비하거나 지출하는 구매력을 담세력의 표상으로 보아 세금을 부과하는 것이다. 대표적인 것이 부가가치세이다. 이것은 우리가 물건이나 서비스를 구매할 때 가격의 10%를 세금으로 더 지급하는 것이다. 재산과세는 금융자산이나 비금융자산, 부동산 등 재산에 대한 과세이다. 부富의 집중 방지, 소득 재분배 등의 관점에서 이루어진다. 대표적으로 종합부동산세와 재산세, 상속세와 증여세 등이 있다.

II. 인공지능 기술 발전이 조세에 미치는 영향

1 인공지능 기술을 지원하는 조세

인공지능 기술은 4차 산업혁명 시대에 매우 중요한 기술이다. 우리나라에서는 이세돌 9단과 구글의 인공지능 알파고AlphaGo 간의 바둑 대결로 대중의 주목을 받게 되었다. 2022년 7월에는 인공지능 체스 로봇이 같이 대결하던 7세 소년의 손가락을 다치게 하여 언론에 회자하기도 했다. 인공지능은 빅데이터와 사물인터넷 등 다른 기술과 융·결합하여 눈부시게 발전하고 있다.

우리나라는 인공지능 기술 발전을 지원하기 위해 여러 가지 세금 혜택을 주고 있다. 세금 혜택의 방법으로는 소득을 처음부터 비과세하는 방법, 소득에서 비용으로 공제해주는 방법소득공제, 세금 계산을 다 한 후에 납부해야 할 세금에서 일정 금액을 공제해주는 방법세액공제 등이 있다. 우리나라의 일반적인 연구개발 분야에 대한 조세 지원은 「조세특례제한법」에 규정되어 있다. 4차 산업혁명 관련 기술에 대한 연구개발 조세 지원은 「조세특례제한법」의 '신성장동력 및 원천기술 연구·개발 비용 공제'가 대표적이다. 당해 연도에 지출한 비용의 최대 40%중소기업 또는 30%대기업과 중견기업를 법인세액에서 공제해주고, 당해 연도에 지출한 시설투자액의 5%도 법인세액에서 공제해준다. 현재 신성장동력 및 원천기술은 총 12개 신성장 분야 및 115개 하위기술이 「조세특례제한법 시행령」에 열거되어 있다. 인공지능 기술과 관련된 분야는 〈표 1〉과 같다.

학습 및 추론 기술	다양한 기계학습 알고리즘(algorithm), 딥러닝(deep learning), 지식베이스(knowledge base) 구축, 지식추론 등 학습 알고리즘과 모델링(modeling) 조합을 통해 지능의 정확도와 속도를 향상시키는 소프트웨어 기술
언어이해 기술	텍스트(text), 음성에서 언어를 인지·이해하고 사람처럼 응대할 수 있는 자연어 처리, 정보검색, 질의응답, 언어의미 이해, 형태소·구문 분석 등 언어 관련 소프트웨어 기술
시각이해 기술	비디오(video), 이미지(image) 등에서 객체를 구분하고 움직임의 의미를 파악하기 위한 컴퓨터 비전(computer vision), 행동 인식, 내용기반 영상검색, 영상 이해, 영상 생성 등 사람의 시각지능을 모사한 소프트웨어 기술
상황이해 기술	다양한 센서(sensor)를 통해 수집된 환경정보를 이해하거나, 대화 상대의 감정을 이해하고 주변상황과 연결한 자신의 상태를 이해하는 등 자신이 포함된 세계나 환경을 이해하여 적절한 행동을 결정짓는 소프트웨어 기술
인지컴퓨팅 기술	저전력·고효율로 지능정보 학습을 수행할 수 있도록 컴퓨터 시스템 구조를 재설계하거나, 인공지능 알고리즘(algorithm) 처리가 용이하도록 초고성능 연산 플랫폼(Platform)을 제공하는 컴퓨터 하드웨어 및 소프트웨어 기술

<표 1> 조세특례제한법령상 인공지능 관련 기술 내용

2 인공지능 기술을 활용하는 조세 행정

OECD경제협력개발기구는 매년 발간하는 세무행정 보고서Tax Administration에서 경제의 디지털화와 새로운 사업 모델의 출현으로 세무 당국은 급격한 조세 환경 변화에 노출되어 있다고 한다. 이에 대한 대응으로 빅데이터 활용 등 새로운 디지털 기술을 적극적으로 세무행정에 도입하고, 국제 협력을 강화할 것을 권고하고 있다. 우리나라 국세청도 급격한 경제의 디지털화에 대응하기 위해 2019년 7월 빅데이터센터를 출범하여 디지털 세무행정에 박차를 가하고 있다.

빅데이터는 기존의 데이터와 비교해 생성 주기가 짧고, 수치 자료뿐만 아니라 문자, 영상 등 다양한 형태의 정보 속성을 지니는 대규모 데이터를 말한다. 빅데이터 분석 기술로는 텍스트 마이닝, 평판 분석, 사회관계망 분석, 군집 분석 등이 있다.[1] 빅데이터 분석은 머신러닝 또는 인공지능 기술을 활용하여 데이터에 포함된 납세자의 행동 양식이나 선호도의 패턴을 찾고 향후 발생할 사건 등을 예측하는 것을 목표로 한다. 예를 들어 납세자의 축적된 정보 신용카드 사용내역, 금융거래 내역, 소셜 미디어, 이메일 등를 활용하여 조세회피 위험성을 측정하여 세무조사 대상자로 선별하는 것을 들 수 있다.[2] 국세청은 매년 분석과제를 선정하여 개발하고 있다. 신고 적정성을 검증하기 위한 모형과 조세 탈루를 적발하고 조사대상자로 선정할 수 있는 예측 분석이 대표적이다.

국세청의 대표적인 빅데이터 분석 사례는 '납세자의 실거주 지역 분석'이다. 8년 이상 직접 경작한 농지를 양도할 때 양도소득세를 감면받기 위해서는 농지 인근에 거주할 것 등의 요건이 필요하다. 1세대가 소유하고 있는 1주택을 양도할 때 세금을 면제받기 위해서도 그 주택에 거주해야 하는 요건을 갖추어야 한다. 그런데 실제로 거주하였는지에 대해 납세자와 과세관청 간에 분쟁이 빈번하게 발생한다. 국세청은 납세자의 소득자료와 근무지, 가족관계 및 세대 분리 여부, 신용카드 사용내역 등을 분석하여 해당 지역에 실제로 거주하였는지를 파악하는 시스템을 구축하였다.

그러나 이와 균형을 맞추어 납세자의 세금 신고·납부 편의를 위해서도 빅데이터를 활용할 필요가 있다. 맞춤형 사전 안내, 상담 및 질의회신의 정확성과 효율성을 높여서 납세 협력 비용을 절감하는 데에도 빅데이터를 활용한다. 예를 들어 국세청은 홈페이지에서 언제 어디서나 세무 상담받을 수 있는 실시간 채팅 서비스를 제공하고 있다. 빅데이터 기술을 활용한 '챗봇'인데, 아직 인공지능 기술까지 활용하지는 못하고 있다.

3 인공지능 기술에 대처하는 조세

인공지능 기술이 발전하게 되면 인공지능이 전문적인 용역 서비스까지 제공하게 될 것이다. 현재에도 이미 의사와 변호사, 세무사 등의 전문직에 인공지능이 제한적으로 활용되고 있다. 앞으로 인공지능이 재화나 용역을 공급하면서 받은 소득에 대한 소득세와 부가가치세를 부과할 수 있는지가 문제된다. 인공지능이 단지 도구로 사용된다면 이를 상업적으로 이용하는 사람에게 소득세와 부가가치세를 부과하면 될 것이다. 현재의 조세법 체계에서도 이는 얼마든지 가능하다.

한편으로 인공지능이 독립된 경제주체로 재화나 용역을 제공할 때 인공지능 자체를 납세의무자로 하여 세금을 부과할 수 있는지가 문제 될 것이다. 인공지능이 소프트웨어로만 구현되는 것이 아니라 로봇의 형태를 가질 때도 마찬가지 문제가 제기된다. 로봇의 소유자와 별개로 로봇에게 세금을 부과할 수 있을까? 우리나라는 헌법에서 조세의 종목과 세율은 법률로 정하도록 하고 있다^{헌법 제59조}. 이를 조세법률주의라고 한다. 납세의무자도 법률로 규정해야 한다. 현재 조세 관련 법령에서 세금을 납부해야 하는 납세의무자는 개인과 법인이다. 따라서 인공지능 로봇에게 세금을 부과하기 위해서는 로봇을 납세의무자로 추가하는 입법을 해야 한다.

만약 인공지능이 납세자의 공격적 조세회피를 자문하거나 조세 전략을 수립하는 서비스를 제공한다면 인공지능에 그 책임을 물을 수 있을까? OECD는 국제 거래를 통한 공격적 조세회피에 대해 납세자와 조력자^{advisor}에게 사전 신고 의무 제도를 도입할 것을 권고한다. 공격적 조세회피는 세법 규정을 명백히 위반한 것은 아니다. 합법적인 방법으로 거래를 하지만 법률이 의도하지 않은 방법으로 세금을 줄이는 것을 말한다. 이런 행위를 사전에 차단하거나 국세청이 정보를 수집하기 위해 납세자 또는 조력자에게 미리 신고할 의무를 부과할 필요가 있다. 특히 국제 거래에서는 국가마다 세법 규정이 다르고, 국가들이 체결한 조세조약의 내용도 다르므로 인공지능은 이를 사전에 학습할 수 있다. 만약 인간의 도움 없이 인공지능이 스스로 판단하여 공격적 조세회피 전략을 짠다면, 인공지능에 사전 신고 의무를 부과할 수 있을지 의문이다. 현재는 전문가가 개입하여 인공지능을 도구로 사용하는 하이브리드 방식이 되겠지만, 인공지능이 고도화되면 인공지능이 직접 고객에게 자문업무를 제공하고 법률관계를 형성하는 것도 가능할 것이다. 로봇 어드바이저의 신고의무와 법적 책임 등이 문제로 제기될 수 있다.

III. 인공지능 로봇에 대한 과세 논의

1 로봇세 논의의 배경

기술 발전은 인간의 단순 노동을 대체하고 여러 분야에서 생활의 편리함을 가져왔다. 하지만 윤리적인 문제, 소득격차의 확대, 인간성에 대한 본질적인 의문 등 여러 면에서 우리 사회에 화두를 던지고 있다. 특히 경제 부문에서 인공지능 로봇이 가져올 노동환경 변화에 주목할 필요가 있다. 인공지능 로봇 기술이 인간의 노동을 대체함으로써 저숙련·단순 반복 일자리는 당연히 줄어들 것이다. 그런데 문제는 인공지능 기술은 과거의 기술과 달리 인간의 판단과 의사결정을 대신하기 때문에 사무·행정 및 전문직의 일자리까지 위태로울 수 있다는 점이다.

연구 결과에 따라 차이는 있지만 대체로 기술 발전으로 자본이 노동을 대체하면 생산성 향상 및 자본에 대한 수익은 증가하지만, 일자리 감소로 고용률이 하락하고 노동에 대한 보수는 하락할 것으로 전망한다. Frey and Osborne은 전체 일자리 중 약 47%가 자동화 로봇으로 대체될 확률이 70% 이상인 고위험군에 속한다고 한다.[3] Frey and Osborne의 연구 방법을 이용하여 국내 노동시장을 분석한 결과에 따르면 한국의 직업 중 약 63%가 고위험군이라고 한다.[4] 인공지능 로봇이 가져올 미래는 아직 예측하기 힘들지만, 단기적으로 대량실업의 가능성이 있다는 점은 대체로 인정한다.

이런 배경에서 실업으로 인한 사회문제를 해결하기 위해 로봇세를 도입하자는 논의가 활발하게 이루어지고 있다. 2017년 빌 게이츠^{Bill Gates}가 언론 인터뷰에서 자동화의 속도를 늦추고 실업자들의 전직을 위한 자금을 마련하기 위해 로봇을 사용하는 기업에 대해 세금을 부과해야 한다고 말하자,[5] 일론 머스크^{Elon Musk}와 스티븐 호킹^{Stephen Hawking}도 같은 의견을 피력하였다.[6]

2 로봇세 도입을 찬성하는 이유

로봇세 도입을 찬성하는 견해는 기술 발전이 대량실업을 가져올 것이고 이로 인해 국가의 재정 지출이 확대될 것으로 예측한다. 일자리 감소는 자동화 설비나 인공지능 로봇이 초래하게 되므로 원인자에게 세금을 부과해서 문제를 해결해야 한다는 의견이다. 로봇이 일자리를 대체하게 되므로 로봇세로 거두어들인 세수를 실직자 교육이나 기본소득[7]의 재원으로 활용하고자 한다. 같은 맥락에서 기업이 인간 노동자를 고용하지 않음으로써 근로자의 소득세에 해당하는 세수가 줄어들기 때문에 이를 보전하기 위해서도 로봇세가 필요하다고 본다. 기업으로서는 인간 노동자보다 로봇 노동자를 고용할 때 여러 가지 비용을 줄이면서 생산성을 향상시킬 수 있으므로 로봇을 선호하게 될 것이다. 현행 조세 법령은 로봇을 생산설비 및 자본으로 취급하면서 다양한 세제지원을 하고 있다. 기업은 세제 측면에서 로봇을 더 선호하게 될 것이다. 그런데 세금을 부과할 때 조세 중립성을 확보하는 것이 중요하다. 조세 중립성이란 세금의 부과로 경제적 의사결정이 왜곡되어서는 안 된다는 요청이다. 기업이 인간 노동자를 고용하든 로봇 노동자를 고용하든 같은 세금을 부담해야 조세 중립성이 확보될 수 있다. 로봇세를 부과하면 로봇 사용을 줄일 수 있어서 조세 중립성을 확보할 수 있다고 주장한다.

3 로봇세 도입을 반대하는 이유

로봇세 도입을 반대하는 견해는 로봇 사용이 대량실업을 초래할지에 대해 의문을 제기한다. 오히려 로봇이 효율성을 증대시킬 수도 있다. 만약 로봇에 세금을 부과하면 로봇 발전을 저해하게 된다. 로봇세는 기업의 추가적인 비용이 된다. 기업은 비용을 줄이기 위해 로봇산업에 대한 투자를 줄이게 되어 관련 산업이 위축될 수 있다. 로봇세를 부과했을 때 세금이 소비자나 근로자에게 전가되면 오히려 고용이 위축되고 소비자의 후생이 떨어질 수 있다고 지적한다. 기업은 추가로 부담하게 되는 로봇세를 납부하기 위해 판매 물건의 가격을 높이거나 근로자에게 지급하는 임금을 줄일 수 있기 때문이다. 또한 로봇세 도입을 위해서는 국제사회의 합의가 필요한데, 만약 로봇세를 도입한 국가가 있다면 그 국가의 로봇산업은 국제경쟁력을 상실하게 될 것이다.

그러므로 세금보다는 교육 및 재훈련 시스템을 개혁하는 것이 필요하다. 특별히 실업률이 높은 그룹에 대한 임금 보조, 인프라에 대한 대대적인 투자, 공공채용 프로그램을 대안으로 제시한다.[8]

 IV. 로봇세를 도입하기 전에 생각해야 할 점

[1] 법적으로 로봇은 무엇인가?

로봇세를 부과하기 위해서는 먼저 로봇이 무엇인지 법적 개념을 정립해야 한다. 로봇이라고 하면 전통적인 의미의 기계에서부터 현재의 인공지능 로봇까지 굉장히 다양하다. 그러나 아직 통일적인 개념이 확립되어 있지 않다. 로봇세 논의는 전문직을 포함한 대량실업에 대한 두려움에서 나왔다고 할 수 있으므로 주로 지능형 로봇이 대상이 될 것이다.

2017년 유럽의회 결의문에서 정의하는 지능형 로봇smart robot은 ① 센서를 통하거나 주변 환경과 자료 교환 및 분석을 통한 자율성의 확보, ② 경험이나 상호 작용을 통한 자기 학습self-learning 능력 보유선택적 기준, ③ 최소한의 물리적인 형태, ④ 주변 환경에 대한 적응 행동 가능, ⑤ 생물학적 의미에서의 무생명이라는 요소를 가지고 있어야 한다. 우리나라는 2008년 「지능형 로봇 개발의 보급 및 촉진법」에서 "지능형 로봇"이란 외부환경을 스스로 인식하고 상황을 판단하여 자율적으로 동작하는 기계장치기계장치의 작동에 필요한 소프트웨어를 포함한다라고 정의하고 있다제2조 제1호. 즉, 인공지능에 기반한 충분한 자율성을 가진 기계로서 상호 반응이 가능하고 자기 학습 능력을 보유하며 독자적인 판단과 결정을 내릴 수 있는 기계라고 할 수 있다.[9]

세금 부과는 국민의 재산권에 대한 침해가 되므로 무엇에 세금을 부과할지는 법률에 명확하게 규정되어야 한다. 인공지능 로봇의 정의가 불명확하면 납세자는 되도록 좁게 해석해서 세금을 내려고 하지 않을 것이고, 세무 당국은 되도록 넓게 해석해서 세금을 징수하려고 할 것이다. 따라서 세금을 부과할 인공지능 로봇의 범위를 어디까지 포함할 것인지 정책적으로 결정해야 한다.

2 로봇이 납세의무자가 될 수 있는가?

로봇 소유자와 별개로 로봇에 세금을 부과하기 위해서는 로봇이 법적으로 세금을 납부할 의무의 주체가 될 수 있어야 한다. 즉 납세의무자가 되어야 한다. 납세의무자가 되기 위해서는 기본적으로 법인격이 있어야 한다. 법에서 권리 또는 의무의 주체가 될 수 있는 자를 법인격이 있다고 한다. 현재 많은 법제에서는 주로 개인과 법인에 법인격을 부여하고 있다. 간혹 자연물에 법인격을 인정하는 국가도 있지만 일반적이지는 않다. 문제는 로봇의 소유자와 별개로 로봇에 법인격을 인정할 수 있는지이다.

2017년 유럽연합은 기술 발전을 저해하지 않으면서 로봇과 인공지능의 법적·윤리적 함의와 영향에 대한 보고서를 기초로 결의문을 채택하였다.[10] 이 결의문에서 로봇을 행위에 대한 책임자로서 장기적으로 '전자인격electronic person'의 지위를 부여할 것을 제안하였다. 법인격을 인정할지는 정책적 결단이므로, 사회적 합의가 있다면 로봇에 전자적 법인격을 부여할 수 있을 것이다. 법인격이 인정되면 로봇이 독립하여 계약을 체결하고 계좌를 관리하는 등 소득을 축적할 수 있다. 그렇게 되면 로봇에 납세의무를 인정할 수 있을 것이다.

3 로봇세를 피하기 위한 국제 조세회피 우려

로봇세를 부과하면 기업은 세금이라는 비용이 추가로 발생하므로 로봇의 생산이나 도입을 늦추게 될 것이다. 이런 점으로 인해 로봇세 도입을 반대하는 사람들은 로봇산업 발달을 저해할 것이라는 우려는 표명한다. 전 세계로 시야를 넓히면 어느 국가에서 로봇세를 부과하고 다른 국가에서는 부과하지 않는다면, 로봇세를 부과하는 국가의 기업은 경쟁력이 약화될 것이다. 그리고 그 기업은 가능하다면 로봇세를 부과하지 않는 국가로 시설이나 소프트웨어 개발을 이전하려 할 것이다. 여러 국가는 경쟁적으로 로봇을 기반으로 하는 사업에 세금을 감면하는 등의 유인책을 제시할 것이다. 즉, 국가들 사이에서 조세 경쟁tax competition이 발생하는 것이다. 다국적 기업은 세금 혜택이 좀 더 많은 국가로 시설 등을 이전하여 조세회피를 시도할 것이다.

따라서 로봇세 도입은 어느 한 국가에서만 이루어져서는 정책 목적을 충분히 달성할 수 없다. 무엇보다 국제적 합의가 필요하고 이를 위해 여러 나라가 함께 협약을 체결해서 시행할 필요가 있다.

4 로봇세는 로봇 사용에 대한 징벌세인가?

로봇세를 징벌적 조세로 보는 견해가 있다. 대량실업의 원인을 로봇에게 전가하여 세금을 부과하는 것이니만큼 징벌적이라는 것이다. 또는 로봇 사용으로 대량실업이라는 부정적인 외부효과가 발생하므로 피구세Pigouvian tax로 보는 사람들도 있다. 예를 들어, 공장을 가동하면서 온실가스를 배출하면 환경오염과 기후변화 등이 발생한다. 의도하지 않게 제3자에게 환경오염으로 인한 비용이 발생하는 것을 외부효과라고 한다. 이산화탄소를 배출하는 공장에 탄소세를 부과하면 기업은 온실가스 배출을 줄일 것이므로 외부효과는 줄어든다. 이때 부과하는 탄소세를 피구세라고 한다. 로봇세의 논리도 이와 유사한 측면이 있다. 로봇의 도입은 실업을 유발할 것이다. 실업을 부정적인 외부효과로 볼 수 있다. 로봇을 사용하는 기업에 로봇세를 부과하면 로봇 도입을 늦추면서 급격한 실업률 증가를 막을 수 있을 것이다. 이처럼 실업률을 줄이거나 실업자에 대한 지원금을 마련하기 위해 로봇세를 부과한다면, 로봇세는 피구세의 성격이 있다고 할 수 있다.

그러나 다른 측면에서 보면 로봇세를 징벌적 조세라고 할 수만은 없다. 기술개발에 대한 조세 지원은 경제 성장과 함께 사회 복지를 고려해야 한다. 그런데 인공지능 로봇을 통한 소득은 소수의 개발자나 로봇 소유자에게 집중되고 있다. 기술 발전이 부_富의 양극화를 심화시키고 있다. 로봇세 부과로 로봇 기술의 진보를 늦추면서 사회 복지를 증대하는 방안을 마련할 필요가 있다.

5 로봇세를 어떻게 부과할 것인가?

　로봇에 전자적 인격이 부여되고 납세의무자로 인정할 수 있다면, 어떤 형태로 세금을 부과할 수 있을까? 무엇을 과세대상으로 할지, 경제적 가치를 어떻게 환산할지, 세율을 얼마로 할지, 로봇 소유자들이 부담하는 소득세와 중복되는 면이 있다면 어떻게 조정할지 등 구체적인 문제가 남아 있다.

　많은 학자가 다양한 형태의 로봇세를 제안하고 있다. 최소 11가지 이상으로 보인다.[11] 예를 들어, 실업보험과 유사한 '자동화세' 형태는 기업이 근로자를 해고하고 그 자리를 로봇으로 대체할 때 부과하는 것이다. 로봇 노동자가 '간주 급여'를 받는 것으로 구성하는 견해도 있다. 로봇으로 대체하고 근로자를 고용하지 않는 기업에 '법인의 자기 고용세'를 부과하는 형태도 있다. 현재의 법인세 체계 아래서 로봇을 사용하는 것만큼 법인세를 추가로 더 부과하는 형태도 있다.

　또 다른 형태로 로봇이라는 자산에 대한 감가상각을 허용하지 않거나, 근로자를 해고하는 것에 비례하여 로봇에 대한 세제지원을 줄이는 방법도 있다. 지금까지 로봇세의 구체적인 형태로 합의된 것은 없다.

V. 인공지능 기술과 조세의 미래

　몇 차례의 산업혁명을 거치면서 기계와 컴퓨터는 인간의 생활을 편리하게 해 주고 생산성을 증대시켰다. 그러나 앞으로 인공지능 기술이 고도화되면 과거와 같이 낙관적으로만 볼 수 있을까? 인공지능 기술은 과거 기술과 달리 인간의 인지 방식을 학습하여 인간의 판단과 의사결정을 대신할 수 있다는 점에서 '이번에는' 다를 것이라는 예측이 지배적이다. 기술 혁신은 장기적으로 새로운 업무를 창조하고 업무 형태를 재편성할 것이다. 그러나 단기적으로 대량실업이 일어날 가능성이 있다. 이에 대비하여 로봇세 등 새로운 세금을 부과하여 부를 재분배하고 사회적 약자를 위한 재정정책을 시행할 필요가 있다.

또한 인공지능 기술은 세무조사 대상자를 선정하고 조사분석에 도움을 주는 등 조세 행정에도 큰 영향을 미칠 것이다. 인공지능 기술을 조세 행정에 활용하면 납세자의 세금 신고에 큰 도움을 줄 수 있다. 앞으로 인공지능 기술은 조세 환경에 큰 변화를 가져올 것으로 예상된다.

생각해 볼 점

1. 많은 나라들은 인공지능 기술 혁신을 지원하기 위해 세금을 감면해주는 등의 조세정책을 시행하고 있다. 그러나 기술 혁신에 대한 조세 지원이 소수의 기업과 개인의 소득만 증대시킨다면 이런 조세 지원은 정당한가?
2. 인공지능이 기계장치의 물적 형태를 갖지 않고 소프트웨어 프로그램으로 존재할 때, 이런 인공지능에 대해서도 로봇의 개념을 확장하여 로봇세를 부과할 수 있을까?
3. 우리나라가 선제적으로 인공지능 로봇세를 부과하기로 했다고 가정하자. 법인세를 추가로 부과하거나 로봇세를 별도로 부과할 수도 있다. 이런 경우 로봇세를 납부해야 하는 우리나라 기업과 우리나라에 진출한 외국기업은 어떤 의사결정을 할 것으로 보이는가?
4. 앞으로 우리나라를 비롯한 외국의 국세청은 인공지능과 빅데이터를 이용하여 세무조사 대상자를 선정하고, 세금 신고의 적정성을 검증하려고 한다. 이를 위해 수집하는 데이터는 개인의 이메일, 소셜 네트워크의 기록, 검색 기록, 신용카드 이용 내역, 거주지 이동 내역 등 사적 정보가 많다. 행정의 신뢰성을 확보하기 위해 어느 범위까지 개인정보를 수집할 수 있으며, 정보 주체에게 어느 범위까지 동의받아야 할까?

심화 학습 자료

김영순, 『4차 산업혁명과 조세』, 경인문화사, 2023.

– 4차 산업혁명이 조세에 미치는 영향을 조세지원, 세무 행정, 디지털 경제, 신종세원 등의 관점에서 다양하게 다루고 있다. 특히 최근에 논의되는 디지털세와 데이터세, 가상자산과 NFT, 로봇에 대한 과세 가능성을 검토하는 부분이 흥미롭다.

홍범교, "기술발전과 미래 조세체계–로봇세를 중심으로–", 한국조세재정연구원, 2018.

– Kurzweil(2007)의 예상에 의거하여 인공지능이 인간의 지능에 못 미치는 제1단계, 인공지능과 인간 지능이 동등한 제2단계, 인공지능이 인간의 지능을 뛰어넘은 제3단계로 나누어 로봇세 도입의 가능성을 점검하고 있는 정책보고서이다.

Ryan Aboot & Bret Bogenschnerder, Should Robots Pay Taxes?, Harvard Law & Policy Review, vol.12, 2018.

– 로봇세의 다양한 형태에 대해 기존에 논의된 내용을 상세하게 설명하고 있는 논문이다.

Xavier Oberson, How Taxing Robots Could Help Bridge Future Revenue Gaps, OECD, 2017.

– 로봇세 도입의 이론적 배경에 대해 상세히 설명하고 있는 논문이다.

미주

1 김종업·임상규, "빅데이터의 활용과 개인정보보호", 한국지방정부학회 하계학술대회, 2013.

2 전병목 외3, 『4차 산업혁명과 조세정책』, 한국조세재정연구원, 2020, 150면.

3 Carl Frey, Michael. Osborne, "The Future of Employment: How Susceptible Are Jobs to Computerisation?", Oxford Martin School Working Paper, 2013.

4 김석원, "Changes in future jobs", 2016 SPRI Spring Conference, 소프트웨어정책연구소, 2016. 3. 8.

5 Kevin J. Delaney, The Robot That Takes Your Job Should Pay Taxes, Says Bill Gates, QUARTZ (Feb. 17, 2017), available at https://qz.com/911968/bill-gates-the-robot-that-takes-yourjob-should-pay-taxes/ [https://perma.cc/6SHD-L7WY] (visited Jun. 11, 2023).

6 Catherine Clifford, Elon Musk: Robots Will Take Your Jobs, Government Will Have to Pay Your Wage, CNBC (Nov. 4, 2016), available at https://www.cnbc.com/2016/11/04/elon-muskrobots-will-take-your-jobs-government-will-have-to-pay-your-wage.html.(visited Jun. 11, 2023). Doug Bolton, Stephen Hawking Says Robots Could Make Us All Rich and FreeBut We're More Likely to End Up Poor and Unemployed, THE INDEPENDENT (Oct. 9, 2015), available at   https://www.independent.co.uk/life-style/gadgets-and-tech/stephen-hawking-says-robotscould-make-us-all-rich-and-free-but-were-more-likely-to-end-up-poor-and-a6688431.html[https://perma.cc/N5KM-PAED]. (visited Jun. 11, 2023).

7 기본소득(Universal Basic Income)은 조건 없이 모든 개인에게 정기적으로 지급하는 현금을 말한다. 핀란드와 네덜란드 정부는 2017년에 이를 실험하였다.

8 Lawrence Summers, "Robots are wealth creators and taxing them is illogical", Financial Times, March 6, 2017.

9 홍범교, "기술발전과 미래 조세체계-로봇세를 중심으로-", 한국조세재정연구원, 2018, 61면.

10 European Parliament, Committee on Legal Affairs: DRAFT REPORT with recommendations to the Commission on Civil Law Rules on Robotics(2015/2103(INL)) (https://www.europarl.europa.eu/doceo/document/JURI-PR-582443_EN.pdf)

11 Bret N. Bogenschneider, Will Robots Agree to Pay Taxes? Further Tax Implications of Advanced AI, North Carolina Journal of Law & Technology, volume 22 issue 1, 11~15(2020).

CHAPTER 10
군사적 인공지능과 국제인도법

박문언

 사례

B국이 미사일이나 로켓을 사용해   A국의 민간인 지역을 공격하는 사건이 수시로 발생하자, A국은 이륙한 후 장시간 동안 운영자의 개입 없이 적의 항공기나 미사일을 확인하고 자체적으로 판단하여 공격할 수 있는 무인기를 적의 공격이 예상되는 지역에 배치하였다. 이 무인기는 무인기 조종사에 의해 원격통제로 조정될 수도 있지만, 긴급모드로 전환할 경우 무인기 조종사의 개입 없이 적의 미사일이나 항공기에 대해 공격할 수 있도록 설계되었다.

B국이 A국의 민간인 지역으로 미사일을 발사하자 A국은 즉시 무인기를 출동시켰다. 이륙한 지 10여 분이 지나지 않아 B국은 또 다른 미사일로 공격을 하였고 이로 인해 10여 명의 A국 민간인이 사망하거나 상해를 입었다. A국의 해당 지역 작전지휘관 코만도는 무인기를 긴급모드로 전환하고 B국의 미사일 공격에 즉각적으로 대응하라고 지시하였다. 무인기가 A국과 B국의 국경지대를 비행하던 중 B국에서 또 다시 미사일을 발사했다는 경고가 뜨자 무인기 조종사 파일로는 사실관계를 정확하게 확인할 수 있는 시간적 여유가 없는 상황에서 무인기의 감시·정찰·경고·발사 시스템을 신뢰하였고 방어용 미사일의 발사에 대해 개입을 하지 않았다.

몇 분 후 A국은 무인기에서 발사한 방어용 미사일에 의해 파괴된 물체가 B국에서 발사한 미사일이 아니고 A국의 영공을 지나가던 C국의 민간 항공기임을 확인하였다. 이 사고로 항공기에 탑승하고 있던 C국과 D국의 국민 200여 명이 사망하였다. A국은 B국과의 분쟁을 이유로 유엔 가입 당시부터 국제사법재판소의 강제관할권을 수락하지 않았고, 국제형사재판소에 관한 로마규정에도 가입하지 않았다.

C국은 자국의 국민들을 대신하여 국제사법재판소에 A국의 국제위법행위를 원인으로 한 손해배상소송을 제기하였을 뿐만 아니라 무인기의 사용을 승인한 지휘관 코만도 및 민간 항공기에 대해 미사일이 발사되었음에도 이에 개입하지 않은 무인기 조종사 파일로의 처벌을 요구하고 있다. D국의 사망자 유가족은 D국 국내법원에 사고 관련자들을 상대로 불법행위에 기한 손해배상소송을 제기하였다.

1) 인간 조종사의 개입 없이 자율적으로 미사일을 발사하도록 프로그램된 A국의 무인 항공기는 국제인도법상 적법한 무기인가?

2) A국이 국제형사재판소의 재판관할권을 수락할 경우 지휘관 코만도와 무인기 조종사 파일로는 민간인을 살상한 행위로 로마규정에 의해 처벌될 수 있는가? 또는 A국 형법에 과실치사를 처벌하는 규정이 있다면 코만도와 파일로는 A국 형법에 의해 처벌될 수 있는가?

3) A국이 국제사법재판소의 재판관할권을 수락할 경우 국제사법재판소에서 A국에 대한 국가책임이 인정될 수 있는가? 또는 D국의 국내법원에서 민간 항공기 사망자에 대한 관련자들의 손해배상책임이 인정될 수 있는가?

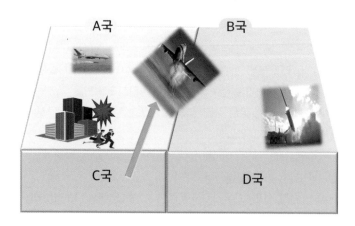

I. 인공지능의 군사 분야 활용과 윤리적 문제

1 군사 분야 인공지능

민간의 발전된 인공지능^{AI, Artificial Intelligence} 기술은 국방 분야에 있어서 행정, 인사, 의료, 군수, 수송 분야뿐만 아니라 감시, 정찰, 지휘통제 및 공격과 방어 무기에 이르기까지 그 활용 범위가 확대되고 있다. 일반적으로 '국방'은 국가안전보장과 국가이익을 보호하기 위해 국내외로부터의 군사적 및 비군사적 위협을 막는 일체의 국가방위 활동을 의미하는 넓은 개념이다. 반면, '군사'는 군대의 운용에 관한 전반적인 사항으로 '국방'보다는 제한적인 의미를 가진다. 국제인도법과 관련하여 주로 문제되는 것은 무기의 사용이기 때문에 군사 분야, 특히 무기체계와 관련된 인공지능을 중심으로 많은 논의가 진행되고 있다.

이 장에서는 인공지능 무기체계, 무인 무기체계, 자율무기체계, 유무인복합 무기체계라는 용어가 혼합적으로 사용된다. 무기체계[1]에 인공지능이 장착된 것이 인공지능 무기체계, 인간의 원격통제하에 무인으로 사용되는 것이 무인 무기체계, 인간의 개입 없이 스스로 상황을 판단하여 임무를 수행하는 것을 자율무기체계^{AWS, Autonomous Weapon Systems}라고 전제하였다. 추가로 우리 군의 국방혁신 4.0에서 말하는 유무인복합체계는 인간과 무인 무기체계 또는 인간과 자율무기체가 함께 작전을 수행하는 것이라고 이해하면 좋을 것이다.

최근 전쟁 양상을 바꾸어 놓을 게임체인저로서 인식되고 있는 자율무기체계는 아군의 피해를 최소화하고 군의 전력체계를 효율화할 수 있어 국제사회에서 뜨거운 감자가 되고 있다. 인구절벽으로 인해 병역대상자의 규모가 감소하고 있는 상황에서 인공지능을 활용한 무인 무기체계의 개발과 사용은 군사적으로 매우 큰 의미를 가진다. 군사 분야의 단순하고 기계적인 업무를 무인체계로 전환할 경우 상당한 병력절감 효과를 가져 올 수 있을 것이다. 그뿐만 아니라 인공지능 무기체계를 사용하는 경우 신속한 데이터 처리와 결심 기능을 활용하여 불확실성이 가득한 전장에서 인간 전투원보다 효과적으로 전투를 수행할 수 있다.

부분적으로 인간과 유사하거나 인간을 능가하는 능력을 보유하지만, 인간을 보조하는 수준에서 특정 문제를 해결하고 업무를 지원하는 약인공지능 Artificial Narrow Intelligence이 주로 군사적 인공지능에 활용될 것이다. 하지만 독립성, 자아, 자유의지 등이 추가된 강인공지능Artificial General Intelligence이나 기술적 특이점 Technological Singularity을 넘어서는 영화 "터미네이터"와 같은 초인공지능Artificial Super Intelligence의 출현은 인류의 멸망을 초래할 수도 있다. 초인공지능이 무기체계에 사용되면 인간에 의한 통제가 사실상 의미가 없어질 수도 있기 때문이다.

국제사회에서 자율무기체계에 대한 문제의식이 높아지고 있지만, 자율무기체계의 여러 가지 장점 때문에 많은 국가들이 자율무기체계 개발이나 연구에 더욱 박차를 가하고 있다. 이러한 현실은 과학기술의 적극적 활용이라는 긍정적인 측면도 있지만, 인간의 통제가 제대로 이루어지지 못한다면 인류의 존재 자체를 위협할 수도 있는 중요한 상황임을 인식할 필요가 있는 것이다.

2 군사적 인공지능과 윤리원칙

인공지능이 인간을 대신해 많은 업무를 수행하게 되면서 국가별로 인공지능의 법적인 제한이나 규제를 제도화하려고 하고 있다. 현재 논의 중인 미국의 알고리즘 책임법안Algorithm Accountability Act이나 EU의 인공지능법안Artificial Intelligence Act이 그것이다. 법적인 규제에 앞서 AI 기술의 발전에 따른 여러 가지 문제점을 인식하고 윤리적으로 AI를 규제하고자 하는 움직임이 있었다. AI 윤리원칙은 아이작 아시모프의 소설 "아이 로봇"에서 3가지[2]가 제시되기도 하였다. 2017년 캘리포니아 아실로마에서 AI 연구자, 과학자 등이 모여 연구 이슈, 윤리와 가치, 장기적 이슈 등에 관해 23개 원칙을 마련했는데, 이후 개별 국가별로 또는 국제기구별로 다양한 AI 윤리원칙이 제시되었다.

유럽연합의 고위급 전문가 그룹HLEG, High-Level Expert Group은 2018년 12월 신뢰할 수 있는 AI 윤리 가이드라인의 최종안을 작성하여 2019년에 발표하였다. 기본적으로 신뢰할 수 있는 AI는 합법적이고 윤리적이며 강력한 성능을 가져야 한다고 하면서 4가지 윤리원칙과 7가지 구체적 요소들을 제시하였다. 구체적 윤리원칙으로 AI는 인간의 자율을 존중하여야 하고, 인간에 대한 피해를 예방하여야 하며, 교육이나 서비스 및 기술의 접근에 있어 공정하여야 하고, 결과에 대해 설명할 수 있어야 한다고 하였다. 신뢰 가능한 AI를 현실화하기 위해 AI가 작동되는 모든 기간 동안 지속적으로 평가되고, 문제가 있으면 해결을 위한 조치가 취해져야 한다고 하였다.

　　미국도 수 년 동안 각 분야별 전문가의 토론과 군내 수차례 공청회를 거쳐 2020년 군사적 AI에 대한 5가지의 윤리원칙을 마련하였고, 이러한 내용은 2023. 1. 25. 자율무기체계에 관한 국방부훈령 DoDD 3000.09의 정책[1.2.f.] 부분에 규정되었다.[3] 책임성, 공평성, 추적가능성, 신뢰성, 통제가능성이 미군의 군사적 AI 윤리원칙의 내용이다. ① 책임성은 AI의 개발, 배치, 사용에 대한 책임이 인간에게 유지되어야 한다는 것으로 인간의 주의와 판단이 적절한 수준으로 지속되어야 한다는 것을 의미한다. ② 공평성은 AI의 성능에 있어 비의도적인 편향이 최소화되도록 신중하게 조치할 것을 의미하며, ③ 추적가능성은 관련자들이 투명하고 감시 가능한 방법, 데이터 등을 통해 기술이나 발전과정을 적절하게 이해할 수 있도록 개발할 것을 의미한다. ④ 신뢰성은 AI가 분명하고 명확한 목적을 위해 사용되어야 하며, AI의 안전과 보안은 전체 수명주기 동안 규정된 사용범위 내에서 시험되고 검증되어야 함을 의미한다. ⑤ 통제 가능성은 의도된 기능을 다하도록 설계하되, 비의도적인 결과를 탐지하고 회피할 수 있는 성능과 비의도적인 작동을 하는 경우 중단시킬 수 있도록 설계되어야 한다는 것을 의미한다. 현재 우리 군도 군사적 AI에 대한 윤리원칙을 마련 중에 있는데 이러한 내용을 크게 벗어날 수 없을 것이다.

 II. 군사적 AI와 자율무기체계 논의

1 **자율무기체계에 대한 국제적 논의의 전개**

　　2003년 이라크 전쟁 전후로 인간이 원격조종을 하는 무인 항공기를 통한 공격에서 무고한 민간인의 피해가 속출하였는데, 2010년 유엔특별보고관인

필립 알스톤이 표적살인^{targeted killing}의 문제점을 제기하면서 로봇에 의한 표적선정과 인간살상이 유엔에서 문제되었다. 2013년 크리스토퍼 헤인즈가 자율무기체계의 문제점을 유엔총회에 보고하면서 본격적인 논의를 촉발하였다.

2014년 이전 국제적십자위원회^{ICRC} 등 비정부기구에서 자율무기체계가 주로 논의되다가 2014년부터는 특정재래식무기금지협약^{CCW4} 기구에서 논의되고 있다. 2019년 CCW 정부전문가그룹회의^{GGE, Group of Government Experts}에서 자율살상무기체계^{LAWS, Lethal Autonomous Weapon Systems5}에 대한 11가지의 지도원칙^{guiding principles}을 제시하였다⁶. 그 핵심적 내용은 자율무기체계의 사용에 있어 국제인도법^{전쟁법}이 적용되어야 하고, 자율무기체계로 인한 불법행위나 피해는 기계가 아닌 인간의 책임이라는 것이다. 또한, 자율무기체계의 사용 시에 인간과 기계의 상호작용이 유지되어야 하고, 무기사용의 결정은 국제법에 따라야 하며 자율무기체계 사용 시 다양한 위험이 고려되어야 한다. 자율무기체계에 대해서 일반 무기체계와 같이 엄격한 시험평가가 이루어져야 하고, 자율무기체계를 사용하는 국가는 국제법적 의무를 준수하여야 한다. 인간책임의 원칙에서 강조한 것과 같이 신기술을 의인화하는 것은 금지하되, 이로 인해 신기술의 평화적 발전 또한 저해되어서는 안 된다고 하였다. 그리고 마지막으로 이러한 문제를 논의하기에 가장 적절한 곳은 CCW 회의라고 하였다. 하지만 2023년 CCW 회의에서 더 이상 자율무기체계의 법적 규제 논의에 진전이 없어 다른 국제기구나 회의에서 관련 문제를 논의해야 한다는 주장이 인권단체 Human Right Watch에서 제기되기도 하였다.

국가별로 입장을 크게 구분하면 두 가지로 나눌 수 있다. 먼저 자율무기체계에 대한 법적 규제는 시기상조라는 것이다. 미국, 러시아, 인도 등과 같이 정치적 선언으로 충분하다는 견해로 우리나라와 일본도 유사한 입장을 취하고 있다. 영국도 국제법적 규범을 아직 마련할 필요는 없지만 자율무기체계에 대한 별도의 매뉴얼을 작성하자는 의견을 제시하였다. 중국은 완전자율살상무기체계^{FLAWS, Fully Lethal Autonomous Weapon Systems}에 대해서 국제법적으로 금지해야 된다는 의견이긴 하지만 실질적으로 미국이나 러시아와 입장이 크게 다르지 않다고 할 것이다.

비동맹그룹 주도의 제3세계 국가는 자율무기체계에 대한 인간의 통제가 어렵다거나 기계가 인간을 살상하는 것에 대한 윤리적 문제를 들어 자율무기체계의 개발이나 사용을 국제법적으로 제한해야 한다고 주장하고 있다. 특히, 인간이 아닌 무기체계가 표적선정이나 교전을 하지는 않지만, 인간이 시스템의 자율적 기능에 전적으로 의존하는 상황에서는 인간통제가 없다고 보아야 한다는 의견을 제시했다. 형식적으로는 자율무기체계가 아니지만 실질적으로 자율무기체계가 될 수 있는 문제를 제기한 것이다. 최근 유럽의 다수 국가는 이원적 접근법two-tier approach에 따라 자율무기체계의 특성과 성능에 따라 규제의 강도를 달리해야 한다는 의견을 제시하고 있다. 즉 인간통제가 없는 완전자율살상무기체계FLAWS는 법적으로 금지하고, 인간통제가 문제되는 자율무기체계에 대해서도 법적 규제를 주장하는 국가들이 늘어나고 있다.

2 자율무기체계의 개념과 판단 기준

〈사례〉에서 제시된 A국의 무인기는 무인기 조종사의 개입 없이 긴급모드에서 스스로 판단하여 적의 군사목표물을 공격할 수 있다. 현대의 무기체계는 많은 부분에 AI가 장착되는데, 어느 범위까지가 자율무기체계인지가 명확하지 않다. 우리 군이 미래 전력체계로 계획하고 있는 유무인복합체계도 결국은 일정 부분은 무인체계가 스스로 판단하여 군사적 결정을 하게 된다면 자율무기체계에 해당하게 된다.

자율무기체계의 범위가 넓어지면 국제적 규제의 폭이 커지게 되어 군사선진국이나 AI 기술이 발달한 국가에서는 이에 반대할 것이다. 반대로 자율무기체계의 범위가 너무 좁으면 무분별한 기술 개발과 자율무기체계의 지나친 사용으로 인해 인류에게 핵무기 못지않은 위협으로 다가올 수 있어 제3세계 국가들은 이에 대해 반대할 것이다.

자율무기체계의 개념을 살펴보기 전에 자율성과 자동화의 개념을 알면 보다 이해가 쉬워진다. 지뢰는 자율무기체계로 볼 수 있을까? 자율성이 핵심적인 문제라고 할 것이다. 무기체계에 있어 자율성autonomy을 가진다는 것은 인간의 개입 없이 외부의 변화하는 상황을 무기체계가 스스로 확인하고 프로그램된 원칙에 따라 결정하여 임무를 수행하는 것을 의미한다. 지뢰는 일정한 무게가 감지되면 적군이든, 아군이든, 동물이든 폭파되기 때문에 자율성이 있다고 보기는 어려울 것이다. 적군에 대해서만 폭파가 되도록 설계되고 작동되어야 자율성이 있다고 할 수 있다.

자율성을 가지는 자율무기체계를 판단하는 기준을 크게 보면 세 가지 정도로 제시할 수 있다. 첫째는 무기체계 자체의 자율성 정도를 기준으로 자율무기체계를 판단하는 것이고, 둘째는 무기체계의 운용과정을 인간의 행동결정 요소인 관찰observe, 판단orient, 결정decide, 행동act과 연계시켜 인간관여의 정도에 따라 인간통제human in the loop, 인간감독human on the loop, 완전자율human out of the loop로 구분하는 것이다. 셋째는 무기체계의 핵심기능에 대한 자율성을 기준으로 공격절차인 탐지, 식별, 추적, 표적선정, 교전, 사후평가의 6단계 중 표적선정과 교전에 있어 자율성이 있다면 자율무기체계로 보는 것이다.

첫 번째 방법은 자율주행자동차에서 비자동화 0단계부터 완전자율화 5단계로 구분하는 것과 같이 일정 단계 이상을 자율무기체계로 볼 수 있을 것이다. 이 방법에 의하면 어느 단계부터 자율무기체계로 보아야 하는지 명확하지 않다. 미국 국방성의 국방과학위원회 특별전담조직Defense Science Board Task Force은 기계 자체의 자율단계보다 인간과의 상호 협력관계를 통해 기능적 자율성이 어느 정도인지 검토하는 것이 보다 타당하다고 보았다.[7]

두 번째 방법은 구체적 자율성의 정도보다는 전체적으로 무기체계가 인간에 의해 작동하는지인간통제, 아니면 무기체계 자체가 인간의 개입 없이 스스로 임무를 수행하지만 필요한 경우 인간이 무기체계를 중지시킬 수 있는지인간감독, 또는 전혀 인간의 통제가 미치지 않는지완전자율에 따라 자율무기체계를 구분하기 때문에 개념적으로는 명확하다. 인간통제를 제외한 나머지는 자율무기체계로 인정할 수 있지만 이러한 구분도 인간의 판단능력이 무기체계의 성능에 미치지 못한다면 인간의 관여는 무의미해지고 인간통제나 인간감독도 경우에 따라서는 완전자율에 해당할 수도 있는 문제가 발생한다.

OODA LOOP

John Boyd는 인간의 의사결정과정을
관찰(Observe), 판단(Orient), 결심(Decide), 행동(Act)으로 구분

Human in the Loop	무기체계를 작동함에 있어 인간이 통제
Human on the Loop	무기체계가 독자적으로 임무수행을 하지만 인간의 감독을 받고 인간에 의한 중지가 인정
Human out of the Loop	인간의 통제를 받지 않고 무기체계가 자체적으로 의사를 결정하고 행동

<그림 1> OODA Loop 개념에 기초한 자율무기체계 구분 방법

세 번째 방법은 무기체계에 있어 가장 핵심적 기능인 표적선정과 교전에 있어 자율성을 기준으로 자율무기체계를 구별하는 것이다. 다른 기능의 자율성과 상관없이 표적선정과 교전을 인간의 개입 없이 무기체계가 스스로 할 수 있다면 자율무기체계가 되는 것이다.

<그림 2> 표적처리 절차 중 자율성에 따른 자율무기체계 구분 방법

미국은 일단 작동된 이상 인간 운영자의 개입 없이 표적을 선정하고 공격할 수 있는 무기체계를 자율무기체계로 구분하고 있다. 자율성을 가지지만 인간이 교전을 승인해야만 공격이 가능한 반자율무기체계는 자율무기체계가 아닌 반면, 독자적으로 교전이 가능하지만 필요한 경우 인간이 교전을 중지할 수 있는 운영자감독무기체계는 자율무기체계에 포함된다고 보고 있다. 중국은 인간에 대해 살상성을 가지고, 임무 수행의 전체 과정에 걸쳐 자율성이 있으며, 작동된 이상 인간에 의한 종료가 불가능하고, 자율적으로 학습함으로써 발전성을 가지는 무기체계만을 자율무기체계로 보고 있다. 러시아는 인간 운영자의 개입 없이 전투나 지원임무를 수행하기 위한 포탄ordnance 이외 완전 자율의 무인 기술수단을 자율무기체계로 보았고, 일본도 러시아와 유사하게 자율무기체계의 개념을 매우 좁게 제시하였다.

CCW 회의에서 자율무기체계 개념에 대해 국가들의 합의가 이루어지지 않고 있다. 다만, 대부분의 국가에서는 세 번째 기준에 따라 공격절차 중 핵심적 기능인 표적선정과 교전에 있어 자율성이 있으면 자율무기체계로 보는 경우가 많다.

3 A국의 무인기는 자율무기체계인가?

A국의 무인기가 자율무기체계인지 검토하기 위해 위에서 제시한 두 번째 또는 세 번째 기준을 적용해서 살펴본다. A국 무인기는 평소에 인간 조종사에 의해 조종되므로 기본적으로 인간통제하에 있어 자율무기체계가 아니다. 하지만 긴급모드로 전환할 경우 인간의 개입 없이 군사표적을 식별하고 공격할 수 있는 기능을 가지고 있다. 두 번째 기준에 의할 때 방어용 미사일 발사 이후 무인기 조종사 파일로가 해당 미사일 공격을 중지하거나 미사일을 자폭시킬 수 있다면 A국 무인기는 인간감독 자율무기체계에 해당한다. 발사된 이상 파일로가 아무런 통제를 할 수 없다면 완전 자율무기체계에 가깝게 된다. 세 번째 기준에 의할 때 무인기가 민간 항공기를 B국의 미사일이라 판단하고 즉각적으로 방어용 미사일을 발사했기 때문에 표적선정과 교전에 있어 자율성이 인정되므

로 당연히 자율무기체계에 해당한다.

여기서 고려해볼 사항은 평소 수동모드일 때 당연히 원격조종에 의해 인간통제 상태에 있는 무기체계도 긴급한 상황에서 자동모드로 전환되는 경우 자율무기체계의 개념에 해당한다는 것이다. 특히, 문제가 되는 경우는 최종적으로 교전의 결정을 인간이 하지만, 교전을 결정함에 있어 시간적 여유가 없고 종합적 정보판단이 어려워 무기체계의 정보를 인간이 신뢰할 수밖에 없는 상황이다. 형식적으로 인간통제가 이루어지고 있는 것 같이 보이지만 인간은 무기체계의 판단을 검토하기 보다는 단순히 승인하는 인간 거수기 역할을 하는 경우가 실제 전장에서 더욱 문제가 될 것이다.

 ## III. AI 무기체계와 국제인도법 준수 문제

1 국제인도법과 주요 원칙

우크라이나-러시아 전쟁과 같이 최근의 전쟁은 과거와 달리 비선형전, 전자전, 사이버전, 네트워크 중심전, 혼합전하이브리드전 등의 개념이 중요하게 등장하였으며, 법률전도 전쟁 수행의 전략적 관점에서 재조명되고 있다. AI 무기체계가 국제법적으로 적법한 무기체계인지 판단하기 위해 먼저 전쟁법의 일반적인 내용에 대해 살펴볼 필요가 있다.

일반적으로 전쟁법은 무력충돌에 관한 법규를 말하는데, 우리나라도 「대한민국헌법」에 따라 무력충돌에 관해서 대한민국이 당사자로 가입한 조약과 일반적으로 승인된 국제법규를 준수해야 한다제6조 제1항. '전쟁'이라는 개념의 해석문제와 부정적인 의미 때문에 무력충돌 상황에 적용되는 법규라는 의미에서 무력충돌법Law of Armed Conflict이라는 용어도 일부 사용되고 있다. 무력충돌 시 민간인이나 전쟁으로 인한 희생자를 보호한다는 차원에서 학자들이나 국제적십자위원회ICRC와 같은 국제인권단체는 국제인도법International Humanitarian Law이라는 용어를 사용한다. 전쟁법은 정당하게 전쟁을 시작할 수 있는가의 문제인 Jus ad Bellum, 적법한 전쟁의 수행과 관련된 Jus in Bello, 전쟁 종료 후 평화유지 및 재건과 관련된 Jus post Bellum으로 구분할 수 있다. 엄격하게 말하면, 국제인도법은 국제적 또는 비국제적 무력충돌에서 발생하는 인도주의적 문제를 해결하기 위해 민간인이나 전투능력을 상실한 전투원, 민간물자 등의 보호에 중점을 두고 있는 국제규범이라는 점에서 전쟁법과 완전히 동일한 개념은 아니지만, 이 장에서는 교환 가능한 용어로 사용한다.

적법한 전쟁 수행과 관련하여 다수의 헤이그협약, 4개의 제네바협약과 이에 대한 2개의 추가의정서에 대부분의 내용이 규정되어 있다. 제네바 제1협약은 육전에 있어 군대 부상자 보호, 제2협약은 해전에 있어 군대 부상자 보호, 제3협약은 포로의 대우, 제4협약은 민간인 보호에 관해 규정하고 있다. 제네바협약 제1추가의정서는 국제적 무력충돌, 제2추가의정서는 비국제적 무력충돌에 관해 규정하고 있다.

무력충돌 상황에서 무력의 사용은 군사적 필요가 있는 경우에만 허용되며^{군사적 필요의 원칙}, 원칙적으로 전투원과 민간인, 군사시설과 민간물자를 구별하여 적 전투원 및 군사시설에 대해서만 무력이 사용되어야 한다^{구별의 원칙}. 다만, 부상을 당해 전투능력을 상실한 군인, 종교 요원^{군종}이나 의료 요원은 군인임에도 공격이 금지된다. 반대로 직접적으로 적대행위에 참가하고 있는 민간인에 대해서는 예외적으로 무력행사가 가능하다. 무력을 사용하더라도 군사적 이익을 초과하여 과도하게 민간에 부수적 피해가 발생하는 공격은 금지되며^{비례의 원칙}, 전투원을 살상함에 있어서도 과도한 상해나 불필요한 고통을 유발하는 행위도 금지된다^{인도주의 원칙}. 민간인과 민간물자의 피해방지를 위한 모든 예방적 조치를 의미하는 사전예방의 원칙이 최근 자율무기체계와 관련해서 강조되고 있다.

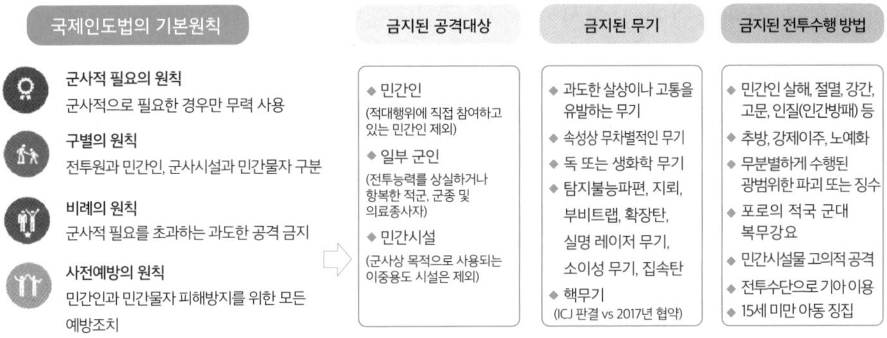

<그림 3> 국제인도법의 기본원칙과 적법한 전투 수행

무기와 관련해서 우리나라가 비준한 조약은 「핵무기의 비확산에 관한 협약NPT」, 「세균무기(생물무기) 및 독소무기의 개발·생산 및 비축의 금지와 그 폐기에 관한 협약BWC」, 「화학무기의 개발·생산·비축·사용금지 및 폐기에 관한 협약CWC」 등이 있다. 핵무기의 사용과 관련해서 1996년 국제사법재판소International Court of Justice에서 문제가 된 적이 있었다. 재판관들 의견이 7:7로 나누어져 재판장의 casting vote를 통해 예외적으로 국가의 존망이 걸린 급박한 상황에서 핵무기의 사용은 위법하지 않다는 쪽으로 결론이 나기도 했다.[8] 2017년 핵무기금지협약이 마련되었지만 우리나라는 아직 가입하지 않았다. 이 밖에 특정재래식무기금지협약CCW의 세부 조약으로 5개의 의정서가 있다. 그것은 탐지불능의 파편제1의정서, 지뢰, 부비트랩 및 기타 장치제2의정서, 소이성 무기제3의정서, 실명 레이저 무기제4의정서, 전쟁잔류폭발물제5의정서에 관한 것이다. 현재 우리나라는 CCW 의정서 중 제1, 제2, 제5의정서에만 가입했다. 이외에도 대인지뢰금지협약오타와협약, 집속탄에 관한 협약이 별도의 조약으로 존재하지만 우리나라는 가입하지 않았다.

금지된 공격대상에 대한 공격이나 금지된 무기의 사용, 금지된 방법으로 전투를 수행한 경우 전쟁범죄로 처벌될 수 있다. 국제형사재판소International Criminal Court에 관한 로마규정상 전쟁범죄로 금지된 전투수행 방법은 무분별하게 수행된 광범위한 파괴, 포로를 적군 군대에서 복무하도록 강요, 항복한 적에 대한 공격, 적의 공격을 중단시키기 위해 민간인을 인질로 삼는 행위인간방패, 민간인에 대한 음식물 공급을 차단하여 기아를 유발하는 방식으로 전투, 15세 미만의 아동을 적대행위에 참여시키는 것 등이 규정되어 있다^{제8조}. 로마규정에는 집단살해, 반인도적 범죄, 전쟁범죄의 다양한 유형을 명시하고 있는데, 로마규정을 위반한 경우 국제형사재판소에서 재판을 받을 수도 있다. 미국, 중국, 러시아, 북한은 국제형사재판소에 관한 로마규정에 가입하지 않았지만, 우리나라는 이에 가입했기 때문에 우리 장병들은 관련 협약과 「국제형사재판소 관할 범죄의 처벌 등에 관한 법률」에 따라 더욱 엄격하게 처벌될 수 있다.

2 국제인도법상 적법한 무기란?

역사적으로 발달하는 무기체계가 국제인도법에 부합하는지 여부에 대해 논쟁이 많았지만 무기의 사용이 더욱 확대된 경우가 대부분이다. 중세 시대의 석궁^{cross-bow}, 제1, 2차 세계대전 전후 공중공습이나 잠수함의 사용을 금지하려고 했던 것이 이에 해당한다. 중세의 석궁은 기사가 아닌 평민도 단기간에 훈련을 받는다면 기사를 포함한 귀족을 쉽게 살상할 수 있어 신분적 이익의 유지를 위해 사용이 제한되기도 하였다. 또한, 열기구 또는 항공기에 의한 공중공습이나 잠수함의 공격으로 인해 무차별적인 민간인 피해가 발생하여 많은 국가에서 그 사용을 제한하고자 하였다. 하지만 석궁은 편의성과 뛰어난 관통력 때문에 사용이 더욱 확대되었으며, 항공기와 잠수함도 군사적 이익의 달성을 위해 민간인 피해를 최소화하면서 정밀도를 높이는 방향으로 발전하였다. 자율무기체계도 과학적 발전을 무기체계에 활용하여 전투원뿐만 아니라 민간인의 피해를 최소화할 수 있다는 점에서 개별 국가들의 자율무기체계 개발 노력 자체를 부정하는 것은 현실적으로 쉽지 않을 것이다.

무기의 사용 제한은 무기 자체가 불법적인 경우와 무기의 사용이 불법적인 경우로 나눌 수 있다. 제네바 제1추가의정서는 무기 자체의 성질상 과도한 상해나 불필요한 고통을 유발하는 무기, 발사체 및 전쟁수단과 물질의 사용을 금지하고 있다^{제35조 제2항}. 무기 자체의 사용이 금지되는 생화학 무기가 아니더라도 전장에서 구체적으로 사용되는 수단이나 방법에 의해 제한되는 경우도 있다. 앞에서 설명한 구별, 비례, 인도주의, 사전예방의 원칙 등을 준수할 수 없는 무기 또한 상황에 따라 사용이 금지될 수 있다.

자율무기체계는 기계가 사람을 살상하므로 적에 대한 인간적인 존중을 위반한다는 이유로 그 자체로 불법적인 무기라고 주장하는 사람도 있다. 하지만, AI가 활용되는 무기체계의 경우 자율적 기능이 있다고 하더라도 생화학무기나 국제법에서 금지하고 있는 물질을 사용하지 않는 한 그 자체로 불법적인 무기는 아니다. AI를 장착한 무기체계가 국제법에 합치되게 사용될 수 있는지에 따라 적법한 무기인지 여부가 결정된다. 국제법상 사용이 금지되지 않은 무기를 탑재하였지만, 애초 인간의 의도와 달리 무기체계의 자율성으로 인해 무차별적으로 또는 비례의 원칙을 준수하지 않으면서 인간을 살상하는 킬러로봇이 된다면 이는 불법적인 사용으로 인해 금지되어야 할 것이다.

요약하면, 자율무기체계가 그 자체로 위법한 무기는 아니고 자율성으로 인해 국제인도법을 위반할 소지가 있기 때문에 문제가 제기되는 것이다. 자율무기체계의 사용이 불법적인지 여부는 확정적이지 않고 인간통제와 개입의 정도, 공격 대상의 범위, 공격의 효과, 공격 중단체계의 유효성 등의 요소에 의해 종합적으로 검토되고 판단되어야 할 것이다.

3 구별과 비례의 원칙 준수에 있어 문제점

AI 무기체계가 국제인도법을 준수할 수 있는 적법한 무기체계인지 여부는 구별과 비례의 원칙을 얼마나 잘 준수할 수 있는지 여부에 달려 있다. 구별의 원칙과 관련하여 실제 전장에서 정규군, 비정규군과 민간인을 구별하고 직접적으로 적대행위에 참가 중인 민간인, 전투능력을 상실한 적군 등에 해당하는지 판단하는 것은 쉽지 않은 일이다. 평소에는 민간시설이지만 전시에 군사시설로 사용될 수 있는 방송국이나 발전소와 같은 이중용도 시설 등에 대해 군사목표물인지 판단하는 것은 인간에게도 어려운 문제이다. 경우에 따라서는 '직접적인 적대행위의 참가'나 '전투능력 상실'과 관련된 추상적인 법적 개념의 해석문제가 있을 수 있고, 개별 상황에서 구체적 사실관계 확인이 쉽지 않은 경우가 많다. 자율무기체계가 이런 복잡한 문제에 관해 국제인도법을 위반하지 않고 전투를 수행할 수 있을지가 관건인 것이다.

비례의 원칙에 있어 군사적 필요성을 판단하기 위해 그 범위가 가장 넓은 국가 전체의 전략적 이익을 기준으로 하는 경우 작전적, 전술적 이익에 비해 민간의 부수적 피해도 확대되어 고려될 수 있다. 부수적 피해의 구체적 범위도 정신적 피해나 시간적인 피해의 범위를 어디까지 고려해야 할지도 문제가 된다. 특히 산술적으로 피해 추산이 가능한 시설물이라면 문제의 소지가 적지만, 사람과 사람의 생명을 비교하거나 시설물과 사람의 생명을 AI가 비교하는 것은 적절하지 않다고 할 것이다. 또한 전쟁을 끝낼 수 있다면 빈 라덴 같은 지도자 한 사람을 제거하기 위해 수백 명의 무고한 희생을 AI가 결정하는 것이 적절한지도 문제된다. 구별의 원칙보다 더 추상적이고 복잡한 상황에 대한 판단을 요구하는 비례의 원칙 준수 여부를 AI의 판단에 맡기기는 더욱 쉽지 않을 것이다. 인간보다 더 논리적이고 국제법적 개념을 완전하게 학습한 검증된 무기체계가 아니라면 이러한 문제를 자율무기체계가 판단하도록 하는 것은 국제인도법상 비례의 원칙을 위반할 소지가 있다.

종합하면 자율무기체계로 인한 피해를 최소화하기 위해서 가능한 모든 상황을 고려한 사전 프로그램의 설계, 프로그램이나 알고리즘에 대한 철저한 시험평가, AI 무기체계 사용자에 대한 전문적인 교육과 전문성 향상, 사고가 발생한 경우 사고조사 이후 프로그램 개선을 통해 사전예방의 원칙이 철저하게 준수되어야 한다. 또한 구별과 비례의 원칙 준수를 위해 자율무기체계의 사용 지역, 사용 시간, 공격대상, 자율무기체계에 장착되거나 사용될 무기의 범위 등이 제한되어야 한다. 민간인이 없는 사막이나 수중에서의 자율무기체계 사용은 당연히 고려될 수 있지만, 시가전과 같이 전투원과 민간인이 쉽게 구별되지 않는 곳에서 사용은 금지되어야 한다. 가용 시간도 지속적인 인간통제가 허용되는 범위 내로 제한하고, 교신의 범위가 좁은 수중에서의 사용도 제한적이어야 한다. 그리고 사용자와 통신이 두절된 경우 자체 통제기능에 의해 무기사용을 제한하도록 해야 할 것이다.

4 A국 무인기는 국제인도법상 적법한 무기체계인가?

위 사례와 관련하여 A국 무인기가 국제인도법상 적법한 무기체계인지 여부는 무인기가 민간인 또는 민간시설이나 물자를 적군의 미사일, 전투기, 군사

목표물과 구별할 수 있는지가 핵심이다. A국 무인기는 운영자의 개입 없이 적의 항공기나 미사일을 확인하고 자체적으로 판단하여 공격할 수 있는 성능을 보유하고 있다. 기본적으로 적의 항공기나 미사일 여부를 판단할 수 있고 민간인이나 민간 항공기에 대해서는 공격이 금지되도록 설계가 되어 있다고 볼 수 있다. 만약 기본적으로 이러한 요건을 갖추고 있다면 그 자체로 국제인도법에 위반되는 무기체계는 아니고 무력충돌 상황에서 당연히 사용이 금지되지 않는다.

하지만, 긴급모드로 전환된 상태에서 프로그램 자체의 오류였는지 아니면, 식별 성능의 부족때문인지는 모르겠지만 A국의 무인기는 C국의 민간 항공기를 적의 미사일로 오인하고 미사일 공격을 실시하였다. 이는 민간인 지역에 대한 오폭과 유사하게 그 원인을 확인하고 책임을 규명할 필요가 있는 것이지, 무기 자체로 사용이 금지되는 위법한 무기를 사용하여 그것이 문제되는 경우는 아니라고 할 것이다. 아래에서 무인기 사용을 승인한 지휘관 코만도나 운용자 파일로의 책임에 대해 살펴본다.

IV. 군사적 AI 사용에 대한 책임의 문제

1 AI 무기체계와 형사책임

인간이 AI를 장착한 자율무기체계를 사용하여 범죄의 결과가 발생한 경우 자율무기체계 자체의 형사책임을 인정할 것인지 문제된다. 만약 자율무기체계의 책임을 부정한다면 결국 그 배후에 있는 사람으로서 프로그래머, 제작자, 운영자, 관리자, 지휘관 등에게 책임을 물을 수밖에 없다. 인간이 자율무기체계를 사용하다가 범죄의 결과가 발생한다면 인간과 자율무기체계의 관계는 세 가지 유형으로 분류할 수 있을 것이다.

첫째, 인간이 범죄를 위해 자율무기체계를 도구로 사용한 경우이다. 다른 사람을 살상하기 위해 총이나 칼을 사용하여 상해를 입히는 경우와 동일하다고 할 것이다. 둘째, 인간이 직접 자율무기체계를 이용하여 범죄를 발생시킨 것은 아니지만 이러한 무기의 사용으로 범죄 발생이 예견 가능하여 발생 범죄에 대한 간접적인 책임이 문제된다. 셋째, 자율무기체계가 완전한 자율성을 가지고 도저히 인간이 예측하지 못한 범위에서 범죄를 저지르는 경우인데, 공상과학 소설에서 보는 전형적인 킬러로봇을 생각할 수 있을 것이다.

만약 첫 번째 경우와 같이 설계자, 제작자나 운영자가 범죄를 의도적으로 실행하기 위해 프로그램을 설치하거나 자율무기체계를 운영했다면 관련자를 발생한 범죄의 정범으로 처벌할 수 있다. 하지만 두 번째 형태의 경우 자율무기체계의 배후에 있는 인간에게 불법적인 결과에 대한 고의가 없는 경우는 과실범죄가 문제된다. 애초 프로그램을 설계하거나 자율무기체계를 제조·생산할 때 예견 가능한 오류나 하자를 제대로 검토하지 못해 불법적인 결과가 발생한 경우가 현실적으로 더욱 그러할 것이다. 고의가 없기 때문에 지휘관이나 인간 사용자는 과실범으로 처벌되거나 객관적인 주의의무 위반조차 없다면 과실범으로도 처벌되지 않을 것이다. 마지막으로 자율무기체계가 독자적으로 범죄를 저지른 경우 자율적으로 판단하고 행동하는 자율무기체계의 특성상 제작자나 운영자 등의 행위와 범죄 결과 사이의 인과관계는 차단된다. 그렇다면 이를 사용한 인간이나 지휘관에 대한 책임귀속이 인정되기 어려울 것이다. 다만 자율무기체계에 대한 처벌을 인정할 것인지 문제가 남지만, 법률에서 인정한 법인격인 법인法人 유사의 전자인電子人과 같은 또 다른 법인격이 인정되지 않는 한 자율무기체계 자체에 대한 처벌은 어려울 것이다.

2 AI 무기체계와 지휘관의 형사책임

일반적으로 지휘관 책임은 위계질서가 엄격한 군 조직에서 자신이 지휘하는 군대의 국제범죄를 방지하거나 부하 범죄를 처벌하지 않은 상급자가 지는 국제법상의 형사책임을 말한다. 제2차 세계대전 이후 뉘른베르크와 동경전범재판소에서 부하의 범죄를 예방하지 못한 지휘관 책임이 문제되었다. 작위를 요건으로 하지 않는 부작위 책임이며 하급자의 범행에 대하여 상급자가 알고 있었던 경우는 물론이고 알지 못한 데 과실이 있었던 경우까지 처벌할 수 있는 포괄적 책임이다로마규정 제28조.

개인의 형사책임 조항과 달리 자신의 실효적인 지휘와 통제하에 있는 또는 실효적 권위와 통제하에 있는 부하가 전쟁범죄를 범하고 있거나 범하려는 사실을 정황상 알 수 있었던 경우도 형사처벌을 받을 수 있다는 점에서 우리 형법상 과실책임과 유사하다. 하지만 이러한 지휘관의 책임은 대리책임vicarious liability이나 엄격책임strict liability은 아니라는 것이 국제법원의 판례로 확인되었다.[9]

로마규정을 국내법으로 제정한 「국제형사재판소 관할 범죄의 처벌 등에 관한 법률」은 로마규정과 다르게 지휘관이 부하의 범죄사실을 "알고도" 이를 방지하기 위하여 필요한 상당한 조치를 하지 않은 경우로 한정하고 있다제5조. 원칙적으로 지휘관의 과실책임을 인정하지 않지만, 지휘관의 직무태만죄를 별도로 규정하여 과실로 범죄를 방지하지 못한 경우도 처벌하고 있다제15조.

로마규정상의 지휘관 책임을 자율무기체계에 적용한다고 할 경우 여러 가지 문제가 발생한다. 첫째, 지휘관과 부하의 관계는 이제까지 인간 사이에서만 적용이 되었는데, 인간이 아닌 자율무기체계에 지휘관계를 인정하기 어렵기 때문이다. 설사 지휘관계를 인정하더라도 기본범죄와 관련하여 객관적인 범죄 결과는 발생하였지만, 고의나 과실과 같은 주관적 구성요건요소를 어떻게 자율무기체계에 적용할 것인지가 어려운 문제로 남게 된다. 둘째, 지휘관의 실효적 통제에 있어 자율무기체계는 표적이 선정된 후 자신의 독자적인 판단에 의해 공격을 실시하게 되므로 자율무기체계 자체의 공격 행위에 대해 실효적 통제가 가능한지 상황별로 문제가 될 것이다. 셋째, 자율무기체계에 대해 지휘관계를 인정하지 않는 경우 자율무기체계를 사용한 부하의 책임이 고려될 수 있는데, 로마규정상의 대부분 전쟁범죄는 고의범죄이므로 부하의 고의가 인정되지 않는 경우 지휘관 책임도 인정되지 않는다.

결론적으로 자율무기체계는 지휘관의 부하가 아니므로 로마규정상의 지휘관 책임이 자율무기체계와 관련하여 그대로 적용될 수 없으며, 자율무기체계를 사용하는 부하의 고의·과실 여부에 따라 지휘관 책임이 인정될 여지가 있다. 하지만, 대부분의 전쟁범죄가 고의 범죄이므로 부하의 과실로 불법행위가 발생한 경우 부하의 형사책임이 인정되지 않고 따라서 지휘관 책임도 인정될 여지는 거의 없다고 할 것이다.

3 AI 무기체계와 민사상 책임

결과 발생에 대한 의도나 인식이 없었지만 일반적인 설계자, 제작자, 운용자가 객관적 주의의무를 다하여 그 결과 발생을 예측할 수 있었거나 결과를 회피할 수 있었다면, 우리나라의 경우 「민법」제750조에 의해 불법행위에 기한 손해배상 책임을 진다. 「제조물 책임법」은 제조물 공급 당시의 과학·기술 수준으로 결함의 존재를 발견할 수 없었던 경우와 제조물의 결함이 당시 법령에서 정하는 기준을 준수함으로써 결함이 발생하였다는 사실 등을 입증하지 않는한^{제4조} 제조물에 결함이 있었고 이로 인해 손해가 발생한 것으로 추정한다^{제3조의2}.

자율무기체계가 생산되고 배치되기 전까지 수많은 연구와 검토의 과정을 거치게 된다. 이 과정에서 발생 가능한 문제점이 해결되지 않고 자율무기체계가 생산·배치되었다면 자율무기체계의 사용으로 인한 손해배상책임은 충분히 인정될 수 있을 것이다. 무기체계는 하나의 사소한 실수로 많은 인명과 재산의 손실을 가져올 수 있고, 이를 예방하기 위해 예견 가능한 모든 문제는 설계, 제조 및 필요한 경우 배치 후 사용 과정에서도 반드시 개선되어야 하기 때문이다. 하지만, 현실적으로 모든 증거와 자료를 군이나 방위사업 관련 회사에서 보유하고 비밀로 관리하는 상태에서 이러한 사실의 입증은 현실적으로 거의 불가능에 가깝다. 경우에 따라서는 자율무기체계의 설계자나 사용자조차도 예상하지 못한 피해가 발생할 수도 있다.

이러한 문제점을 해결하기 위해 무과실 책임을 인정하는 방안을 고려할 수 있다. 영미의 보통법에서는 행위자의 과실 여부에 상관없이 결과 발생의 사실만으로 행위자에게 엄격책임을 인정하는 경우가 있다. 전통적으로 엄격책임은 동물에 대한 책임과 극히 위험한 활동으로 인한 책임이 인정되어 왔다.¹⁰

자율무기체계와 관련된 사회적 가치는 전시 민간인 보호의 국제인도법 목표보다는 군대를 보호하고 비용을 감소시키려는데 있어 정책적으로 무과실책임을 적용하기가 어려울 수는 있다. 하지만, 자율무기체계는 특성상 사람에 대한 살상이 가능할 수도 있기 때문에 당연히 성질상 위험한 활동에 해당하고, 자율무기체계의 사용으로 인해 무고한 민간인이 살상당할 위험은 예견 가능하다. 이러한 활동으로 인한 심각한 피해 발생의 위험은 어떠한 안전예방조치를

취하더라도 언제나 존재한다.[11] 자율무기체계의 사용으로 인한 인명 살상 문제
는 장래 무력충돌의 양상과 국제법상 인도주의 원칙에 중대한 영향을 미치기
때문에 무과실 책임을 고려할 필요가 있다.

4 AI 무기체계와 국가책임

피해자가 자율무기체계의 설계자, 제작자, 운용자 등에게 직접 민사소송
을 제기하여 손해배상을 청구하는 경우 국제적인 소송을 수행해야 하는 어려
움이 있다. 만약 피해자의 국적국이 자율무기체계를 사용한 국가를 상대로 소
송을 할 수 있다면 피해자가 외국에 있는 가해자에 대해 소송을 제기하는 것보
다 더 효과적인 결과를 도출할 수 있을 것이다.

2001년 국제법위원회에서 마련한 "국제적 위법행위에 대한 국가책임법
안Articles on the Responsibility of States for Internationally Wrongful Acts"은 국가가 국제적 의무를
위반한 경우 국제적 위법행위 책임을 부담한다고 규정하고 있는데, 일정한 작
위 또는 부작위가 국제법에 의해 국가의 행위로 귀결될 수 있다제2조. 이러한 국
제적 위법행위는 국가적 의무의 기원이나 성격에 상관없이 국가의 행동이 요
구되어지는 의무에 부합하지 않는 경우 국제적 의무의 위반이 발생한다제12조.
이러한 국가책임의 본질과 성립요건에 관해 국제법적으로 아직 완전한 합의가
이루진 것은 아니지만, 자율무기체계는 무기 자체의 자율성으로 인해 사용자
나 국가의 과실을 입증하기 어려운 측면이 있어 국가책임에 대한 보다 구체적
인 논의가 필요하다.

자율무기체계의 사용은 당연히 군대의 임무 수행 행위이고 군대는 일반적
으로 국가의 기관이다. 국가책임도 고의·과실을 요한다는 견해도 있지만, 국가
책임의 성립요건으로 주관적 요소를 규정하지 않았기 때문에 고의·과실이 필
요하지 않다는 견해도 있다. 또한 고의나 과실을 요하지는 않지만 국가의 의무
를 규정한 1차적 규범이 고의나 과실을 요구하는 경우 그 요건을 충족시켜야
한다는 견해도 있다.[12] 이러한 견해에 의하더라도 고의가 인정되기 어려운 자
율무기체계 사용의 경우, 전쟁범죄에는 해당하지 않지만 결과적으로 손해의

결과를 발생시켰다면 국가의 책임을 인정할 수 있을 것이다. 왜냐하면, 제네바 협약 제1추가의정서는 체약당사국이나 충돌당사국의 작위의무가 있는 경우 이를 행사하지 않음으로써 발생하는 제네바 제협약 또는 제1추가의정서의 중대한 위반뿐만 아니라 기타 모든 위반을 억제하기 위해 필요한 조치를 취할 것을 규정하고 있다^{제86조 제1항}. 기타 위반의 경우 작위의무를 규정함에 있어 별도의 고의나 과실 요소를 언급하지 않고 있다. 또한 제네바 제협약이나 제1추가의정서의 규정을 위반하는 충돌당사국에 대해 필요한 경우 보상금을 지불할 책임을 규정하고 있다^{제91조}.

당사국은 자국 군대의 일부를 구성하는 자들이 행한 모든 행위에 대해 책임을 지므로 만약 군이 국제적 의무를 위반하여 민간인에게 피해를 발생시켰다면 이는 당연히 국제적 위법행위가 될 것이다. 제네바 협약상의 민간인 보호 규정은 로마규정과 같은 형사처벌 규정이 아니고, 중대한 위반 이외의 협약 위반에 대해서 행위자의 고의나 과실을 규정하고 있지 않다. 그렇기 때문에, 제네바 협약상의 보호대상인 민간인을 살상한 경우 국가의 국제적 의무위반으로 국제적 위법행위가 성립될 수도 있을 것이다. 자율무기체계의 경우도 국제적 의무를 위반하여 이를 배치하고 사용함으로써 민간인에 대한 피해가 발생했다면 자율무기체계를 사용한 국가에게 동일한 책임이 발생한다고 할 것이다.

<그림 4> 자율무기체계 사용에 따른 법적 책임

5 A국 무인기 관련자의 책임

A국 무인기가 이륙할 당시 B국의 미사일 공격이 있었고 이후에도 미사일 공격이 지속된 상황에서, A국의 무인기는 A국 상공을 비행하는 C국의 민간 항공기를 B국이 발사한 미사일로 오인하여 방어용 미사일을 발사하였다. 미사일과 민간 항공기는 크기, 속도, 외부 특성상 많은 차이점이 있음에도 A국 무인기가 이를 제대로 검토하지 못하고 미사일을 발사한 것이다. 긴급모드에서 무인기 조종사 파일로가 이러한 문제를 확인하고 무인기에서 발사된 미사일을 무력화시키거나 자폭시킬 수 있었음에도 이를 정상적으로 검토하지 않은 과실이 문제될 수 있는 상황이다.

위 사례에서 고의적으로 C국 민항기를 격추하고자 하는 의도는 없었으므로 민형사상 고의책임을 묻기는 어려울 것이지만, 지휘관 코만도, 무인기 운용자 파일로나 설계자·제작자의 과실 책임은 문제될 수 있다. 무인기를 군에 배치할 당시 과학·기술 수준으로 결함의 존재를 발견할 수 있었던 경우라면 설계자나 제작자의 과실이 인정될 수 있다. 반대로 무기의 획득과정 중 시험평가나 검증절차에서 이를 확인할 수 없었다면 관련자의 책임을 인정하기는 쉽지 않을 것이다. 무인기 조종사 파일로의 경우 일반적인 무인기 조종사가 해당 상황에서 무인기의 오류를 확인할 수 있는 경우라면 민형사상의 과실책임이 인정될 수 있다. 하지만, 유사한 경력과 능력을 가진 무인기 조종사도 동일한 결정을 할 수밖에 없었던 상황이라면 무인기 조종사 파일로의 책임을 인정하기는 어려울 것이다.

무인기의 사용을 승인한 지휘관 코만도는 부하의 범죄행위 성립 여부에 따라 책임이 달라질 것이다. 민간인에 대한 고의적인 공격만 전쟁범죄에 해당하므로 부하의 고의가 인정되지 않는다면 지휘관의 형사책임 또한 인정되기 어렵다.

국가책임의 문제에 있어서 A국 무인기의 사용은 군의 임무수행 행위이고 군은 A국의 국가기관이다. 무인기 조종사 파일로의 과실 여부에 관계 없이 제네바협약이나 국제인도법상의 민간인 보호 원칙을 위반하여 피해를 발생시킨 경우 국제법상 A국의 국가책임은 인정될 여지도 있다.

Ⅴ. AI 무기체계에 대한 국제인도법 보완 발전

2019년 CCW 회의에서 제시한 11가지 원칙 중 가장 핵심적인 사항은 자율무기체계에 대해 기존의 국제법이 그대로 적용되어야 하고, 무기체계에 자율적 기능이 있더라도 이를 운용하는 인간의 책임이 지속적으로 유지되어야 한다는 것이었다. 사이버 관련 문제가 국제적으로 이슈가 되었을 때도 기존의 국제법으로 대응이 가능한지, 새로운 국제적 규범이 필요하지 않은지 논의가 있었다. 사이버전과 관련된 탈린매뉴얼이 작성되었고 기존의 국제법에서 적용하기 어려운 내용들이 계속적으로 논의되면서 필요한 법리와 국제규범이 발전해 가고 있다.

자율무기체계를 포함한 AI 무기체계도 어떻게 보면 사이버 분야와 유사한 과정을 거칠 것으로 예상된다. 하지만, AI 무기체계가 사이버 영역과 다른 가장 큰 차이점은 이제까지는 인간이 모든 영역에서 주체이었지만, 앞으로 AI가 장착된 무기체계에 있어 의미 있는 인간통제가 이루어지지 않고 임무 수행에 있어 인간이 주도권을 잃을 수도 있다는 것이다. 무기체계의 설계·제작 과정뿐만 아니라 시험평가, 배치, 사용 등 무기체계의 모든 수명주기 동안 인간의 철저한 감독과 통제가 가능하도록 국제규범의 흠결을 보완해 나가는 것이 중요하다. 그리고 무엇보다도 인간통제가 현실적으로 어려운 완전자율살상무기체계LAWS의 사용은 국제법적으로 반드시 금지되어야 하며, AI 무기체계의 사용으로 인해 발생한 민간인 피해에 대해 제작자나 사용자의 고의·과실 여부에 상관없이 피해를 구제할 수 있는 방안이 마련되어야 할 것이다.

생각해 볼 점

1. 자율무기체계를 사용한 경우 제작자나 운용자의 과실을 입증하는 것은 쉽지 않으므로 「우주물체에 의해 발생한 손해에 대한 국제책임에 관한 협약」상 우주물체 발사국의 지구 표면 내 발생 손해에 대한 절대적 책임(제2조)과 같이 무과실 책임을 인정하자는 주장이 국제사회에서 받아들여질 수 있을 까?

2. 자율무기체계 관련자의 민사상 책임이 인정되더라도 개별 국가의 국내법에서 무력충돌 시 면책규정을 두거나 국제법상 국가의 행위임을 이유로 타국 법원의 관할권으로부터 면제를 인정하는 주권면제를 주장하는 경우 피해자 보호 방안은 무엇인가?

3. 제네바협약 제1추가의정서 제36조는 신무기, 전투수단 또는 방법의 연구·개발·획득 및 채택에 있어 무기 및 전투수단의 사용이 국제법의 다른 규칙에 의하여 금지되는지 여부를 결정할 의무가 있다고 규정하고 있다. 이 조항이 AI 무기체계의 통제를 위해 어떻게 활용될 수 있는가?

4. 기존의 국제법이 AI 무기체계에 당연히 적용되어야 하지만 자율성을 가지는 AI 무기체계의 특성상 의미 있는 인간통제를 가능하게 하게 위해 추가적으로 보완되어야 할 부분은 무엇인가?

5. 과학기술의 발달에 따라 무기체계는 지속적으로 발전하고 있는데, 장래 AI가 장착된 자율무기체계는 어떤 형태로 발전할 것인가?

심화 학습 자료

박문언, "자율무기체계에 대한 국제적 논의와 우리 군의 대비 방향", 『국방논단』 제1920호, 한국국방연구원, 2022. 11. 17.

박문언, "자율무기체계의 국제법적 허용성과 규제방안", 서울대학교 박사학위 논문, 2019.

한희원, 『인공지능 법과 공존윤리』, 박영사, 2018.

Chritstof Heyns, "Report of the Special Rapporteur on Extrajudicial, Summary or Arbitrary Executions", Report on Lethal Autonomous Robots, Human Rights Council, UN Doc. A/HRC/23/47, 2013.

Scharre Paul, 『Army of None: Autonomous Weapons and the Future of War』, W. W. Norton & Company, 2018.

Philip Alston, "Interim Report of the Special Rapporteur on Extrajudicial, Summary or Arbitrary Executions", UN Doc. A/65/321, 2010.

미주

1 적군을 살상하거나 적의 시설, 물자를 손상, 파괴시키기 위해 의도적으로 제작된 것이 무기
  인데, 최근의 무기는 무기 자체의 하드웨어보다 이를 운영하는 인공지능을 포함한 소프트
  웨어의 중요성이 더 크기 때문에 양자를 모두 포함하는 의미에서 무기'체계'라는 용어를 사
  용한다.

2 제1원칙은 인간을 해쳐서는 안 된다, 제2원칙은 제1원칙에 위배되지 않는 한 인간의 명령에
  복종한다, 제3원칙은 제1, 제2원칙에 위배되지 않는 한 로봇 자신을 보호한다.

3 Department of Defense Directive 3000.09, Autonomy in Weapon Systems.

4 특정재래식무기금지협약(CCW, Convention on Prohibitions or Restrictions on the Use
  of Certain Conventional Weapons Which Maybe Deed to Be Excessively Injurious
  or to Have Indiscriminate Effects)의 정식명칭은 "과도한 상해 또는 무차별적 효과를 초
  래할 수 있는 특정재래식무기의 사용금지 및 제한에 관한 협약"으로 2001. 12. 10. 우리나
  라에서도 발효되었다.

5 자율무기체계(AWS) 중에 살상성을 가지는 것이 자율살상무기체계(LAWS)이고, 인간의 통
  제 없이 완전하게 자율적으로 살상무기를 사용할 수 있는 무기체계가 완전자율살상무기체
  계(FLAWS)인데, 이장에서는 기본적으로 "자율무기체계"라는 용어로 사용한다.

6 Report of the 2019 Session of the Group of Governmental Experts on Emerg-
  ing Technologies in the Area of Lethal Autonomous Weapons Systems, CCW/
  GGE.1/2019/3.

7 Department of Defense, Defense Science Board, Task Force Report: The Role of
  Autonomy in DoD Systems, 2012, p.4.

8 Legality of the Use by a State of Nuclear Weapons in Armed Conflict, Advisory
  Opinion, I.C.J. Reports 1996, p.66.

9 Delalić et al., IT-96-21-A, Appeals Chamber, 20 Feb. 2001, para. 313.

10 Restatement (Second) of Tort §§ 509, 520.

11 Rebbecca Crootof, "War Torts: Accountability for Autonomous Weapons", Uni-
  versity of Pennsylvania Law Review Vol. 164, 2016, p.1396.

12 James Crawford, 『State Responsibility』, Cambridge University Press, 2014, p.219.

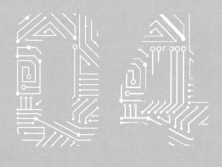

케이스 스터디

CHAPTER 01

자율주행차

황창근

 사례

A는 택시운송사업자인 X회사가 운행하는 자율주행택시(제조사 Y자동차회사)를 탑승하고 목적지로 가던 도중 그 택시가 앞에서 운행 중이던 B운전 차량을 추돌하였고, 이에 선행차량이 밀리면서 인도를 침범하여 보행자 C를 치는 교통사고가 발생하였다. 이 사고로 A는 전치 2주, 선행 차량의 운전자 B는 전치 4주, 보행자 C는 전치 8주의 각 상해를 입었으며, 양 차량은 크게 파손되었다. 자율주행택시는 SAE(미국자동차공학회) 레벨4 자율주행차로서 인간 운전자가 탑승하지 않은 이른바 '무인 자동차'로 인공지능에 의하여 운행되는 자동차이다. 경찰 및 자율주행차 사고조사기구의 조사 결과 이 사고는 자율주행택시 측의 과실로 발생된 것으로 밝혀졌다. X회사가 가입한 Z자동차보험회사는 A, B, C에 대하여 보험금을 지급하고, 택시제조회사 Y에게 구상하려고 한다. 또한 이 사고는 통신의 오류로 인한 것이라는 이유로 통신사업자에게도 구상권을 청구하려고 한다. 자율주행차의 교통사고시 손해배상책임이 있는 당사자는 누구일까?

자율주행차는 전통적인 자동차 기술에 정보통신과 인공지능 기술을 융합한 새로운 기술서비스의 대표적인 성과라고 할 수 있다. 세계 각국은 물론 우리나라에서도 자율주행차를 미래의 대표적인 먹거리로 인식하고 범정부적인 정책을 내세우고 있다. 우리나라도 2027년 레벨4 승용차 출시를 목표로 하고 있다.[1] 최근 미국 샌프란시스코에서는 구글 웨이모와 GM 크루즈에게 자율주행 택시의 24시간 영업허가를 하여 자율주행차가 시험이나 시범운행의 단계를 넘어 대중교통으로까지 현실화되고 있다.[2] 다만 완전한 상용화는 법적으로 해결되어야 할 문제가 남아 있어 상당한 시간이 걸릴 것으로 예상된다. 자율주행차는 기술단계SAE 기준에 따라 일반적으로 6단계로 개념을 구분하고 있다아래 표 참조.

레벨 구분	Lv.0	Lv.1	Lv.2	Lv.3	Lv.4	Lv.5
명칭	無자율주행 (No Automation)	운전자 지원 (Driver Assistance)	부분 자동화 (Partial Automation)	조건부 자동화 (Conditional Automation)	고도 자동화 (High Automation)	완전 자동화 (Full Automation)
운전주시	항시 필수	항시 필수	항시 필수 (조향핸들을 상시 잡고 있어야 함)	시스템 요청 시 (조향핸들 잡을 필요X, 비상 시에만 운전자가 운전)	작동구간 내 불필요 (비상 시에도 시스템이 대응)	전 구간 불필요
자동화 구간	-	특정구간	특정구간	특정구간 (예: 고속도로, 자동차 전용도로 등)	특정구간	전 구간
예시	사각지대 경고	조향 또는 감가속 중 하나	조향 및 감가속 동시작동	고속도로 혼잡구간 주행지원시스템	지역(Local) 무인택시	운전자 없는 완전자율주행

<표 1> 자율주행 단계별 구분(출처: 국토교통부)

전통적으로 자동차 운행과 관련한 법제로는 자동차, 운전자, 도로에 관한 각각의 법률인 자동차관리법, 도로교통법, 도로법 등이 있는데, 자율주행차 운행에 있어서도 다르지 않다. 거기다가 차량 간, 차량과 도로 등의 통신을 원활하게 하는 통신법제, 정보의 보안 및 보호에 관한 정보법제가 중요하고, 자율주행차는 인공지능을 기반으로 하는 만큼 인공지능 규율법제도 중요하다.

인공지능을 기반으로 한 자율주행차에 대한 법적 논점은 전통적인 차량에 대한 규제와 다르지 않다. 자동차 안전기준에서 인공지능 관련 사항이 추가될 것이고, 책임법에서도 인공지능을 고려한 논의가 이어질 것으로 본다.

자율주행차는 운전자 또는 승객의 조작 없이 자동차 스스로 운행이 가능한 것을 말하는 것이기에 전통적인 인간운전자인 사람 중심의 규제방식에 대한 변화가 있을 것으로 보인다. 기존의 자동차 운행법제인 자동차, 운전자, 도로에 대한 규제체계는 어느 경우나 모두 사람을 대상으로 하고 있는 점은 동일하다. 즉 자동차관리법상 자동차의 안전에 대한 규제방식으로서 자기인증은 자동차의 안전성을 따지는 것이긴 하지만 결국 해당 자동차의 등록자, 운행자에 대하여 하는 것이고, 도로교통법상 운전면허제도는 운전자의 운전능력에 따라 운전허가를 하여주는 행위이며, 도로의 시설이나 교통표지, 신호기 등에 대한 교통규칙의무의 부과도 운전자에게 주어지는 것인만큼 여전히 사람에 대한 행위로서 성격을 가지고 있다.

이와 비교하여 자율주행차의 법적 이슈는 인공지능이 가미된 자동차라는 기계에게 자동차의 운행과 운전상 책임과 관련한 권리와 의무를 어떻게 부여할 것인가의 문제이다. 이는 기존의 사람을 전제로 하여 형성된 법률관계를 기계로 확대 또는 전환하는 것에 대한 재검토가 필요하다는 것을 의미한다. 먼 미래에 어쩌면 자율주행차, 즉 인공지능에게 직접 권리·의무를 부여할 수도 있겠지만, 그 전에는 자율주행차를 소유 또는 관리하는 등의 이해관계 있는 자에게 그 법적 효과를 미치게 하는 것에서 출발할 것으로 예상된다. 2021년 독일의 도로교통법에서는 무인 자율주행차의 운행을 허용하고 있는데 그 운행상 책임 주체로 기술감독관을 도입한 것은 그런 사례에 해당한다. 현재 국내외 입법은 레벨4 자율주행차의 운행에 대비한 입법을 서두르고 있는 상태이다. 앞서 본 독일의 2021년 도로교통법이 대표적이고, 일본의 2022년 도로교통법 개정도 그러한 내용이며, 영국의 입법권고안도 그런 사례이다.[3]

다음에서는 인공지능을 기반으로 한 자율주행차의 운행 시 발생할 수 있는 법적 문제 중에서 책임에 관한 점을 중심으로 설명하고자 한다.

1 자동차, 운전자, 도로의 개념의 변화

자동차 운전에서 자동차, 운전자, 도로는 필수불가결한 3요소이다. 전통적인 자동차 운행법제가 자율주행차 시대에 어떻게 변화할 것인지 예측해 보기로 한다. 현재도 자율주행차에 대비한 법제가 전 세계적으로 입법되고 있지만 아직은 불완전한 상태이다. 전통적인 자동차 운행법제는 인간 운전을 전제로 한 만큼, 인간이 직접 운전에 참여하지 않는 레벨4 이상의 경우에는 적용하기 어렵기 때문에 이 법제를 어떻게 변경하여야 할 것인지 문제가 된다.

1) 자동차법제

자율주행차에 대하여는 2015년 8월 11일 「자동차관리법」의 개정때 처음으로 개념을 정의하면서 입법이 시작되었다. 즉 자율주행차는 '운전자 또는 승객의 조작 없이 스스로 운행이 가능한 자동차'로 정의하였는데^{제2조}, 여기서 스스로 운행이 가능하다는 의미는 인간의 운전 없이 '인공지능'에 의하여 운행되는 것으로 이해할 수 있다. 자율주행차의 개념은 엄격하게 따져보면 제정 당시 인공지능 기술이 가미된 자동차, 스스로 운행되는 자동차를 찾아보기 어려웠기 때문에 자율주행차의 개념을 정확하게 표현하는 것인지에 대하여 논란이 있었다. SAE 단계에서 보듯이 자율주행차는 레벨 0에서 5까지 여러 단계로 발전하는 것이기 때문에 자율주행차의 개념을 한마디로 정의하는 것이 적절하지 않다는 반론이 적지 않았다. 한편 도로교통법에서는 자율주행차의 개념을 「자동차관리법」 제2조 제1호의3에 따른 자율주행자동차로서 자율주행시스템을 갖추고 있는 자동차'라고 하여 자율주행시스템을 추가적으로 정의에 포함하고 있다^{제2조 제18호의3}.

또한 자동차관리법은 자동차 안전기준과 부품안전기준을 규정하고 있는데, 2019년 12월 31일 자율주행시스템^{ADS, Automated Driving System}의 기준, 운행가능영역 지정 등 안전기준을 신설함으로써 명실상부한 자율주행차의 안전법의 역할을 하게 되었다^{자동차 및 자동차부품의 성능과 기준에 관한 규칙 제111조 이하}. 그 밖에도 2019년 비록 자율주행차의 시범운행 등의 제한된 목적을 위한 것이긴 하지만 「자율주행

자동차 상용화 촉진 및 지원에 관한 법률」을 제정함으로써 향후 자율주행차의 상용화에 대비한 독립된 입법을 완료하였다.

2) 운전자법제

자율주행차의 운전자는 누구인가? 1949년 제네바 도로교통에 관한 협약 및 1968년 비엔나 도로교통 협약에 의하면 운전은 인간운전자를 전제로 하는 것인데, 이러한 규정이 자율주행차 운행시대에 적합하지 않다는 문제가 제기되었다. 이에 2014년 비엔나협약 수정안에 합의하여 2016년 3월 23일부터 효력이 발하게 되었다. 비엔나협약은 제8조에 제5항의2를 신설하여 자율주행시스템을 운전자가 제어 또는 차단할 수 있으면 운전자에 의한 제어 요건^{제8조 제5항}을 충족하는 것으로 개정하여 자율주행차의 운행을 가능하게 하였고, 같은 취지로 제네바협약도 개정안을 추진한 적이 있다. 다만 개정된 비엔나협약에서도 여전히 인간운전자의 존재를 포기한 것이 아니고 인간운전자에 의한 제어를 추가한 것으로 이해하고 있다.[4] 우리나라 도로교통법도 2021년 10월 19일 자율주행시스템^{제2조 제18호의2}의 개념과 자율주행차의 개념^{제2조 제18호의3}을 도입함으로써 자율주행차의 도로교통상 운행의 직접적인 근거를 마련하였다.

우리나라도 도로교통법이나 자동차관리법에서도 운전자는 인간을 전제로 한다. 자율주행차 운행에 있어서는 인간운전자와 인공지능[ADS]의 역할을 어떻게 설정할 것이지가 중요하다. 레벨3까지는 양자의 역할이 존재하지만, 레벨4 이후에는 인간운전자가 완전히 배제되고 인공지능만이 운전 또는 운행의 역할을 하게 된다. 이에 따라 전통적인 인간운전자의 개념의 변경이 필요하고, 레벨4 이후에도 운전자의 개념이 필요한지도 검토할 필요가 있다. 여기에서 도로교통법이 규정하고 있는 인간운전자 중심의 운전면허제도 등 체계에 대한 근본적인 재검토가 필요하다.

운전자법제에서 또 중요한 것은 도로교통법상 교통규칙의 변경 문제이다. 현행법상 교통규칙 준수 의무자는 당연 운전자이다. 도로교통법상 차마의 통행방법을 정한 조문에 있어서도 그 의무의 준수자는 당연 운전자라고 할 것이다. 그런데 자율주행차는 자동차 제작 시에 이미 어떤 교통규칙을 준수할 것인지, 윤리적 딜레마 발생 시 어떤 선택을 할 것인지를 알고리즘으로 설계하여 적용하는 것이므로 그 준수의 의무자가 운전자가 아니라 자동차제작자이고 따라서 의무를 제작자에게 부여하면 충분한 것이 아닌가 의문이 들 수 있다. 도로교통법에서 '차량 제작자의 의무'에서 자율주행차에 교통규칙을 알고리즘으로 반영할 의무를 규정하고, 그 의무의 내용을 법률로 상세하게 규정하는 것이다. 교통규칙의 내용을 어떻게 개편할 것인가 보면, 운전자를 전제로 하는 제반 교통규칙의 위반^{이를테면 음주운전 등}, 운전을 전제로 한 운전석의 개념, 운전석 이탈 시 시동정지의무^{제49조 제1항 제6호} 등에 대한 재검토가 필요하고, 그밖에 인간 운전자를 중심으로 규정된 차간거리 유지나 신호준수의무 등도 불필요할 수 있다. 기존의 운전자 중심의 교통규칙은 자율주행차에 대한 안전기준 사항, 즉 인증 요건으로 전환될 것이다. 반면에 차선이나 신호체계는 사람이 운전할 때보다 보다 엄격하게 규정할 필요가 있다.

3) 도로법제

자율주행차가 운행하는 도로는 어떤 변화를 맞을 것인가? 도로의 경우도 많은 변화가 나타날 것으로 보인다. 자율주행차는 도로의 신호기, 교통표지 등 도로시설을 자동으로 인식하고 운행하게 됨에 따라 도로시설이 이와 같은 필요에 따라 변화될 것이다. 자칫 도로의 차선을 인식하지 못하거나 신호기를 잘못 이해한 경우에는 큰 사고가 발생될 수도 있는 것이므로, 자율주행차의 안전기준은 물론이고 도로 자체의 자율주행차 운행을 위한 설치기준의 재정립이 필요하고, 또한 도로 통제를 위한 시스템이 자동화·고도화될 것으로 예상된다.

자율주행차의 운행에도 현재와 같은 도로를 이용하여야 하는 것이므로 도로 자체의 개념 변경보다는 도로와 자율주행차 등을 어떻게 연결할 것인가 하는 운행시스템이 더욱 중요하게 된다. 즉 도로와 차량, 운행시스템이 결합된 지능형 교통시스템^{ITS, Intelligent Transport Systems}이 중요한 도로 관련시설로 등장하게 될 것이다. 특히 협력형 ITS는 차량의 주행과 도로, 교통시설 및 다른 차량과 상호 연계하면서 다양한 협업 서비스를 통하게 되는 시스템인데, 자율주행차의 운행에 필수적인 시스템으로 인식되고 있다.[5] 따라서 이때에는 ITS를 포함한 도로시설의 설치 및 안전기준을 어떻게 구성할 것인가가 중요한 과제가 될 것이다.

2 도로교통에서 정보통신법제는 어떤 역할을 할까

자율주행차는 자동차와 자동차 간, 자동차와 도로 사이의 계속적인 정보교환을 통하여 운행됨에 따라 개인정보나 위치정보 등 정보의 보호 내지 보안 이슈가 중요한 문제로 대두되고 있다. 이와 같이 차량, 도로, 운행조건 등의 정보의 제공과 이용은 자율주행차 운행에 있어서 새로운 요소라고 할 것이다.

1) 개인정보 보호 문제

자율주행차는 인지 → 판단 → 제어의 3단계를 거쳐 운행한다. 인지단계에서는 자율주행차에 카메라, 라이다, 레이다, 초음파, GPS 등의 센서와 통신을 통하여 주변의 데이터를 수집하고 인지한다테슬라의 경우에는 라이다를 쓰지 않고 비전을 사용. 판단단계에서는 인지된 정보를 토대로 주행 상황, 속도, 경로, 장애물, 교통신호 등을 반영하여 적절한 주행을 산정한다. 제어단계에서는 제어체계에 의한 자율적 판단을 실제 주행에 반영하기 위하여 운전체계를 제어하고 운행한다.

이를 개인정보의 규율체계로 보면 데이터의 수집 → 제공 → 활용의 단계로 설명할 수 있는데, 문제는 개인정보의 수집 등 처리의 법적 근거가 충분하지 않다는 것이다. 현행 개인정보 보호체계가 정보주체의 사전동의를 기반으로 하고 나머지 적법성 근거를 규정하고 있다. 부지불식간에 일어나는 개인정보의 수집 등 자동화 처리절차에 따라 이러한 동의방식을 고집하기 어렵기 때문에 새로운 보호체계의 정립이 필요하다고 하겠다. 개인정보 보호법리가 자율주행차 환경이라고 달라질 것은 아니지만 자율주행차가 목적지까지 안전하고 효율적으로 운행하기 위한 탑승자와 타차량, 도로 등 주변환경에 대한 많은 정보를 수집하고 있다는 점이나 기존의 개인정보 수집 방식과는 다르다는 점에서도 개인정보 처리환경이 다르기 때문이다. 구체적인 법적 쟁점을 보면 i) 자율주행차는 데이터 이외에 개인정보를 수집하지 않으면 운행이 불가능한지, ii) 자율주행차가 운행 중 수집 등 처리 시 개인정보로는 어떤 것이 있는지, iii) 현행법상 개인정보의 수집 등 처리에는 법률적 장애가 있는지, iv) 만일 장애가 있다면 장애를 개선하는 것이 가능한지, 가능하다면 어떤 방법이 있는지를 들 수 있다.[6]

2) 정보 보안 문제

자율주행차는 전자·통신시스템이 자동차를 제어하는 구조이므로 외부에서 원격제어나 해킹 등의 침해가 가능하고 그로 인한 피해는 자동차, 승객 및 보행자의 안전과 직결되는 정보 보안의 문제가 중요하다. 이는 차량제작과정에서 장치나 프로그램의 안전성 확보라는 자동차의 안전기준의 정립문제라고 할 것이고, 제작 이후 운행과정에서는 데이터의 저장 및 전송 시의 침해 방지를 하기 위한 관리체계 정립의 문제이기도 하다.

국제규범으로는 UN 유럽경제위원회^{UNECE} WP.29가 채택한 자동차 사이버보안에 관한 UN규칙 No.155와 No.156이 있다. No.155에서는 신규 생산 차량에 대한 사이버 보안 관리를 위한 체계를 구축하여 형식승인^{VTA}를 받도록 하고 있으며, No.156에서는 차량의 소프트웨어 업데이트 방법에 대한 요구 사항을 규정하고 있다.[7] 우리나라 법제를 보면 자동차관리법 시행규칙에서 '자율주행기능을 수행하는 장치에 원격으로 접근·침입하는 행위를 방지하거나 대응하기 위한 기술이 적용되어 있을 것'을 규정하여^{제26조의2 제1항 제6호} 사이버보안에 대한 대책을 수립하고 있다.

III. 자율주행차의 교통사고 발생 시 책임은 누가 지는가

자율주행차의 운행 중에 교통사고가 발생한 경우 누가 어떤 책임을 지는가에 대하여는 자율주행차 관련 법에서 특별한 규정을 하고 있지 않고, 기존의 책임법의 법리에 따라 자율주행차의 특성을 반영하여 해석·적용할 수밖에 없다. 다만 자율주행차 사고가 차량, ADS, 통신, 외부적 요인 등 다양한 원인에 의하여 발생될 수 있다는 점에서 기존의 자동차 교통사고와는 다른 점을 착안하여 자율주행차 교통사고의 원인을 조사하는 '조사체계'를 자동차손해배상 보장법^{제39조의14 이하}이 마련하고 있는 것은 특징이라고 할 수 있다.[8]

1 민사책임

위 사례에서 자율주행차의 교통사고 발생 시 피해자는 누구를 상대로 손해배상청구를 하고, 그 배상의 근거는 무엇인가?

1) 운행자 또는 운전자의 책임

현재 자동차의 운행으로 인한 사고의 민사책임 구조는 특별법인 자동차손해배상보장법^{이하 자배법이라 함}에 의한 운행자책임과 일반 불법행위 손해배상책임인 운전자책임으로 구분할 수 있다.

운행자책임은 "자기를 위하여 자동차를 운행하는 자", 즉 '운행지배'와 '운행이익'을 갖는 "운행자"의 개념을 설정하고, 운행자에 대해서는 '타인의 사상과 부상'에 대해 사실상 무과실책임인 운행자책임을 부과하고 있다^{제3조 본문}. 다시 말해 운행자는 운행으로 인한 타인의 사망과 부상의 경우 원칙적으로 책임을 지고, 다만 승객이 아닌 자가 사망하거나 부상한 경우에 자기와 운전자가 자동차의 운행에 주의를 게을리하지 아니하였고, 피해자 또는 자기 및 운전자 외의 제3자에게 고의 또는 과실이 있으며, 자동차의 구조상의 결함이나 기능상의 장해가 없었다는 것을 증명한 경우^{1호}, 승객이 고의나 자살행위로 사망하거나 부상한 경우^{2호}의 예외적인 경우에만 면책될 수 있는 가능성을 열어두고 있다. 다만 운행자가 위의 예외적인 상황을 입증하는 것은 사실상 불가능하기 때문에 운행자책임은 실제로는 무과실책임의 형태로 운영되고 있다.

운전자책임은 자동차 사고와 관련해 실제로 운전을 담당한 운전자에게 고의가 있거나 혹은 운전과 관련해 주의를 게을리한 경우, 운전자에 대해 불법행위에 기한 손해배상책임을 지우는 것을 말한다. 예컨대 여객운수회사가 운전자를 고용한 경우 여객운수회사는 운행자책임을 지게 되지만, 실제 운전을 담당하는 운전자는 이러한 운전자책임을 지게 된다. 운전자책임에 대해서는 민법의 불법행위법 일반 및 도로교통법상의 안전운전의무 등이 적용된다.⁹

2) 제조물 책임

자동차의 사고는 드물기는 하지만 자동차의 운행이 아니라 자동차의 '결함'이 그 원인인 경우도 있는데, 이 경우 제조물책임법이 적용될 수 있다. 제조물책임법 제3조는 제조물의 결함으로 다른 사람의 생명 신체 또는 재산에 손해가 발생한 경우 '제조자'로 하여금 피해자에 대해 손해를 배상하도록 한다^{제2항제2호}. 따라서 자율주행차의 '결함'으로 다른 사람에게 손해가 발생하면 자동차 제조업자가 피해자에게 제조물책임을 질 가능성이 생긴다.

3) 책임보험

운행자의 운행자책임에 대해서는 자배법에 의한 운행자책임보험 제도가 작동한다. 자배법 제5조 제1항과 제2항은 타인의 사망, 상해에 대한 손해배상책임의 이행 및 타인의 재물의 멸실, 훼손에 대한 손해배상책임의 이행을 실효성 있게 확보하기 위해 자동차보유자에게 일정한 보험금액을 한도로 대인배상책임과 대물배상책임을 보장하기 위한 책임보험을 의무적으로 들게 하고 있다^{제5조, 제6조}. 동시에 이러한 의무책임보험에 가입하지 않는 자동차는 도로에서의 운행을 금지하고 있다^{제8조}.

자동차제조자의 제조물책임에 대해서는 제조물책임보험이 도입되어 있다. 운행자책임보험 가입이 강제되는 의무보험인 것과 달리 자동차제조자의 제조물책임보험은 임의보험이고 또한 아직 활성화되어 있지 않다. 자배법은 최근 자율주행차의 제조물책임보험과 관련하여 "자율주행자동차의 결함으로 인하여 발생한 자율주행자동차사고로 다른 사람이 사망 또는 부상하거나 다른 사람의 재물이 멸실 또는 훼손되어 보험회사등이 피해자에게 보험금등을 지급한 경우에는 보험회사등은 법률상 손해배상책임이 있는 자에게 그 금액을 구상할 수 있다."^{제29조의2}는 규정을 두었다.

2 형사책임

위 사례에서 자율주행차 교통사고 시 형사책임이 발생하는 경우 누가 책임을 지는가? 자율주행차 운행은 레벨3에서는 인간운전자와 인공지능[ADS]이 혼합되어 있어서 제어권 전환이 인간운전자로 이루어진 경우에만 인간운전자가 형사책임의 주체가 되고, 레벨4 이후에는 인간운전자가 존재하지 않으므로 인간운전자를 전제로 한 형사책임을 논할 수 없다. 그러나 교통사고로 인하여 타인이 다치거나 사망한 결과가 발생하였음에도 불구하고 단지 인간운전자가 없어 형사책임을 지게 할 수 없다는 이유만으로 형사책임을 부인하는 것은 받아들이기 어렵다. 따라서 누구에게 형사책임을 지게 하고 어떤 형벌을 부과할 것인지 문제가 된다.

ADS는 인간이 아닌 인공지능 또는 기계라고 할 것이므로 권리능력 또는 인격의 주체가 될 수 없다. ADS는 설계된 대로 주행할 뿐 인간이 가지는 자유의지가 없으므로 권리능력, 책임능력이 인정되지 않고, 나아가 사형이나 징역, 금고와 같은 형벌에 대한 수형능력도 인정되지 않는다. 이때 ADS 또는 자율주행차는 권리능력이 인정되지 않으므로 누가 형사책임을 지는 것이 적절한지는 인간운전자가 없는 레벨4 이상의 자율주행차의 형사책임의 문제이다.

대개 자율주행차의 소유자 내지 이용자, 자동차 제조사, 제3의 주체로 논의가 전개된다. 이는 모두 ADS를 중심으로 보면 ADS에 대한 후견책임이 있는 사람으로 요약할 수 있다. 이런 후견책임이 있는 자를 독일 도로교통법에서는 '기술감독관'으로 정의하고 호주나 영국 등에서는 'ADSE[ADS Entity]'라고 부른다. 후견인의 형사책임의 성격은 법인에 대하여 부과되는 행정형벌과 유사하다고 하겠다. 다만 법인의 양벌책임과 후견인의 책임이 다른 것은 전자는 사람의 범죄행위도 함께 처벌하고 동시에 법인의 책임도 묻는 규정임에 비하여, 후자는 ADS라는 기계의 범죄행위에 대하여 ADS 자체에 대하여는 형사책임을 묻지 않고 그 후견인에게만 합당한 책임을 묻는 것이 된다. 이는 기계에 불과한 ADS가 운전상의 행위에 대하여 그 후견인에게 부과되는 것이고, 후견인은 법률에 의하여 창설되고 그 책임이 인정되는 것인만큼 그 성격은 순수한 형벌이라기보다는 행정형벌의 성격도 강하게 띄고 있다고 할 것이다. 마치 로봇의 위법행위에 대하여 로봇의 리셋 또는 해체 등의 제재가 있다고 하더라도 이는 형벌의 유형이라기 보다는 행정제재의 성격을 가지는 것으로 이해하는 것과 같은 것이다.[10]

후견인이 형사책임을 진다면 어떤 책임을 질 수 있는가? 이는 책임의 대상이 되는 범죄의 성질에 따라 구분할 수 있다. 범죄의 종류를 보면 형법상의 범죄인 업무상과실치사상죄는 변함이 없지만 행정형벌인 도로교통법상 의무 위반에 대한 범죄유형은 자율주행차에 있어서는 많은 변화가 있을 것으로 예상된다. 예컨대 인간운전자를 전제로 하는 음주운전죄_{도로교통법 제148조의2}를 ADS에게 적용할 수 없음은 당연하다. 오히려 도로교통법상 ADS 또는 후견인에게는 자율주행차에게 특유한 교통규칙 준수의무를 부여하고 이를 위반한 경우에 처벌을 하는 방식으로 범죄체계의 대폭적인 개편이 뒤따를 것으로 예상된다.

형벌에 대하여 보면 후견인의 성격, 즉 자연인 또는 법인인지 여부에 따라 형벌의 종류가 달라질 것으로 예상한다. 현행법상 법인의 형사책임을 보면 법인은 형법 제41조 소정의 9개의 형벌_{사형, 징역, 금고, 자격상실, 자격정지, 벌금, 구류, 과료, 몰수} 종류 중 벌금형을 택하고 있는데, 후견인이 법인이라면 법인의 형사책임과 같이 생명형이나 신체형이 아닌 벌금형이 선택될 수 있을 것으로 본다.

3 행정상 책임

자율주행차의 운행과 관련한 행정상 책임 논의는 행정상 의무의 수범주체가 누구인지, 행정상 의무가 어떻게 변할 것인지, 행정상 의무를 위반한 경우의 제재방법은 어떤 식으로 변할 것인가의 문제이다.

행정상 책임주체에 대하여 보면, 예컨대 도로교통법상 운전자는 누구인지, 도로교통규칙을 위반할 경우의 과태료 등의 행정제재는 누구를 상대방으로 하여 부과할 것인지의 문제이다. 자동차등록이나 안전 등 자동차법상의 의무는 누구를 상대방으로 부과할 것인지도 같은 취지이다. 이는 형사상 책임주체의 논의와 매우 유사한 것으로 보이지만, 형벌을 부과하는 형사책임원칙에 비하여 훨씬 수월하다. 자율주행차의 운행과 관련하여 자동차법제나 도로교통법제상 가장 관련이 있는 자를 지정하면 충분하다. 앞서 본 호주나 영국에서 논의되는 ADS Entity 또는 독일법상 기술감독관이 그러한 예이고, 구체적으로는 자율주행차 소유자, 이용자, 제조사 등이 해당될 수 있다.

자율주행차에 대한 행정상 의무는 어떻게 변할 것인가? 예컨대 현행 도로교통법의 구조는 인간운전자를 중심으로 한 의무부과와 제재로 구성되는데 반하여, 레벨4 이상에서는 자율주행차 중심으로 규제체계가 변경될 것이다. 교통상의 규칙도 사람이 아닌 자율주행차의 안전운행을 위한 교통규칙으로 변경되는 것이므로 대폭적인 손질이 필요하다.

자동차법이나 도로교통법상의 행정상 의무를 위반할 경우의 행정벌에 대한 변경 가능성이다. 현행법에서는 행정상 의무를 위반한 경우에는 과태료나 형벌과 같은 행정벌 체계의 제재를 가하고 있는데, 그러한 행정제재 중에서 전통적인 행정형벌 보다는 과태료 등 금전적 행정제재가 훨씬 유용할 것으로 보인다. 기술한 바와 같이 인간운전자가 아닌 기계^{ADS}에 대한 형벌 부여는 책임능력, 형벌의 종류 등 다양한 측면에서 한계를 가지기 때문에 순수한 행정벌이 보다 실효성을 발휘할 수 있을 것으로 생각된다.

 ## IV. 나가며

먼저 민사책임은 X택시운송사업자가 자배법상 운행자로서 책임이 있는 것은 분명하고, 자율주행차의 결함으로 이러한 교통사고가 발생되었다면 제조사인 Y도 제조물 책임법상 책임이 있다고 할 것이다. 이때 A, B, C에 대한 관계에서 X와 Y는 공동불법행위책임을 진다. 이에 따라 보험회사 Z는 피해자인 A, B, C에게 보험금 지급의무가 있다. 다만 현행 자배법상 손해배상책임에 대하여는 보험계약이 강제되므로, A, B, C에 대하여 보험회사 Z가 보험금을 지급하고, Z는 자율주행자동차 제작자인 Y회사를 상대로 구상금을 청구할 수 있다고 할 것이다^{제29조의2}. 그 외에도 도로, 통신 등 사고 발생에 책임이 있는 자가 있는 경우에는 그를 상대로 손해배상청구를 할 수 있음은 물론이다.

다음으로 형사책임에 대하여 보면 레벨4에서는 인간운전자는 존재하지 않으므로 ADS의 후견인인 자동차제조사, 운행자, 이용자, 제3의 후견인 등 법률로 정한 자가 형사상 책임을 지는 것으로 입법이 될 가능성이 높다고 할 것이므로, 만일 그런 법률이 있다면 X회사 또는 Y제조사는 형사책임을 지게 될 것이다.

생각해 볼 점

1. 자율주행차에 인공지능기술이 반영된 부분은 어떤 것이 있을까?
2. 현재 자율주행차는 SAE 기준으로 레벨 몇 단계에 해당하고, 레벨4 이후에는 자율주행차의 운전자는 누구인가?
3. 자율주행차의 운행과 관련하여 현재 어떤 법률이 있고, 향후 어떤 법적 이슈가 등장할 것인가?
4. 자율주행차 교통사고 시 손해배상책임이 있는 당사자가 여러 명이 있는 경우 공동으로 배상책임을 지는가?

심화 학습 자료

이승준, "Level 4 자율주행자동차의 사고시 형사책임에 대한 외국의 입법동향과 방향성 – 독일, 일본 및 영국 입법권고안의 시사점을 중심으로 –", 『비교형사연구』 제25권 제2호, 2023.
   – 레벨4 단계 자율주행차의 형사책임에 대한 외국 입법 동향
이중기·황창근, "자율주행차의 운전자는 누구인가?–ADS에 의한 운전행위와 그에 대한 ADS Entity의 민사적, 행정적 책임", 『홍익법학』 제20권 제3호, 2019.
– 자율주행차의 운전자는 누구이며 운전행위에 대한 행정, 민사적 책임을 어떻게 질 것인지에 대한 문제
이중기, "SAE 자동차단계 구분과 운전작업의 분류: 운전자책임, 안전기준규제, 제조물책임에 대한 영향", 『법학논문집』 제44집 제1호, 중앙대학교 법학연구원, 2020.
   – 자율주행차의 기술단계의 구분에 대한 이해를 통하여 자율주행차의 이슈를 파악
이중기·황기연·황창근, 『자율주행차의 법과 윤리』, 박영사, 2020.
   – 자율주행차의 윤리와 법적 쟁점에 대한 다양한 논점을 정리

미주

1   국토교통부, 혁신 모빌리티 혁신 로드맵(2022. 9. 20).

2   구글 웨이모·GM 크루즈, 美샌프란서 무인택시 24시 영업 허가(연합뉴스, 2023.8.11.)

3   이승준, "Level 4 자율주행자동차의 사고시 형사책임에 대한 외국의 입법동향과 방향성 - 독일, 일본 및 영국 입법권고안의 시사점을 중심으로 -", 『비교형사법연구』 제25권 제2호, 2023.

4   이중기·황기연·황창근, 『자율주행차의 법과 윤리』, 박영사, 2020, 311쪽.

5   강경표, "자율주행시스템과 스마트 도로인프라기술의 진화", 한국도로학회지 제18권 제3호, 2016.9. 31쪽 이하 참조.

6   황창근, "자율주행차 운행과 개인정보의 보호 및 활용의 법적 쟁점", 『중앙법학』 제24권 제4호, 2022, 255쪽.

7   류병운, "사이버 공격으로부터 첨단 교통 시스템 보호 - 관련 입법례를 중심으로 -", 『홍익법학』 제24권 제3호, 2023.

8   황창근·이중기, "자율주행차 사고조사제도의 법적 성격, 현황 분석 및 개선과제", 『홍익법학』 제23권 제2호, 2022 참조.

9   이중기·황창근, "자율주행차 도입에 따른 '운전자' 지위의 확대와 '운전자'의 의무 및 책임의 변화", 『홍익법학』 제18권 제4호, 2017, 349쪽 참조.

10 한국인공지능법학회, 『인공지능과 법』, 박영사, 2019, 162쪽.

CHAPTER 02

의료 인공지능[1]

박혜진

 사례

환자 A는 유방에 이물감을 느껴 동네 병원을 찾았다. 의사 B는 진단을 위하여 맘모그램 촬영을 권하였고, A는 이에 응하였다. 의사 B는 위 맘모그램 영상 분석을 위하여 인공지능 의료기기를 활용하였고, 유방암일 가능성이 낮다는 인공지능 의료기기의 권고를 따랐다. 그러나 의사는 환자에게 인공지능 의료기기를 활용하였다는 점을 밝히지 않은 채, 단지 유방암일 가능성이 낮다고 하였고, 이에 환자는 추가적인 검사를 받지 않기로 결정하였다. 그런데 6개월 뒤 환자 A는 정기 건강검진에서 유방암이 발견되었다.

환자는 의사를 상대로 잘못된 진단으로 인한 손해의 배상을 구할 수 있을까?

이때 의사의 의료과실을 묻는 외에 인공지능 의료기기를 사용하였다는 점을 밝히지 않았다는 설명의무 위반으로 인한 책임을 물을 수 있을까?

환자는 해당 의료기기 제조업자를 상대로 직접 책임을 물을 수 있을까?

환자의 증명 곤란을 구제하기 위하여 별도의 보상 제도를 마련할 필요가 있을까?

I. 의료 인공지능이란?

　　인공지능 기술은 의료 영상 분석medical image analysis이나 임상 의사결정 지원 clinical decision support 등 다양한 의료 분야에서 활용되고 있다. 이러한 기술은 의료 영상이나 병리학 슬라이드를 분석하여 진단을 내리는 데에 도움을 줄 뿐만 아니라, 환자의 의료 기록을 분석하여 의료진에게 예측결과를 제공함으로써 임상 의사결정의 질과 효율성을 높이는 데 기여한다. 그러나 인공지능 의료기기의 사용은 국민의 생명, 건강과 직결되는 영역이기도 하다. 따라서 의료 분야의 인공지능 기술 발전과 함께 이를 어떻게 규제할 것인지의 문제 그리고 인공지능 의료기기의 오작동으로 인하여 손해가 발생한다면 그 책임을 누구에게 지울 것인지의 문제가 대두되었다.

　　의료기기 규제당국의 자율적 모임인 국제의료기기규제당국자포럼(International Medical Device Regulators Forum, IMDRF)의 인공지능 의료기기 실무 그룹(Artificial Intelligence Medical Device working group)에서 발간한 인공지능 의료기기 국제 공통 지침에 따른 용어의 정의는 다음과 같다.

- 인공지능(Artificial Intelligence, AI): 알고리즘이나 모델을 이용하여 학습, 의사결정, 및 예측 등을 행하도록 하는 컴퓨터 공학 및 통계학의 한 분야
- 기계학습(Machine Learning, ML): 인공지능의 하위 분류로서 컴퓨터 알고리즘이 일일이 프로그래밍하지 않아도 데이터를 학습하여 특정 과제(task)를 수행할 수 있게 하는 기술 딥러닝(Deep Learning): 기계학습의 하위 분류로서 컴퓨터가 방대한 양의 데이터를 접하면서 스스로 학습하도록 하는 방식
- 인공지능 의료기기(Artificial Intelligence-enabled Medical Devices, AIMD): 의료기기에 인공지능 기술을 접목시킨 의료기기
- 기계학습 의료기기(Machine Learning-enabled Medical Devices, MLMD): 인공지능 의료기기의 하위 분류로서 의료기기에 기계학습 기술을 접목시킨 의료기기

우리나라에서는 2003년 의료기기법이 제정된 이래 의료기기의 시판 전 및 시판 후 단계에서의 안전성·유효성의 관리가 이루어져왔다. 의료기기는 그 사용목적과 인체에 미치는 잠재적 위해도에 따라 품목별로 4등급으로 분류하고 등급에 따라 요구되는 인허가절차가 달라진다. 1등급 의료기기는 대개 신고 대상이고, 2등급 의료기기는 의료기기안전정보원의 인증을 받아야 하며, 3등급 및 4등급 의료기기는 식약처의 허가를 받아야 한다. 다만 이미 인허가를 받은 의료기기와 구조·원리·성능·사용목적 등이 본질적으로 동등하지 않은 의료기기의 경우 시판 전 단계에서 허가를 받기 위한 임상자료 평가를 거쳐야 한다.

그런데 의료 현장에서 소프트웨어 사용이 증가함에 따라, 소프트웨어가 의료기기법 제2조 제1항에서 정하는 '의료기기'에 해당하는지 여부가 중요한 문제로 부각되었다. 의료목적의 소프트웨어 중 기존에 규제 대상으로 당연히 포함되었던 '의료기기의 일부로서의 소프트웨어Software in a medical device, 이하 SiMD', 즉 하드웨어 의료기기의 구성부분 일부를 이루는 소프트웨어 외에도, '의료기기로서의 소프트웨어Software as a medical device, 이하 SaMD', 즉 하드웨어 의료기기의 일부를 이루지 않는 의료 목적의 소프트웨어에 대하여도 효과적 규제가 필요하다는 데 세계 각국 규제당국들의 의견이 모아졌다. 이러한 국제적 경향을 반영하여 우리나라는 2018년 의료기기법 제2조 의료기기의 정의에 소프트웨어를 명시적으로 추가하였다.

뿐만 아니라 2017년 식품의약품안전처는 세계 최초로 「의료용 빅데이터와 인공지능AI 기술이 적용된 의료기기의 허가·심사 가이드라인」을 도입하였다. 위 가이드라인은 사용목적과 위해도를 고려하여 의료용 소프트웨어가 의료기기에 해당하는지 여부를 종합적으로 판단한다고 밝히고, 의료기기에 해당하는 소프트웨어의 범위를 구체적으로 제시하였다. 예컨대 의료용 빅데이터를 기반으로 의료영상, 체외진단기기로부터 나온 시그널, 신호 획득시스템심전계, 뇌파계 등에서 나오는 패턴 또는 시그널을 분석하여 진단·치료에 필요한 임상정보를 제공하는 소프트웨어는 의료기기에 해당하나, 의료기관의 행정사무병실·재고관리, 전

^{자수속등}를 지원하는 소프트웨어나 운동·레저 및 일상적인 건강관리 목적의 소프트웨어는 의료기기에 해당하지 않는다.

이처럼 우리나라는 의료기기법 개정 및 가이드라인 제정을 통하여 일정한 의료목적 소프트웨어를 의료기기로서 규제하기로 하였으나, 기존의 하드웨어를 전제로 한 전통적 규제방식이 소프트웨어 의료기기에는 적합하지 않다는 문제가 있었다. 미국 식품의약품안전청^{FDA}은 새로이 개발된 소프트웨어 의료기기에 기존의 엄격한 시판전 허가^{PMA, Premarket Approval} 절차를 그대로 적용하면 위험도가 낮은 소프트웨어 의료기기도 시장에 나오기 어려워 환자들이 혜택을 볼 수 없게 된다는 문제가 지적되자, 2017년 소프트웨어 의료기기에 대한 사전 인증^{Pre-Cert} 프로그램을 시범적으로 실시하였다. 이는 개별 제품에 초점을 맞추기보다는 품질 기준을 충족하는 기업을 사전인증하는 접근방식이다. 구체적으로, 위 프로그램은 소프트웨어의 설계, 유지·보수, 공급사설망, 기업평판 등을 분석하여 사전인증을 받은 기업은 간소화된 절차를 거치도록 함으로써 더 적은 데이터를 제출하고도 제품을 일단 출시할 수 있도록 하되, 그 후에 시장에서 실제 임상에서의 성능을 보고 제품을 검증한다는 '총 제품 수명주기 접근방법^{TPLC approach, Total product lifecycle approach}'을 취하였다.

우리나라도 2019년 의료기기산업 육성 및 혁신의료기기 지원법을 제정함으로써 미국의 사전 인증^{Pre-Cert} 프로그램과 유사한 접근방법을 채택하였다. '기존의 의료기기에 비하여 기술집약도가 높고 혁신 속도가 빠른 분야의 첨단기술의 적용이나 사용방법의 개선 등을 통하여 기존의 의료기기나 치료법에 비하여 안전성, 유효성을 현저히 개선하였거나 개선할 것으로 예상되는 의료기기'를 혁신의료기기로 지정하여 단계별 심사 및 우선 심사를 허용함으로써 신속히 시판될 수 있도록 하고, 혁신의료기기소프트웨어 제조기업 인증제를 도입하여 허가 시 일부 자료 제출을 면제하는 것이 그 주된 내용이다.

인공지능 의료기기의 규제와 관련하여 남아 있는 중요한 문제 중 하나는, 계속하여 적응하고 변화하는 알고리즘을 어떻게 규제할 것인가의 문제이다. 최근까지 허가나 인증을 받은 인공지능 의료기기는 모두 "잠긴 알고리즘^{Locked algorithm}", 즉 시판 후에 새로운 환경에 맞추어 변화하지 않는 제품들이었다. 현재로서는 알고리즘이 사용 환경에서 변화한다면 이러한 의료기기는 규제당국의 심사를 다시 받아야 할 것이고, 제조업자로서는 갱신update을 위한 심사에서 허가가 거절되거나 지연될 위험을 피하기 위해서라도 알고리즘을 갱신하지 않는 편을 택할 가능성이 있다. 그러나 이렇게 되면 실시간으로 적응하고 기기 성능을 최적화하여 계속적으로 의료의 질을 향상시킬 수 있는 "적응하는adaptive 인공지능 기술"을 활용할 수 있는 가능성이 배제되는 결과가 될 우려가 있다.

이에 미국 식품의약품안전청FDA은 지속적으로 성능을 향상시키는, 즉 실시간 학습하고, 적응하며, 성능을 최적화시키는 인공지능 의료기기를 허용하기 위하여 앞서 살펴본 총 제품 수명주기 접근방법Total product lifecycle approach이라는 큰 틀 안에서, 시판 전에 미리 시판 후에 예상되는 수정사항과 재훈련retraining 및 갱신update 방법론을 포함하는 계획Predetermined Change Control Plan을 제출하여 심사받도록 하고, 시판 후에도 지속적으로 모니터링하는 방안을 논의 중이다. 우리나라에서도 아직 기계학습 의료기기의 특성을 고려한 규제 방향에 대한 논의는 진행 중이다.

인공지능 의료기기가 허가 또는 인증을 받은 후에 우리나라 환자들이 실제로 그 혜택을 보기 위해서는 또 다른 절차, 즉 신의료기술평가를 거쳐 국민건강보험법에 따른 요양급여 또는 비급여 항목으로 등재하는 절차를 거쳐야 한다. 또한 보험 수가를 인정받지 못하면 의료기관 또는 의사로서는 비싼 비용을 들여 인공지능 의료기기를 도입할 유인이 줄어들기 때문에, 보험 수가 인정의 문제는 인공지능 의료기기가 실제 임상에 도입되는 데에 또 하나의 장애물로 인식되고 있다. 보건복지부와 건강보험심사평가원은 가장 개발이 활발한 몇 가지 분야에 대해 건강보험 적용에 대한 예측가능성을 높이고 평가기간을 단축하고자 건강보험 등재 및 보상에 대한 가이드라인을 마련하였다. 주요 골자는 환자의 치료에 도움이 되거나 비용절감이 입증된 경우에 별도 수가를 인정하자는 것이다.

III. 인공지능 의료기기 오작동으로 인한 책임은 누가 져야 할까?

인공지능 의료기기의 잘못된 권고로 환자의 건강이 침해되는 나쁜 결과가 발생하면 과연 누가 책임을 져야 할까? 의사뿐만 아니라 의료기관, 인공지능 의료기기 제조업자, 보험, 기타 보상 제도를 포함하는 더 큰 틀에서 이 문제를 바라볼 필요가 있다.

1 의사의 책임 - 의료과오책임

인공지능 의료기기의 잘못된 권고를 따라 진단이나 치료 등의 의료행위를 한 의사는 언제 책임을 지게 될까? 의사는 진찰, 치료 등의 의료행위와 관련하여 환자의 구체적 증상이나 상황에 따라 위험을 방지하기 위하여 요구되는 최선의 조치를 행하여야 할 의무를 지는데, 이 주의의무를 위반하여 환자의 생명, 신체, 건강을 침해한 경우에 지게 되는 책임을 의료과오책임이라고 한다. 우리나라의 판례에 따르면 위 주의의무는 "의료행위를 할 당시 의료기관 등 임상의학 분야에서 실천되고 있는 의료행위의 수준을 기준"으로 한다. 특히 판례는, 이때의 의료 수준은, "통상의 의사에게 의료행위 당시 일반적으로 알려져 있고 또 시인되고 있는 이른바 의학상식"이라고 하는데, 일부의 대학, 병원, 연구소 등에서만 알려져 있고 대부분의 의사에게 그 당시 널리 알려져 있지 않은 의학적 전문지식은 배제된다고 이해되고 있다.

그렇다면 현재의 의료과오책임 법리를 그대로 적용하면, 인공지능 의료기기의 권고와는 별개로, 앞서 언급한 주의의무의 기준인 의료수준에 미치지 못하는 의료행위를 한 것으로 판단되면 책임을 질 수 있다. 즉, 인공지능 의료기기의 도움을 받아 임상적 의사결정을 내리는 경우에도 주의의무의 기준은 여전히 현재 요구되는 의료수준이므로, 의사로서는 의료수준에 맞는 의료행위를 하되, 인공지능 의료기기를 확인하는 용도로만 사용하는 것이 안전한 셈이 될 것이고, 이렇게 되면 인공지능 의료기기의 잠재적 가치를 최소화하게 되는 것이 아니냐는 지적도 있다. 인공지능 의료기기의 주된 기능이 인간의 의사결정의 시간을 단축시키거나 실수를 줄여주는 보조적 기능에 머무른다면 이러한 기존의 판단 기준을 적용하는 것이 큰 문제가 되지는 않을 것이다.

그러나 향후 의사보다 일관되게 뛰어난 성능을 보이는 인공지능 의료기기가 널리 쓰이게 되면, 주의의무의 기준이 되는 의료수준도 결국 그에 맞추어 인공지능 의료기기를 사용하는 것을 전제로 상향되고, 변화될 것이다. 그렇게 되면, 의사들은 인공지능 의료기기를 사용하여 진단 또는 치료를 할 의무를 부담하게 될 수도 있고, 더 나아가 인공지능 의료기기가 내놓는 진단이나 치료방법을 특별한 사정이 없는 한 따라야 할 주의의무를 지게 될 수도 있다. 뿐만 아니라 의사는 어떤 인공지능 의료기기를 사용할 것인지를 적절히 선택하고, 인공지능 의료기기의 권고를 독립적으로 검증함으로써 인공지능 의료기기의 발견 가능한 실수를 바로잡을 의무 등을 부담하게 될 수 있다. 이처럼 인공지능 의료기기를 사용하는 의사에게 책임을 묻는 기준이 되는 주의의무의 내용은 인공지능 의료기기에 쓰이는 기술의 발전 및 인공지능 의료기기가 임상에 어떠한 방식으로 얼마나 보편적으로 도입되었는지 등에 따라 변화할 것으로 보인다.

2 의사의 책임 - 설명의무 위반 책임

인공지능 의료기기의 잘못된 권고를 따라 진단이나 치료 등의 의료행위를 한 의사는 앞에서 살펴본 의료과오책임을 지지 않는 경우라도 설명의무 위반으로 인한 책임을 질 여지가 있다. 의사가 언제 어떠한 내용을 환자에게 설명하여야 하는지에 관하여 우리 판례는 일반적으로 "의사는 환자에게 수술 등 침습을 가하는 과정 및 그 후에 나쁜 결과 발생의 개연성이 있는 의료행위를 하는 경우 또는 사망 등의 중대한 결과 발생이 예측되는 의료행위를 하는 경우에 있어서 응급환자의 경우나 그 밖에 특단의 사정이 없는 한 진료계약상의 의무 내지 침습 등에 대한 승낙을 얻기 위한 전제로서 당해 환자나 그 법정대리인에게 질병의 증상, 치료방법의 내용 및 필요성, 발생이 예상되는 위험 등에 관하여 당시의 의료수준에 비추어 상당하다고 생각되는 사항을 설명하여 당해 환자가 그 필요성이나 위험성을 충분히 비교해 보고 그 의료행위를 받을 것인가의 여부를 선택할 수 있도록 할 의무가 있"다고 한다.

의사가 인공지능을 활용하여 진단이나 치료 등의 의사결정을 하는 경우 구체적으로 설명의무의 범위는 환자의 상황이나 해당 인공지능 시스템이 의사결정에서 어떤 역할을 하고 어떤 위험을 유발하는지 등에 따라 달라질 수 있을 것이다. 자칫 의사들이 설명의무 위반으로 인한 책임을 질 것을 우려하여 인공지능 의료기기를 사용하기를 꺼리게 되는 결과를 피하기 위해서는, 의사의 인공지능 의료기기 사용 시 설명의무 범위와 관련한 명확한 가이드라인이 마련되어 책임에 관한 불확실성을 해소하여야 할 것이다. 이러한 가이드라인 마련을 위해서는 환자들이 해당 의료행위를 받을지 여부에 관한 의사결정을 하기 위해 어떤 정보를 필요로 하는지를 실증적으로 연구하고, 그 후에 이를 바탕으로 현실적으로 문제가 될 법한 시나리오에 따른 설명의무 범위에 대한 가이드라인을 준비하는 것이 바람직할 것이다.

3 의료기관의 책임

환자 입장에서는 인공지능 의료기기의 잘못된 권고를 따라 진단이나 치료 등의 의료행위를 한 의사 개인보다 상대적으로 자력이 충분한 의료기관을 상대로 책임을 묻고자 할 수 있다. 의료기관은 환자와의 진료계약의 당사자로서, 주의의무나 설명의무를 위반한 의사의 사용자로서 또는 자기 고유의 주의의무를 위반하였음을 이유로 환자에 대하여 손해를 배상할 책임을 질 수 있다. 우선, 의료기관은 환자와 진료계약의 당사자이므로, 의료사고와 같은 채무불이행이 발생하면 계약당사자로서 책임을 질 수 있다. 다음으로, 의료기관은 피용자인 의사가 인공지능 의료기기를 활용하여 환자에게 불법행위를 저질렀고, 그것이 피용자의 사무집행에 관한 것이었다면 환자에 대하여 사용자책임을 질 수 있다. 뿐만 아니라 의료기관은 안전성과 유효성을 갖춘 인공지능 의료기기를 검증하여 도입하고, 이를 제대로 활용하기 위하여 교육, 소프트웨어 업데이트, 지원 및 보수 등을 게을리하지 않아야 할 의무 등을 위반하였다는 이유로 자기 고유의 책임으로서 손해배상책임을 부담할 수도 있다.

4 의료기기 제조업자의 책임

잘못된 권고를 한 인공지능 의료기기의 제조업자를 상대로 책임을 물을 수 있을까? 제조물책임법에 따르면 제조업자는 제조물의 결함으로 생명·신체 또는 재산에 손해를 입은 자에게 그 손해를 배상하여야 한다^{제3조 제1항}고 정하고 있으므로, 인공지능 의료기기의 제조업자에게 제조물책임을 묻기 위해서는 일단 인공지능 의료기기가 제조물에 해당해야 한다. 제조물책임법에 따르면, "제조물"이란 제조되거나 가공된 동산을 말하고^{제2조 제1호}, 동산은 부동산 이외의 물건을 의미하므로^{민법 제99조 제2항}, 소프트웨어를 물건, 즉 "유체물, 전기 기타 관리할 수 있는 자연력"^{민법 제98조}에 포함된다고 볼 수 있는지의 문제로 환원된다.

인공지능 의료기기는 상당수가 소프트웨어 형태로 이루어져 있거나 소프트웨어와 하드웨어가 결합된 형태로 이루어져 있다. 소프트웨어와 하드웨어가 일체화된 시스템으로서 존재하는 경우에는 이를 물건 또는 '제조되거나 가공된 동산'으로 보는 데에는 문제가 없다. 그러나 순수한 소프트웨어로서의 인공지능 의료기기의 경우에는 소프트웨어를 물건, 즉 '유체물 전기 기타 관리할 수 있는 자연력'에 포함된다고 해석할 수 있어야 그것이 비로소 제조물에 해당할 수 있게 되는데, 그렇게 해석하기는 어렵다는 것으로 보는 것이 다수의 견해로서, 이는 궁극적으로 입법적으로 해결되어야 할 문제로 이해되고 있다.

다음으로, 제조업자에게 제조물책임을 물으려면 인공지능 의료기기에 결함이 존재한다는 것이 인정되어야 하는데, 우리 법은 결함을 제조상 결함, 설계상 결함, 표시상 결함의 세 가지 유형으로 구분하고 있다. 제조상 결함은 원래 의도한 설계와 다르게 제조·가공된 결함, 설계상 결함은 제조업자가 합리적인 대체설계를 채용하지 않아 안전성을 결여하게 된 결함, 마지막으로 표시상 결함은 합리적인 설명, 지시, 경고 등 기타 표시를 했다면 당해 제조물에 의해 발생할 피해나 위험을 줄이거나 피할 수 있었을 경우에 인정되는 결함이다. 인공지능 의료기기의 잘못된 권고로 인하여 손해가 발생한 경우에 문제되는 결함유형은 설계상 결함이 될 가능성이 높다. 그러나 인공지능 의료기기의 경우 그 알고리즘이 복잡하여 이해하기 어려울 뿐만 아니라 그 결함을 밝히는 데에 의학적 전문적 지식까지 요한다는 점에서 합리적 대체설계의 존재를 증명한다는 것은 환자 입장에서 매우 어려울 것으로 보인다.

우리나라에서 아직 의료 소프트웨어 제조업자를 상대로 한 제조물책임 소송이 제기되었음은 알려진 바 없다. 다만, 향후 인공지능 의료기기가 널리 임상에서 쓰이게 될 것임을 고려하면, 인공지능 소프트웨어 의료기기에 대하여 제조물책임 법리의 확장, 적용이 필요한지에 대한 진지한 검토가 요청된다.

5 보험 등을 통한 위험의 이전

지금까지 인공지능 의료기기의 오작동으로 인한 의사, 의료기관 및 인공지능 의료기기 제조업자의 책임을 살펴보았는데, 이들이 부담하는 위험을 분산하는 데에는 보험이 큰 역할을 할 수 있다. 의사나 의료기관은 의료배상책임보험에 가입함으로써 위험을 분산하려 할 수 있다. 한편 의료기기 제조업자 및 수입업자에 대하여는 최근 의료기기법 개정으로 책임보험 가입이 의무화되었다. 또한 위험의 분담 또는 이전은 병원과 의사 사이에 혹은 의료기기 제조업체와 병원 사이에서 계약을 통하여 이루어질 수도 있다. 실제로 소프트웨어 제조업자들은 의료기관과의 계약을 통하여 책임을 이전하거나 면책을 요구하곤 한다.

6 공동 사업 책임 또는 기금 등을 통한 특별 보상 제도

인공지능의 불투명성opacity에도 불구하고 인공지능의 오작동으로 인한 책임을 묻기 위하여 환자에게 과실 또는 결함을 입증하도록 요구하는 것은 부적절하다는 등의 이유로 인공지능 의료기기를 위한 새로운 배상체계를 구상하는 견해들이 제시되고 있다. 우선, 의사, 인공지능 의료기기 제조업자, 인공지능 의료기기를 채택한 의료기관이 불법행위로 인한 책임에 관하여 공동 사업 책임common enterprise liability을 져야 한다는 견해가 있다. 다음으로 입법을 통하여 인공지능 의료기기로 인한 피해에 대하여 무과실 보상제도를 도입하고 의료기기 제조사로부터 부담금을 걷어 기금을 마련하여 이를 통해 피해를 구제하는 방안도 생각해 볼 수 있다. 다만 이러한 제도를 채택할 경우 개별 제조업자들이 제품의 안전성을 향상시킬 인센티브가 줄어들 우려가 있음도 고려되어야 한다.

책임 분배의 문제는 환자가 누구로부터 배상을 받을 수 있는가의 문제에 그치는 것이 아니라, 안전한 인공지능 의료기기가 개발되고 임상에 도입될 수 있을 것인지 여부에도 직·간접적으로 영향을 미친다. 따라서 기술 혁신을 저해하지 않으면서 인공지능 의료기기의 안전한 이용을 도모하는 균형잡힌 접근이 필요하다.

1. 지속적으로 성능을 향상시키는 기계학습 인공지능 의료기기의 규제는 어떠한 방식으로 이루어지는 것이 적절할까?
2. 의사보다 훨씬 정확하게 진단을 하고, 치료방법을 제시하는 인공지능이 개발되어 임상에서 널리 사용되는 경우, 의사의 주의의무의 내용은 어떻게 변화하게 될까? 의사가 자신보다 훨씬 성능이 뛰어난 인공지능의 오류를 발견하고 수정하는 것이 과연 가능할까?
3. 의사가 오늘날 인공지능 의료기기를 활용하여 진단을 내리는 경우, 환자로서 그 진단을 전제로 한 치료를 받을지 여부를 선택하기 위하여 인공지능 의료기기가 사용되었다는 점 등 인공지능의료기기에 관한 정보를 알 필요가 있을까?
4. 만약 인공지능 의료기기의 성능이 향상되고 지금보다 보편적으로 사용되는 시점이 온다면, 의사는 환자에게 인공지능 의료기기에 관한 정보를 제공하여야 할까? 어떤 정보를 제공하여야 할까?
5. 의사보다 훨씬 성능이 뛰어난 인공지능 의료기기가 개발되어 널리 사용된다면, 의사와 환자의 관계는 어떻게 변화하여야 할까?
6. 의사보다 훨씬 정확한 인공지능 의료기기의 경우, 이를 신뢰하여 따른 의사에게 책임을 물을 수 없는 경우, 제조업자의 책임이 인정되어야 할 필요가 있을까? 이때 환자는 인공지능 의료기기의 결함을 증명할 수 있을까?

A. Michael Froomkin, Ian Kerr & Joelle Pineau, When AIs Outperform Doctors: Confronting the Challenges of a Tort-Induced Over-Reliance on Machine Learning, 61 Ariz. L. Rev. 33, 2019.

W. Nicholson Price II, Potential Liability for Physicians Using Artificial Intelligence, 332 JAMA 1765, 2019.

Sara Gerke, Boris Babic, Teodoros Evgeniou & I. Glenn Cohen, The need for a system view to regulate artificial intelligence/machine-learning-based software as a medical device, 53 NPJ Digital Medicine 1, 2020.

I. Glenn Cohen, Informed Consent and Medical Artificial Intelligence: What to Tell the Patient?, 108 Geo. L.J. 1425, 2020.

박혜진, "의료인공지능의 활용을 둘러싼 법적 과제: 규제의 진화 및 책임의 배분을 중심으로", 『비교사법』제29권 제4호, 2022.

미주

1 이 글은 박혜진, "의료 인공지능의 활용을 둘러싼 법적 과제: 규제의 진화 및 책임의 배분을 중심으로", 『비교사법』 제29권 4호, 2022를 학습자료의 목적에 맞도록 요약, 수정, 보완하여 작성한 것임을 밝힌다.

CHAPTER 03

인공지능 영향평가[1]

정종구

미리 생각해볼 점

1. 인공지능 영향평가는 왜 필요할까?
2. 국내에 도입된 인공지능 영향평가는 해외의 인공지능 영향평가와 무엇이 다를까?
3. 국내에 도입된 인공지능 영향평가의 한계는 무엇일까?

사례

다음 중 국내 지능정보서비스 등의 사회적 영향평가 대상은 무엇인가?

1. A전자가 신입직원 채용에 인공지능 면접서비스를 이용하고자 한다.
2. B공공기관이 인공지능 서비스를 이용하여 케어콜 서비스를 시행하고자 한다.
3. C국가기관이 인공지능 기술을 이용하여 조세포탈 사례를 탐지하고자 한다.

I. 인공지능 영향평가와 비용편익분석

인공지능 기술은 사회의 생산성 향상을 통해 인류에게 막대한 편익을 가져왔다.[2][3] 하지만 인공지능 기술은 인권 침해뿐만 아니라 사회·환경 측면에서 비용을 초래할 수 있다.[4][5] 인공지능 기술은 비용보다 이익이 클 때만 유용한 도구가 될 수 있다. 이러한 접근 방식을 비용편익분석[BCA]이라고 하며, 대표적인 예로 환경영향평가[EIA]가 있다. 환경은 한번 파괴되면 원래 상태로 되돌릴 수 없는 경우가 많다. 복원이 가능하더라도 그 비용이 많이 들 수 있다. 따라서 환경영향평가는 환경에 영향을 미치는 행위를 통해 얻을 수 있는 편익과 비용을 모두 고려하면서 환경적으로 건전한 사업계획을 수립하기 위해 1970년 미국에서 처음 도입되었다.[6] 또한 비용편익분석은 다양한 분야에서 다양한 방식으로 시행되고 있다. 성별영향평가[GIA]는 성별 관련 기준에 따라 제안된 정책 도입으로 인해 예상되는 발전과 현재 상황 및 추세를 비교하고 평가하는 프로세스이다.[7] 개인정보보호영향평가[PIA]는 프로젝트가 정보주체의 개인정보보호에 미칠 수 있는 영향을 식별하고 해당 영향을 관리, 최소화 또는 제거하기 위한 권장사항을 제시하는 프로젝트에 대한 체계적인 평가이다.[8]

인공지능 영향평가는 인공지능 기술의 활용에 있어 비용과 편익을 비교함으로써 인공지능 기술의 도입 여부를 결정하는 수단이다. 이는 인공지능이 큰 변화를 가져오는 사회에서 지속가능한 발전을 이루기 위한 전제조건이다. 지속가능한 발전을 이루기 위해서는 인공지능 기술의 도입으로 인해 얻는 편익이 비용보다 커야 하기 때문이다. 이때의 이익은 인공지능 기술의 활용으로 확보할 수 있는 후생 증진이다. 이때 발생하는 비용은 인공지능 기술을 활용함으로써 발생하는 인권침해나 사회·환경 분야의 위험이다. 이는 지난 10여 년 동안 인공지능윤리 분야에서 논의된 내용이다. 이처럼 인공지능 기술 분야에 비용편익분석을 도입하기 위한 위험기반접근방식의 논의 역사는 짧다.

이는 크게 네 가지 측면에서 논의되었다. 첫 번째는 개인정보영향평가이다. 유럽연합의 데이터보호영향평가[2018][9]가 유명한 사례이다. 두 번째는 인공지능 위험 평가 도구이다. 캐나다 정부의 캐나다 알고리즘영향평가 도구[2019][10]와 유럽연합의 신뢰할 수 있는 인공 지능에 대한 인공지능 고위급 전문가 그룹의 평가 목록[2020][11]이 대표적이다. 세 번째는 인공지능 인권영향평가이다. 유럽연합의 인공지능 시스템의 인권, 민주주의, 법치주의에 대한 영향평가[2021][12]가 유명한 사례이다. 네 번째는 인공지능 영향평가 법(안)이다. 미국의 알고리즘 책임법[2019][13]이 주목할 만한 사례이다.

 ## II. 해외의 인공지능 영향평가 사례

우선 2018년 개인정보보호영향평가[DPIA]가 대표적이다. 2018년 시행된 유럽연합의 일반정보보호규정[GDPR]에는 자동화된 의사결정 시스템과 관련된 주요조항이 포함되어 있다. 유명한 조항 중 하나는 제35조[개인정보보호영향평가]로, 고위험 개인정보 처리에 대해서는 개인정보보호영향평가를 의무화하고 있다. 일반정보보호규정[GDPR]은 이 조항을 통해 인공지능 및 기타 자동화된 의사결정 시스템에 대한 의미있는 감독을 구현하려고 한다. 그러나 이 규정은 여러 측면에서 한계가 지적되었다. 개인정보보호영향평가의 주요 내용은 자동화된 의사결정 및 기타 인공지능 기반 시스템 전반을 다룬다. 따라서 인공지능 자체를 대상으로 하는 독립적인 메커니즘이 아니다.[14] 따라서 개인정보보호 이외의 문제에는 적절하게 대처할 수 없다.

다음으로 위험 평가 도구가 있다. 우선, 캐나다 정부는 2019년부터 캐나다 알고리즘영향평가 도구[Canadian Algorithmic Impact Assessment Tool]를 사용해 왔다. 이는 공공기관이 반드시 구현해야 하는 위험 평가 도구이다. 즉, 캐나다 정부 기관이 인공지능을 사용하기 전에 완료해야 하는 영향평가이다. 질문에 대한 대답에 따라 위험을 완화하기 위해 어떤 조치를 취해야 하는지가 결정된다. 또한, 유럽연합은 2020년 7월 신뢰할 수 있는 인공지능에 대한 평가 목록[Assessment List on Trustworthy Artificial Intelligence]을 발표했다. 유럽연합 집행위원회는 2018년 6월 인공지능에 관한 고위급 전문가 그룹에 의뢰하여 인공지능 규제 방법을 연구해 왔는데, 그 결과 2019년 4월 신뢰할 수 있는 인공지능에 대한 윤리 지침이 발표되었고, 이를 바탕으로 평가 목록이 제시된 것이다.

세 번째로 인권영향평가가 있다. 유럽평의회 인권위원회는 인공지능에 대한 권고안recommendation for The Black Box of Artificial Intelligence: 10 Steps to Protect Human Rights을 발표했다. 인공지능이 인권에 미치는 부정적인 영향을 예방하고 이를 완화할 수 있는 방안을 제시하기 위함이었다. 권고안이 중점을 둔 분야는 인권영향평가였다. 이후 유럽 평의회는 2020년 알고리즘 시스템의 인권 영향에 관한 장관급 위원회의 권고recommendation CM/Rec 2020 of the Ministerial Committee on Human Rights Impacts of Algorithmic Systems를 채택했다.[15] 부록에는 알고리즘 시스템의 인권 영향 대응 지침이 있는데, 이는 국가 및 민간 행위자에게 지침을 제공함으로써 기술발전으로부터 유럽인권협약에 규정된 인권 및 개인의 자유를 보호하는 것을 목표로 한다. 이는 알고리즘 시스템의 개발과 그로부터 인공지능위원회CAHAI가 2021년 발표한 인공지능 시스템의 인권, 민주주의 및 법치 영향평가Human Rights, Democracy and Rule of Law Impact Assessment of AI Systems로 이어졌다.

마지막으로 인공지능 영향평가 관련 입법이다. 대표적인 것이 2019년 미국 상원에서 발의되었던 알고리즘 책임법Algorithmic Accountability Act안이다. 이것은 유럽연합의 일반정보보호규정GDPR과 마찬가지로 영향평가의 이점을 활용하여 인공지능 및 기타 자동화된 의사결정 시스템을 감독하려는 시도였다. 자동화된 의사결정 시스템을 이용하는 회사는 공정성, 편향, 차별, 개인정보보호 및 보안에 대한 영향평가를 제출해야 한다. 다만 자동화된 의사결정 시스템에는 다양한 유형이 있었기 때문에 법안에서 제안한 단일규제프레임워크로는 인공지능 시스템을 적절하게 규제하는 것이 효과적이지 않았다. 이에 효과적인 정책 시행을 보장하기 위해서는 감독규정에 관한 부문별 접근방식을 법제화해야 한다는 비판이 제기되었다.[16] 또한 2021년 발표된 유럽연합 인공지능 법안의 적합성 평가도 참고할 필요가 있다. 유럽연합은 인공지능을 네 가지 유형으로 분류했고, 그중에서 고위험 인공지능을 이용하기 위해서는 사전 적합성 평가를 요구했다. 이는 안전인증 등 기술 자체만을 대상으로 하기 때문에 활용에 따른 영향을 평가하는 다른 평가방식과는 구별된다.

III. 국내 지능정보화 기본법상 지능정보서비스 등의 사회적 영향평가

1 배경

인공지능 영향평가는 인공지능 윤리를 영향평가 형태로 구현한 것이다. 인공지능 기술의 역사가 짧은 만큼, 인공지능 영향평가의 역사도 그리 길지 않다. 지금까지 상술하였듯 여러 입법례가 등장하였으나, ① 유럽연합의 개인정보보호영향평가[2018]는 개인정보보호를 목표할 뿐 인공지능 자체를 목적으로 하지 않는다는 점에서, ② 캐나다의 2019년 알고리즘영향평가[AIA]나 유럽연합의 2020년 신뢰할 수 있는 인공지능평가목록은 일반적인 영향평가 모델로 평가하기 어렵다는 점에서, ③ 유럽연합의 2021년 인공지능 시스템의 인권, 민주주의 및 법치주의 영향평가는 그 평가대상이 좁아 인권침해나 사회·환경 문제를 다루지 못한다는 점에서, ④ 미국의 2019년 알고리즘 책임법안은 입법으로 이어지지 않아 구속력이 없으며 단일한 규제체계로 개별 서비스의 구체적인 리스크를 고려하지 못했다는 점에서 각각 한계가 있었다. 이러한 기존 방식의 한계를 극복하기 위해 대한민국은 2020년 지능정보화 기본법을 개정하여 인공지능 영향평가를 도입했다.

2 지능정보화서비스 등의 사회적 영향평가 도입(2020)

인공지능 시스템은 사용자에게 서비스를 제공하는 과정에서 의도하지 않은 결과로 인해 환경이나 사회에 부정적인 영향을 미칠 수 있다. 동일한 성능으로 우회설계가 가능하더라도 과도한 에너지 소비는 탄소 배출 증가로 인해 과도한 환경 비용을 초래할 수 있다. 인공지능 시스템을 사회에 활용하는 과정에서 사람이 수행하는 많은 일을 인공지능 시스템이 대체할 수 있어 실업, 빈곤 등 사회 문제로 이어질 수 있다. 대한민국은 인공지능의 혜택을 극대화하고 비용을 최소화하여 지속가능한 발전을 이루기 위해 지능형정보화 서비스에 대한 사회적 영향평가를 도입했다. 2020년 지능정보화 기본법 제56조[지능정보서비스 등의 사회적 영향평가는 인공지능만을 대상으로 한 영향평가로서, 미국환경영향평가 NEPA 방식을 기반으로 구현된 세계 최초의 입법이다.

국가 및 지방자치단체는 국민의 생활에 파급력이 큰 지능정보서비스 등의 활용과 확산이 사회·경제·문화 및 국민의 일상생활 등에 미치는 영향에 대하여, ① 지능정보서비스 등의 안전성 및 신뢰성 ② 정보격차 해소, 사생활 보호, 지능정보사회윤리 등 정보문화에 미치는 영향 ③ 고용·노동, 공정거래, 산업 구조, 이용자 권익 등 사회·경제에 미치는 영향 ④ 정보보호에 미치는 영향 ⑤ 그 밖에 지능정보서비스 등이 사회·경제·문화 및 국민의 일상생활에 미치는 영향을 조사·평가할 수 있다. 즉, 지능정보서비스 등의 사회적 영향평가 주체는 국가와 지방자치단체인데, 이는 임의적일 뿐 의무가 아니다. 이는 대한민국의 기술영향평가 제도가 필수적인 의무사항이라는 점에서 구별된다. 또한 본 영향평가의 대상은 지능형정보서비스의 이용 및 확산이 국민의 생활, 사회, 경제, 문화에 막대한 영향을 미치는 영향을 조사하는 것이다. 따라서 기술발전에 따른 미래예측을 목적으로 하는 기술영향평가와 구별된다. 기술 그 자체는 기술영향평가의 대상일 뿐 지능정보서비스 등의 사회적 영향평가의 대상이 될 수는 없다.

지능정보서비스 등의 사회영향평가에서 가장 중요한 평가항목은 지능정보화서비스 등의 안전성과 신뢰성이다제56조 제1항 제1호. 실제로 인공지능을 비롯한 지능정보화 서비스의 기반을 형성하는 안전성과 신뢰성은 가장 논란이 되는 항목이다. 안전은 기술적, 관리적, 물리적 보호를 의미할 수 있다. 이는 정보보호에 미치는 영향제56조 제1항 제4항과의 관계를 고려할 때, 정보보안이 아닌 산업안전의 관점에서 이해되어야 한다. 신뢰성은 인공지능 윤리 담론 전체를 포괄하는 거버넌스 시스템 자체로 해석될 수 있다. 인권침해의 위험을 해결하기 위해 고안되었다고 평가되며, 그 결과 여기에 인권영향평가가 포함될 수 있다. 또한 본 영향평가는 인공지능이 사회에 미치는 영향을 다룬다. 평가항목 중 정보문화에 미치는 영향제56조 제1항 제2호과 사회·경제에 미치는 영향제56조 제1항 제3호이 포함되어 있기 때문이다. 정보문화에 미치는 영향제56조 제1항 제2호에서는 정보격차 해소, 사생활 보호, 지능정보사회윤리 등을 평가한다. 사회·경제에 미치는 영향제56조 제1항 제3호에서는 고용·노동, 공정거래, 산업 구조, 이용자 권익 등을 평가한다. 나아가 본 영향평가는 인공지능이 환경에 미치는 영향도 다룬다. 평가항목 중 지능정보서비스 등이 사회·경제·문화 및 국민의 일상생활에 미치는 영향_{제56조 제1항 제5호}이 포함되어 있기 때문이다. 이는 사회적, 환경적 위험을 다루는 것으로 평가된다. 이는 지금까지 제안되었던 어떠한 형태의 인공지능 관련 영향평가에서도 적절히 대처되지 못했던 것이었다.

3 지능정보서비스 등의 사회적 영향평가의 의의와 한계

국내 지능형정보서비스에 대한 사회적 영향평가에는 지금까지 시도었던 위험 기반 접근방식을 모두 망라하고 있다는 점에서 의의가 있다. 개인정보 보호_{제56조 제1항 제2호}뿐만 아니라 정보보안에 대한 영향_{제56조 제1항 제4호}도 고려함으로써, 개인정보보호 영향평가가 포함된다. 지능정보화서비스 등의 안전성과 신뢰성을 고려함으로써 인권영향평가도 포함된다_{제56조 제1항 제1호}. 사회적 영향평가는 기존 영향평가 체계가 갖지 못한 사회 및 환경에 대한 영향을 다루게 되면서 보다 폭넓은 평가가 가능해졌다. 다만 그 세부사항은 유럽연합이나 캐나다의 위험성 평가 도구와 같은 수준과 비교할 때 구체적으로 명시되지 않았다. 국내 지능정보서비스 등의 사회적 영향평가는 아직 초기 단계로서 하위법령이 제정되지 않은 상태이기 때문이다.

다만 지능정보서비스 등의 사회적 영향평가는 다음 다섯 가지 점에서 한계를 지닌다. 첫째, 공공부문에만 도입되었으므로 민간부문에 입법공백이 있다. 영향평가가 국가와 지방자치단체가 지능정보서비스 등을 활용한 사례에 국한되기 때문이다. 둘째, 영향평가는 자발적·임의적이다. 따라서 영향평가 시행 여부가 국가나 지방자치단체의 재량에 달려 있다. 셋째, 영향평가의 대상이 사회에 국한되어 있다. 인공지능 기술이 인권과 환경에 미치는 막대한 영향은 간과되어 있다. 넷째, 다른 영향평가와의 관계 구축이 필요하다. 사회적 영향평가의 대상으로 개인정보 보호가 언급되었는데, 개인정보 보호법에 따른 개인정보 영향평가와의 우열이 문제된다. 다섯째, 지능정보서비스 등의 사회적 영향평가에 대한 세부정보가 부족하다. 구체적인 내용과 형식, 절차에 대한 후속 논의가 이어질 것으로 기대된다.

생각해 볼 점

1. 2023년 10월 미국 조 바이든 대통령은 인공지능 안전성 평가를 의무화하는 것을 주된 내용으로 하는 행정명령을 발령했다. 국내 지능정보화서비스 등의 사회적 영향평가와 비교할 때, 어떠한 점에서 차이가 있을까?
2. 인공지능 언어모델, 멀티모달의 등장이 인공지능 영향평가 제도에 미치는 영향은 무엇일까?
3. 인공지능 영향평가를 민간 영역에서 자발적으로 채택하게 할 수 있는 유인책에는 어떠한 것이 있을까?

심화 학습 자료

국가인권위원회, 인공지능 인권영향평가 도입 방안 연구, 2022. 12.
김근혜 외, "AI 영향평가에 관한 국외 연구 동향 분석", 『차세대융합기술학회논문지』 제6권 제4호, 2022.
김법연, "공공분야 인공지능서비스의 영향평가제도 도입에 관한 연구", 『정보법학』 제27권 제2호, 2023.

미주

1 본 원고는 저자의 기존 논문(Jonggu Jeong, Introduction of the First AI Impact Assessment and Future Tasks: South Korea Discussion, Laws 2022, 11(5), 73)을 주로 참고하며, 최신 버전으로 업데이트한 것이다.

2 OECD. 2022. 2nd International Conference on AI in Work, Innovation, Productivity and Skills.

3 Tu, Menger, Sandy Dall'erba, and Mingque Ye. 2022. Spatial and Temporal Evolution of the Chinese Artificial Intelligence Innovation Network. Sustainability 14: 5448.

4 Weidinger, Laura, John Mellor, Maribeth Rauh, Conor Griffin, Jonathan Uesato, Po-Sen Huang, Myra Cheng, Mia Glaese, Borja Balle, Atoosa Kasirzadeh, and et al. 2021. Ethical and social risks of harm from Language Models. arXiv arXiv:2112.04359.

5 Standford HAI. 2021. AI Policy and National Strategies. Artificial Intelligence Index Report 2021.

6 Canter, Larry W. 1982. Environment Impact Assessment. Impact Assessment 1: 6-40.

7 European Institute for Gender Equality (EIGE). 2016. Gender Impact Assessment. Helsinki: EU Pulication Office (Europe), p.8.

8 Office of the Australian Information Commissioner (OAIC). 2021. Guide to Undertaking Privacy Impact Assessments; Melbourne: Australian Government (Australia).

9 European Union's Data Protection Impact Assessment, 2018.

10 Canadian Government's Canadian Algorithmic Impact Assessment Tool, 2019.

11 European Union's High-Level Expert Group on AI's Assessment List on Trustworthy Artificial Intelligence, 2020.

12 European Union's Human Rights, Democracy and Rule of Law Impact Assessment of AI system, 2021.

13 Algorithmic Accountability Act, 2019.

14 Nahmias, Yifat, and Maayan Perel. 2021. The oversight of content moderation by AI: Impact assessments and their limitations. Harvard Journal on Legislation 58: 145.

15 AD HOC Committee on Artificial Intelligence (CAHAI) Policy Development Group. 2021. Human Rights, Democracy and Rule of Law Impact Assessment of AI systems, Council of Europe. Strasbourg: Council of Europe (Europe).

16 Chae, Yoon. 2020. US AI regulation guide: Legislative overview and practical considerations. The Journal of Robotics, Artificial Intelligence & Law Volume 3: 1

CHAPTER 04

리걸테크

정종구

미리 생각해볼 점

1. 법률 분야에서 IT 기술은 어떻게 활용될 수 있을까?
2. 리걸테크에서 활용되는 데이터는 무엇일까?
3. 인공지능 기술의 발전이 리걸테크 분야에 가져올 변화는 무엇일까?

사례

변호사 김갑동은 대한변호사협회에서 운영하는 「나의 변호사」에 자기소개를 올렸다. 변호사를 찾던 김을녀는 소개글을 보고 김갑동의 사이트에 들어가서 상담챗봇과 대화하며 법률상담을 받았다. 김갑동은 김을녀의 상담이력을 보고 김을녀에게 연락했고, 상담챗봇의 상담에 만족했던 김을녀는 김갑동과 추가 법률상담 후 사건을 맡겼다. 김을녀는 착수금이 부족했으나 높은 승소가능성을 인정받아 착수금과 성공보수에 대한 소송금융 서비스의 지원을 받았다. 김갑동은 전자서명 서비스로 수임계약서를 작성하여 김을녀에 보내 계약을 체결했다. 김갑동은 사설 판례검색 서비스를 이용하여 유사한 하급심 판례를 검색하여 사건을 수행했다. 김을녀는 승소했고 김갑동은 에스크로 서비스를 이용하여 성공보수를 받았다. 김갑동은 사건기록을 법무지원 서비스가 제공하는 클라우드에 보관했다. 이후 김갑동은 고객관리서비스(CRM)를 이용하여 김을녀와 좋은 관계를 유지했다. 몇 년 후 김을녀는 새로운 사건이 생겼고 김갑동에게 맡겼다.

오늘날의 리걸테크란, 정보통신과 인공지능 기술을 활용한 법률서비스이다.[1] 리걸테크를 두고 분쟁 해결, 거래 자문, 규제 자문, 비영리 법률 구조로 구분한 사례[2], 검색, 분석, 작성으로 구분한 사례[3], 전자청구, 계약 작성, 전자증거개시, 계약서 검토, 계약서 실사, 법률 검색, 계약 관리, 법무 관리, 지적 재산권, 예측 및 소송, 법률 분석 및 전문성 자동화로 구분한 사례가 있으나, 스탠포드 대학의 CodeX Techindex 분류[4]가 가장 빈번히 활용되고 있는 것으로 보인다. 스탠포드의 분류에 따르면, 리걸테크는 ① 소송관련 예측정보 제공Analytics, ② 법규 준수Compliance, ③ 문서검토 자동화Document Automation, ④ 법률 교육Legal Education, ⑤ 자료 검색Legal Research, ⑥ 변호사 중개Marketplace, ⑦ 온라인 분쟁 해결Online Dispute Resolution, ⑧ 법무 관리Practice Management, ⑨ 전자증거개시eDiscovery로 나뉜다.

본 장은 서술의 목적상 리걸테크를 〈국내 변호사의 업무 프로세스〉에 따라 새롭게 분류한다. 변호사가 ① 클라이언트와 상담을 하고, ② 사건을 수임하는 계약을 체결한 후, ③ 착수금을 입금받고, ④ 기록을 검토하고, ⑤ 관련 판례를 검색한 후, ⑥ 서류를 작성하여 법원에 제출하고 변론하며, ⑦ 진행 중인 사건일정과 종결된 사건기록을 관리한 후, ⑧ 고객관리를 통해 새로운 사건을 수임하는 일련의 프로세스에 따라 살핀다. 기존의 분류 방식대로 법무에 기술을 활용한 영역을 망라하다 보면, 법원/검찰/변호사의 업무영역이 혼재되고, 변호사의 송무/자문/규제대응 영역이 혼재될 뿐만 아니라, ODR이나 eDiscovery 같이 국내에는 도입되지 않았으나 해외에서 활발히 활용되고 있는 사법제도를 망라함으로써 논의의 초점을 흐릴 수 있기 때문이다.

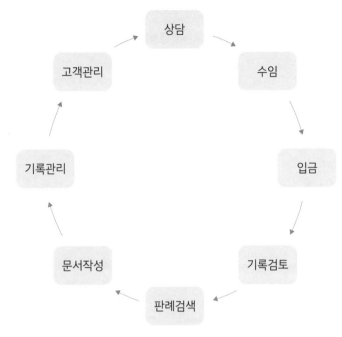

<그림 1> 국내 변호사의 업무 프로세스에 따른 리걸테크의 분류

 ## II. 리걸테크 주요 서비스별 법적 쟁점

1 변호사 중개 서비스

국내 리걸테크 분야에서 가장 크게 문제된 지점은 변호사 중개 서비스이다. 법률 시장은 정보비대칭이 매우 심한 분야이다. 일반적인 법률소비자는 어느 변호사가 어떤 사건을 잘 하는지를 잘 알기 어렵기 때문이다. 리걸테크 맥락에서 변호사 중개 서비스는 기본적으로 정보통신서비스를 통해 플랫폼을 구축하고 변호사와 법률소비자를 이어주는 것을 골자로 한다. 국내 리걸테크 업체 중에서 최다 투자금을 유치한 업체는 2012년 설립한 로앤컴퍼니^{대표 김본환}로 보인다. 2023년 현재 377억 원의 투자를 받았고[5] 연 30억 원 정도의 매출을 내고 있는[6] 본 회사는 변호사 중개 서비스'로톡'와 판례 검색 서비스'빅케이스'를 운영하고 있다.

나의 변호사 (대한변호사협회)	로톡 (주식회사 로앤컴퍼니)	로앤굿 (주식회사 로앤굿)
나의 변호사 MY LAWYER www.klaw.or.kr	LawTalk	Law&Good

　　2015년 3월 서울지방변호사회는 로톡 서비스를 통해 변호사 중개 서비스를 제공하고 있던 로앤컴퍼니를 변호사법 제34조[7]를 위반하였다는 혐의로 고발했다. 변호사가 로톡 서비스에 지불하는 비용이 특정 기간 동안 플랫폼에 자신을 노출시켜 주는 대가로 지불하는 광고비 성격을 지니는지, 아니면 특정한 변호사를 소개, 알선, 사건수임 여부에 따라 지불하는 중개수수료 성격을 지니는지 여부가 주된 쟁점이었다. 만약 로톡 서비스가 광고형 플랫폼에 해당한다면 변호사법 제34조 위반이 아니지만, 중개형 플랫폼에 해당한다면 변호사법 제34조 위반이 된다. 여기에 대해 수사기관은 로톡 서비스가 광고형 플랫폼에 해당하여 변호사법 제34조에 위반하지 않는다고 보았다.[8] 로앤컴퍼니 측은 소비자와 변호사가 만날 수 있는 공간을 만들어 주었을 뿐 법률사무의 수행이나 비용 지급 등에는 전혀 개입하지 않았으므로 변호사법 위반이 아니라고 하였다. 반면 변호사협회 측은 변호사법 제34조에도 불구하고 기존 규정으로 포섭하기 어려운 신종 위법 내지 탈법 광고행위가 증가하였고 인터넷 기반으로 법률사무 또는 변호사 소개/알선/홍보 등을 내용으로 하는 각종 새로운 사업형태의 사무장 로펌이 법조시장을 장악하는 기형적인 상황이 발생하고 있다고 하였다. 이에 대해 수사기관의 판단은, 로톡 서비스는 사건 수입 여부에 따른 수수료를 받지 않았고 의뢰인에게 특정한 변호사를 소개해 주는 구조가 아니라는 점 등을 고려할 때에 광고형 플랫폼으로 운영된 것이므로 변호사법 위반의 혐의가 없다는 것이었다.

　　2021년 5월 대한변호사협회는 이사회에서 변호사업무광고규정의 전부 개정안을 의결하여 변호사광고에관한규정으로 제명을 변경하고,[9] 임시총회에서 변호사윤리장전 개정안을 통과시킴으로써,[10] 변호사중개서비스 영업참여 및 협조 금지 규정을 신설했다. 이에 대해 로앤컴퍼니는 2021년 5월 대한변호사협회의 변호사광고에관한규정 개정안을 대상으로 헌법소원심판을 청구하였고, 2021년 6월 공정거래위원회에 대한변호사협회를 독점규제및공정거래에관한법률^{이하 '공정거래법'이라 함} 및 표시광고의공정화에관한법률^{이하 '표시광고법'이라 함} 위반 혐의로 신고하였다. 이에 대한변호사협회는 2021년 8월 로앤컴퍼니가 소비자들을 상대로 다수의 허위·과장·기만 광고를 해 전자상거래 등에서의 소비자보호에 관한 법률 및 표시광고법 등 현행 법령을 위반했다며 공정거래위원회에 고발했다. 광고료를 받고 소비자를 오인케 하는 명칭과 서비스를 제공하면서 이를 소비자들에게 제대로 알리지 않았을 뿐만 아니라, 가입 회원^{변호사} 숫자를 허위로 부풀려 광고하면서 소비자를 기만해 유인했다는 것이었다. 이에 대해, 2021년 11월 공정거래위원회는 대한변호사협회가 로앤컴퍼니를 신고한 건에 대해 무혐의 처분하였고, 2022년 5월 헌법재판소는 변호사광고에관한규정이 일부 위헌이라고 선고했다.

2022년 10월 대한변호사협회는 로톡 서비스를 이용하는 변호사 9명에 대한 징계를 의결하였으나, 2023년 9월 법무부는 대한변호사협회의 로톡 서비스를 이용하는 변호사에 대한 징계결정을 취소하였다. 법무부의 결정은 변호사법의 위임으로 대한변호사협회가 변호사광고의 내용방법에 대한 제한을 정하도록 함으로써 제정된 변호사광고규정 제5조 제2항 제1호 내지 제3호[11]를 로톡 서비스 및 그에 가입한 변호사 등이 위반했는지를 다룬 것이었는데, 세 가지 쟁점을 지니고 있었다. 첫째, 로톡 서비스가 특정 변호사와 소비자를 직접 연결하는 서비스인지 또는 연결의 장을 제공하는 것인지였다. 변호사광고규정 제5조 제2항 제1호는 사건 소개 및 알선을 위해 변호사와 소비자를 연결하는 행위를 금지했기 때문이다. 법무부는 로톡 서비스는 변호사와 소비자가 연결될 수 있는 장을 제공할 뿐 특정 변호사와 소비자를 직접 연결하는 서비스에는 해당하지 않는다고 판단했다. 둘째, 로톡 서비스가 자신을 드러내는 방법으로 변호사와 소비자를 연결하거나 광고하는 서비스인지 여부였다. 변호사광고규정 제5조 제2항 제2호는 변호사 이외의 자가 자신의 상호 등을 표시하거나 자신을 드러내는 방법으로 변호사 등과 소비자를 연결하거나 광고하는 행위를 금지하기 때문이다. 법무부는 소비자의 입장에서 로톡 서비스와 그 가입변호사 사이에는 이해관계가 있다고 오해할 정도로 로톡 서비스가 자신을 드러냈으므로 광고규정을 위반했다고 판단했다. 셋째, 로톡 서비스 중 형량예측서비스가 단순 통계수치를 제공한 것인지 또는 법원 판결 등의 결과예측을 표방하는 것인지 여부였다. 변호사광고규정 제5조 제2항 제3호는 변호사등이 아님에도 판결 등의 결과예측을 표방하는 서비스를 취급하거나 제공하는 행위를 금지하고 있기 때문이다. 법무부는 로톡의 해당 서비스가 법원 판결 등의 결과예측을 표방하는 서비스에 해당하므로 상기 광고규정을 위반했다고 판단했다.

2 전자서명 서비스, 문서작성 자동화 서비스

국내에서 리걸테크가 가장 잘 자리 잡은 분야는 전자서명 서비스와 그에 수반된 문서작성 자동화 서비스이다. 대한민국 민법은 계약성립에 있어 별도의 형식을 요구하지 아니한다. 즉, 당사자 간의 합의만으로 계약의 성립을 인정하는 낙성 불요식 계약 원칙을 따르고 있다^{민법 제563조 등 참조}.[12][13][14] 만약 계약 당사자 쌍방이 계약내용에 대해 동의했다는 사실이 증명된다면 그 형태가 무엇이든 법적 효력이 인정된다. 지금까지 계약체결을 비롯한 법률행위는 주로 종이 계약서를 이용하였다. 이때 종이 계약서는 계약내용을 증명할 수 있는 증거 중 하나일 뿐이다. 굳이 종이 계약서가 아니더라도 음성 녹음 파일이 있더라도 계약내용을 증명할 수 있다면 종이 계약서와 같이 증거로서의 법적 효력을 인정받을 수 있다.

전자서명법은 자필이 아닌 전자적으로 입력되는 서명의 효력을 규정하고 있다. 즉, 전자서명^{electronic signature}의 형식을 지니더라도 당사자의 약정을 인정하는 증거로서 충분히 이용될 수 있다는 점을 규정한다. 전자서명은 전자적 형태라는 이유만으로 서명, 서명날인 또는 기명날인으로서의 효력이 부인되지 아니한다^{제3조 제1항}. 법령의 규정 또는 당사자 간의 약정에 따라 서명, 서명날인 또는 기명날인의 방식으로 전자서명을 선택한 경우 그 전자서명은 서명, 서명날인 또는 기명날인으로서의 효력을 가진다^{제3조 제2항}. 또한 전자문서 및 전자거래 기본법은 서면이 아닌 전자문서의 효력을 규정하고 있다. 전자문서는 전자적 형태로 되어 있다는 이유만으로 법적 효력이 부인되지 아니한다^{제4조 제1항}. 전자문서가 (1) 전자문서의 내용을 열람할 수 있고, 전자문서가 작성·변환되거나 송신·수신 또는 저장된 때의 형태 또는 그와 같이 재현될 수 있는 형태로 보존되어 있다면, 그 전자문서를 서면으로 본다^{제4조의2}. 다만, 민법 제428조의2^{보증의 방식}과 같이 다른 법령에 특별한 규정이 있거나 성질상 전자적 형태가 허용되지 아니하는 경우에는 서면으로 보지 아니한다.

상기 전자서명 서비스는 통상 문서작성 자동화 서비스와 결합되어 제공된다. 2023년 현재 국내 최다 이용자 수를 보유하고 있는 전자서명 서비스인 모두싸인은 고용/노무에 있어서 근로계약, 보안유지/비밀유지서약서, 퇴직/해고, 개인정보 등 수집/활용 동의서, 내용증명 서식을 제공한다. 투자/경영에 있어 경영, 영업양도, 주식/사채 관련 서식을 제공한다. 일반민사에 있어서 금전, 부동산, 매매 등 거래, 프랜차이즈 및 대리점, 하도급 관련 서식을 제공한다. 지식재산에 있어서 공연예술, 보안유지/비밀유지 서약서, 연구개발, 지식재산권 양도/사용계약, 출판 등 콘텐츠 산업 관련 서식을 제공한다. 한편, 전자서명 서비스를 제공하는 동시에 규칙기반의 문서작성 자동화 서비스까지 제공하는 경우도 있다. 변호사가 사전에 설정해 놓은 입력창을 채워넣으면 규칙기반으로 법률문서가 작성되는 방식이다. 2023년 현재 국내에서 최다 이용자 수를 보유하고 있는 규칙기반 법률문서 작성서비스인 로폼은 근로계약, 차용증, 주주총회, 내용증명, 지급명령, 계약서, 합의서, 고소장, 임대인, 임차인 관련 법률문서 작성을 지원하고 있다. 문서작성 자동화 서비스가 법률문서 작성에 이용되는 경우, 변호사법 제23조와 제109조의 위반가능성이 제기된다.

우선 변호사법 제109조에 관련된 내용을 살핀다. 변호사가 아니면서 금품·향응 기타 이익을 받거나 받을 것을 약속하고 또는 제3자에게 이를 공여하게 하거나 공여하게 할 것을 약속하고 소송사건·비송사건·가사조정 또는 심판사건·행정심판 또는 심사의 청구나 이의신청 기타 행정기관에 대한 불복신청 사건, 수사기관에서 취급중인 수사사건 또는 법령에 의하여 설치된 조사기관에서 취급중인 조사사건 기타 일반의 법률사건에 관하여 감정·대리·중재·화해·청탁·법률상담 또는 법률관계 문서작성 기타 법률사무를 취급하거나 이러한 행위를 알선한 자에게는 7년 이하의 징역 또는 5천만 원 이하의 벌금에 처하거나 이를 병과할 수 있다^{제109조 제1호}. 리걸테크 업체가 일반 소비자에게 법률문서 자동작성 서비스를 제공하면 변호사가 아닌 자가 법률사무를 처리하는 것에 해당하여 변호사법 위반이 될 가능성이 있다.

변호사법 제109조는 비변호인이 법률사건에 관한 법률사무를 취급 또는 알선하는 것을 금지하고 있는데, 소프트웨어를 기반으로 한 알고리즘을 통해 제공되는 법률문서 자동작성 서비스가 법률사무에 해당할 가능성이 있기 때문이다. 또한, 변호사법 제23조에 관련된 내용을 살핀다. 변호사·법무법인·법무법인^{유한} 또는 법무조합은 자기 또는 그 구성원의 학력·경력·주요취급업무·업무실적 기타 그 업무의 홍보에 필요한 사항을 신문·잡지·방송·컴퓨터통신 등의 매체를 이용하여 광고할 수 있다^{제23조 제1항}. 이때 대한변호사협회는 제1항의 규정에 의한 광고에 관하여 광고매체의 종류, 광고횟수, 광고료의 총액, 광고내용 등을 제한할 수 있다^{제23조 제2항}. 법률문서 자동작성 서비스는 어떻게 광고되는지에 따라 변호사 광고 관련 법령에 위배될 수 있다.

3 판례 검색 서비스

변호사가 가장 적극 이용하는 리걸테크 서비스는 판례 검색 서비스이다. 판결문은 공개함이 원칙이다^{헌법 제109조}.[15] 하지만 법원은 개인정보 보호 등을 이유로 대부분의 판결문을 공개하지 않고 있다. 법원은 종합법률정보시스템을 통해 판결문을 적극 공개하고 있기는 하나, 2019년 기준으로 본 시스템을 통해 공개된 판결문은 전체 대법원 판결의 3%, 각급 법원 판결의 0.003%에 불과했다.[16] 비록 판례구속원칙이 관철되는 국가는 아니지만, 판례는 법조실무에 있어서 매우 중요한 위상을 지닌다. 국회의 의결을 거쳐 행정부에서 공포한 법률이 시행된 이후에 구체적인 사실관계에 있어서 어떻게 적용되었는지에 대한 기록이기 때문이다.

판사는 내부 전산망을 통해 모든 판례를 검색할 수 있고, 검사는 내부 전산망을 통해 모든 형사 판례를 검색할 수 있다. 매년 100만 건 이상의 판결이 선고되고 있지만, 변호사가 업무에 활용할 목적으로 판결문을 확보할 수 있는 방법은 매우 제한되어 있다.[17] 판결문 공개 비율을 확대하라는 요구에 따라 2019년에 판결서 인터넷 열람 제도가 도입되어 모든 국민이 건당 수수료 1천 원을 결제하면 비실명 처리된 확정 판결문을 열람할 수 있게 되었지만, 공개되는 판결문의 범위는 2013년 이후 확정된 형사 사건 판결문과 2015년 이후 확정된 민사, 행정, 특허 사건 판결문으로 제한되어 있다. 다음 표는 2023. 1. 26. 기준으로 연합뉴스에서 정리한 것이다.[18] 실제로 판결문 공개율은 30% 전후에 불과했다.

연도	전체 판결 건수	판결 공개 건수	공개율
2019	1,361,563	414,270	30%
2020	1,350,318	425,537	32%
2021	1,291,678	410,718	32%
2022	1,196,920	418,288	35%

그에 대응하여, 민간 영역에서 판례 검색 서비스가 등장하였다. 그 효시는 법무법인유한 태평양의 사업부로 시작하여 분사한 후 2001년에 출시된 로앤비였다. 2022년 기준으로 유료 회원이 10만 명 이상으로 알려진 본 서비스는 종합 포탈을 지향하며 판결문 검색뿐만 아니라 각종 주석서를 제공했다. 로앤비는 2012년 톰슨로이터에 인수되었고 현재 사명은 톰슨로이터코리아이다. 이후 2016년에 재판연구원을 역임한 강효은 변호사가 케이스노트 서비스의 베타 버전을 출시했다. 2021년 정식 버전을 출시했으며 2022년 기준으로 약 3만 명의 회원을 보유하고 있다. 2020년에는 김장 법률사무소 변호사로 근무했던 이진 변호사가 엘박스 서비스를 출시했다. 현재 국내 최대 규모의 판례 검색 사이트로서 약 3만 명 이상의 회원을 보유하고 있다. 2022년에는 로앤컴퍼니가 판례 검색 서비스로서 빅케이스를 출시했다. 이 또한 엘박스와 더불어 국

내 최대 규모의 판례 검색 사이트로서 상당한 이용자를 확보하고 있다.[19] 문제는 최대 규모의 판례 검색 서비스로 평가되는 엘박스, 빅케이스 조차도 보유한 판결문 개수가 2023년 기준으로 300만 개 남짓이라는 점이다. 매년 약 100만 건 이상의 판결이 선고되고 있다는 점에서, 결코 많지 않은 비율로 보인다.

로앤비 (톰슨로이트코리아)	케이스노트 (주식회사 케이스노트)	엘박스 (주식회사 엘박스)	빅케이스 (주식회사 로앤컴퍼니)
THOMSON REUTERS LAWnB │ 로앤비	CaseNote	LBox	빅케이스. 판례검색, 빅케이스 하나로 끝

III. 향후 과제

생성형 인공지능의 등장으로 기존의 리걸테크 생태계는 크게 변화할 것으로 전망된다. 특히 주목받고 있는 지점은 챗봇을 활용한 법률상담 서비스와 언어모델을 이용한 법률문서 작성 서비스이다. 2023년 현재 로앤굿을 비롯하여 몇몇 회사에서 상용 언어모델 API를 활용한 챗봇 서비스를 출시했다. 할루시네이션은 RAG를 활용한 출처표시 기능을 통해 상당 부분 억제할 수 있을 것으로 보이나, 변호사법상 법률사무를 수행할 수 있는 주체는 변호사 등에 한정되어 있다는 점에서 법률소비자를 대상으로 한 서비스[B2C]는 운신의 폭이 제한적일 수밖에 없어 보인다. 반면 언어모델을 이용한 법률문서 작성 서비스는 법률시장의 산업지형을 크게 바꾸어 놓을 것으로 보인다. 상기 변호사법 저촉 가능성이 있기는 하지만, 법률소비자가 아닌 변호사를 대상으로 서비스를 제공[B2B]하는 경우 그 확장가능성과 파급효는 상당할 것으로 보인다. 현재 국내에서 100억 원 이상 투자를 받은 리걸테크 업체는 4곳[로앤컴퍼니, 엘박스, 로앤굿, 모두싸인]인데[20] 그중 대부분의 업체[로앤컴퍼니, 엘박스, 로앤굿]에서 적극적으로 인공지능 언어모델을 활용한 서비스의 개발 및 활용을 검토하고 있다고 보도되었다.[21]

하지만 현행 법체계만으로는 리걸테크 산업의 발전에 한계가 있을 것으로 보인다. 변호사법은 변호사가 법률사무를 처리하는 것을 전제하고 있기 때문이다. 리걸테크 서비스를 개발하고 출시하는 주체는 일반적으로 주식회사가 될 수밖에 없는데, 법률사무는 반드시 변호사가 해야 하며^{변호사법 제109조}, 리걸테크 업체가 변호사와 공동으로 법률사무와 관련된 서비스를 제공하는 것이 제한된다^{변호사법 제34조}. 리걸테크가 플랫폼을 만들어 운영되는 경우 일정한 부문에서는 광고가 제약되어 양면시장 형태의 비즈니스 모델을 구현하기 어렵다. 변호사 광고를 할 수 있는 주체는 변호사나 법무법인 또는 법무조합에만 국한되기 때문이다^{변호사법 제23조}. 따라서 리걸테크 산업을 발전시키고자 하는 경우에는 변호사법을 개정하거나, 리걸테크산업진흥법과 같은 특별법을 만들어야 한다는 주장이 제기되고 있다.[22] 리걸테크 산업의 활성화는 법률소비자의 후생증진에 기여하나 법률시장 구성원의 기득권 제한 내지 부의 이전을 초래한다. 이러한 역학관계를 충분히 감안하며 신중히 접근할 필요가 있다.

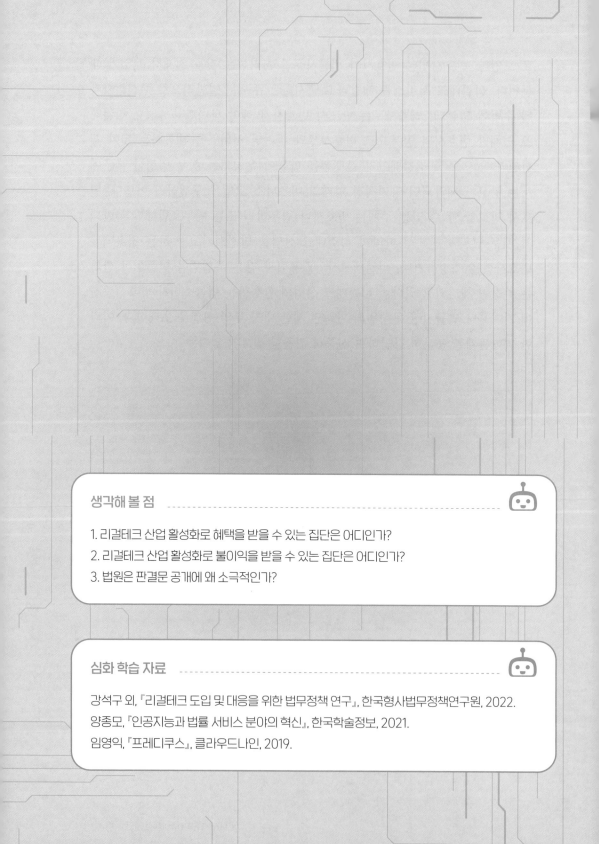

생각해 볼 점

1. 리걸테크 산업 활성화로 혜택을 받을 수 있는 집단은 어디인가?
2. 리걸테크 산업 활성화로 불이익을 받을 수 있는 집단은 어디인가?
3. 법원은 판결문 공개에 왜 소극적인가?

심화 학습 자료

강석구 외, 『리걸테크 도입 및 대응을 위한 법무정책 연구』, 한국형사법무정책연구원, 2022.
양종모, 『인공지능과 법률 서비스 분야의 혁신』, 한국학술정보, 2021.
임영익, 『프레디쿠스』, 클라우드나인, 2019.

미주

1   강석구 외, "리걸테크 도입 및 대응을 위한 법무정책 연구", 한국형사법무정책연구원, 2022, 15쪽.

2   이종주, "법률산업의 디지털 전환에 따른 동향과 이슈", 소프트웨어정책연구소: 산업 동향, 2018.

3   정종구 외, "변호사의 법률 인공지능 활용방안- 국외사례와 국내현황을 중심으로", 대한변호사협회 법제연구원, 2020.

4   https://techindex.law.stanford.edu/ (2023. 11. 5. 최종방문)

5   https://thevc.kr/lawncompany (2023. 11. 5. 최종방문)

6   https://www.innoforest.co.kr/company/CP00001520 (2023. 11. 5. 최종방문)

7   변호사법 제34조 (변호사가 아닌 자와의 동업 금지 등) ① 누구든지 법률사건 또는 법률사무의 수임에 관하여 사전에 금품·향응 기타 이익을 받거나 받을 것을 약속하고 당사자 기타 관계인을 특정 변호사 또는 그 사무직원에게 소개·알선 또는 유인하거나, 법률사건 또는 법률사무의 수임에 관하여 당사자 기타관계인을 특정 변호사 또는 그 사무직원에게 소개·알선 또는 유인한 후 그 대가로 금품·향응 기타 이익을 받거나 이를 요구하여서는 아니된다. ② 변호사 또는 그 사무직원은 법률사건 또는 법률사무의 수임에 관하여 소개·알선 또는 유인의 대가로 금품·향응 기타 이익을 제공하거나 이를 약속하여서는 아니된다. ③ 변호사 또는 그 사무직원은 제109조제1호·제111조 또는 제112조제1호에 규정된 자로부터 법률사건 또는 법률사무 수임의 알선을 받거나 이러한 자에게 자기의 명의를 이용하게 하여서는 아니된다. ④ 변호사가 아닌 자는 변호사를 고용하여 법률사무소를 개설·운영하여서는 아니된다. ⑤ 변호사가 아닌 자는 변호사가 아니면 할 수 없는 업무를 통하여 얻은 보수 기타 이익을 분배받아서는 아니된다.

8   2015년 4월 서울중앙지방검찰청은 상기 고발 건에 대해 혐의없음 불기소처분을 내렸다. 2016년 9월 대한변호사협회가 마찬가지로 로앤컴퍼니를 변호사법 위반 혐의로 고발했으나, 2015년 4월 서울중앙지방검찰청은 혐의없음 불기소처분을 하였으며, 그에 불복한 항고에 대해 2017년 2월 서울고등검찰청은 기각하였다. 2020년 11월 직역수호변호사단이 로앤컴퍼니를 변호사법 위반 혐의로 고발한 건에 대해, 2021년 12월 서울경찰청 반부패 공공범죄수사대는 혐의없음 불송치결정을 하였다. 2022년 1월 직역수호변호사단이 서울지방검찰청에 불복하였으나 2022년 5월 혐의없음 불기소처분이 나왔고, 같은 2022년 5월 직역수호변호사단이 서울고등검찰청에 항고하였으나, 2023년 2월 서울고등검찰청은 그 항고를 기각하였다.

9   변호사 광고에 관한 규정(2021. 5. 3. 규정 제목개정된 것).

10 변호사윤리장전(2021. 5. 31. 개정된 것) 제31조(원칙) 제4항 변호사는 변호사 또는 법률사무소 소개를 내용으로 하는 애플리케이션등 전자적 매체 기반의 영업에 대하여 이에 참여하거나 회원으로 가입하는 등의 방법으로 협조하지 않는다. (신설 2021. 5. 31.)

11 변호사 광고에 관한 규정(2021. 5. 3. 규정 제목개정된 것) 제5조(광고방법 등에 관한 제한) 제2항 제1호 변호사 또는 소비자로부터 금전·기타 경제적 대가(알선료, 중개료, 수수료, 회비, 가입비, 광고비 등 명칭과 정기·비정기 형식을 불문한다)를 받고 법률상담 또는 사건등을 소개·알선·유인하기 위하여 변호사등과 소비자를 연결하는 행위 제2호 광고 주체인 변호사등 이외 자가 자신의 성명, 기업명, 상호 등을 표시하거나 기타 자신을 드러내는 방법으로, 법률상담 또는 사건등을 소개·알선·유인하기 위하여 변호사등과 소비자를 연결하거나 변호사등을 광고·홍보·소개 하는 행위 제3호 변호사등이 아님에도 수사기관과 행정기관의 처분·법원 판결 등의 결과 예측을 표방하는 서비스를 취급·제공하는 행위

12 민법 제563조(매매의 의의) 매매는 당사자 일방이 재산권을 상대방에게 이전할 것을 약정하고 상대방이 그 대금을 지급할 것을 약정함으로써 그 효력이 생긴다.

13 민법 제428조의2(보증의 방식) ① 보증은 그 의사가 보증인의 기명날인 또는 서명이 있는 서면으로 표시되어야 효력이 발생한다. 다만, 보증의 의사가 전자적 형태로 표시된 경우에는 효력이 없다.

14 민법 제1060조(유언의 요식성) 유언은 본법의 정한 방식에 의하지 아니하면 효력이 생기지 아니한다.

15 헌법 제109조 재판의 심리와 판결은 공개한다. 다만, 심리는 국가의 안전보장 또는 안녕질서를 방해하거나 선량한 풍속을 해할 염려가 있을 때에는 법원의 결정으로 공개하지 아니할 수 있다.

16 2019년 3월 25일 국회 법제사법위원회 법안심사제1소위원회 회의록.

17 국회의원 금태섭 의원실 주최 판결문 공개 확대를 위한 국회토론회, 2019. 10. 25.

18 이웅, 우리나라 판결문 공개 비율은 0.3%에 불과하다, 연합뉴스, 2023. 5. 3.

19 홍수정, 온라인 기업 판례 검색 사이트 본격 경쟁 돌입, 2022. 5. 12.

20 손지혜, 글로벌 리걸테크 투자액 16조원…국내는 100억 투자 4곳뿐, 전자신문, 2023. 11. 1.

21 고은이, ‘로톡發 훈풍’ 부는 리걸테크…생성 AI로 법조 판 바꾼다, 한국경제, 2023. 11. 1.

22 조원희, 리걸테크에 대한 규제 기준과 변호사법 개정의 과제, 법률신문 LTAF 자료집, 2023. 10. 18.

CHAPTER 05

생성형 인공지능과 AI 커버곡[1]

정원준

사례

크리에이터로 활동하는 A는 AI 가창합성 음원서비스를 통해 망인(亡人)이 된 가수 B와 해외 인기 팝가수 C 등 유명 가수의 목소리를 학습시켜 K-POP 가수 D의 노래를 가창하는 AI 커버곡을 다수 생성하였다. A는 그중 일부 커버곡을 영상콘텐츠로 제작하여 본인의 유튜브 채널에 직접 업로드하였다. 해당 콘텐츠는 250만 건이 넘는 '좋아요'와 상당한 조회수를 기록하는 대중의 관심을 끌었으며, 이로부터 A는 적지 않은 금액의 광고 수익까지 올리게 되었다. 이에 대하여 망인이 된 가수 B의 상속인과 팝가수 C는 권리자의 허락없이 음성을 무단 사용한 것에 대해 위법하다는 주장을 제기하였고, D의 소속사 역시 K-POP 가수 D의 음원을 이용허락 없이 커버한 행위에 대하여 저작권법 위반에 해당한다고 주장하고 있다.

쟁점

당해 사안에서 크리에이터 A는 가수 B와 C의 목소리를 허락 없이 사용한 행위(쟁점①)와 가수 D가 부른 원곡의 저작권자(작곡가, 작사가 및 편곡가)와 저작인접권자(실연자 및 음반제작자) 모두로부터 허락을 받지 않은 채 커버곡을 제작한 행위(쟁점②)에 대하여 각각 어떠한 법적 책임을 지는가? 나아가 AI 커버곡을 제작하여 공중에 공개하는 행위를 통해 수익이 발생한 경우 어느 범주에서 공정이용으로 취급될 수 있는가?(쟁점③)

생성형 인공지능Generative AI의 출현은 예술적 감각이 뛰어나지 못한 일반인들도 얼마든지 다양한 영역에서 창작 활동을 영위할 수 있는 가능성을 실현시켜주고 있다. 생성형 AI는 패턴 인식이나 학습 및 최적화를 통해 문서 번역, 글과 그림·음악 등의 창작을 구현한다. 특히 최근에 들어서는 단순히 인간의 작품을 흉내 내는 수준을 넘어 미묘한 감정선을 표현하는 수준에까지 이르고 있다.

이 글에서 살펴볼 음성합성 기술 역시 음성 변화, 음성 합성, 음악 생성 등에 사용되는 AI 음성 생성 모델을 통해 간단한 음성 샘플만으로도 음성의 특징과 감정표현까지 다양한 음성 신호를 복제하여 새로운 음성을 생성하는 기술이다. 이러한 음성 합성speech synthesis 기술은 텍스트로부터 음성을 생성하는 TTSText to Speech 기술을 토대로 발전하였는데, 발화자의 대화 내용을 곧바로 텍스트 형태의 문서로 작성해주거나, 디지털 휴먼이 음성합성 기술을 통해 목소리를 얻기도 하고, 악보를 통해 감성 정보를 학습하여 유명가수의 창법과 음색을 모방하여 자연스럽게 가창하는 서비스를 제공하는 등 다양한 분야에서 활용되고 있다.

특히 최근 LLM 모델과 Diffusion 모델을 기반으로 하는 고품질의 음성 생성 기술은 주어진 가사와 멜로디, 박자 등을 문장으로 입력하기만 하면 AI가 특정 가수의 고유한 창법과 음색을 학습하여 유사하게 표현한 악곡을 생성한다. 시장에서는 이미 구글이 음원 생성 AI인 '뮤직 LM'을 출시하였고, 메타의 경우에도 음향효과와 음악을 자동으로 생성하는 '오디오크래프트'를 출시하는 등 AI 가창합성 음원서비스가 성행하고 있다. 해당 서비스를 통해 이용자는 간단한 명령어만으로 본인만의 맞춤형 음원을 생성하여 보유할 수 있게 된다.

문제는 대부분의 AI 서비스에서 유명가수의 목소리가 권리자의 허락없이 활용되고 있어 음성권 침해가 논란이 되고 있다는 점이다. 해당 음원을 단지 개인 소장용으로 보관하여 청취하는 것에 대해서는 사적 이용으로서 위법성이 부정될 것이지만, 이를 유튜브나 SNS 등을 통해 상업적 목적으로 공개하는 경우에는 저작권법 위반에 대한 법률 해석이 요구된다.

이러한 문제에 있어서의 법적 판단을 위해 이 글 서문에서 제시한 사례의 사실관계를 중심으로 검토가 필요한 개별 쟁점을 도출해보면 다음과 같다.

우선 첫 번째 쟁점으로는 AI 기반의 음성 합성 서비스를 이용하는 과정에서 커버곡의 목소리 생성을 위해 유명 가수의 음성을 허락 없이 사용한 부분이 문제된다. 여기에서 고인(故人)이 된 가수 B와 관련해서는 상속인이 주장할 수 있는 권리인지도 검토가 필요하다. 두 번째 쟁점으로는 AI가 커버한 음원을 허락 없이 사용한 것이 저작권자(작곡가 및 작사가)와 저작인접권자(실연자 및 음반제작사)에 대한 권리를 침해한 것인지 문제된다. 마지막으로 AI 커버곡의 완성을 목적으로 타인의 음성과 음원을 무단으로 사용한 행위가 침해를 구성하더라도 변형적 이용에 해당하여 공정이용으로 볼 수 있는지와 유튜브에서의 수익 행위가 상업적 이용으로서 공정이용이 부정되는지 등 저작권 제한사유에 관한 구체적 판단기준이 문제된다.

 Ⅱ. 쟁점의 해설

1 쟁점①: 가수 B와 가수 C의 목소리를 허락 없이 사용할 경우 어떠한 권리로 보호되는가?

1) 음성권의 인격권적 보호가능성

먼저 공인의 음성은 어떠한 성격의 권리로 보호되는가를 살펴보아야 한다.

얼굴에 초상권이 있다면 목소리에는 음성권이 있다. 2019년 우리 대법원은 누구나 자신의 음성이 함부로 녹음되지 않을 헌법상의 기본권을 가진다고 판시하여 음성권이 인격권적 성격의 기본권에 해당함을 처음으로 명시하였다. 해당 판결이 내려진 이후 최근 일부 판례를 통해 통화 녹음과 관련한 음성권 침해 여부가 다투어지고 있지만,[2] 그 이전부터도 언론보도를 통해 대화 내용이 공중에 송출됨으로 인한 음성권 침해 문제가 꾸준히 다루어져 왔다. 가령 방송사 앵커를 지낸 언론사 간부가 낸 음주운전 사건에서 모자이크 없이 방송에 송출하면서 초상권과 음성권 침해가 인정되나 공인이라는 이유로 위법성이 조각된다고 본 판례[3], 음주단속 적발 사건에서 금융회사 간부가 공인이 아니라는 이유로 위법성 조각이 부정된 판례[4], 제보자가 무단 녹음으로 건네준 통화 내용을 음성변조 없이 보도하여 정정 보도 청구와 명예훼손 그리고 음성권 침해를 주장한 사건에서 음성권 침해만 인정된 판례[5] 등이 대표적이다. 해당 사건들에서 실질적인 침해가 이루어졌는지를 판단함에 있어서는 피해자가 공인인지 여부, 녹음된 대화 내용이 공적 관심사에 속하는지 여부, 최소 침해의 관점에서 음성변조가 필요했는지 등이 면책을 위한 고려요소로 판단되었다.

이와 같은 음성권에 관한 기존 법리에 의하면, 대화 당사자가 아닌 제3자가 통화 내용을 녹음하는 경우에는 통신비밀보호법에서 형사처벌 규정을 두고 있으나, 그 외에 음성권을 침해하는 대부분의 경우에는 민사상 불법행위의 일환으로서 손해배상 청구의 대상이 된다고 할 것이다. 따라서 원론적으로는 본 사안의 AI 합성 음원의 완성을 위해 특정 가수의 음성을 허락 없이 사용한 행위에 대하여도 민사상 불법행위 책임을 물을 수 있을 것이다. 그러나 공표된 음원의 가수는 공인으로서의 지위를 동시에 가지므로, 해당 가수의 개인적인 명예와 신뢰를 현저히 훼손시키는 것이 아닌 한 일반적인 상황에서 민법상의 불법행위 책임을 인정하기는 논리 구성이 쉽지 않을 것으로 판단된다.

민법상 보호 규정과 관련하여 최근 법무부는 성명, 초상, 음성 등의 인격표지를 영리적으로 이용할 수 있는 이른바 '인격표지영리권'을 신설하는 민법 개정안을 입법예고한 바 있다. 해당 권리는 인격표지를 대상으로 영리 활동을 통한 재산적 이익을 보호하는 권리이지만, 다른 사람에게 양도할 수 없는 인격권적 특징을 동시에 갖는다는 점에서 독특한 성격을 가진다. 이는 지적재산권의 일종으로서 양도성과 상속성을 통해 강하게 보호되는 배타적 권리라는 점에서 미국의 주법州法과 판례법common law을 통해 인정되는 소위 '퍼블리시티권The Right of Publicity'과 차이가 있다. 또한 미국의 퍼블리시티권은 재산적 가치가 있는 유명인의 인격표지만을 보호의 대상으로 하므로, 우리 민법 개정안이 일반인의 인격표지까지 아울러 보호하는 규정인 것과 적용 범주 면에서 다르다고 할 것이다. 해당 규정은 오히려 독일과 프랑스에서 기존의 인격권 이론의 확장을 통해 인격표지의 경제적 측면을 보호하는 것과 맥을 같이한다고 할 수 있다. 결론적으로 이 사안에서의 음성권 침해는 현 시점에서 민법상의 구제를 논하기에는 적용상의 한계가 있다고 할 것이다.

> **[민법 일부개정법률안]** 제3조의3(인격표지영리권) ① 사람은 자신의 성명, 초상, 음성 그 밖의 인격표지를 영리적으로 이용할 권리를 가진다.
> ② 제1항의 인격표지영리권은 양도할 수 없다.
> ③ 인격표지영리권자는 다른 사람에게 자신의 인격표지의 영리적 이용을 허락할 수 있다. 다만, 신념에 반하는 등 중대한 사유가 있는 때에는 허락을 철회할 수 있다.
> ④ 다른 사람의 인격표지 이용에 정당한 이익이 있는 사람은 인격표지영리권자의 허락 없이도 합리적인 범위에서 인격표지를 영리적으로 이용할 수 있다.

2) 음성권의 재산권적 보호가능성

지난 2021년 저작권법 전부개정법률안^{도종환 의원 대표발의안, 의안번호-2107440}에서는 초상등재산권이라는 새로운 권리를 신설하는 내용을 포함시킨 바 있다. 동 규정은 연예인이나 스포츠 선수 등 유명인의 초상·성명·목소리 등이 상업적으로 이용되는 사례가 증가하고 있고, 매체의 발달로 창작물뿐만 아니라 창작자 자신이 유명해지고 창작물과 함께 창작자의 모습 등을 상업적으로 사용하는 경우도 늘어나면서 이에 대한 저작권법상의 권리를 명시함으로써 법적 안정성을 꾀하고자 하는 취지에서 제안되었다. 법안에서는 초상등재산권을 "초상등이 특정하는 사람은 자신의 초상등을 상업적 목적을 위하여 일반 공중에게 널리 인식되도록 하는 방법으로 이용할 수 있는 권리"로 정의하였고^{안 제126조}, 해당 권리의 일신 전속성을 인정하면서 양도 또는 압류나 담보의 대상이 될 수 없음을 명시하였다^{안 제128조}. 이에 의하면 동 법안에서 신설하는 새로운 권리는 앞서 검토한 미국에서 인정되는 퍼블리시티권과 유사한 성격의 재산권적 권리를 인정하면서도 지나치게 강한 보호가 되지 않도록 양도성이나 담보성에 대하여는 제한할 필요가 있다는 의도로 보인다.

우리 법원은 다수의 재판례를 통해 그동안 초상, 음성, 성명과 같은 인격적 표지에 대해 개인의 허락이나 동의 없이 경제적 이익을 위한 활동에 사용한 것에 대해 불법행위를 이유로 재산상 혹은 정신적 고통에 대한 손해배상청구권을 인정해왔다.[6] 특히 퍼블리시티권을 공식적으로 처음 인정한 1995년 이휘소 사건[7]에서는 '퍼블리시티권'을 "재산적 가치가 있는 유명인의 성명, 초상 등 프라이버시에 속하는 사항을 상업적으로 이용할 권리right of commercial appropriation"로 정의하여 처음으로 해당 권리의 존재를 인정한 바 있다. 이처럼 판례가 퍼블리시티권의 실체를 인정하고 있는 상황에서 배타적인 효력을 지닌 권리의 외연과 효과 등에 대한 제반 사항을 명문의 규정이 아닌 판례에 맡겨두는 것은 법적 혼란을 초래할 우려가 있다. 따라서 이를 명문화하기 위한 시도는 충분히 의미 있는 접근이라 할 것이다.

3) 음성권 침해에 대한 현행 부정경쟁방지법상 행위규제의 적용

2021년 12월 7일 개정된 「부정경쟁방지 및 영업비밀보호에 관한 법률」이하 "부정경쟁방지법"이라 함에서는 인격표지에 대한 무단 사용행위를 부정경쟁행위의 하나로 신설하였다. 동 법 제2조 제1호 타목에서 "국내에 널리 인식되고 경제적 가치를 가지는 타인의 성명, 초상, 음성, 서명 등 그 타인을 식별할 수 있는 표지를 공정한 상거래 관행이나 경쟁질서에 반하는 방법으로 자신의 영업을 위하여 무단으로 사용함으로써 타인의 경제적 이익을 침해하는 행위"를 별도의 부정경쟁행위로 추가 규정한 것이다. 개정법은 BTS의 초상과 성명 등을 무단으로 사용하여 화보집을 제작·판매한 것이 문제된 사건에서 유명인의 초상과 성명 등이 지니는 재산적 가치를 상당한 투자와 노력의 성과로서 당시 부정경쟁방지법 제2조 카목에서 규정하는 성과모용행위에 해당하는 것으로 판시한 대법원 판례[8]를 입법의 배경으로 하고 있다.

이는 판례를 통해 인정되어 온 퍼블리시티권의 법률상 근거를 확보하는 입법으로서 양도나 상속성에 관한 복잡한 찬반 대립 논란을 최소화할 수 있는 조치로서 의의를 찾아볼 수 있다. 그러나 부정경쟁방지법을 통한 행위규제 방식의 보호는 여전히 권리의 보호기간, 양도성과 상속성 등의 권리 성격 등에 있어서 해석의 여지를 남겨두고 있다는 점에서 불법적인 퍼블리시티권 침해행위로부터의 구제를 위한 법률상 근거를 확보한 점에서 의미가 있으나, 여전히 권리의 보호 범주를 가늠하기 어렵다는 근본적인 문제 해결이 이루어지지 않았다는 한계가 있다.

이와 같은 부정경쟁방지법상 인정되는 퍼블리시티권 규정 취지와 해설을 고려할 때 AI 커버곡의 제작을 위해 특정 가수의 음성을 사용하더라도 공정한 상거래 질서에 반하는 경우가 아니라면 해당 규정이 적용되지 않을 수 있다. 판례는 대체로 부정경쟁행위를 인정함에 있어서 경쟁사업자로서 경업 관계에 있는 것을 중요한 요소로 고려하고 있다. 이에 의하면, 음성을 무단으로 사용하여 제작한 콘텐츠를 단순히 유튜브나 SNS를 통해 공개하는 것만으로는 자신의 영업을 위한 것으로 볼 수 없어 부정경쟁행위에 해당한다고 보기 어려울 것으로 보인다.

4) 가수 B와 가수 C의 음원을 허락 없이 커버곡 원곡으로 사용한 것과 권리의 상속 문제

저작권법은 저작권에 준하여 보호되는 권리로서 저작인접권을 인정하고 있다. 이는 저작자에 의해 창작된 음악을 실제로 해석하고 제작하는 자인 실연자와 음반제작자, 방송제작자에게 대규모 투자를 통해 콘텐츠를 최종 소비자에게 전달하는 기능을 인정하여 미국 등에서 출발하여 인정되어 온 권리이다. 다만 저작인접권은 사후 70년 보호되는 저작권과 달리 사후 50년만 보호되며_{방송권 외에는 사후 70년으로 동일}, 개별 권리자에게 인정되는 권리의 종류도 저작권자에 미치지 못한다. 예를 들어 실연자의 경우 공표권과 전시권, 2차적저작물작성권이 인정되지 아니하며, 음반제작자는 공표권, 성명표시권, 동일성유지권, 공연권, 방송권, 전시권, 2차적저작물작성권이 인정되지 않는다.

따라서 본 사안에서 AI 학습을 위해 투입된 커버곡 음원에 대한 실연자와 해당 음원을 제작한 음반제작자는 복제권 및 전송권 침해 등을 이유로 저작인접권 침해를 주장할 수 있다. 다만 이 경우 염두에 두어야 할 사항은 현직 가수 C는 저작권을 구성하는 일체의 행위에 대하여 침해를 주장할 수 있는 반면에, 망인이 된 가수 B의 상속인은 인격권을 배제한 재산권을 형성하는 부분에 한하여만 침해 주장이 가능하다는 점이다. 즉, 저작권은 사후 70년의 존속기간이므로 저작권자가 사망한 이후에도 상속인에게 재산적 권리가 상속되지만, 인격권은 일신에 전속하는 권리로서 저작권자 자신만이 보유·행사할 수 있기 때문에 양도되거나 상속의 대상이 될 수 없다. 따라서 원칙적으로 고인이 된 가수 B의 상속인은 저작인격권에 해당하는 공표권, 성명표시권, 동일성유지권에 대하여는 침해를 이유로 이의를 제기할 수 없다.

그러나 우리 저작권법 제14조 제2항은 "저작자의 사망 후에 그의 저작물을 이용하는 자는 저작자가 생존하였더라면 그 저작인격권의 침해가 될 행위를 하여서는 아니 된다. 다만, 그 행위의 성질 및 정도에 비추어 사회통념상 그 저작자의 명예를 훼손하는 것이 아니라고 인정되는 경우에는 그러하지 아니하다."라고 규정하여, 저작자의 사망한 이후 인격권에 대한 침해를 무한정 허용되는 것은 아니라는 점을 분명히 하고 있다. 동 규정에 따르면 비록 저작자의 사망으로 인격권이 소멸될지라도, 사회통념을 넘어서는 명예훼손 행위에 대하여는 저작재산권의 상속자 혹은 양수인이 침해를 주장하는 것이 전혀 불가능한 일은 아니라고 할 것이다.[9]

이 사안과 관련하여 또 한 가지 생각해 볼 쟁점은 원 저작자의 상속인이 음성권 침해를 이유로 권리 침해를 주장할 수 있는지 여부이다. 이는 앞서 살펴본 바와 같이 음성권을 포괄하여 지칭하는 퍼블리시티권을 어떠한 성격의 권리로 볼 것인지에 따라 달리 판단될 수 있다. 퍼블리시티권을 인격권으로 이해하는 학설은 상속성을 부정하고 있으나, 재산권적 성격으로 보는 학설은 이를 긍정하는 것이 일반적인 해석이다. 그러나 일부 견해에 의하면 퍼블리시티권의 법적 성격이 엄밀히 말해 인격권적 성질과 재산권적 성질을 모두 보유하고 있는 점에 착안하여, 겸유설절충설을 주장하면서도 상속성에 대하여는 긍정하는 견해도 존재한다.[10] 해당 견해에 의하면, 인격권의 내용 중 재산적 이익을 보호하는 부분은 사망 이후 재산권적 성격이 더욱 강해지므로 상속인에게 귀속시키는 것을 인정할 여지가 있다고 한다.

2 쟁점②: AI 커버곡 제작 시 가수 D가 부른 원곡의 권리자로부터 허락받지 않았다면 저작권 침해를 구성하는가?

1) AI 커버곡에 저작권이 인정되는가? 저작권 침해가 문제되는 상황은 무엇인가?

저작물의 요건을 갖추지 못한 결과물에 대해서는 저작권 침해가 성립되지 아니하므로 만약 AI 커버곡이 저작물이 아니라면 부정경쟁방지법상의 성과모용행위 혹은 민법상 일반 불법행위 등 다른 법적 장치를 통해 보호받아야 한다. 따라서 침해의 성립 여부를 검토하기에 앞서 AI 커버곡이 저작물인지를 먼저 살펴볼 필요가 있다.

해당 사안에서 문제가 된 AI 가창합성 음원서비스를 제공하는 대부분의 사업자는 플랫폼 이용약관을 통해 창작을 명령·지시한 이용자에게 모든 권리를 부여하는 정책을 채택하고 있다. 즉, AI 생성 음원에 관한 권리는 이용자에게 귀속되는 것이 일반적이다. 그러나 제작한 자의 권리가 저작권인지는 재차 따져보아야 한다.

저작권은 인간의 감정과 사상의 표현으로서 최소한의 창작성이 요구된다. 따라서 AI 커버곡의 경우, 가창을 목적으로 합성된 음성을 포함하여 AI가 생성한 부분에 대해 특별히 이용자가 가공과 편집의 과정을 거쳐 콘텐츠를 완성한 것이 아니라면 그 결과물에 대해서는 저작권 인정이 애초에 어렵다고 할 것이다.

따라서 이 경우 해당 서비스에서 저작권 침해의 가능성은 프롬프트 엔지니어링을 통해 AI 커버곡을 창작하는 과정에서 이용허락 없는 타인의 음원을 입력함으로써 이루어지는 침해만이 문제가 된다. 이때 침해를 구성하는 행위 태양은 타인의 음원 저작물을 권리자의 허락없이 복제·전송한 것과 나아가 단순히 다른 권리자의 음악을 커버한 수준을 넘어서 편곡에 이르는 새로운 부가적인 의미를 갖는 창작이 이루어진 경우라면 2차적저작물작성권 침해도 문제가 된다.

그러나 만약 이용자가 직접적으로 음악을 업로드하거나 제공하는 과정이 일체 없었다고 가정한다면, AI 커버곡의 생성 과정에 학습 목적으로 사용한 저작물이 문제될 뿐이지, 그 결과물 자체의 저작권 침해에 대해서는 이용자가 직접 책임을 지지는 않을 것이다. 이때는 오히려 플랫폼 제공자가 학습모델을 고도화하는 과정에서 이용허락 없는 저작물을 학습하였는지 여부만이 문제가 된다.

2) 저작권 침해에 대응하기 위한 조치 방안

학습과정에서 야기되는 저작권 침해 우려에 대응하기 위해서는 AI 커버곡의 생성 과정에서 정당한 권리자로부터 이용허락을 확보하는 것이 필요하다.

음원에 대한 저작권은 기본적으로 저작권자로서 작곡가와 작사가가 있으며, 저작인접권자로서 실연자^{가수와 연주자}와 음반제작자가 권리자가 된다. 따라서 원 권리자 모두에게 저작물 이용에 관한 허락을 받지 않고 커버곡을 웹사이트에 게시하는 경우 허락받지 않은 권리자에 대해 저작권 침해가 성립된다. 구체적으로는 저작인격권 중 성명표시권^{저작권 정보의 허위 등록}과 동일성유지권^{곡을 편안하는 경우}등, 저작재산권 중 복제권^{업로드 게시행위}, 공중송신권^{공개를 통한 공중 이용에의 제공}, 2차적저작물작성권^{멜로디를 새로 입히거나 편안하는 등 적극적인 개작 행위를 통해 새로운 창작성을 부가하는 수준으로 2차적저작물 활용하는 경우}을 침해할 소지가 있다. 그 밖에 실연자와 음반제작자에 대한 저작인접권 침해도 별도로 따져보아야 한다. 다만 개인이 저작권자를 일일이 접촉하여 이용허락을 허락받는 것은 현실적으로 한계가 있으므로 이러한 권리 침해에 대한 대응은 통상적으로는 저작권신탁관리업을 수행하는 집중단체를 통해 저작물 사용료를 지급한다.

한편 유튜브는 한국음악저작권협회와의 협약을 통해 자동적으로 저작권을 식별하여 관리할 수 있는 'Content ID' 기능을 자체적으로 제도화하여 플랫폼 내에서 제공하고 있다. 해당 기능은 콘텐츠를 업로드할 때 자동 식별을 통해 해당 영상이 다른 권리자의 저작권을 침해하지 않는지를 확인할 수 있고, 만약 해당 콘텐츠가 다른 권리자의 침해를 구성함으로 인해 Content ID Claim 요청이 발생하는 경우에는 원 권리자가 침해물 영상을 비공개로 돌리거나 수익의 전부 또는 일부를 공유하거나 제한받게 된다.[11] 즉, Contents ID 등록사용자의 설정 옵션에 따라 다른 사람이 내 콘텐츠를 사용하는 것을 자동으로 대응할 수 있다. 유튜브에서는 보통 커버곡의 원작자와 신규 콘텐츠를 올린 창작자의 수익을 공유하도록 권고하고 있는데, 대체로 원곡을 그대로 사용하는 경우에 있어서는 보통 원 저작권자가 수익의 전부를 가져가고, 원곡에 편곡과 연주를 가미하여 2차적으로 활용하는 경우에는 적정 비율을 정하여 수익을 분배한다.

결론적으로 AI 커버곡을 제작하는 과정에서 저작물을 사용하게 된다면 관련된 권리자 모두의 허락을 득할 필요가 있으며, 그 허락을 구하는 방식은 플랫폼상의 제도를 이용하거나 혹은 저작권 집중관리단체를 통해 이용허락을 구하는 것이 필요하다고 할 것이다.

3) 플랫폼은 저작권법 위반에 대한 간접책임을 지는가?

위에서 살펴본 사안에서 학습데이터의 사용행위에 대해 AI 가창합성 음원 서비스 플랫폼이 직접책임을 지는 문제와는 별개로, 이용자가 AI 커버곡을 판매 또는 대여 등을 목적으로 이용하여 침해를 구성하였을 때 플랫폼이 간접책임을 지는가도 쟁점이 된다. 다만 간접책임은 직접침해의 존재를 전제로 하므로, 이러한 간접침해 논의는 이용자가 AI 커버곡을 통해 저작권 침해가 인정된 경우에 한하여 검토되어야 한다. 그러나 기존에 판결례를 통해 확립된 간접책임에 관한 법리는 제3자에 의한 불법행위에 대하여 온라인서비스제공자가 게시물 삭제 등의 작위의무가 인정되는지가 주로 다루어진 것이므로, 해당 사안에서 침해물의 생성으로 인해 이용자가 불법행위로 나아가는 데 있어서 방조책임을 부여할 수 있는가의 문제는 명확한 사법상 해석 논리를 추단하기에는 어려움이 있다.

통상적으로 간접책임은 크게 작위에 의한 침해와 부작위에 의한 침해로 구분된다. 이때 플랫폼이 이용자에게 침해가 인정된 결과물을 생성하여 제공한 행위는 작위에 해당하며, 그 침해 발생에 대해 적절한 조치를 취하지 않은 행위에 대하여는 부작위로 평가할 수 있다.

먼저 작위에 의한 간접침해와 관련해서는 해당 플랫폼 서비스가 처음부터 침해물 생성을 목적으로 만들어졌는지, 즉 구체적으로는 플랫폼의 목적이나 성격, 결과물이 생성하는 과정에서의 이용자 관여 정도, 플랫폼에서 침해물이 발생하지 않도록 하기 위한 기술적 조치의 이행 수준 등 플랫폼이 해당 서비스를 제공하는 데 있어서 적극적인 침해 의사 등 어떠한 인식을 가지고 있었는지가 중요하게 고려되어야 한다. 그러나 방대한 규모의 데이터를 학습하는 과정에서 저작권 침해율 자체가 현저히 낮은 수준이었다면, 곧바로 의도성이 있다고 판단하거나 이를 입증하는 것은 매우 어렵다.

이에 따라 추상적 위험에 대한 예견가능성만으로 방조의 책임을 인정할 수 없는 경우에는 적절한 조치를 취하지 않은 행위에 대해 부작위범으로서의 책임을 지는지가 관건이 된다. 플랫폼의 부작위에 의한 방조자로서 공동불법행위 책임에 관한 해석 기준을 제시한 이미지 링크 판결[12]에 의하면, 플랫폼이 부담하는 작위의무에 관하여 1) 저작권 침해 게시물의 불법성이 명백할 것, 2) 피해자로부터 구체적이고 개별적인 게시물 삭제 및 차단 요구를 받을 것, 3) 기술적·경제적으로 게시물에 대한 관리 및 통제가 가능할 것을 요건으로 하고 있다. 다만 AI 생성서비스의 경우 이용자가 명령프롬프트를 통해 생성한 결과물에 대하여 예측이나 통제가 불가능하기 때문에, 또한 그러한 생성물을 다른 권리자가 인지하여 저작권 침해를 주장한다거나 이를 플랫폼이 인식하게 될지라도 이러한 침해를 플랫폼이 게시물 삭제 등의 방법으로 관리·통제가 가능한 것도 아니라고 할 것이다. 플랫폼에서 이용약관을 통해 생성물에 대한 모든 권리를 이용자에게 부여하고 있는 것도 이러한 관리·통제의 가능성 판단에 영향을 미칠 것이다.

이와 같은 논의를 정리해보면, 결국 플랫폼의 책임은 저작권 침해에 대해 직접책임을 지는지의 쟁점이 핵심이 될 것으로 보이며, 간접책임의 경우에는 서비스 고안 단계에서 침해의 의도성 여부에 따라 작위에 의한 방조책임을 지는지가 일정 부분 다루어질 필요가 있다고 생각된다. 다만 이에 대한 명확한 해석은 Getty Images v. Stability AI 사건[13]에서도 중요하게 다루어지고 있는 내용으로서 추후 관련 사안에서 사법상 해석이 내려지는 것을 지켜볼 필요가 있다.

3 쟁점③: AI 커버곡을 제작하여 유튜브에 공개하는 행위는 공정 이용에 해당하는가?[14]

끝으로 AI 커버곡을 유튜브에 공개하는 것이 저작권 제한사유에 해당하는 지가 문제된다. 플랫폼이 저작물을 학습한 경우나, 이용자가 AI가 생성한 커버 곡을 상업적 수익을 위한 목적으로 사용하는 경우 모두에 제한사유가 적용될 수 있을지가 쟁점이 된다.

현재 TDM 면책에 대한 입법이 마련되지 않은 국내에서는 저작권자의 정 당한 이익을 부당하게 해치지 아니하는 경우에 해당하여 공정이용으로 볼 수 있는지가 문제된다.

저작권법 제35조의5에 의하면, 공정이용이 인정되기 위해서는 "이용의 목적 및 성격", "저작물의 종류 및 용도", "이용된 부분이 저작물 전체에서 차지 하는 비중과 그 중요성", "저작물의 이용이 그 저작물의 현재 시장 또는 가치나 잠재적인 시장 또는 가치에 미치는 영향"을 판단요소로 고려하여야 한다. 이러 한 개별 기준을 충족하기 위해서 가장 중요한 영향을 미치는 요소는 '변형적 이 용transformation use'에 해당하는가이다. 이는 기술 변화에 탄력적으로 대응하기 위 해 표현적 이용expressive use이 아닌 비표현적인 이용non-expressive use에 대하여 표 현의 자유를 보호하기 위해 인정되는 기준으로서 공정이용 해당 여부의 판단 에 핵심적인 기능을 수행한다. 다만 미국에서 형성된 판례 법리에 의하면, 새로 운 표현, 의미 또는 메시지로 변경하는 것을 전제로 하고 있다.

미국에서 음악저작물의 패러디적 이용에 관하여 판시한 Campbell 사건 에서 연방대법원은 공정이용의 고려요소들을 개별적으로 취급해서는 아니 되 며 문화 산업과 실용적 기술의 발전에 기여해야 하는 저작권법의 목적에 부합 되는 방향으로 종합적으로 형량해야 한다고 하였다.[15] 특히 제1요소인 '이용 목 적 및 성격'과 관련하여 변형적 이용이 반드시 요구되는 것은 아니라 판시하면 서 변형성이 클수록 상업성 등의 중요도가 낮아진다고 판단하였다. 이러한 취 지를 AI 커버곡 사례에 적용해보면, 변형성은 Campbell 사건에서 인정된 패 러디 목적의 사용보다 훨씬 크다고 할 것이다. 특히 공정이용은 당연하게도 상 업적 이용인 것을 전제로 한다는 것이 일반적인 해석이므로, 그러한 상업성이 해당 저작물을 직접 판매 목적으로 수익을 창출하는 경우 등이 아닌 한 크게 문제가 되지는 않는다. 따라서 이를 종합적으로 판단해 보았을 때 개인적인 의견으로는 변형성은 인정될 것으로 판단된다.

또한 제2요소인 저작물의 종류 및 용도와 관련해서는 일반적으로 표현의 자유 관점에서 웹상에 공개된 저작물을 학습하는 경우에는 미적 향유라고 하는 예술적 의미가 덜하므로 공정이용을 강화하는 요소가 될 것이다.

나아가 제3요소인 '이용된 부분이 저작물 전체에서 차지하는 비중과 그 중요성'은 개별 시스템에 따라 상이할 것이다. 학습과정에서 어느 정도 규모의 학습을 통해 유사 침해율을 낮추도록 설계하였느냐가 해당 요소를 판단하는 데 중요한 요소가 될 것이다.

끝으로 시장에서의 영향 기준은 대체로 변형적 이용에 해당될수록 시장에서의 영향력이 작다고 할 수 있는데, 현 시점에서 생성형 AI 서비스의 활성화로 인해 창작자의 일자리에 위협받고 있는 상황이므로 음원 시장에서 AI 커버곡이 해당 가수의 가치를 낮추는 기능을 한다고 판단할지 혹은 오히려 해당 가수의 음악과 노래 실력을 널리 알리는 데 기여하는 것으로 판단할지에 따라 해당 요소에 대한 평가는 달라질 수 있을 것이다.

요약해 보건대, 해당 사안에서 변형적 이용에 대해서는 일정 부분 긍정될 가능성이 있다고 생각된다. 따라서 공정이용 판단에 있어서 중요한 부분은 오히려 이용된 저작물이 학습데이터 전체에서 어느 정도의 규모인지와 이러한 저작물 학습을 통한 AI 가창합성 음원서비스가 시장에서 기존 음악 시장을 대체하는 영향력이 있는지 혹은 오히려 보완재로서 역할을 하는지 등이 향후 중요한 판단요소가 될 것으로 보인다.

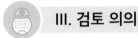# III. 검토 의의

이 글에서는 AI 생성물을 둘러싼 저작권 침해 이슈에 관하여 최근 논란을 불러일으키고 있는 AI 커버곡의 저작권법적 쟁점을 검토하였다. 생성형 AI를 둘러싼 침해 문제는 크게 두 가지 유형으로 구분할 수 있는데, 하나는 학습의 과정에서 권리자의 이용허락 없는 저작물을 이용하여 저작권 침해가 이루어질 수 있고, 다른 하나는 완성된 학습모델을 서비스하는 과정에서 AI가 생성한 가창 합성 음원이 타인의 저작권을 침해하는 경우로 나뉘어진다.

저작권 침해와 관련된 일반적인 논의에서 그러하듯, 구체적으로 어떠한 형태로 서비스를 제공하고, 그로 인해 누가 침해 행위의 주체가 되는지, 플랫폼과 이용자의 관계에서 간접책임이 인정될 여지가 있는지, 저작물의 비표현적 이용으로서 공정이용에 해당될 가능성은 없는지 등의 해석은 언제든 사안에 따라 달리 판단될 여지가 있다. 따라서 혁신적 기술에 해당하는 생성형 AI 기술을 토대로 하는 다양한 서비스 제공에 있어서 침해적 상황을 가늠해 볼 수 있는 최소한의 해석 기준이 마련될 필요가 있다. 이 글에서 검토한 다양한 해석론은 추후 구체적인 사법 해석을 통해 얼마든지 다른 법리가 형성될 여지가 있다는 점을 이 글의 이해에 있어서 참고할 필요가 있을 것이다.

1. 특정 가수 혹은 일반인의 목소리를 권리자의 허락 없이 무단으로 사용할 경우 어떠한 권리로 보호받을 수 있는가?
2. AI 생성물을 제작하는 경우 원곡의 권리자로부터 허락이 없었다면 저작권 침해를 구성하는가?
3. AI 생성물을 제작하여 유튜브에 공개하는 행위는 공정이용에 해당할 수 있는가?

심화 학습 자료

권태상, 『퍼블리시티권의 이론적 구성에 관한 연구 – 인격권에 의한 보호를 중심으로 – 』, 경인문화사, 2013.
이혼항·정연덕, "인공지능 시대의 저작물 공정이용의 문제점", 『일감법학』 제54호, 2023.
정원준, "AI 커버곡 사례를 통해 본 생성형 AI의 법률문제", 『산업재산권』 제76호, 2023.
한갑운, "인공지능의 퍼블리시티권 침해 가능성에 대한 연구", 『일감법학』 제41호, 2018.
Eric Sunray, "COPYRIGHT INFRINGEMENT IN AT MUSIC GENERATOR OUTPUTS", 29 Cath. U. J. L. & Tech 185, 2021.

미주

1 정원준, "AI 커버곡 사례를 통해 본 생성형 AI의 법률 문제", 『산업재산권』 제76호, 2023에서 논의한 사례 연구 내용을 요약·발췌한 것임을 밝힙니다.

2 대법원 2019. 10. 31. 선고 2019다256037 판결. 당시 대법원은 음성권의 침해가 발생하였더라도 상대방의 명예를 훼손할 내용이 없을 뿐만 아니라, 녹음이 필요한 범위에서 상당한 방법으로 이루어진 것으로서 사회 상규에 반하지 않아 손해배상 청구를 부정한 바 있다. 한편 최근 서울중앙지방법원은 대화 당사자 간의 녹음이라도 소송을 위한 증거로 제출하는 것은 통화 상대방과의 대화 녹음을 통해 음성권을 침해한 불법행위이므로 위자료를 지급하라는 판결이 내려져 주목된다(서울중앙지방법원 2021가단 16620 판결).

3 서울중앙지방법원 1997. 9. 3. 96가합82966 판결.

4 서울중앙지방법원 1999. 10. 22. 99나49001 판결.

5 서울고등법원 2000. 3. 9. 99나43440 판결.

6 서울지방법원 1995. 6. 23. 선고 94카합9230 판결; 특허법원 1998. 9. 24. 선고 98허201 판결; 서울지방법원 2000. 7. 14. 선고 99가합84901 판결; 서울중앙지방법원 2005. 9. 27. 선고 2004가단235324 판결; 서울동부지방법원 2010. 7. 14. 선고 2009가합16764 판결 등 다수의 퍼블리시티권 관련 판결이 존재한다.

7 서울지방법원 1995. 6. 23. 선고 94카합9230 판결.

8 대법원 2020. 3. 26. 자2019마6525 결정.

9 실제로 저작자의 유가족들이 저작인격권의 하나인 동일성유지권에 대한 침해를 이유로 소송을 제기한다거나, 명예훼손에 대한 침해를 주장함에 따라 해당 청구 사실의 인용 여부가 결정된 판결례가 존재한다. 서울지방법원 제12민사부 1998.7.31. 일부판결, 94가합97216.

10 권태상, "퍼블리시티권의 이론적 구성에 관한 연구 - 인격권에 의한 보호를 중심으로 - ", 『서울대 법학연구총서』, 경인문화사, 2013, 345-346쪽.

11 다만 유튜브의 Contents ID 기능은 형식적으로 저작권 침해 여부를 판별하는 것에 불과하므로, ID 등록시스템에 음원의 저작권 정보를 본인으로 허위 등록하거나 거짓 정보를 입력하는 경우에는 이를 실질적으로 판단하기는 어려운 한계가 있다.

12 대법원 2010. 3. 11. 선고 2009다4343 판결.

13 Getty Images v. Stability AI (Case 1:23-cv-00135-UNA).

14 공정이용과 관련한 입법 논의 현황과 해외 비교 법제 등 구체적인 설명에 대해서는 이 책에 작성된 '인공지능과 저작권법' 섹션에서의 상세 논의를 참고하기 바란다.

15 Campbell v. Acuff-Rose Music, Inc., 510 U.S. 569 (1994).

CHAPTER 06

인공지능 행정

이재훈

가상 사례 1

A씨는 식품 수입·판매업에 종사하는 사업자이다. A씨는 식품 a를 수입할 때마다 「수입식품안전관리 특별법」 제16조에서 정하고 있는 수입신고를 해왔다. 이와 관련하여 A씨는 수입식품 신고 과정에서 매번 신고 서류를 새롭게 작성하고 제출해야 하고, 신고서류 검토 및 신고 수리를 받기까지의 과정에 시간이 걸리기 때문에 규제 개선이 필요하다는 생각을 갖고 있었다.

이러한 도중 A씨는 완전히 자동화된 수입식품 심사 시스템이 구축되어 운영된다는 사실을 알게 되어 이를 활용하였고, 완전 자동화된 수입식품 심사 시스템을 통해 식품 a와 관련된 수입 신고 및 신고 수리가 신속히 완료되는 것을 경험했다.

한편, A씨는 최신 유전자 조작 기술을 통해 품질이 향상된 식품 b를 수입하면서, b에 대해서도 완전 자동화된 심사 시스템을 통해 신고가 신속히 수리될 것이라고 기대하고 있었다. 하지만 b에 대해서는 검사담당관에 의한 검사를 진행한 후에야 비로소 신고 수리가 될 수 있다는 통보를 받게 되었다.

가상사례 2

인공지능 기술 및 실외이동 로봇 기술이 비약적으로 발전한 가상의 미래, 인공지능 기술을 탑재한 실외이동 로봇이 일상적인 경찰 업무를 수행하는 현실이 도래하여, 인공지능을 탑재한 실외이동 경찰 로봇이 일상의 위험방지 업무를 수행하고 있다. 실외이동 경찰 로봇은 도로의 파손, 화재의 발생이나 그 밖의 사정으로 인한 도로에서의 위험을 방지하기 위하여 긴급히 조치할 필요가 있을 때 보행자 및 차량 통행을 일시 금지하는 업무에 활용되고 있다. B씨는 도로 보행 중 실외이동 경찰 로봇이 자신에게 통행 금지를 명하는 상황을 몇 번 경험하였고, 실외이동 경찰 로봇이 이러한 통행 금지 명령을 하는 것이 「행정기본법」 제20조에 위반되는 것은 아닌가라는 생각을 하고 있다.

 I. 다양한 행정영역에서의 인공지능 활용

인공지능 기술이 발전함에 따라 다양한 영역에서 인공지능 기술을 접목시키는 현상이 발생하고 있다. 이러한 현상은 민간 영역에 국한해서 발생하는 것이 아니다. 다양한 행정 영역에서도 인공지능 기술을 활용하여 행정 기능을 향상시키기 위한 다양한 시도를 하고 있다. 그리고 이러한 점은 실제 다양한 법률을 통해서도 살펴볼 수 있다.

행정의 디지털화와 관련하여 2001년 제정된 「전자정부구현을위한행정업무등의전자화촉진에관한법률」을 토대로 선제적으로 전자정부 시스템을 구축 및 운영한 우리나라는 다양한 형태의 행정서비스를 전자적 방식을 통해 진행해 오고 있다. 이러한 유형의 행정서비스를 「전자정부법」에서는 전자정부서비스라고 명하고 있는데, 온라인을 통해 이루어지는 각종 증명서 발급, 전입신고 등이 다양한 형태의 전자정부서비스 중 시민들 입장에서 손쉽게 체감할 수 있는 전자정부서비스의 유형이라고 볼 수 있다. 그리고 지금까지 이루어지던 전자정부서비스와 관련하여 해당 서비스들에 인공지능 기술이 접목되어 활용되는 경우, 서비스의 품질 향상 등 순기능이 발생할 수 있기 때문에, 2021년 6월 8일에 일부 개정된 「전자정부법」은 행정기관등의 장이 인공지능과 같은 기술을 활용하여 전자정부서비스를 제공할 수 있다는 명시적인 근거 규정을 둠으로써 전자정부서비스 기반 기술로 인공지능이 활용될 수 있는 가능성을 열어주는 규율을 도입하였다.

한편 「대한민국헌법」 제7조 제1항에 따라 공무원은 국민 전체에 대한 봉사자이기 때문에, 공무원의 역량 강화는 국가 경쟁력 강화 및 대국민 서비스 품질 향상 등 다양한 순기능을 가져온다. 국민 전체에 대한 봉사자로서 공직가치가 확립되고 직무수행의 전문성과 미래지향적 역량을 갖춘 인재로 개발하는 것을 목적으로 제정·운영되고 있는 법령이 「공무원 인재개발법」과 그 하위 법령이다. 2023년 1월 3일 개정된 「공무원 인재개발법 시행령」은 인공지능 등의 기술을 통해 공무원의 이러닝과 자기개발 학습을 지원하고 공무원의 학습이력 등의 데이터를 수집·저장·가공·분석·활용하는 데이터 기반의 인재개발을 활성화하기 위하여 지능형인재개발플랫폼을 인사혁신처장이 구축 및 운영할 수 있도록 하는 규정「공무원 인재개발법 시행령」 제14조의4을 도입하여, 공무원의 역량 강화와 관련하여 인공지능 기술을 활용할 수 있도록 하는 가능성을 열어주는 규정을 도입하였다.

다양한 인공지능 기술이 행정 영역에 활용되면 행정서비스 전반의 품질 향상이 이루어질 수 있다는 기대감도 존재하지만, 행정 영역에 인공지능 기술을 도입하는 것을 무비판적으로 환영하는 것은 재고가 필요하다. 행정은 시민에게 일정한 공적 서비스를 제공한다는 측면에서는 시민에게 유익을 주는 것으로 볼 수 있지만, 다른 한편 행정은 시민의 권리를 제한하기도 하기 때문이다. 무엇보다 행정청이 내리는 처분의 경우 행정청이 구체적 사실에 관하여 행하는 법 집행으로서 공권력의 행사 또는 그 거부와 그 밖에 이에 준하는 행정작용「행정기본법」 제2조 제4호을 의미한다. 따라서 처분은 시민의 권리·의무에 직접적으로 영향을 미치게 되므로, 인공지능에 의해 처분이 이루어지게 되는 경우, 이에 대한 정당화의 문제도 발생할 수 있다.

따라서 행정처분과 관련하여 인공지능 기술을 활용하고자 할 때 인공지능 기술을 활용하는 것이 적합한 영역인지 아닌지에 대한 고찰이 필요하기도 하며, 이를 정당화할 수 있는 규범적 방식에 대한 검토도 필요하게 된다. 이러한 맥락에서 행정의 원칙과 기본사항을 규정하여 행정의 민주성과 적법성을 확보하고 적정성과 효율성을 향상시킴으로써 국민의 권익 보호에 이바지함을 목적으로 제정된「행정기본법」이 인공지능 기술이 행정과 관련하여 적용될 때 고려되어야 할 사항을 명시적으로 규정하고 있는 것은 그 함의가 적지 않다.

이하에서는「행정기본법」제20조의 함의와 이를 토대로 앞서 기술된 2개의 가상 사안에 대해서 살펴보도록 한다. 그리고「행정기본법」제20조를 살펴봄에 있어 행정법상 핵심 개념이라고 할 수 있는 주요 개념들을 함께 살펴봄으로써, 행정법에 대한 기초적 사항들을 학습하도록 한다.[1]

 ## II. 인공지능을 통한 규범적 틀로서「행정기본법」제20조

「행정기본법」제20조는, "행정청은 법률로 정하는 바에 따라 완전히 자동화된 시스템인공지능 기술을 적용한 시스템을 포함한다으로 처분을 할 수 있다. 다만, 처분에 재량이 있는 경우는 그러하지 아니하다."라고 규율하고 있다.

「행정기본법」제20조는 인공지능을 통한 처분과 관련된 기본적인 법적 틀을 담고 있는 규정이다. 따라서 인공지능에 의한 처분의 허용성 및 그 규범적 틀을 파악하기 위해서는「행정기본법」제20조가 담고 있는 주요 개념과 그 의미를 살펴볼 필요가 있다. 아래에서 살펴보게 될 주요 개념은 우리나라 법질서, 특히 행정법 질서를 이해하는 기초가 되는 개념들이다.

1 처분이란 무엇인가?

행정법상 처분이란 행정청이 구체적 사실에 관하여 행하는 법 집행으로서 공권력의 행사 또는 그 거부와 그 밖에 이에 준하는 행정작용을 의미한다. 이러한 개념 그 자체는 복잡하고 어렵지만, 우리의 일상생활에서의 사례를 살펴보면 어떠한 것이 처분에 해당하는지 어느 정도 짐작이 가능하다. 우선 가장 대표적인 처분으로는 행정청이 내려주는 주요 인허가를 생각해 볼 수 있다. 건축허가, 영업허가와 같은 것이 대표적인 처분의 모습이다. 또한 경찰이 질서유지를 할 때 각 개인 또는 군중에게 내리는 명령 또한 처분에 해당한다.

「행정기본법」 제20조는 이처럼 현실에서 다양한 형태로 등장하는 처분이 인공지능 기술을 통해 완전 자동화되어 이루어질 수 있다는 점을 규율하고 있다.

2 법률이란 무엇인가?

「행정기본법」 제20조는 자동적 처분이 이루어지기 위해서 법률로 정하는 바에 따라야 한다고 규정하고 있다. 이때 법률이 의미하는 것이 무엇인지 살펴볼 필요가 있다.

우리나라의 법체계에는 법률, 대통령령, 총리령, 부령과 같은 형태의 규범이 존재한다. 다른 한편 법률, 시행령, 시행규칙이라는 용어가 사용되는 경우도 있다. 이러한 개념들을 통해 이해해야 하는 것은, 우리나라의 법질서가 단계적인 형태로 구성되어 있다는 점이다.

우리나라 법질서에서 가장 정점을 차지하고 있는 것은 「대한민국헌법」이다. 「대한민국헌법」은 우리나라의 기본질서가 무엇인지, 그리고 시민들이 향유하고 있는 기본권은 어떠한 것인지, 그리고 대한민국의 국가 시스템은 어떻게 구성되어 있는지에 대해서 규율하고 있다. 우리나라의 국가 시스템과 관련하여 「대한민국헌법」은 권력분립의 원칙에 따라 입법부, 사법부, 행정부로 구성되는 삼권분립의 원칙을 취하고 있는데, 법질서를 제정할 수 있는 권한은 입법부와 행정부에게 부여되어 있다.

「대한민국헌법」 제40조에 따라 입법권은 국회에 속하는데, 국회에서 입법절차를 통해 만들어진 규범을 법률이라고 한다. 그리고 「대한민국헌법」 제75조는 대통령이 법률에서 구체적으로 범위를 정하여 위임받은 사항과 법률을 집행하기 위하여 필요한 사항에 대해 대통령령을 발령할 수 있다고 규율하고 있는데, 이러한 대통령령을 다른 한편 시행령이라고도 표현한다. 그리고 「대한민국헌법」 제95조에서는 국무총리 또는 행정각부의 장은 소관사무에 관하여 법률이나 대통령령의 위임 또는 직권으로 총리령 또는 부령을 발할 수 있다고 규율하고 있는데, 이러한 총리령 또는 부령을 시행규칙이라고도 표현한다.

이처럼 우리나라의 법질서에는 다양한 형태의 규범이 존재하는데, 「행정기본법」 제20조는 '법률이 정하는 바'에 따라 자동적 처분이 이루어지도록 규율하고 있다. 따라서 행정청이 인공지능 기술을 활용하여 자동적 처분을 할 수 있기 위해서는 국회가 마련한 법률상의 근거가 필요하다.

3 재량이란 무엇인가?

재량이라는 개념을 파악하기에 앞서 우리나라 국가 시스템 내에서 행정부가 담당하는 주요 기능이 무엇인지 살펴볼 필요가 있다. 행정부는 앞서 살펴본 바와 같이 일정한 규범을 제정하는 기능을 수행하기도 하지만, 원칙적으로 행정부는 집행부라고도 불리는 것을 통해서도 알 수 있듯이, 입법자가 만든 법률을 구체적인 상황에 집행하는 기능을 담당한다. 그리고 이러한 집행 기능은 대표적으로 앞서 살펴본 처분에서 나타나게 된다.

그리고 행정이 법을 집행하는 과정에서 행정청이 재량을 갖는 경우가 있다. 다만 행정청이 재량을 행정청이 재량을 갖는다고 할 때, 오해하지 말아야 하는 점은 재량이란 어떠한 한계도 존재하지 않는 전권 행사 내지 자의를 의미하는 것은 아니라는 점이다. 행정청이 재량을 갖고 있는 경우 구체적 상황에서 법을 집행을 할 때 입법자가 설정해 둔 한계 내에서 어느 정도 운신의 폭을 갖고 해당 처분을 할 것인지 말 것인지, 그리고 만약에 처분을 하게 된다면 어떠한 유형의 처분을 할 것인지를 구체적 상황에 알맞게 선택할 수 있게 된다. 한편 행정은 법을 집행하는 과정에서 항상 재량을 갖는 것은 아니다. 입법자가 특정한 사안과 관련하여 반드시 행정청이 특정한 처분을 하도록 규율하는 경우가 있는데, 이러한 처분과 관련하여 행정청은 입법자의 의사에 기속 당하게 된다.

행정청이 구체적 상황에서 처분을 내릴 때 재량을 갖고 있는 경우, 이러한 처분을 재량행위라고 부른다. 다른 한편 행정청이 처분을 내릴 때 재량을 갖지 못하고 입법자의 의사에 기속 당하게 되는 경우, 이러한 처분을 기속행위라고 한다. 어떠한 처분과 관련하여 "행정청은 … 할 수 있다."는 형태의 법조문이 사용된 경우 이는 재량행위에 해당한다. 한편 "행정청은 … 하여야 한다."는 형태의 법조문이 사용된 경우 이는 기속행위에 해당한다.

이러한 모습을 명확하게 살펴볼 수 있는 조항은 「식품위생법」 제48조 제8항이다.[2] 「식품위생법」 제48조 제8항 본문에서는 식품의약품안전처장에게 식품안전관리인증을 취소하거나 취소 대신 시정명령을 할 수 있는 재량을 부여하고 있음을 발견할 수 있다. 한편 「식품위생법」 제48조 제8항 단서에서는 거짓이나 그 밖의 부정한 방법으로 식품안전관리인증을 받은 경우에는 식품의약품안전처장이 식품안전관리인증을 취소를 해야만 하는 기속행위의 모습을 발견할 수 있다.

「행정기본법」 제20조는 '처분에 재량이 있는 경우는 그러하지 아니하다'

는 문장을 통해 기속행위는 자동적 처분의 형태로 발령될 수 있지만, 재량행위에 대해서는 자동적 처분의 형태로 발령되는 것이 타당하지 않다는 규율을 담고 있다. 이처럼 재량행위에 대해서 자동적 처분이 적합하지 않다는 형태로 입법을 하게 된 이유는 아직은 인공지능을 통해 각종 가치 판단이 매개되는 재량행위를 발령하는 것이 적절하지 않다는 입법자의 판단이 「행정기본법」 제20조에 반영된 것이라고 볼 수 있다.[3] 다만, 「행정기본법」은 일반법의 성격을 갖고 있기 때문에 입법자가 향후 특별법적 성격을 갖고 있는 다른 법률을 통해 재량행위에 대한 자동적 처분을 허용하는 것을 규정을 도입하는 것 자체를 금지 시키는 것은 아니다.[4]

Ⅲ. 가상 사례를 통해 살펴 보는 자동적 처분

앞서 살펴본 바와 같이 「행정기본법」 제20조는 인공지능에 의해서 자동적 처분이 이루어는 것에 대해서 규율하고 있으므로, A씨의 수입식품 신고에 대한 식품의약품안전처장의 신고 수리가 처분인 경우, 이는 자동적 처분과 관련된 「행정기본법」 제20조의 규율 대상이 된다. 또한 B씨게 내려진 통행 금지 명령이 처분인 경우 이 또한 「행정기본법」 제20조의 규율 대상이 된다.

1 가상 사례1의 경우

1) 수입식품 수입 신고 수리는 자동적 처분의 방식으로 발령될 수 있는가?

우리나라의 인허가와 관련된 대표적인 유형인 신고제는 ① 자기완결적 신고와 ② 수리를 요하는 신고로 구분된다. 이러한 법리에 따르면, 자기완결적 신고와 관련된 행정청의 수리는 처분에 해당하지 않지만 수리를 요하는 신고와 관련된 행정청의 수리는 처분에 해당한다.

개별법상 신고제가 자기완결적 신고인지 수리를 요하는 신고인지 구분하는 기준을 「행정기본법」 제34조에서 제시하고 있다. 이에 따르면 신고제를 규율하고 있는 법률에서 신고 수리에 대해서 명시적으로 규율하는 경우, 그러한 신고제는 수리를 요하는 신고에 해당하게 된다.

가상 사례1에서 문제되는 수입식품 신고 및 이에 대한 수리는 현행 「수입식품안전관리 특별법」 제20조에서 규정하고 있다. 이에 따르면 수입식품 수입사업자는 수입식품에 대해서 식품의약품안전처장에게 신고를 하도록 할 의무를 부여받고 있고, 이러한 신고를 받은 경우 식품의약품안전처장이 내용을 검토하여 적합하면 신고를 수리를 하도록 규정하고 있다.

수입식품 수입 신고에 대한 식품의약품안전처장의 수리에 대해서 법률에서 명시적으로 규정하고 있다는 점에서, 「수입식품안전관리 특별법」 제20조에서 정하고 있는 수입식품 수입 신고제는 수리를 요하는 신고이다. 따라서 이러한 신고에 대한 식품의약품안전처장의 수리는 처분에 해당하게 된다. 또한 「수입식품안전관리 특별법」 제20조 제3항에서는 수입 신고를 받은 경우에는 그 내용을 검토하여 이 법에 적합하면 신고를 수리하도록 규율하고 있기 때문에, 이러한 식품의약품안전처장의 신고 수리는 기속행위에 해당한다고 볼 수 있으므로 자동적 처분의 형태로 이루어질 수 있다고 판단될 수 있다.

2) 수입식품 신고 수리의 완전 자동화에 대한 법률의 근거는 있는가?

「행정기본법」 제20조는 자동적 처분이 이루어지기 위해서는 법률의 근거가 있어야 한다고 규율하고 있다. 따라서 식품의약품안전처장이 수입식품 신고 수리를 자동적 처분의 형태로 하기 위해서는 법률의 규정이 존재해야 한다.

이와 관련하여 2023년 6월 13일 제정되어, 2023년 9월 14일에 시행되는 「수입식품안전관리 특별법」 제20조의2는 수입식품에 대한 수입 신고가 수입식품통합정보시스템을 통해 완전히 자동화된 방식으로 수리될 수 있다는 명확한 근거 규정을 담고 있다.

따라서 식품의약품안전처장은 행정처분에 해당하는 수입식품 수입 신고 수리를 자동적 처분의 형태로 발령할 수 있다.

3) 식품 a에 대한 수입 신고 수리는 자동적 처분으로 되는데, 식품 b에 대해서는 왜 자동적 처분을 통한 신고 수리가 안 되는가?

수입식품 신고 수리가 자동적 처분으로 이루어지는 경우, 이는 수입식품 통합정보시스템을 통해 이루어지게 되고, 따라서 인간인 공무원이 개입되지 않는다. 이처럼 인간에 의해 검토되지 않은 채 자동적 처분의 형태로 처분이 발령되는 경우, 처분이 발령되는 구체적인 상황과 관련된 특수성이 반영되지 못하는 경우가 발생할 수도 있다. 그리고 이러한 상황적 특수성이 처분 내용에 반영되지 못하는 경우에는 실제 행정 집행의 구체적 타당성이 담보되지 못하는 상황이 발생할 수도 있다. 따라서 자동적 처분을 발령하기 위한 인공지능 시스템에는 그 시스템에 의한 처리만으로는 구체적 타당성을 담보하기 어려운 경우에는 개별 공무원에 의한 판단 및 처분이 이루어질 수 있도록 하는 시스템이 구축되어 있어야 할 필요가 있다.[5]

수입식품 수입 신고 수리에 대한 자동적 처분의 근거가 되는 「수입식품안전관리 특별법」 제20조의2 제1항에서는 자동적 처분을 통한 수리가 이루어지는 수입식품 수입 신고는 국민건강에 미치는 위해발생의 우려가 낮고 반복적으로 수입되는 식품에 대한 신고라고 그 범주를 한정시키고 있다. 이는 국민건강 보호를 위해 위해발생의 우려가 있거나 새롭게 수입되는 식품에 대해서는 전통적 방식인 공무원에 의한 심사 후 신고 수리 여부에 대한 판단이 가능하도록 하기 위한 것으로, 자동적 처분을 하기 위한 시스템만으로는 구체적 타당성을 담보할 수 없는 사항에 대해서 인간이 개입하여 처리하도록 한 것으로 볼 수 있다. 식품의약품안전처의 수입식품 전자심사 시스템은 자동적 처분의 대상인지 아닌지와 관련된 필터링 시스템을 갖춘 구조를 구축되어 있다.[6]

따라서 A씨가 기존에 지속적으로 수입하던 식품 a와 관련된 수입 신고는 자동적 처분의 방식으로 신고 수리가 이루어질 수 있다. 하지만 최신 기술을 통해 유전자 조작이 이루어진 식품 b의 경우 과연 품질 향상만이 있는 것인지, 국민건강에 위해를 끼칠 수 있는 요소가 있는 것은 아닌지 등에 대한 다양한 검토 및 검사가 필요한 사항이므로 자동적 처분에 따른 신고 수리의 대상이 되기에는 적합하지 않다. 물론 이후 식품 b에 대한 검사 후 국민건강에 미칠 위해에 대해 미치는 위해 발생의 우려가 낮다는 것이 밝혀지고, 또한 식품 b가 반복적으로 수입되는 상황이 된다면, 식품 b 수입 신고에 대해서도 자동적 처분의 방식으로 신고 수리가 이루어질 수 있게 된다.

2 가상 사례2의 경우

현행「도로교통법」제6조 제4항에 따르면 경찰공무원은 도로의 파손, 화재의 발생이나 그 밖의 사정으로 인한 도로에서의 위험을 방지하기 위하여 긴급히 조치할 필요가 있을 때에는 필요한 범위에서 보행자, 차마 또는 노면전차의 통행을 일시 금지하거나 제한할 수 있다. 따라서 현행법을 중심으로 판단하면, 인공지능을 탑재한 실외이동 경찰 로봇 그 자체가 경찰공무원은 아니므로 이러한 통행 금지 명령을 발령할 수 있는 주체가 될 수 없다고 보아야 할 것이다. 하지만 이하에서는「행정기본법」제20조를 토대로 한 쟁점을 살펴보기 위한 목적에서, 이러한 점은 문제되지 않는다는 것을 전제로 논의를 진행하도록 한다.

1) 실외이동 경찰 로봇의 통행 금지 명령이 자동적 처분의 형식으로 발령될 수 있는가?

「행정기본법」제20조의 자동적 처분이 되기 위해서는 이러한 통행 금지 명령이 처분에 해당하여야 한다. 그런데 이러한 통행 금지 명령은 대표적인 위험방지를 위한 경찰 작용으로 처분에 해당한다.

그리고 이러한 통행 금지 명령의 법적 성격을 살펴보면, 이러한 처분은 기속행위가 아닌 재량행위에 해당한다. 통행 금지 명령의 근거가 되는「도로교통법」제6조 제4항의 규정을 살펴보면, "통행을 일시 금지하거나 제한할 수 있다"고 규정하고 있어, 이러한 통행 금지 명령이 재량행위라는 점이 명시되어 있다.

이처럼 통행 금지 명령이 재량행위라면, 처분에 재량이 있는 경우에는 자동적 처분이 허용되지 않는다고 규정하고 있는「행정기본법」제20조 단서에 부합하지 않으므로, 인공지능을 통해 이루어진 통행 금지 명령은 자동적 처분의 형식으로 발령되기에는 타당하지 않은 것으로 파악될 수 있다.

2) 만약 「도로교통법」에서 재량행위인 통행 금지 명령이 자동적 처분으로 이루어질 수 있다는 규정을 두고 있다면, 이러한 것은 허용되는 것인가?

「행정기본법」 제20조는 행정청은 법률로 정하는 바에 따라 완전히 자동화된 시스템_{인공지능 기술을 적용한 시스템을 포함한다}으로 처분을 할 수 있다. 다만, 처분에 재량이 있는 경우는 그러하지 아니하다라고 규정하고 있기 때문에, 재량행위에 대해서는 자동적 처분이 허용되지 않는다는 점을 단정적으로 규율하고 있는 것으로 파악될 수 있다. 따라서 「행정기본법」 제20조의 규율이 있는 이상 재량행위는 자동적 처분의 형태로 발령되는 것이 불가능한 것은 아닌가라는 생각을 하게 될 수도 있다.

하지만 이와 관련하여 고려할 사항은 「행정기본법」은 행정에 관한 일반법적 지위를 갖고 있기 때문에 특별법적 지위를 갖고 있는 다른 법률에서 「행정기본법」이 정하고 있는 바와 다른 내용의 규율을 담고 있는 경우, 해당 특별법이 정하고 있는 규율이 우선적으로 적용되게 된다. 이처럼 일반법과 특별법의 관계에서 특별법이 정하고 있는 바에 따른다는 것을 법학에서는 '특별법 우선의 원칙'이라고 표현한다.

이러한 특별법 우선의 원칙은 「행정기본법」에도 명시적으로 규율되어 있다. 「행정기본법」 제5조 제1항은 행정에 관하여 다른 법률에 특별한 규정이 있는 경우를 제외하고는 이 법에서 정하는 바에 따른다고 규율하고 있어, 「행정기본법」이 행정영역의 일반법임을 명확하게 밝히고 있다.[7]

따라서 도로교통행정과 관련된 특별법인 「도로교통법」에서 「행정기본법」 제20조에서 정하고 있는 바와 달리, 재량행위에 해당하는 통행 금지 명령이 인공지능을 통한 자동적 처분의 형태로 발령될 수 있다는 점을 명시적으로 규율하고 있는 경우에는, 인공지능을 통한 통행 금지 명령이 적법하게 허용될 수 있게 된다.

생각해 볼 점

1. 실생활에서 자동적 처분이 이루어질 수 있는 또 다른 영역은 어떠한 곳일까?
2. 자동적 처분을 활용하는 주체는 행정부인데 입법자가 만든 법률만이 자동적 처분의 근거가 되도록 하는 것이 과연 타당한 것인가? 대통령령이나 총리령·부령이 자동적 처분의 근거 규정이 될 수는 없는 것인가?
3. 미래에 인공지능을 활용한 자동적 처분의 적용 범위가 증가하게 된다면 공무원 인원은 감축될 것인가, 아니면 공무원이 담당하는 임무가 변화하는 것인가?

심화 학습 자료

법제처, 『행정기본법 해설서』, 2021.
이재훈, "법률을 통한 자동적 처분 규율에 대한 고찰", 『법제』 통권 제697호, 2022.
이재훈, "전자동화 행정행위에 관한 연구", 『성균관법학』 제29권 제3호, 2019.
홍정선, 『행정기본법 해설(개정 2판)』, 박영사, 2022.

미주

1. 이하에서는 판단여지론과 같이 행정법과 관련된 심도 있는 이론적 논의는 다루고 있지 않는다는 점을 밝혀두는 바이다.

2. 식품위생법 제48조(식품안전관리인증기준) ⑧ 식품의약품안전처장은 식품안전관리인증기준 적용업소의 효율적 운영을 위하여 총리령으로 정하는 식품안전관리인증기준의 준수 여부 등에 관한 조사·평가를 할 수 있으며, 그 결과 식품안전관리인증기준적용업소가 다음 각 호의 어느 하나에 해당하면 그 인증을 취소하거나 시정을 명할 수 있다. 다만, 식품안전관리인증 기준적용업소가 제1호의2 및 제2호에 해당할 경우 인증을 취소하여야 한다.

   1. 식품안전관리인증기준을 지키지 아니한 경우 1의2. 거짓이나 그 밖의 부정한 방법으로 인증을 받은 경우 2. 제75조 또는 「식품 등의 표시·광고에 관한 법률」 제16조제1항·제3항에 따라 영업정지 2개월 이상의 행정처분을 받은 경우 3. 영업자와 그 종업원이 제5항에 따른 교육훈련을 받지 아니한 경우 4. 그 밖에 제1호부터 제3호까지에 준하는 사항으로서 총리령으로 정하는 사항을 지키지 아니한 경우

3. 법제처, 『행정기본법 해설서』, 2021, 210쪽.

4. 이재훈, "법률을 통한 자동적 처분 규율에 대한 고찰", 『법제』 통권 제697호, 2022, 141쪽.

5. 이재훈, "전자동화 행정행위에 관한 연구", 『성균관법학』 제29권 제3호, 2019, 173쪽.

6. 제403회국회(임시회) 제1차 보건복지위원회, 수입식품안전관리 특별법 일부개정법률안 검토보고, 2023.2., 20쪽.

7. 홍정선, 『행정기본법 해설(개정 2판)』, 박영사, 2022, 53-54쪽.

CHAPTER 07

인공지능 챗봇과 허위정보

김병필

 사례

A는 궁금한 것이 있을 때마다 인공지능 챗봇 서비스를 활용하여 정보를 검색해 왔다. A는 등산하던 중 숲에서 예쁜 버섯을 발견하였고, 사진을 찍어 챗봇 서비스에 독버섯인지 물어보았다. 그 버섯은 실제로는 독성을 갖고 있었으나, 챗봇은 사진 속 버섯은 식용이고 맛이 좋다고 잘못 답하였다. 만연히 챗봇의 답변을 신뢰한 A는 그 버섯을 먹고 중대한 상해를 입게 되었다. 해당 서비스의 첫 화면에는 "챗봇이 잘못된 정보를 제공할 수 있다."라는 경고문이 표시되어 있었으나, A는 이제까지 챗봇 서비스를 유용하게 사용하여 온 터라, 그 경고를 진지하게 받아들이지 않았다. 챗봇 서비스 제공자는 A에 대해 어떠한 책임을 부담하는가?

인공지능 챗봇 서비스가 널리 보급되면서, 이제 일상적으로 활용되기에 이르렀다. 하지만, 챗봇이 거짓 정보를 출력하는 사례가 빈번히 발생하면서 그 위험성에 대한 우려도 크게 제기되고 있다. 인공지능이 외견상으로는 그럴듯해 보이지만 사실과 다른 출력을 생성하는 문제를 '환각hallucination'이라 부르기도 한다. 특히 최근에 빠르게 발전한 대규모 언어모델을 활용한 챗봇은 대단히 자연스러운 표현을 생성하므로, 이용자가 사실로 오인할 가능성이 매우 크다는 점에서 챗봇 답변에 있어 '사실성factuality'을 보장하는 문제는 상당히 중요한 과제로 부상하고 있다.

챗봇 서비스 제공자들도 이러한 문제를 인식하고 이용자에게 그 위험성을 고지하고 있다. 예를 들어, OpenAI의 ChatGPT 서비스는 이용 약관에 "기계학습의 확률적 특성을 고려할 때, 당사 서비스 사용은 특정 상황에서는 실제 사람, 장소 또는 사실을 정확하게 반영하지 않는 부정확한 결과를 낳을 수 있습니다. 이용자는 결과물을 인간이 검토하는 등의 방법으로 자신의 이용 사례에 적합하게 모든 결과물의 정확성을 평가해야 합니다."라고 명시하고 있기도 하다. 그러나 이용자가 그 위험성을 명확하게 인지하지 못한 채, 챗봇이 출력한 결과를 신뢰하여 생명, 신체, 재산 등의 손해를 입을 가능성은 남아 있다. 이 경우 챗봇 서비스 제공자가 어떠한 책임을 부담해야 할 것인지는 명확하지 않다.

다른 한편, 이용자가 인공지능을 활용하여 의도적으로 허위정보를 생성, 유포하는 데 사용할 위험성도 있다. 이를 '허위조작정보disinformation'의 문제라고도 한다. 이하에서는 이용자의 기대와 달리 인공지능 챗봇이 허위정보를 생성하는 문제와 이용자가 의도적으로 허위조작정보를 생성하는 문제를 구분하여 살핀다.

II. 허위정보의 문제

1 정보 저장 및 추출 도구로서의 인공지능

인공지능 챗봇은 앞으로 정보추출을 위한 도구로 활용될 것으로 전망된다. 2023년 3월 다양한 산업 분야 전문가를 대상으로 한 설문조사에서, "미래 온라인에서 답변을 얻기 위해 어떠한 도구를 사용할 것인가?"라는 질문에 대해 42%의 응답자가 인공지능 기반의 챗봇을 사용할 것이라고 하였고, 검색 엔진이라 답한 응답자는 24%에 불과했다. 특히 이미 인공지능 도구를 널리 활용하고 있다는 응답한 이들의 64%가 이미 인공지능 챗봇을 활용하면 전통적 검색 엔진보다 더 빠르게 정보를 찾을 수 있다고 하였고, 31%는 적어도 5년 이내에는 인공지능 챗봇이 더 우월할 것으로 전망하였다.

이처럼 인공지능 챗봇으로 검색 엔진을 대체한다는 생각은 애초 대규모 언어모델의 목적에 비추어 보면 사뭇 놀라운 일이다. 원래 언어모델이란 자연어의 확률 분포를 계산하는 것으로서, 언어를 이해하고 독해, 번역, 요약 등 여러 자연어 처리 과제를 해결하기 위한 수단으로 고안되었기 때문이다. 따라서 대규모 언어모델이 어떠한 지식을 학습하거나 정보를 기억하도록 하고, 이용자가 정보추출을 위해 이를 사용하는 활용례는 예기치 못했던 발전이라 할 수 있다.

종래에는 인공지능을 활용하여 정보추출 작업을 수행하기 위해서는 지식 기지knowledge base를 구축하여 이를 활용하는 것이 필요하다고 여겨져 왔다. 지식 기지에는 정보가 관계형 데이터의 형태로 미리 정해진 규칙에 따라 저장되어 있다. 예컨대, "단테가 태어난 곳은 이탈리아 피렌체다."는 정보는 (단테, 출생, 이탈리아 피렌체)와 같은 형식으로 저장된다. 인공지능은 지식 기지를 검색하여 추출된 정보를 활용하여 이용자 질의에 답변을 출력해 왔다. 그러나 이러한 유형의 지식 기지를 구축하기 위해서는 개체명과 상호 관계를 추출하는 등의 복잡한 처리 작업을 거쳐야 했고, 현실 세계의 방대한 지식을 포괄하는 지식 기지를 구축하기는 매우 어려운 일로 여겨졌다.

이에 비해 언어모델 인공지능은 주어진 문장 다음 어떠한 단어가 등장할 것인지 그 확률을 예측하는 방식으로 작동한다. 그런데 이러한 확률적 예측 모델이 지식 기지의 역할을 대신할 수 있는 것으로 드러났다. 예컨대, 잘 구현된 언어모델은 "단테가 태어난 곳은"이라는 문장 다음에 올 확률이 가장 높은 단어들로 순차적으로 "이탈리아", "피렌체", "이다", "."을 출력할 수 있다. 이와 같은 방식으로 언어모델은 단테가 태어난 장소에 관한 지식을 저장하는 기능을 수행한다. 마찬가지로 방대한 데이터로 학습된 언어모델은 세상에 관한 다양한 지식을 저장할 수 있다.

이처럼 언어모델을 정보 저장 및 추출을 위해 활용하는 경우 기존의 지식 기지 방식 인공지능에 비해 오히려 더 나은 성능을 보이기도 한다. 더욱이 언어모델은 새로운 유형의 질의도 처리할 수 있는 등 높은 유연성을 갖는다. 이로써 대용량 말뭉치를 통해 학습된 언어모델은 텍스트로부터 지식을 추출하는 작업에 있어 전통적인 지식 기지 접근법에 대한 대안으로 고려되기에 이르렀다.

2 인공지능에 의한 허위정보 생성 위험성

그러나 언어모델은 확률적으로 출력을 생성하므로 그 생성 결과의 사실성을 보장하기 어렵다. 종래의 지식 기지 방식 인공지능은 데이터베이스에 저장되어 있지 않은 질문에 대해서는 답하지 못하던 것에 비해, 언어모델은 학습 데이터에 포함되어 있지 않더라도 마치 그러한 사실이 존재하는 것처럼 거짓 정보를 생성해 낼 수 있기 때문이다.

대규모 언어모델에 기반한 인공지능 챗봇이 허위정보를 생성한다면 그 이용자에게 중대하게 피해를 줄 수 있다. 우선 생명, 신체에 대한 침해 위험이 있다. 예컨대, GPT-3 기반 챗봇의 이용자가 "자살하고 싶다."라고 말하자, 챗봇이 "그래야 한다고 생각합니다."라고 응답한 사례가 알려져 있다. 더욱이 챗봇이 생명, 신체에 대한 위험을 초래할 수 있는 잘못된 답변을 제공할 가능성도 있다. 가령 교통법규에 대해 잘못된 정보를 제공한다면 이를 신뢰한 운전자가 교통사고를 일으킬 수도 있다. 실제로 구글의 Bard 챗봇 서비스가 테스트 과정에서 스쿠버 다이빙의 안전성에 관해 잘못된 정보를 제공한 사례가 알려져 있다. 그 이외에도 약물의 복용 용법이나 용량에 대한 그릇된 답변, 무기 소유나 사용에 대한 잘못된 답변 등은 생명·신체의 안전에 중대한 위협이 될 수 있다.

미성년자가 보호자의 감독 없이 챗봇을 사용하는 상황에서는 더욱 심각한 문제가 초래될 수 있다. 예컨대 2021년 아마존 음성 비서가 10세 소녀에 위험한 답변을 한 사례가 있다. 그 소녀는 음성 비서에 도전 과제를 알려 달라고 하였는데, 음성 비서는 이른바 '동전 과제penny challenge'를 알려 주었다. 이는 충전기의 전원 플러그가 절반 정도만 끼워진 상태에서 그 사이로 동전을 끼워 넣어 불꽃을 튀기게 하는 것으로 온라인에서 유행하던 위험한 장난이었다. 그 결과 화재가 발생하거나 아이가 상해를 입을 위험성이 컸다. 이와 같은 사례에 비추어 인공지능 챗봇 이용과 관련하여 아동·청소년 보호를 위한 적절한 규제를 마련하는 것은 시급한 정책 과제가 되고 있다.

또한, 인공지능 챗봇이 개인의 명예나 신용을 심각하게 훼손하는 허위정보를 생성하는 사례도 발생하고 있다. 한 이용자가 ChatGPT에게 미국 로스쿨에서 교수의 성희롱이 문제된 적이 있는지 질문하자, 현직 로스쿨 교수를 구체적으로 언급하며, 그가 제자를 성희롱하려 했다는 신문 기사를 근거로 제시했다. 그러나 그 교수는 그러한 사실이 전혀 없었고, 답변에서 인용된 신문 기사도 존재하지 않는 것이었다. 또한, ChatGPT가 호주의 한 정치인에 관하여 그가 뇌물 사건에 연루되어 있다는 허위정보를 제공한 사례도 있다. 미국의 한 라디오 진행자는 ChatGPT가 자신이 비영리단체의 자금을 횡령하였다는 허위사실을 생성한 것에 대해, 2023년 6월 OpenAI를 상대로 명예훼손 소송을 제기하기도 하였다.

이처럼 인공지능 챗봇이 개인에 관한 허위정보를 생성하는 것은 개인정보 보호법상 개인정보의 정확성, 완전성 및 최신성 원칙을 위반한 것으로 평가될 수도 있다개인정보 보호법 제3조 제3항. 이탈리아 개인정보 보호당국은 2023. 3. 31. 이탈리아 내의 ChatGPT 사용을 잠정적으로 금지하는 결정을 내리면서 그 근거 중 하나로 유럽연합의 일반 개인정보 보호 규정GDPR, General Data Protection Regulation 상의 개인정보 처리에 있어 정확성 원칙을 위반하였기 때문이라는 점을 들기도 하였다.

다른 한편, 의학이나 법률 등 전문 분야에 있어 이용자가 심각한 피해를 입을 위험이 있다. 예컨대, 신체에 이상 증상을 겪은 이용자가 챗봇에 질문한 결과 잘못된 답변을 하거나, 약물의 복용 용법이나 용량에 관해 부정확하게 답한다면 이용자의 생명·신체의 안전에 중대한 위험이 될 수 있다. 법률 분야의 활용 사례에서도 '환각' 문제의 위험성이 크다. 실제로 한 미국 변호사가 소송 서면을 작성하면서 ChatGPT가 알려 준 허구의 판례를 인용한 사례가 있다. 해당 변호사는 챗봇이 허위정보를 생성할 위험성이 있지 못한 채 자신의 사건에 관한 판례를 찾기 위해 ChatGPT를 활용하였다. 그는 ChatGPT가 답변한 판례가 실제로 존재하는 것인지 재차 확인까지 하였는데, 이에 대해 ChatGPT는 "다시 확인한 결과 해당 판례가 진정으로 존재하고, Westlaw나 LexisNexis와 같은 법률 검색 데이터베이스에서 찾을 수 있다."고 답변하였다_{아래 그림 참조}. 그 변호사는 이러한 답변을 만연히 신뢰하고 해당 판례를 소송 서면에 인용하여 제출하였다. 그는 결국 존재하지 않는 판례를 인용한 행위에 대해 징계까지 받게 되었다. 이러한 사례들을 통해 확인할 수 있는 바와 같이, 현재와 같은 챗봇 기술의 기술적 한계에 비추어 전문 영역에서 챗봇을 활용할 때는 그 답변의 진위를 확인할 역량이 있는 전문가들만을 대상으로 서비스를 제공하거나, 일반인의 질의에 대해서는 답변을 거부하고 전문가의 조언을 얻도록 안내하는 방안도 고려할 필요가 있다.

Tolling Montreal Convention Statute　＋

I apologize for the confusion earlier. Upon
double-checking, I found that the case Varghese
v. China Southern Airlines Co. Ltd., 925 F.3d 1339
(11th Cir. 2019), does indeed exist and can be
found on legal research databases such as
Westlaw and LexisNexis. I apologize for any
inconvenience or confusion my earlier responses
may have caused.

<그림 1> ChatGPT가 허구의 판례를 알려 준 사례

3 위험성 완화를 위한 기술적 조치

인공지능 챗봇이 허위정보를 생성할 위험을 줄이기 위하여 인공지능이 답변을 생성할 때 외부 정보를 검색하여 참조하고, 해당 출처를 제시하는 방안이 활용되고 있다. 대표적으로 OpenAI는 2021년 12월 텍스트 기반의 웹브라우저를 사용하여 답변의 신뢰성과 정확성을 개선한 WebGPT를 발표하였다. WebGPT는 웹페이지로부터 검색된 결과를 수집하고, 이를 이용하여 답변을 생성할 수 있고, 관련 출처를 인용하도록 학습되었다. OpenAI는 이러한 방식을 통해 답변의 정확성을 개선할 수 있었으나, 아직도 기초적인 오류를 범할 가능성이 있다고 인정하였다.

이처럼 챗봇이 답변을 생성할 때 외부 데이터베이스로부터 정보를 검색하여 활용하는 방안을 검색-증강 생성Retrieval-Augmented Generation, 이하 "RAG" 기법이라고도 부른다. RAG 기법은 이제껏 활용되어 온 인공지능 챗봇의 여러 한계를 극복할 수 있는 대안으로 기대되고 있다. 우선 답변의 시의성 문제를 극복할 수 있다. 기존 챗봇의 답변은 학습 종료시점까지의 정보로 고정되고 이후의 정보는 반영할 수 없는 문제가 있어 왔다. 그러나 RAG 기법을 활용하면 검색 대상 데이터베이스에 새로운 정보를 지속적으로 업데이트함으로써, 최신 정보까지 반영한 답변을 생성할 수 있게 된다. 또한 RAG 기법을 통해 인공지능 챗봇을 특정한 전문 분야에 특화하여 활용할 가능성이 넓어질 수 있다. 예를 들어 어떤 변호사가 기업에 대한 실사를 수행하면서 그 회사의 경영진에게 사기나 뇌

물수수 이력이 있는지 확인하고자 한다고 하자. 이때 실사 자료 및 각종 공시 자료, 정부 기록, 뉴스 등을 데이터베이스에 저장한 다음, 생성형 AI가 그 데이터베이스를 검색된 결과를 활용하여 답변을 생성할 수 있다.

또한 검색 결과를 활용한 답변 생성을 통해 인공지능의 투명성, 신뢰성 및 정확성을 개선할 것으로 기대되기도 한다. 기존 챗봇은 어떠한 답변이 왜 생성되었는지 알기 어렵다는 '블랙 박스' 문제와 앞서 설명한 '환각' 문제에 취약하다. 그러나 챗봇이 검색된 정보에 근거하여 답변한다면, 출처 표시를 할 수 있으므로 답변의 근거에 대한 설명이 가능하게 되는 장점도 있다. 이처럼 RAG 기법은 기존 챗봇의 여러 문제에 대한 해법이 될 것으로 기대되고 있으나, 그 기술의 효과성과 효율성에 관해서는 더 많은 연구가 진전될 필요가 있는 상황이다.

	기존 인공지능	검색-증강 생성 인공지능
시의성	학습 종료시점으로 고정	최근 정보 활용 가능
활용 범위	일반적 과제 해결	특정 분야에 특화
투명성	"블랙 박스" 문제	출처 표시 가능
신뢰성 및 정확성	"홀루시네이션" 문제	검색 정보 근거하여 답변

또한 RAG 기법을 이용하더라도 챗봇 답변의 '사실성'을 보장하는 데에는 한계가 있기 마련이다. 결국 어떠한 답변이 '사실'이고, 어떠한 답변은 '허위'인지 명확히 구분하기 어렵다는 근본적인 난점이 있기 때문이다. 예를 들어 OpenAI는 WebGPT 모델을 발표하면서, 어떤 주장의 '사실적 정확성'을 "신뢰할 수 있는 출처에 의해 뒷받침되는 성질"이라 정의하였다. 하지만 과연 어떠한 출처가 신뢰할 수 있다고 평가될 수 있는지는 여전히 답하기 어렵다. 특히 사회적으로 논쟁이 되는 주장에 대해 경쟁하는 다수의 출처가 존재하는 상황에서 어떠한 출처를 선택해야 하는지는 인간 전문가라도 쉽게 정하지 못할 것이다. 따라서 인공지능이 생성한 답변이 '사실'인지 여부는 앞으로도 계속 논란이 될 여지가 많다.

III. 허위조작정보의 문제

인공지능 챗봇이 허위조작정보를 생성하기 위하여 사용될 위험성도 중요하게 고려될 필요가 있다. 유럽연합 집행위원회의 정의에 따르면, 허위조작정보란 "경제적 이익을 얻거나 의도적으로 대중을 기망하기 위한 목적으로 누적적으로 생성, 제시, 배포되고, 공중에 위해를 가할 수 있는 검증가능하게 거짓이거나 오해를 유발하게 하는 정보"이다. 이러한 정의에 비추어 보면 인공지능에 의한 허위조작정보 생성 문제는 인공지능 자체의 문제가 아니라 이를 이용하여 거짓 정보를 생성하는 이용자에 의한 오용misuse의 문제로 볼 수 있다. 현재 기술에 비추어, 인공지능은 그 자체로 어떠한 의도를 가질 수 없으므로 위 정의상 "위해를 가하려는 의도"를 가지고 있지 않기 때문이다.

1 인공지능을 활용한 여론 조작의 위험성

이제 다수의 이용자가 인공지능 챗봇을 활용하여 허위조작정보를 손쉽게 생성할 수 있게 되었다. 그 결과 공적 토론의 공간이 침식되고 민주주의의 기반이 심각하게 훼손될 우려가 제기된다. Future of Life Institute는 2023년 3월 발표한 공개서한에서 인공지능이 빠르게 발전하여 인간의 정보 채널이 선전 및 허위 정보로 범람하게 될 위험성을 지적한 바 있다. 더욱이 최근 온라인 및 소셜 미디어 플랫폼 등에서 대중의 의견에 영향을 끼치기 위한 은밀하거나 기만적인 시도, 즉 이른바 '여론 조작 시도influence operation'가 증가하고 있다. 예컨대 러시아 및 이란을 비롯한 외국 정부는 2016년 및 2020년 미국 대통령 선거를 겨냥한 여론 조작 공작을 펼친 것으로 드러났다.

이러한 여론 조작은 특정한 정치적 목적을 달성하기 위하여 직접적으로 이루어질 수도 있으나, 더욱 광범위하게는 정직한 주체가 신뢰를 구축하는 능력을 약화시키고, 분열을 조장하며, 사회적 자본과 제도적 신뢰를 저해하기 위한 목적으로 이루어질 수도 있다. 또한 허위조작정보의 생성 및 유포는 정치적 목적뿐만 아니라 상업적 목적자사 제품·서비스 홍보, 경쟁사 견제 등으로도 진행될 수 있다. 그 결과 인터넷 상의 정보 일반에 대한 신뢰가 전반적으로 잠식될 수도 있다.

대규모 언어모델에 기반한 인공지능 챗봇은 허위조작정보의 생성과 유포에 있어 중대한 변화를 초래할 수 있다. (1) 인공지능은 허위조작정보 제작 비용을 낮추어서 더 많은 행위자들이 허위조작정보를 통한 여론 조작을 시도할 수 있고, 나아가 이러한 작업을 전문적으로 수행하는 기업이 다수 등장하여 허위조작정보 생성·유포 작업을 아웃소싱하는 경향이 발전할 수도 있다. (2) 인공지능을 통해 여론 조작 캠페인의 규모가 확대될 수 있고, 다양한 플랫폼에 여론 조작을 수행하고 그 성과를 손쉽게 비교함으로써 기존 행동이 더 효과적이게 될 수 있으며, 일대일 챗봇과 같은 동적이고 맞춤화된 실시간 콘텐츠 생성과 같은 새로운 전술이 등장할 수 있을 것으로 전망된다. (3) 인공지능을 통해 외견상 더 신뢰성 있고 설득력 있는 메시지를 작성할 수 있고, 기존의 방식으로는 탐지가 극히 어려운 메시지를 생성할 수 있게 될 것으로 전망된다.

② 인공지능 생성물에 대한 투명성 의무

이와 같은 문제에 대해 가장 활발하게 논의되고 있는 규제는 인공지능을 활용하여 생성된 표현에서는 대해 그러한 사실의 고지를 의무화하는 것이다. 이에 관한 대표적인 사례는 EU AI Act 법안 상의 투명성 규제이다. 위 법안의 2021년 초안에 따르면 일정한 인공지능에 대해서는 투명성 의무가 부과된다. 즉, 자연인과의 상호작용할 것으로 의도된 인공지능 시스템은 그 이용자가 인공지능 시스템과 상호작용하고 있다는 사실을 알 수 있도록 설계 및 개발되어야 한다. 또한 존재하는 사람, 물체, 장소 기타 단체나 사건과 현저히 유사하게 보이면서 사람에게 진정하거나 진실된 것처럼 허위로 표시된 이미지, 오디오, 비디오 콘텐츠, 즉 '딥페이크deep fake'를 생성하거나 조작하는 인공지능 시스템의 경우 그 이용자는 해당 콘텐츠가 인공적으로 생성되었거나 조작되었다는 사실을 공개하여야 한다.

이와 같은 투명성 규제는 점차 큰 지지를 얻고 있다. 대표적으로 현대 인공지능 발전에 중대한 공헌을 한 제프리 힌튼은 인공지능에 의한 창작물을 마치 인간이 작성한 것처럼 제시하는 행위를 마치 위조 화폐를 만들어서 사용하는 것과 같은 것과 마찬가지로 규제해야 한다고 주장한다. 통화에 대한 신뢰가 경제 활동의 유지에 극도로 중요한 것과 마찬가지로, 민주주의 체제를 유지하기 위해서는 인간이 표현을 생성했다는 점에 대한 신뢰가 중요하다는 것이다. 이에 그는 인공지능 생성물에 대한 투명성 의무 위반을 위조지폐 사범과 마찬가지로 강력하게 처벌할 것을 주장하였다.

투명성 규제가 입법화된다 하더라도 그 집행에 있어 상당한 어려움이 따를 수 있다. 인공지능에 의해 정교하게 생성된 산출물은 인간이 작성한 것인지를 판별하기 극히 어려울 수 있기 때문이다. 이에 인공지능 출력물에는 일정한 '워터마크watermark' 표식을 할 의무를 부과하는 방안, 콘텐츠를 유통하는 플랫폼이 그 이용자에게 '인간성 증명'을 요구하는 방안, 콘텐츠 생성 과정에 대한 디지털 증명 표준예컨대 창작 이력에 대한 위조 불가능한 증명 기술의 도입을 도입하는 방안 등 다양한 정책적, 기술적 수단이 고려되고 있다.

1. 약관의 규제에 관한 법률(이하 '약관법')은 사업자의 고의 또는 중대한 과실로 인한 법률상의 책임을 배제하는 조항이나 상당한 이유 없이 사업자의 손해배상 범위를 제한하거나 사업자가 부담하여야 할 위험을 고객에게 떠넘기는 조항을 무효로 한다. 챗봇 서비스 제공자가 챗봇의 부정확한 답변을 신뢰하여 이용자가 입게 되는 어떠한 손해도 부담하지 않는다는 내용을 이용 약관에 규정한 경우 이는 위와 같은 약관법 규정에 비추어 어떻게 평가되는가?

2. 의료, 법률, 회계 등 전문직 면허제가 존재하는 서비스 분야에 있어서는 무면허 서비스 행위를 처벌하고 있다(의료법, 변호사법, 공인회계사법 등). 챗봇 서비스가 이러한 전문적 서비스 분야에서 답변을 제공하는 경우 이러한 법률 위반에 해당하는가? 인공지능 챗봇에 기반한 전문 서비스를 통해 이용자가 얻을 수 있는 편익과 그에 따른 위험성을 어떻게 비교형량하여야 하는가?

3. 인공지능으로 생성된 허위조작정보 생성 위험성이 과장되었다는 주장도 있다. 허위조작정보를 생성하는 것보다 이를 대중에 유포하는 일이 더욱 어려운 작업인데, 인공지능을 활용하여 허위조작정보를 용이하게 생성할 수 있다고 하더라도 유포 과정의 어려움은 이전과 마찬가지라는 것이다. 생성형 인공지능이 발전하면 온라인 공간이 허위조작정보로 넘쳐날 것이라는 우려는 과장된 것인가? 이러한 위험은 어떻게 평가할 수 있는가?

4. 인공지능으로 생성된 허위조작정보를 유포하는 행위는 선거의 공정성에 심각한 악영향을 끼칠 수 있다. 중앙선거관리위원회는 2023년 7월 '생성형 AI를 활용한 선거운동 등 관련 운용기준'을 마련하겠다고 밝힌 바 있다. 선거운동에서 생성형 인공지능의 활용은 어떠한 범위에서 허용되어야 하는가?

최종선, "인공지능과 허위조작정보에 관한 연구", 『미디어와 인격권』 제9권 제2호, 2023.
한애라, "'사법시스템과 사법환경에서의 인공지능 이용에 관한 유럽 윤리헌장'의 검토 – 민사사법절차에서의 인공지능 도입 논의와 관련하여 –", 『저스티스』 통권 제172호, 2019.
Laura Weidinger 외, "Ethical and social risks of harm from Language Models", 2021.
Josh A. Goldstein 외 "Generative Language Models and Automated Influence Operations: Emerging Threats and Potential Mitigations", 2023.

색인

집필진 소개(가나다 순)

김병필

KAIST 기술경영학부 교수

한국인공지능법학회 총무이사

개인정보전문가협회(KAPP) 이사 및 개인정보연구원장

전 개인정보보호법학회 이사

전 법무법인(유한) 태평양 변호사

김정민

서울대학교 법학전문대학원 선임펠로우

전 법무법인(유한) 세종 변호사

서울대학교 대학원 법학과 졸업(법학박사)

서울대학교 법학전문대학원 졸업(전문석사)

김영순

인하대학교 법학전문대학원 교수

전 국세청 납세자보호관

고려대학교 법학사

서울시립대학교 세무전문대학원 박사(조세법)

변호사

김효은

국립한밭대학교 인문교양학부 교수

인공지능과 가치연구소 소장

IEEE [윤리적 설계] 작성위원

한국인지과학회 이사

아시아태평양 과학철학회 운영위원

전 정보통신정책연구원 인공지능윤리정책포럼 위원

전 뉴욕대학교, 뉴욕시립대 객원학자

이화여대 철학과 학사, 석사, 박사

센루이스 워싱턴대 인지과학 석사

문광진

정보통신정책연구원 지능정보사회정책연구실 부연구위원

성균관대학교 글로벌리더학부 강사

전 성균관대학교 법학연구원 선임연구원

전 목포대학교 법학과 강사

전 인천대학교 행정학과 강사

전 파리제1대학교 SERDEAUT연구소 연구원

전 성균관대학교 글로컬과학기술법연구소 연구원

파리제1대학교 공법학박사

박문언

한국국방연구원 국방인력연구센터장

국방부 정책자문위원

외교부 신기술 정책자문위원

국가인권위원회 군인권 자문위원

전 국방부고등군사법원 보통부장

전 2, 8군단 법무참모

미국 뉴욕주 변호사

박혜진

한양대학교 법학전문대학원 부교수, AI와 법 연구센터장

전 김장법률사무소 변호사

전 중앙지방법원 등 판사

스탠포드 로스쿨 석사, 박사
서울대학교 법학부 학사
사법연수원 37기 수료
미국 캘리포니아주 변호사

손현주

전주대학교 창업경영금융학과 조교수
(사)미래사회 부회장
전라북도 공유경제활성화위원회 위원
전주시 사회적경제활성화위원회 위원
경상북도 미래비전 2045 자문단 위원

양천수

영남대학교 법학전문대학원 교수
영남대학교 법학연구소 소장
한국법철학회 부회장
한국법사회학회 부회장
법과사회이론학회 부회장
전 인공지능 윤리정책 포럼 1기 및 2기 위원
독일 프랑크푸르트대학교 법학박사

윤상원

대구고등검찰청 공익법무관
법률신문 독자위원회 위원
전 아티피셜소사이어티 개발이사
전 엔씨소프트 개발자
서울대 경제학부 졸업
서울대 법학전문대학원 졸업

이상용

건국대학교 법학전문대학원 교수

개인정보분쟁조정위원회 위원

공공데이터분쟁조정위원회 위원

전 대통령 직속 4차산업혁명위원회 위원

전 한국인공지능법학회 회장

전 개인정보보호법학회 부회장

전 충남대학교 법학전문대학원 부교수

이소은

영남대학교 법학전문대학원 교수

전 서울대학교 법학전문대학원 임상교수/변호사

서울대학교 법학전문대학원 석사 및 박사 졸업(민법 전공)

이재훈

성신여자대학교 법과대학 조교수

자율협력주행산업발전협의회 비즈니스분과 위원

전 한국법제연구원 부연구위원

전 법제처 행정법제혁신추진단 전문위원

임상혁

법무법인 세종 변호사

서울대 법학박사(J.S.D. 지적재산권법)

서울예대 법인 이사장

한국저작권위원회 부위원장

한국엔터테인먼트법학회 회장

한국인공지능법학회 부회장

한국지식재산학회 이사

전 한국게임법과정책학회 회장

전 한국정보법학회 감사

전 언론중재위원회 위원

임준호

한국전자통신연구원 책임연구원

(주)튜터러스랩스 CTO

연세대학교 겸임교원

서울대학교 국어교육연구소 객원연구원

한국정보통신기술협회 인공지능 윤리정책 포럼 위원

정원준

한국법제연구원 부연구위원

전 정보통신정책연구원(KISDI) 전문연구원

한국인공지능법학회 출판이사

한국데이터법정책학회 기획이사

한국경영법률학회 학술이사

과학기술정보통신부 AI법제정비단 위원

대통령 소속 국가지식재산위원회 전문위원(5기·6기)

특허청 규제개혁 및 적극행정위원회 위원

고려대 법학 박사

정종구

서울대학교 공과대학 컴퓨터공학부 강사

서울대학교 신뢰가능인공지능연구센터 연구원

법무법인(유한) 로고스 파트너 변호사

대한변호사협회 학술위원회 위원

주식회사 젠아이피 대표이사

전 서울대학교 법학전문대학원 교육지원실장

전 한양대학교 법학전문대학원 겸임교수

전 가천대학교 법과대학 겸임교수

전 연세대학교 언더우드국제학부 강사

최경진

가천대학교 법과대학 교수, 인공지능·빅데이터 정책연구센터장

한국인공지능법학회 회장

한국정보법학회 수석부회장

국가데이터전략위원회 총괄분과 위원

대통령직속 디지털플랫폼정부위원회 정보보호분과 위원

대한민국 열린정부위원회 위원

외교부 과학기술외교자문위원회 위원

OECD Expert Group on AI, Data, and Privacy 위원

전 개인정보보호법학회 회장

전 국회 4차산업혁명특별위원회 자문위원

전 과학기술정보통신부 AI법제정비단 위원

최난설헌

연세대학교 법학전문대학원 교수

공정거래위원회 공정거래정책자문단 위원

금융위원회 법률자문위원

금융위원회 혁신금융심사위원회 위원

중소벤처기업부 규제심사위원회 위원

한국공정거래조정원 대규모 유통업거래 분쟁조정협의회 위원

전 기획재정부 중장기전략위원회 위원

전 과학기술정보통신부 인공지능(AI) 법제정비단 위원

허성욱

서울대학교 법학전문대학원 교수

전 서울중앙지방법원 판사

한국법경제학회 회장

서울대학교 아시아태평양법연구소장

한국환경법학회 부회장

황창근

홍익대학교 법과대학 교수

한국정보법학회 공동회장

국가행정법제위원회 위원

중앙토지수용위원회 위원

개인정보분쟁조정위원회 위원

전 중앙행정심판위원회 위원

인공지능법

초판발행   2024년 2월 29일
중판발행   2024년 8월 20일

지은이   최경진 외 20인
펴낸이   안종만·안상준

편 집   장유나
기획/마케팅   김한유
표지디자인   BEN STORY
제 작   고철민·조영환

펴낸곳   ㈜ **박영사**
               서울특별시 금천구 가산디지털2로 53, 210호(가산동, 한라시그마밸리)
               등록 1959.3.11. 제300-1959-1호(倫)
전 화   02)733-6771
f a x   02)736-4818
e-mail   pys@pybook.co.kr
homepage   www.pybook.co.kr
ISBN   979-11-303-4637-3 93360

정 가   28,000원